Introduction to Social welfare

사회복지학개론

임중철 주경희 김성원 김지혜 김학재 이은진

지식터

머리말

여러분은 행복하십니까?

누구나 행복하기를 원하지만 삶을 살아가다보면 예상치 못한 상황에 처하게 될 때가 있다. 지금은 괜찮다고 느끼는 오늘의 일상도, 어느 날은 흔들릴 수 있다는 사실을 우리는 모두 알고 있다. 취업이 뜻대로 되지 않거나, 가족에게 예기치 못한 일이 생기거나, 혼자 감당하기에는 벅찬 순간이 찾아올 수도 있다. 사회복지는 바로 그런 순간에, 누군가가 혼자가 되지 않도록 사회가 곁에 서 주기 위해 만들어졌다. 그래서 바로 이 교재는 혼자만의 어려움이 아니라 우리가 함께 풀어야 하는 어려움임을 말하고자 한다.

이 책은 사회복지를 멀리 있는 제도나 어려운 학문으로 다루지 않는다. 대신 우리 주변에서 이미 일어나고 있는 이야기로 천천히 풀어 간다. 사회복지는 특별한 누군가를 돕는 일이 아니라, 언젠가는 우리 모두에게 필요해질 수 있는 약속이라는 점을 전하고자 한다. 그래서 이 교재는 '외워야 할 내용'보다, '느끼고 이해할 수 있는 이야기'에 더 가까이 다가간다.

이 책에 담긴 사회복지는 특정한 사람들의 삶에만 머무르지 않는다. 아이의 성장, 청년의 불안, 중년의 흔들림, 노년의 외로움, 가족과 일, 지역사회와 학교, 아픔과 회복의 순간들까지 함께 바라본다. 이를 통해 사회복지가 우리의 삶을 조각조각 나누어 다루는 것이 아니라, 삶의 전체를 품으려는 노력임을 보여 주고자 한다.

무엇보다 이 교재는 사회복지를 과거의 이야기로 남겨 두지 않는다. 지금 우리가 살아가는 이 사회에서, 그리고 앞으로 마주하게 될 미래 속에서 사회복지가 어떤 의미를 가질 수 있을지를 함께 생각해 본다. 이 책을 통해 사회복지가 조금 더 가까워지고, 사회를 바라보는 시선이 한층 따뜻해지기를 바란다. 이 교재가 사회복지를 처음 만나는 여러분에게, 낯선 전공서가 아니라 조용히 말을 건네는 첫 동반자가 되기를 기대한다.

그러한 마음을 담아 사회복지 전공생 또는 비전공생 모두가 사회복지를 낯설고 어려운 전공이 아니라 우리 자신의 삶과 밀접하게 연결된 학문으로 이해할 수 있도록 풀어서 설명하였고 사회복지 관련 기사나 이슈를 담아 현장의 목소리를 그대로 들려주고자 구성하였다. 각 파트는 사회복지를 단계적으로 이해할 수 있도록 체계적으로 배열하였으며, 다음과 같은 내용을 담고 있다.

Part 1. 사회복지의 기초에서는 사회복지를 이해하기 위한 가장 기본적인 질문부터 다룬다. 사회복지는 왜 필요한지, 사회복지는 무엇을 의미하는지, 그리고 사회복지가 지향하는 가치와 윤리는 무엇인지를 살펴본다. 또한 사회복지가 어떤 대상에게, 어떤 방식으로 제공되는지와 사회복지가 역사 속에서 어떻게 발전해 왔는지도 함께 다룬다. 이 파트는 사회복지를 처음 배우는 학생들이 사회복지의 전체 그림을 그릴 수 있도록 돕는 기초 단계이다.

Part 2. 사회복지의 실천 방법에서는 사회복지가 실제 현장에서 어떻게 실천되는지를 살펴본다. 개인과 가족, 집단을 대상으로 한 사회복지 실천의 기본 개념과 과정, 그리고 지역사회 차원의 변화와 사회복지행정의 역할을 이해한다. 또한 사회복지정책과 법, 사회보장제도가 어떻게 제도적으로 작동하는지도 함께 다룬다. 이를 통해 사회복지가 단순한 이론이 아니라, 현실에서 작동하는 실천적 활동임을 이해할 수 있다.

Part 3. 사회복지 실천 분야와 이슈에서는 사회복지가 다양한 분야로 확장되는 이유와 그 구체적인 모습을 살펴본다. 아동, 청소년, 노인, 장애인, 가족복지뿐만 아니라 산업복지, 군사회복지, 교정복지, 의료 · 정신건강 · 학교 사회복지 등 다양한 실천 영역을 소개한다. 이를 통해 사회복지가 특정 대상에 국한된 분야가 아니라, 생애 전반과 사회 전 영역을 아우르는 학문임을 이해하게 된다. 그리고 마지막으로 현재 우리 사회가 직면한 새로운 변화와 사회복지의 역할을 살펴본다. 기후위기, 제4차 산업혁명과 인공지능, 인권과 같은 현대 사회의 핵심 이슈 속에서 사회복지가 어떤 역할을 해야 하는지를 고민한다. 이 파트는 사회복지가 과거의 제도에 머무르지 않고, 미래 사회를 준비하는 학문임을 보여 준다.

필자들은 사회복지를 처음으로 접하는 모든 학생들이 사회복지의 기본을 이해하고 사회복지적 관점으로 사회를 볼 수 있도록 집필하고자 노력하였다. 이러한 노력을 함께해 주신 도서출판 지식터 김동근 사장님과 모든 출판사 가족 여러분께 감사드린다.

2026년 2월

저자 일동

차례

PART 1 사회복지의 기초

사람은 누구나 혼자만으로는 살아갈 수 없다. 살아가다 보면 가난, 질병, 실직, 관계의 상실 등 예상치 못한 어려움을 만나게 되고, 그 순간 우리는 타인의 손길과 사회의 지지가 필요해진다. 사회복지는 바로 이러한 순간, 한 사람이 무너지지 않도록 사회가 함께 지탱하는 약속이다.

1장과 2장은 사회복지가 왜 필요한지, 그리고 사회복지가 무엇을 의미하는지를 살펴본다. 사회복지는 누군가를 '불쌍해서 돕는' 자선이 아니라 모든 사람이 인간답게 살아갈 권리를 보장하기 위한 사회의 책임이라는 점이 강조된다. 3장은 사회복지가 제도나 기술 이전에 인간을 바라보는 태도와 가치에서 출발해야 함을 말한다. 사회복지사는 문제를 대신 해결하는 사람이 아니라, 사람이 다시 자신의 삶을 선택하고 회복할 수 있도록 곁에서 동행하는 전문적 실천가이다.

4장은 사회복지가 실제로 작동하기 위해 필요한 기반을 정리한다. 누가 지원을 받고(대상), 누가 제공하며(주체), 어떤 자원과 제도를 통해 전달될 것인지(급여 · 재원 · 전달체계)는 사회복지 실천을 가능하게 하는 구조적 틀을 이룬다. 이어 5장은 사회복지가 역사 속에서 어떻게 발전해 왔는지를 보여준다. 사회복지는 어느 한때 갑자기 만들어진 것이 아니라, 시대마다 사람들이 마주한 어려움에 사회가 응답해 온 과정에서 확장된 제도와 가치의 흐름이다.

따라서 Part 1은 사회복지가 왜 존재하는지, 어떤 가치를 중심에 두는지, 그리고 어떤 길을 걸어 발전해 왔는지를 이해하는 데 필요한 기초를 제공한다.

Chapter

01

사회복지는 왜 필요한가

-사회복지의 이해와 필요성

현대 사회는 급속한 산업화와 정보화, 세계화의 흐름 속에서 이전 세대와는 다른 형태의 사회적 위험에 직면하고 있다. 저출산과 고령화, 가족 구조의 변화, 불안정 노동과 1인 가구의 증가, 기후위기와 같은 새로운 위험은 단순히 개인이나 가족의 힘만으로는 감당하기 어렵다. 또한 코로나19 팬데믹, 대규모 자연재해, 사회적 고립 현상 등 최근의 사건들은 사회적 위험이 얼마나 예측 불가능하며 동시에 전 계층에 영향을 미치는지를 보여주었다.

이러한 맥락에서 사회복지는 더 이상 '어려운 사람을 돕는 자선 활동'에 머무르지 않는다. 사회복지는 모든 국민의 인간다운 삶을 보장하고, 위험에 대비할 수 있는 사회적 안전망을 구축하는 제도적 장치로 기능한다. 사회복지는 빈곤과 불평등을 완화할 뿐 아니라 사회적 연대를 강화하고 사회 전체의 안정과 지속 가능성을 확보하는 핵심 기제로 작용한다.

따라서 본 장은 사회복지의 개념과 필요성을 이해하고, 현대 사회가 직면한 다양한 위험과 이에 대응하는 복지국가의 역할을 살펴보고자 한다. 이를 통해 학습자는 사회복지가 왜 오늘날 우리 삶의 필수적 요소인지, 그리고 사회복지가 개인과 공동체의 삶을 어떻게 지탱하고 발전시키는지를 기초적으로 이해할 수 있다.

2014년 서울 송파구의 반지하 주택에서 생활고를 겪던 세 모녀가 스스로 생을 마감한 사건은 한국 사회를 깊이 흔들었다. 이들은 기초생활보장제도의 사각지대에 놓여 있었고, 주변과 단절된 채 제도의 문턱을 넘지 못하였다. 이는 개인의 무능이 아니라 구조적 안전망의 결함이 빚은 비극이었다(보건복지부, 2014; 공익인권법재단,

2014). 사회복지가 없거나 미흡할 때, 빈곤은 곧 생존의 위기로 이어질 수 있음을 여실히 보여준다.

2022년 여름, 기록적인 폭우로 서울 관악구와 동작구 등 반지하 주택들이 순식간에 물에 잠겼고, 한 가족이 탈출하지 못해 목숨을 잃었다. 반지하라는 주거 형태 자체가 이미 기후 재난에 취약했음에도, 제도적 대응은 충분하지 않았다. 도시의 구조적 불평등과 기후위기가 겹칠 때, 저소득층은 치명적 위험에 더 쉽게 노출된다(서울연구원, 2023; 시사IN, 2022). 이는 사회복지가 단순한 빈곤 지원을 넘어 주거 안전, 재난 대비, 회복 지원까지 포괄해야 함을 시사한다. 즉, 사회복지는 '생활비 지원'에만 머무르지 않고, 위험에 대비하고 다시 일어설 수 있도록 돕는 역할까지 포함한다.

코로나19 팬데믹은 또 다른 차원의 위험을 드러냈다. 감염병은 전 사회에 영향을 주었지만, 저소득층 · 노인 · 장애인 · 비정규직 노동자 등은 더 심각한 피해를 입었다. 일자리 상실, 돌봄 공백, 의료 접근성 부족 등은 사회적 격차를 심화시켰다. 동시에 긴급재난지원금, 공공의료 서비스, 돌봄서비스 확대는 사회복지가 공동체의 회복을 떠받치는 핵심 기제임을 입증하였다(OECD, 2020; 국회예산정책처, 2021; WHO, 2022). 복지는 취약계층 보호를 넘어 사회 전체의 회복력(resilience)을 강화하는 기반이었다.

세 사건은 공통적으로 개인이 감당할 수 없는 사회적 위험의 실체를 보여준다. 빈곤, 주거 불평등, 기후 재난, 감염병은 모두 구조적 위험이며, 이를 예방하고 완화하며 대응하는 것은 국가와 사회의 책무다. 사회복지는 단순한 시혜가 아니라 시민의 권리이자 공동체 유지의 전제 조건이다. 현대 사회에서 사회복지가 필요한 이유는 바로 여기에 있다. 사회복지가 존재할 때 우리는 최소한의 안전을 보장받고, 존엄을 유지하며, 위기를 함께 극복할 수 있다(OECD, 2023; WHO, 2022; 서울연구원, 2023). 본 장에서는 현대 사회에 등장하는 다양한 신위험을 분석하고 사회복지가 이를 어떻게 대응하는지를 살펴봄으로써 사회복지의 필요성을 이해하고자 한다.

1 현대 사회와 신위험

현대 사회는 과거 산업화 시대와는 다른 양상으로 사회 구성원들의 삶을 위협하는 새로운 형태의 위험에 직면하고 있다. 최근 들어 위험이라는 개념은 현대 사회의 특징과 변화 양상을 설명하는 중요한 틀로 주목받고 있다. 위험은 종종 재난(disaster)과 대비되어 설명되는데, 미래에 일어날 가능성이 있으며 우리에게 위협이 될 수 있는 사건으로 정의되거나, 일어날지 확실하지 않지만 발생할 수 있고 측정하기 어려운 위험에 대한 불안으로 이해되기도 한다(남은영, 2015).

이는 사회복지제도의 존재 이유와 필요성을 더욱 부각하는 요인으로 작용한다. 현대 사회는 20세기 복지국가 모델만으로 대응하기 어려운 다양한 구조적 변화를 겪고 있다. 20세기 복지국가 모델은 산업화 시대의 전통적인 사회적 위험(질병, 노령, 실업 등)에 대응하기 위해 설계되었지만, 21세기에 접어들면서 전통적인 산업국가가 경험하는 것과는 다른 새로운 사회적 위험(new social risks)이 급증하고 있다. 산업화 이후 사회에 나타난 대량실업, 직업 관련 질병, 환경오염, 교통사고, 노후빈곤 등은 더 이상 개인의 선택이나 잘못에서 비롯된 문제가 아니다. 이와 같은 현상은 현대 사회의 구조적 특성과 제도적 결함에서 비롯된 것으로, 오늘날에는 사회적 위험으로 분류된다. 한국 사회에서도 이러한 위험 인식은 꾸준히 확대되어 왔다.

독일 사회학자 울리히 벡(Ulrich Beck)은 현대 사회를 '위험사회(risk society)'라고 불렀다. 그는 『위험사회』(1986)에서 산업화 이후의 사회는 물질적 풍요를 얻었지만 동시에 핵발전, 환경오염, 기후변화, 기술 실패와 같은 새로운 위험을 대량으로 만들어냈다고 분석하였다. 이러한 위험은 특정 개인이나 계층에 국한되지 않고, 사회 전체에 광범위하게 영향을 미치며, 국경을 넘어 전 지구적 차원에서 확산된다는 특징을 가진다. 즉, 현대 사회의 위험은 전통적 재난처럼 '눈앞의 사건'이 아니라, 지속적이고 구조적인 사회적 문제라는 점에서 다르다.

이러한 새로운 위험은 사회 전체의 안정과 국민 개개인의 삶을 위협하며, 복지국가의 중요성을 더욱 커지게 하고 있다.

1) 현대 사회의 구조적 변화 현상

(1) 인구구조의 급격한 변화

가장 두드러진 신위험은 인구구조의 급격한 변화에서 나타난다.

① 저출산 · 고령화 심화

오늘날 한국 사회는 저출산과 고령화가 동시에 심화되고 있다. 고령화란 전체 인구 중 65세 이상이 차지하는 비율이 높아지는 현상을 말한다. 국제적으로는 고령화 사회(65세 이상 인구 비율 7% 이상), 고령사회(14% 이상), 초고령사회(20% 이상)로 구분한다. 우리나라는 서구 선진국보다 훨씬 빠른 속도로 이 과정을 겪고 있으며, 2000년에 고령화 사회에 진입한 이후 2018년에는 고령사회로, 2026년경에는 초고령 사회에 도달할 것으로 전망된다.

이와 동시에 출산율은 지속적으로 낮아지고 있다. 산업화와 도시화의 진전, 여성의 사회적 지위 변화, 결혼과 출산 연령의 상승, 미혼 인구 증가 등이 주요 원인으로 지적된다. 실제로 합계출산율은 2022년 0.78명, 2023년 0.72명으로 떨어졌으며, 2024년에는 0.68명까지 하락할 것으로 예상된다. 이는 세계적으로도 매우 낮은 수준이다. 해외 언론에서도 한국의 저출산을 심각하게 바라보며, 한 칼럼에서는 “중세 유럽 흑사병 당시보다 더 큰 인구 감소 충격”이라고 평가하기도 하였다.

이러한 인구 변화는 단순히 인구수가 줄어드는 것에 그치지 않고, 인구구조 자체를 크게 바꾼다. 한국의 인구는 2020년 5,184만 명을 정점으로 감소세에 들어섰다. 통계청의 장래인구추계에 따르면, 생산연령인구(15~64세)는 2022년 3,674만 명에서 2072년 1,658만 명으로 절반 이상 줄어들 전망이다. 반면 같은 기간 65세 이상 고령 인구는 898만 명에서 1,727만 명으로 늘어나, 결국 고령층이 생산연령층을 넘어서는 사회가 된다(그림 1-1).

이와 같은 변화는 가정과 사회 전반에 깊은 영향을 미친다. 가족 구조는 축소되고 부양 부담은 증가하며, 노후 빈곤 가능성도 커진다. 특히 이러한 인구 변화 속도는 사회보장제도의 성숙보다 빠르게 진행되고 있어, 제도 개혁이 불가피하다. 노후소득 보장이라는 본래 목표보다 재정 안정화에 초점을 맞출 수밖에 없는 상황이 전개되고 있는 것이다.

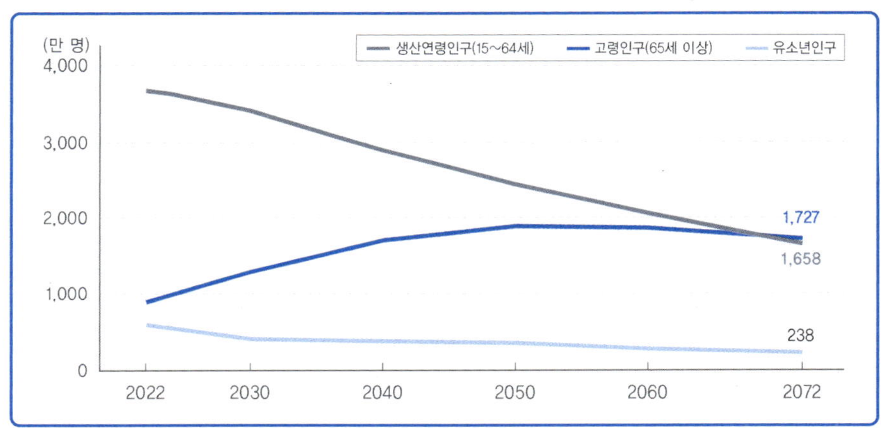

〈그림 1-1〉 **저출산·고령화에 따른 인구구조 변화**

자료 : 통계청 장래인구추계(2022-2072).

② 가족 해체와 돌봄 공백

우리 사회는 저출산과 고령화의 심화, 개인주의의 확산, 만혼(결혼 연령의 상승), 이혼 증가 등이 복합적으로 작용하면서 가족 구조와 기능이 빠르게 변화하고 있다. 특히 고령인구가 급속히 증가하면서 돌봄과 부양이 필요한 인구가 늘어나는 반면, 가족 규모의 축소, 맞벌이 부부의 증가, 가족 해체 현상 등으로 가족 내 돌봄을 담당할 수 있는 인적 자원은 줄어들고 있다. 그 결과 가족이 수행하던 돌봄과 부양 기능은 점차 약화되고 있으며, 돌봄 공백에 노출될 위험이 높아지고 있다(김유경, 2017).

우리나라의 전통적 부양 관념은 효를 기반으로 한 가족 중심의 부양에 뿌리를 두고 있었다. 그러나 가족주의의 약화, 핵가족화와 소가족화, 여성의 사회적 진출 확대, 그리고 법 · 제도의 변화는 점차 가족 부양 기능의 축소와 공적 부양의 확대를 이끌고 있다. 실제로 기대수명이 2000년 76.0세에서 2015년 82.0세로 증가하면서 고령인구도 크게 늘어났다. 고령화율은 같은 기간 7.3%에서 13.2%로 상승하여, 노인을 돌봐야 하는 사회적 수요는 지속적으로 증가하고 있다. 이에 비해 가족 규모는 점점 작아져 평균 가구원 수가 2000년 3.1명에서 2015년 2.5명으로 줄어들었으며, 맞벌이 가구는 2000년 35.4%에서 2014년 43.9%로 늘어났다. 이러한 변화는 전통적 가족 부양 체계가 더 이상 충분히 작동하기 어렵다는 점을 보여준다.

이처럼 고령화와 가족 구조의 변화가 겹치면서 돌봄 공백, 가족 해체, 빈곤의 위험이 새로운 사회문제로 부상하고 있다. 신빈곤층의 증가, 별거 · 이혼으로 인한 가족 해체, 자살과 재난과 같은 응급 상황 등은 많은 가정이 가족 보호 기능을 상실하거나 위기를 겪고 있음을 드러낸다. 그러나 이러한 다양하고 특수한 가족 욕구에 대응할 맞춤형 사회복지서비스는 여전히 충분하지 않은 것이 현실이다. 따라서 가족 구조와 기능의 변화에 따른 사회적 위험에 대응하기 위해, 공적 차원의 복지 제도와 서비스 체계를 강화하는 것이 중요한 과제로 제기되고 있다.

(2) 1인 가구의 전 세대적 증가

우리 사회에서 1인 가구는 종종 '불완전'하거나 '비정상적'인 형태로 인식되기도 한다. 그러나 이미 가장 보편적인 가구 형태로 자리 잡았음에도 불구하고, 일부에서는 여전히 저출산 · 고령화의 원인으로 지목하는 경우가 있다.

1인 가구(one person household)란 혼자서 독립적으로 살림을 유지하는 가구를 뜻하며, 통계청의 인구주택총조사에 따르면 취사 · 취침 등 생계 활동을 혼자 수행하는 경우를 말한다. 즉, 부족 사회나 대가족 · 핵가족과 같은 집단 단위가 아니라 개인을 단위로 가구가 정의된다는 점이 특징이다. 이 용어는 단독가구, 독거가구, 독신가구 등과 혼용되기도 하지만, 엄밀히 구분하면 서로 차이가 있다. 예컨대 독신가구는 미혼, 이혼, 사별 등으로 법적 배우자가 없는 상태의 개인 가구를 의미하며,

단독가구는 한 명 또는 부부만으로 구성된 소규모 가구를 말한다. 최근에는 이들 개념보다 1인 가구라는 용어가 주로 사용되고 있다(변미리, 2015).

누구나 인생의 한 시점에서 1인 가구로 살 가능성이 있다. 학업이나 취업을 위해 집을 떠난 청년, 결혼하지 않은 비혼자, 또는 이혼·사별로 배우자를 잃은 사람 모두가 1인 가구의 범주에 속한다. 따라서 1인 가구는 특정한 개인적 사연에 국한되지 않고, 현대 사회에서 누구나 경험할 수 있는 보편적 생활 형태로 자리 잡았다. 실제로 2022년 기준 한국인의 약 35%가 1인 가구에 속하며, 통계청 전망에 따르면 2050년에는 전체 가구의 약 40%가 1인 가구가 될 것으로 예상된다.

1인 가구 증가에 따른 사회적 과제도 함께 부각되고 있다. 여성가족부가 실시한 「2020년 가족실태조사」에 따르면, 1인 가구의 42.4%가 균형 잡힌 식사를 하기 어렵다고 답했으며, 가장 필요한 지원 정책으로는 절반 이상(50.1%)이 주택 안정 지원을 꼽았다(그림 1-2). 즉, 건강 문제와 주거 불안이 1인 가구의 대표적인 사회적 위험 요인으로 확인된 것이다.

결국 1인 가구의 확산은 개인의 생활 방식 변화이자, 우리 사회가 대응해야 할 새로운 사회복지 과제를 제기한다. 건강, 주거, 고립, 안전망 문제 등은 더 이상 개인이 혼자 해결하기 어려운 영역이며, 공공적 차원의 지원과 제도적 대책이 필요하다.

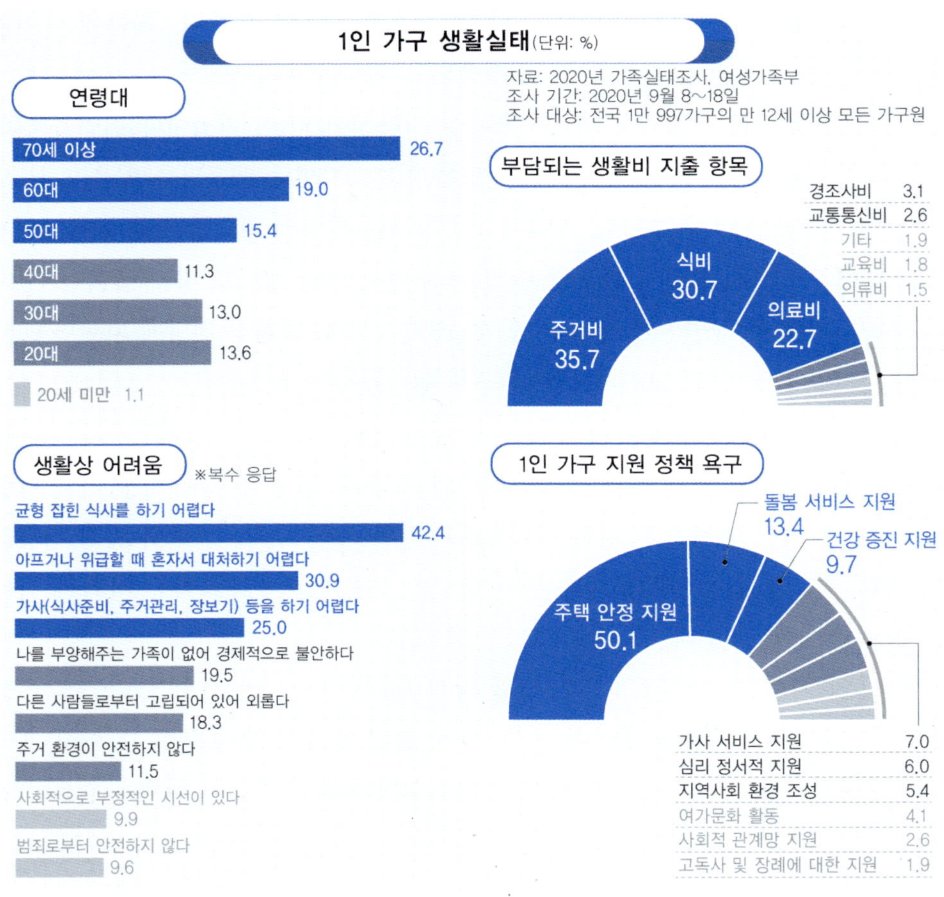

〈그림 1-2〉 2020년 가족실태조사

자료 : 여성가족부. 2020년 가족실태조사.

1인 가구는 다인 가구에 비해 상대적으로 건강과 주거 환경 측면에서 취약한 것으로 나타난다. 먼저 건강 상태를 보면, 신체적 건강뿐 아니라 심리 · 정서적 건강 수준이 낮게 보고되는 경우가 많다. 이는 혼자 생활하면서 나타나는 사회적 고립감과 생활습관의 불균형이 영향을 미치기 때문이다(여성가족부, 2020). 주거 환경 또한 열악한 경우가 많은데, 지하나 옥탑방과 같은 주거 형태에 거주하는 비중이 높으며, 주택의 성능이나 안전 환경이 충분히 확보되지 못하는 경우가 많다(통계청, 2022).

연령대별로 살펴보면, 1인 가구가 직면하는 위험 요인은 각기 다르게 나타난다.

- 청년층(20~30대)은 취업의 어려움, 불규칙한 생활로 인한 건강 저해 행위(예: 불규칙한 식사, 과음, 흡연), 그리고 주거 수준이 낮은 환경에 거주하는 문제가 두드러진다. 즉, 경제적 불안정과 건강관리의 취약성이 주요 위험 요인이다(여성가족부, 2020).
- 중년층(40~50대)은 가족 해체(이혼 · 별거), 경제활동의 중단이나 비경제활동 상태, 정신건강의 저하가 중요한 위험 요소로 나타난다. 이 시기에는 사회적 관계망이 줄어들고, 경제적 · 정서적 불안이 동시에 나타날 수 있다(변미리, 2015).
- 노년층(60대 이상)은 빈곤 문제와 건강 악화가 가장 큰 위험 요인이다. 특히 만성질환의 유병률이 높고, 낙상 등 주거 안전사고에 쉽게 노출된다. 이는 주거 환경이 불안정하거나 노후 주택에 거주하는 경우와 밀접하게 연관된다(김유경, 2017).

이와 같이 1인 가구는 연령대별로 서로 다른 사회적 위험에 노출되어 있으며, 그 특성을 이해하는 것이 중요하다. 청년에게는 일자리와 주거안정 지원이, 중년에게는 정신건강 서비스와 사회적 관계망 회복이, 노년층에게는 소득 보장과 의료 · 돌봄 서비스가 필요하다. 따라서 1인 가구 문제는 단순히 개인의 생활 문제가 아니라, 사회 전체가 함께 대응해야 하는 복지 과제임을 알 수 있다.

〈표 1-1〉 세대별 1인 가구 특성

구분	특성
공통 특성	• 일자리 : 시간제 일자리 비중 높음 • 건강 상태 : 신체적 및 심리 · 정서적 건강수준 낮음 • 주거 형태 : 자가소유율 낮으며, 보증부 월세 비중 높음. 주거광열수도비 지출 비중 높음 • 거주 환경 : 지하 · 옥탑 거주 비중 높음, 주택 성능 및 환경 부적절 • 높은 근로빈곤율
청년 1인 가구	• 높은 취업률 • 음주 · 흡연율 높음 • 높은 월세 비중
중년 1인 가구	• 미혼이나 이혼으로 인한 1인 가구 비중 증가 • 노후 준비 미흡 : 국민연금, 퇴직 및 개인연금 가입 비중 낮음 • 낮은 취업률과 높은 실업률 • 건강 상태 : 다인 가구와 건강수준 격차 큼, 보건의료비 지출 비중 높음. 특히 만성질환율, 우울, 자살위험도 높음 • 삶의 만족도 가장 낮음 • 지하 및 옥탑 거주 비중 가장 높음 ※ 50대 우울의심률 및 자살생각률 급증
노년 1인 가구	• 보건의료비 지출 비중 높음 • 정서적 학대와 적절한 돌봄으로부터 방치 및 사회적 고립 위험 • 가정 내 안전사고율 높음

자료 : 보건지부(2015). 1인 가구 증가에 따른 신사회적 위험 대응전략.

1인 가구에 대한 사회보장정책은 연령대별로 다양하게 구성되어 있으며, 이를 통해 1인 가구의 취약성을 보완하려는 노력이 이어지고 있다.

- 청년층에게는 주거안정 지원(예 : 청년월세지원)과 공공임대주택 제공(통합공공임대 등이 있음) 등의 제도가 실제로 시행되고 있다(서울주거포털, 청년월세지원; 마이홈포털, 청년 주거지원). 또한 고용지원제도(일학습병행제, 취업성공패키지)나 정신건강 검진 서비스 등도 청년층을 대상으로 제공 중이다.
- 중년층 1인 가구에는 근로장려금 제도, 취업 알선 서비스, 건강검진 프로그램, 안전사고 예방 사업, 위기관리 및 정신건강 지원 등이 포함된다. 이들 정책은 중년기의 사회 · 경제적 불안에 대응하기 위한 복지망 역할을 수행한다.

- 노년층 1인 가구를 위해서는 빈곤 완화를 위한 기초노령연금, 노인일자리 사업, 장기요양보험을 통한 요양 서비스 및 건강증진사업, 주거 환경 개선과 주택 연금 제도, 독거노인 돌봄서비스, 치매 예방 사업 등이 제공되고 있다. 특히 노인일자리 확대는 최근 정부가 역점을 두는 분야로, 2024년에는 노인일자리 사업이 대폭 확대되었다는 보건복지부 발표가 있다(보건복지부, 2024). 이처럼 정책은 연령대별로 1인 가구의 다양한 위험 요인에 대응하기 위한 복지제도로 구성되어 있으며, 각 계층의 특성과 상황을 반영한 제도 설계가 중요하다.

(3) 노동시장의 분절과 비정형 노동의 확산

현대 사회의 노동시장은 기술혁신과 디지털화, 글로벌 경제 환경 속에서 빠르게 변화하고 있다. 이 과정에서 표준적 고용관계가 약화되고, 비정규직 · 특수고용 · 플랫폼 노동과 같은 비정형 노동이 확산되면서 노동시장의 분절화가 심화되고 있다. 이러한 변화는 단순히 고용구조의 문제를 넘어 사회보장체계의 전제를 흔들며, 새로운 취약계층인 프레카리아트(precariat)를 등장시키는 요인으로 작용한다. 특히 여성, 청년, 고령자 등은 이 같은 변화에 상대적으로 더 큰 영향을 받는 집단으로, 노동시장의 불안정성과 사회보장 사각지대에 동시에 노출되고 있다.

① 비정형 노동의 증가

최근 노동시장은 정보통신기술의 발달과 기업의 비용 절감 전략으로 인해 전통적인 고용관계에서 벗어난 다양한 형태의 비정형 노동이 빠르게 늘어나고 있다. 기업은 글로벌 경쟁 속에서 고용을 외주화하거나 해외로 이전하고 있으며, ICT 발전은 온라인 플랫폼 노동이라는 새로운 고용 형태를 확산시키고 있다. 실제로 한국의 임금노동자 중 약 36.3%가 비정규직에 해당하며, 특수고용이나 플랫폼 노동자를 포함하면 불안정 노동자의 규모는 이보다 훨씬 크다. 이러한 변화는 노동시장의 이중구조를 심화시키며, 안정된 고용과 불안정한 고용 사이의 격차가 확대되고 있다(한국

보건사회연구원, 2020).

이 과정에서 프레카리아트라는 새로운 취약계층이 나타난다. 프레카리아트는 '불안정(precarious)'과 '프롤레타리아트(proletariat)'의 합성어로, 고용 불안과 저소득이 중첩된 상태에 놓인 사람들을 가리킨다. 이들은 안정적인 직장과 사회보험제도에서 배제되어 있으며, 작은 위험에도 생활이 크게 흔들릴 수 있다. 따라서 프레카리아트는 오늘날 사회복지가 반드시 대응해야 할 대표적인 집단으로 꼽힌다.

② 여성의 경제활동 참여 증가와 노동시장 불안정

노동시장의 불안정화는 특정 집단에 특히 큰 영향을 주는데, 여성 노동자가 대표적인 사례이다. 한국 사회에서 여성은 여전히 낮은 취업률을 보이며, 임신·출산·자녀 양육 과정에서 안정적인 일자리에서 벗어나 유연성이 높은 비정형 노동으로 이동하는 경우가 많다. 조사에 따르면 자녀로 인해 일을 변경한 경험이 남성(33.6%)에 비해 여성(70.4%)에게서 두 배 이상 높게 보고되었다(박은정, 2021). 이는 보육서비스 부족이나 직장에서 출산휴가·육아휴직을 활용하기 어려운 현실 때문으로 분석된다. 결국 많은 부모가 아이 돌봄 때문에 고용 안정성을 포기하고 불안정 노동을 선택하게 되며, 이는 여성 노동자에게 특히 큰 부담으로 작용한다. 따라서 육아친화적 정책과 보육서비스 접근성 강화는 비정형 노동 확산을 완화하고, 부모가 안정적인 일자리에서 자녀 양육과 일을 병행할 수 있도록 지원하는 핵심 과제라 할 수 있다(이승윤, 2020).

③ 가족 기능의 약화와 복지 책임의 재분배

현대 사회에서 가족은 더욱 작은 단위로 나뉘고 있다. 이로 인해 개인은 가족의 의존 및 부양을 넘어서 자신의 삶에 대해 더 많은 책임을 져야 하는 상황에 처하고 있다. 전통적으로 복지 수요를 충당하던 가족의 기능이 약화되고, 그 빈자리를 채워야 하는 복지국가의 기능이 필수적으로 요구된다. 특히 아동의 양육은 더 이상 여성의 문제가 아닌 부모의 권리로 인식되며, 국가가 출산 및 육아로 제한되는 여성의 사회참여 문제에 적극적으로 개입해야 할 필요가 있다.

❑ 가족 구조 변화와 기능 약화 현상

현대 사회는 산업화와 도시화, 후기 산업사회로의 이행 속에서 가족의 구조와 기능이 빠른 속도로 변화하고 있다. 특히 저출산·고령화로 인한 노인 인구 증가, 만혼(결혼 연령 상승), 이혼율 증가, 개인주의의 확산 등 여러 요인이 복합적으로 작용하면서 가족의 모습은 과거와 크게 달라지고 있다. 과거 확대가족 시절 가족은 보호·부양·교육·정서적 지원을 책임지는 가장 기본적인 사회 단위였다. 그러나 현대에 들어 가족 규모가 축소되고 세대 구성도 단순화되면서, 돌봄과 부양 같은 역할을 충분히 수행하지 못하게 되었다.

- 가족 기능 공백 : 핵가족 중심 사회에서는 보호·지원·교육 기능이 약해지고, 가족은 점차 외부 기관(학교·병원·복지관 등)에 의존하게 된다.
- 사회안전망 기능 약화 : IMF 경제위기나 글로벌 금융위기와 같은 충격, 그리고 가계 부채 증가, 물가 상승, 실업률 상승은 가족이 위기 시 안전망 역할을 수행하기 어렵게 만들었다.
- 정서적 유대 약화 : 가족 간 정서적 유대가 약해지고 전통적 성 역할이 혼재되면서, 가족 갈등이 늘어나고 해체 가능성이 높아졌다.

즉, 가족은 더 이상 전통적인 의미의 "완전한 보호망"이 되기 어렵고, 사회복지 시스템이 공백을 보완해야 하는 시대가 도래한 것이다.

❑ 개인주의의 확산과 책임 논쟁

가족 기능이 약화되는 동시에, 현대 사회는 개인주의 가치가 확산되고 있다. 과거에는 집단의 이익과 가족의 부양의무가 우선시되었지만, 오늘날에는 개인의 권리와 욕구가 점점 더 강조되고 있다(김유경, 2017)

- 노후 책임의 개인화 : 평균수명이 길어지면서 "노후는 스스로 준비해야 한다"

는 인식이 확산되고 있다(2015, 성인지 통계). 실제로 부모 부양을 가족의 책임으로 보는 비율은 2002년 70.7%에서 2014년 31.7%로 감소한 반면, 부모 스스로 해결해야 한다는 응답은 크게 늘어났다.

- 세대 간 가치관 차이 : 기성세대는 여전히 유교적 가족주의 규범에 따라 자녀에게 부양을 기대하지만, 젊은 세대는 개인주의적 사고와 경제적 현실 속에서 부모에게 의존하기도 하는 "서정적 가족주의" 양상을 보인다. 이 차이는 세대 간 갈등을 불러온다.
- 성 역할 갈등 : 여성의 경제적 독립과 평등 의식은 빠르게 확산되었지만, 남성의 가부장적 가치관 변화는 더디게 진행되면서 부부간 갈등이 심화되는 경우가 많다.

이처럼 가족의 약화와 개인주의 확산은 복지 책임을 개인의 책임으로 볼 것인가, 사회가 함께 분담할 것인가에 대한 논쟁을 불러왔다.

❑ 복지 시스템의 대응 필요성

현대의 가족은 위기 상황에서 여전히 '가족 내부의 협력'을 우선적인 대응 방식으로 선택한다. 예컨대 경제적 위기, 돌봄 위기, 관계 위기 상황에서 가족이 협력하여 해결하려 한다는 응답이 80% 이상을 차지하였다(김유경, 2016). 하지만 동시에 외부 지원의 부족이나 도움 요청 방법을 알지 못한다는 점이 주요 장애 요인으로 지적되었다. 이는 가족의 노력만으로는 위기를 극복하는 데 한계가 있음을 보여준다.

따라서 사회는 가족에게만 양육과 부양의 책임을 맡길 것이 아니라, 사회복지제도와 서비스가 적극적으로 개입해 개인과 가족을 위기에서 보호해야 한다. 공적 복지는 단순히 가족의 부담을 대신하는 것이 아니라, 가족과 사회가 함께 책임을 나누고 협력하는 과정이다. 이를 통해 가족 기능의 약화를 보완하고, 개인이 안전하고 존엄한 삶을 유지할 수 있도록 돕는 것이 현대 사회복지의 핵심 과제가 된다.

④ 기술 발전과 미래 사회의 불안전성

제4차 산업혁명은 정보통신기술(ICT)의 융합과 고도의 기술 발전을 기반으로 하여 생산성을 높이고 거래 비용을 낮추는 것을 특징으로 한다. 이론적으로는 이러한 변화가 소득 증가와 삶의 질 향상으로 이어질 수 있으며, 많은 기대를 모으고 있다. 그러나 동시에 사회 전반에는 새로운 불평등과 불안정성이라는 위험 요인이 함께 내포되어 있다.

❑ 제4차 산업혁명의 특징과 기술적 위험

- 기술 혁신의 특성과 지능정보사회 : 제4차 산업혁명은 인공지능(AI), 로봇공학, 사물인터넷(IoT), 빅데이터를 중심으로 하는 혁신적인 변화로 정의된다. 이는 디지털 혁명을 토대로 바이오 기술, 나노 기술 등 다양한 과학기술을 융합하면서 개인과 기업, 사회 시스템의 패러다임을 근본적으로 바꾸고 있다. 이러한 변화 속에서 출현하는 지능정보사회는 빅데이터와 인공지능을 다양한 분야에 보편적으로 활용해 새로운 가치를 창출하는 사회를 의미한다. 지능정보사회는 두 가지 특성을 지닌다. 첫째, 사물과 사물이 끊임없이 연결되는 초연결성(hyper-connected), 둘째, AI와 빅데이터가 융합하여 인간의 판단과 의사결정을 대체할 수 있는 수준의 고지능화(hyper-intelligent)이다.
- 미래 사회의 주요 사회적 위험 : 제4차 산업혁명은 단순히 생산성의 향상을 넘어서, 생산체계 자체의 변화를 동반한다. 그 결과 기술 발전이 가져오는 변화는 미래의 가능성에 머물지 않고, 실제로 '상상이 현실이 되는 사회적 위험(imaginary social risk)'으로 구체화될 수 있다.
  - 노동력 대체와 일자리 양극화 : 인공지능과 로봇이 생산과 유통 과정을 대체하면서 노동시장은 양극화된다. 즉, 고기술 · 고임금 일자리는 늘어나지만 저기술 · 저임금 일자리는 감소하고, 중간 계층이 축소되면서 장기적으로 고용 붕괴로 이어질 수 있다.
  - 불평등 심화 : 기존 사회문제였던 저출산 · 고령화와 소득 격차는 더욱 심각

해질 가능성이 크다. 특히 기술 편향적 변화(skill-biased technological change)는 지식과 기술을 가진 사람과 그렇지 못한 사람 간 격차를 확대하는 핵심 요인으로 지적된다.

- 부의 편중 : 새로운 기술과 플랫폼 시장을 선점한 기업과 국가, 그리고 전문 기술을 가진 일부 집단은 더 많은 부를 축적하는 반면, 다른 집단은 소득과 자산에서 더욱 뒤처지게 된다. 이는 결국 중산층의 축소와 극단적 양극화로 이어질 수 있다.
- 고령화 가속화 : 제4차 산업혁명은 평균 기대수명을 연장시키는 긍정적 효과를 주지만, 동시에 저출산 현상을 심화시켜 인구 고령화를 가속화할 것으로 예상된다.

❑ 고용 형태의 변화와 사회보장 사각지대 확대

제4차 산업혁명은 전통적인 산업 구분을 무의미하게 만들고, 기존의 근로자(정규직 노동자)나 독립사업자(자영업자) 범주에 포함되지 않는 새로운 형태의 취업자를 등장시키고 있다. 특히 비정형 노동의 확산은 노동의 유연성과 연결성을 극대화하는 방향으로 진행되고 있으며, 이는 곧 주문형 경제(on-demand economy)의 확산으로 나타난다. 예를 들어, 우버(Uber) 기사나 배달 앱 노동자는 전통적인 고용주와 근로계약을 맺는 것이 아니라 서비스 제공 계약을 체결하는 방식으로 일한다. 이들은 근로자가 아닌 '독립 노동자(프리랜서 노동자)'로 간주되며, 필요한 사회보험 비용조차 스스로 부담해야 하는 상황에 놓인다. 이러한 변화는 노동자가 아닌 노동자를 양산하는 결과를 가져오며, '노동유연성의 극대화'라는 또 다른 표현으로 이해될 수 있다.

비정형 일자리와 1인 기업의 증가는 소득 창출 기회를 제한하고, 개인 간 소득과 부의 격차를 심화시키는 원인이 된다. 즉, 일부 고숙련 전문가는 고소득을 얻는 반면, 다수의 불안정 노동자는 불안정한 생활을 지속해야 하는 양극화 현상이 심화된다.

❑ 기존 사회안전망의 한계

제4차 산업혁명 시대의 새로운 사회적 위험은 기존 사회보험제도나 공공부조만으로는 충분히 대응하기 어렵다. 사회보험은 실업, 노령, 질병 등 전통적인 사회적 위험에 대응하기 위해 설계되었지만, 비정형 노동 확대와 같은 새로운 위험에는 구조적으로 취약하다.

- 법적 사각지대 : 사회보험법은 주로 '근로자'를 대상으로 설계되어 있기 때문에, 특수형태근로종사자(예 : 대리운전 기사, 학습지 교사)나 플랫폼 종사자처럼 근로기준법상 근로자가 아닌 사람들은 노동법의 보호에서 제외된다. 따라서 이들을 사회보장법으로 포섭할 수 있는 새로운 제도적 장치가 필요하다.
- 근로 빈곤 심화 : 제4차 산업혁명은 일부 고능력 · 고임금 일자리를 창출하겠지만, 다수의 노동자에게는 양질의 일자리를 제공하지 못할 가능성이 크다. 특히 단순 사무직이나 반복적인 노동을 담당하던 중간 계층의 근로자들은 새로운 산업체계에 편입되지 못하고 일자리를 상실해 근로 빈곤층으로 전락할 위험에 놓여 있다.

⑤ 사회적 고립

2000년대 이후 1인 가구가 점차 증가해 2020년 기준 1인 가구는 10가구 중 3가구에 이른다(그림 1-3). 디지털 기술의 발전은 타인과의 물리적 거리를 무색하게 만들었지만, 전원을 끈 실제 세계에서는 혼자 있게 하였다. 사회적 존재로서의 인간을 인간답게 만드는 요소인 타인과의 관계가 단절되고 있다. 연령이 높아질수록 고립된 인구의 비율도 늘어난다. 그 결과 중장년과 노인의 고독사 문제도 늘고 있다(그림 1-4). 청년의 고립 문제가 덜한 것은 아니다. 사회적으로 고립된 청년은 타인과의 관계 형성이나 결혼 및 출산 선택에서 스스로 자신을 배제해 사실상 저출산 문제가 심화할 개연성을 높인다. 합계출산율은 2013년에 1.187로 감소한 이후 2015년에 1.239까지 다소 개선되었으나 최근까지 지속적으로 감소하여 2020년 기준 가임 여성 1인당 0.840에 이르렀다.

사회적 고립에 대한 합의된 정의는 없지만 동거하는 가족이나 업무상 접촉 이외에 가족, 친지, 타인과 유의미한 사적 교류가 없고, 생활에서나 경제적 · 심리적으로 곤란한 상황에 처했을 때 도움을 요청할 수 있는 사적 지지체계가 없는 경우로 정의해볼 수 있다. 동거하는 가족이나 업무상 접촉 이외의 사회적 관계가 없는 경우는 2019년 15.6%에서 2021년 13.7%로 다소 줄었으나, 곤란한 상황이 생겼을 때 도움을 요청할 사회적 지지체계가 없는 경우가 같은 기간 8.9%에서 12.5%로 증가하였다.

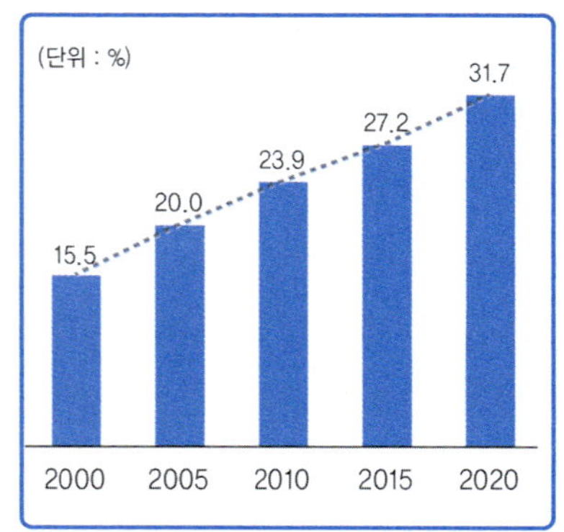

〈그림 1-3〉 **1인 가구 비율**

자료 : 통계청(2022). 1인 가구 비율.

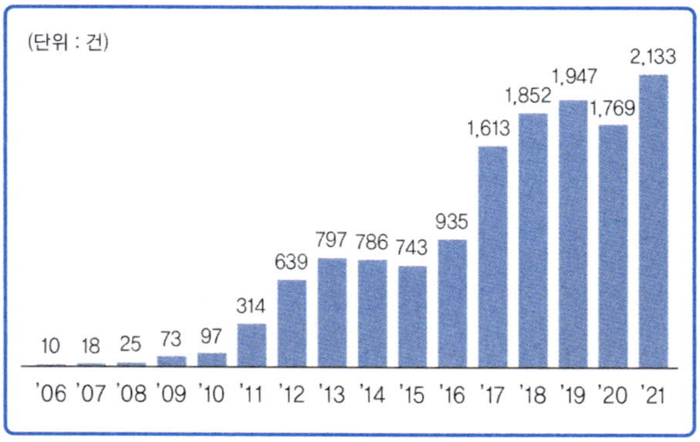

〈그림 1-4〉 **'고독사' 언론 기사량 추가**

자료 : 빅카인즈(2022). 고독사.

⑥ 기후위기

세계의 많은 국가들이 코로나19가 발생하기 전까지는 국가의 운영 기조를 경제성장에 두었고 국민의 안전이나 기후위기 대처에 주력하지 못한 것이 사실이었다. 하지만 최근 지구촌을 강타한 재난 등을 겪으면서 기후위기가 이제는 먼 훗날의 과제가 아닌 시급히 해결해야 하는 문제임을 깨닫고 있다.

인천시사회복지관협회에서 기후위기 취약계층에 대한 실태조사(2021)를 실시하였다. 조사에 응한 인천 거주 112명의 사회적 취약계층 시민들은 기후위기로 인해 힘든 생활상의 문제로 1위 '전염병(코로나19 등)', 2위 '대기오염(미세먼지 등)', 3위 '폭염' 등을 들었고, 일상생활의 심각도에 대해서는 '밥 먹는 것'(83.9%), '씻는 것'(61.3%),

‘자는 것’(91.6%), ‘병원 다니는 것’(86.7%), ‘사람들과 어울리는 것’(90.1%), ‘가사지원’(85.3%) 등이 힘들다고 응답하였다. 또한 사회적 취약계층 시민들은 기후위기로 어려움이 닥칠 때 가장 필요한 것으로 경제적 지원이나 방역물품과 생활필수품 등의 후원물품 지원, 심리적 불안감을 해소할 수 있는 정서적 지원, 기후위기에 대한 정확한 정보 제공 및 교육지원, 그리고 실제적인 기후위기에 대응하고 문제를 해결할 수 있는 다양한 기후위기 캠페인 활동, 실생활에서 적용할 수 있는 생활 속 실천운동 참여 등 다양한 의견을 제시하였고, 나아가 기후위기에 대한 사회적 인식 개선과 관련 예산 확보, 인력 충원 등이 필요하다고 응답하였다.

⑦ 정신병리적 현상 증대 및 사회 안전감 약화

최근 경제적 양극화와 사회안전망 약화, 상대적 박탈감과 삶의 질 저하, 자아실현의 어려움 등으로 무한 경쟁과 개인주의가 극대화되면서 사회적 · 정신병리적 현상인 자살이 급증하고 있다. 우리나라 전체 국민 가운데 8명 중 1명은 중독자일 정도로 우리 사회 내 중독 문제는 심각한 수준이다. 또한 4대 중독, 즉 알코올, 마약, 도박, 인터넷으로 인한 사회 · 경제적 비용은 약 109조 5000억 원으로 기타 질병의 사회 · 경제적 비용과 비교해도 높은 수준으로 추정된다. 2014년 현재 우울증을 앓고 있는 사람도 전 국민의 2.5%(약 100만 명)로 나타났다. 개인의 스트레스, 트라우마, 약물에 대한 조기 노출 중독은 정신건강 문제에 심각한 영향을 주며 궁극적으로는 가족관계 및 가족생활에도 부정적인 요인으로 작용하여 자살 등의 가족 위기를 초래할 가능성이 예상된다. 연도별 자살 규모는 2000년 6,444명에서 2015년 1만 3513명으로 15년간 109.7%의 증가율을 보였다. 자살률도 2015년 인구 10만 명당 29.1명으로 OECD 회원국의 12.0명에 비해 2.4배 높았다. 이와 같이 한국의 자살위험이 가파르게 가시화되고 있고 OECD 회원국 중에서 최고 수준을 기록하였다는 점에서 자살 위기에 대한 사회적 관심과 정책 개입의 필요성이 높게 나타난다. 한편, 사회 안전에 대한 의식이 약해지면서 최근 사회재난이 급증하고 있다. 세월호 사건이나 건물 붕괴 사고 등과 같이 도덕적 해이나 부정부패 등으로 인한 사회재난은 대형 인적 재난으로 이어져 가족 당사자뿐만 아니라 사회 전체에 충격을 주며 국가적 이슈로 떠오르기도 한다. 무엇보다 재난은 갑작스럽게 닥치기 때문에 대비할 수 있는 시간이 주어지지 않는 점에서 삶의 위기로 작용한다.

2 사회복지의 새로운 역할과 필요성

1) 최저생활 보장과 사회적 정의 실현

사회복지제도의 가장 근본적인 필요성은 국민 모두가 인간다운 삶을 유지할 수 있도록 최저생활을 보장하는 것이다. 이는 단순한 시혜적 자선이 아니라 시민의 권리를 제도적으로 실현하는 과정이며, 곧 사회적 정의를 구현하는 길이다. 사회복지는 개인의 존엄을 보장하고 불평등을 완화하는 장치로서, 현대 사회에서 필수적인 제도적 기반이 된다.

이러한 맥락에서 공공부조는 사회보장제도의 핵심적 요소이다. 생활 유지 능력이 없거나 어려운 국민에게 최저생활을 보장하고 자립을 지원하는 공공부조는, 특히 사회보험료를 납부할 경제적 능력이 부족한 사람들에게 제공되는 생존권적 급여이다. 공공부조는 국민생활의 질을 지키는 마지막 안전망으로서, 최저생활 보장을 통해 사회적 정의를 구체적으로 실현한다.

또한 사회복지는 생산적 복지의 기능을 가진다. 근로장려세제(EITC)의 도입은 대표적 사례로, 근로 능력이 있는 사람들에게 근로 성과와 연계된 혜택을 제공함으로써 근로빈곤층의 노동 의욕을 북돋운다. 이는 단순히 소득을 보충하는 데 그치지 않고, 빈곤에서 벗어나도록 지원하며 자립을 촉진한다. 결과적으로 사회복지는 개인의 근로와 사회적 기여를 존중하면서도 최저생활을 보장하는 제도로서 사회정의를 뒷받침한다.

마지막으로, 복지 사각지대 해소는 사회복지의 지속적 과제이다. 기존의 사회보장제도에서 보호받지 못하는 사람들, 갑작스러운 위기로 생계가 무너지는 사람들에게는 즉각적인 지원이 필요하다. 이를 위해 사회안전망은 사회보험, 공공부조, 사회복지서비스를 아우르며, 긴급복지지원제도와 같은 장치를 통해 위험 상황에 신속하게 대응한다. 이러한 장치들은 복지 사각지대를 최소화하고, 모든 국민이 기본적인 생존권을 보장받을 수 있도록 한다.

결국 사회복지는 국민의 최저생활 보장을 실질적으로 구현하고, 이를 통해 사회적 정의를 실현하는 제도이다. 공공부조, 생산적 복지, 사회안전망 강화는 그 구체적 방식이며, 이 모두는 현대 사회에서 사회복지가 필수적임을 확인시켜 준다. 제조업 중심의 산업사회에서는 실업, 노령, 질병 등으로 인한 소득 능력의 상실이 주요한 사회 위험이었고, 현대 사회복지제도는 이를 대처하기 위한 기재로 작동하였다. 후기 산업사회로의 이행 과정에서 나타난 고용구조 변화, 여성의 노동시장 참여 급증, 저출산·고령화, 가족 구조의 불안정성 심화 등은 신사회 위험을 양산하고 있다. 더구나 코로나19 팬데믹 상황을 거치면서 위험 요소는 더욱 심층적이고 복합적인 모습으로 나타나고 있다. 특히, 여성의 노동시장 참여 증대와 비정형적인 가족형태의 증가로 인해 양육이나 간병의 욕구가 더 이상 가족 내에서 충족되기 어려워짐에 따라 새로운 사회문제로 떠오르고 있다.

한국은 UN이 공인하는 '선진국(advanced nation)'이 되었는데, 저출산, 고령화, 탈가족화, 돌봄 공백, 고용 불안, 양극화 등이 지위에 사회·경제적으로 수반된 이른바 '신사회 위험(new social risks)'들에도 압축적으로 직면하게 되었다.

2) 위험관리자로서의 복지국가

현대 사회에서 복지국가는 단순히 빈곤층을 지원하는 제도적 장치를 넘어, 사회적 위험을 관리하는 위험관리자(risk manager)의 위상을 가진다. 이는 복지정책이 더 이상 주변적 기능이 아니라, 국가 운영의 핵심 요소로 자리 잡았음을 의미한다. 복지국가는 시민의 최저생활 보장을 단순한 시혜가 아니라 권리로서 제도화하며,

이를 통해 국가 통치의 패러다임을 형성해 왔다.

전통적으로 복지국가는 실업, 질병, 산업재해, 노령 등 산업사회에서 발생하는 전통적 사회적 위험에 대응하기 위해 발전해 왔다. 예컨대, 사회보험제도는 근로자가 직면할 수 있는 소득 상실을 보전하기 위해 만들어졌고, 공공부조는 최저생활조차 유지하기 어려운 사람들에게 사회적 안전망을 제공하였다. 그러나 후기 산업사회와 탈산업화의 진전 속에서 복지국가가 직면하는 위험의 양상은 크게 변화하였다.

오늘날 사회는 저출산과 고령화, 가족 해체와 돌봄 공백, 불안정 노동과 노동시장의 양극화, 그리고 디지털 전환과 제4차 산업혁명 등 과거와는 다른 새로운 사회적 위험(new social risks)을 경험하고 있다. 이러한 신위험은 개인이나 가족 차원의 대응만으로는 해결할 수 없으며, 기존 제도만으로는 충분히 포괄되지 않는다. 따라서 복지국가는 위험 대응의 범위와 방식을 확장하고, 변화된 사회적 맥락에 맞게 제도의 재편을 시도해야 한다.

복지국가의 역할은 크게 네 가지 차원으로 정리될 수 있다.

- 개인의 필요와 욕구 대처 : 빈곤이나 실업 등 개인이 직접 경험하는 위험을 완화하는 기능이다.
- 정치적 · 경제적 위험관리 : 경기 침체, 불평등, 사회 갈등 등 거시적 위험을 조정하여 사회 전체의 안정성을 확보하는 기능이다.
- 사회적 연대와 응집 형성 : 구성원 간 연대와 사회적 신뢰를 강화하고, 이주민과 같은 새로운 집단을 사회에 통합하는 기능을 포함한다.
- 사회투자적 성격 : 아동, 청년, 평생교육에 대한 투자를 단순한 지출이 아니라 미래의 자립과 사회 발전을 위한 장기적 투자로 인식하는 기능이다.

즉, 복지국가는 위험 사회 속에서 개인의 단기적 필요만을 충족하는 수준을 넘어, 정치적 · 경제적 안정과 사회적 연대, 그리고 미래 세대를 위한 투자까지 포괄하는 위험관리 체제로 발전해 온 것이다.

3) 국가 책임의 중요성 : 개인 및 시장의 한계

현대 사회의 위험은 단순히 개인이나 가족의 노력으로는 감당하기 어려울 정도로 복잡하고 중첩적이다. 저축이나 건강관리와 같은 개인적 차원의 대비는 일시적으로 도움이 될 수 있으나, 소득과 자산이 부족한 사람일수록 위험에 더 취약하다. 또한 가족은 오랫동안 중요한 안전망 역할을 해왔지만, 핵가족화와 1인 가구의 급증, 이혼율 증가, 고령화 등으로 인해 부양과 돌봄의 기능이 점점 약화되고 있다. 결국 개인과 가족은 더 이상 사회적 위험에 충분히 대응할 수 있는 주체가 되기 어렵다.

시장은 보험과 금융을 통해 위험을 분산시키는 기능을 수행하지만, 사회적 위험 관리에서 구조적 한계를 가진다. 시장은 기본적으로 구매력을 전제로 하기 때문에 소득이 낮은 사람이나 취약계층은 배제되기 쉽다. 게다가 시장은 책임성과 공공성이 부족하여, 방사능 누출이나 팬데믹 같은 예측 불가능한 대규모 위험에 대응할 수 없다. 인구 고령화, 저출산, 빈곤층 증가와 같은 집합적 차원의 위험도 시장은 관리하기 어렵다. 결국 시장은 개인적 차원의 일부 위험을 완화할 수 있을 뿐, 사회 전체에 영향을 미치는 집합적 위험에는 대응하지 못한다.

이러한 맥락에서 국가의 역할은 무엇보다도 중요하다. 국가는 사회 전체를 대상으로 설계된 제도적 장치—사회보험, 공공부조, 보편적 복지서비스—를 통해 개인이나 가족, 시장이 감당하지 못하는 위험을 관리할 수 있다. 신종 감염병 확산에 대응한 공공의료 체계, 초고령사회에 대응한 장기요양보험의 확대, 경제위기 시 재난지원금 지급과 같은 사례는 국가가 위험관리자로서 중심적 역할을 수행해야 함을 잘 보여준다. 결국 복지국가는 단순히 사후적으로 위험을 보완하는 수준을 넘어, 위험을 사전에 예방하고 사회 전체가 위험을 분담할 수 있도록 조정하는 공공적 역량을 발휘해야 한다. 이러한 점에서 현대 사회에서 국가 책임은 단순한 선택이 아니라 사회적 위험을 관리하고 사회적 안정성을 유지하기 위한 불가결한 조건이라고 할 수 있다.

4) 신사회적 위험에 대한 복지국가의 전략적 전환

탈산업화 사회에서 등장한 새로운 사회적 위험은 전통적인 현금 이전 중심의 복지 방식만으로는 대응하기 어렵다는 한계를 보여준다. 기존의 복지국가는 실업, 질병, 노령 등 소득 상실에 대응하기 위해 현금급여 중심으로 설계되었지만, 저출산과 고령화, 돌봄 공백, 불안정 노동, 디지털 격차와 같은 새로운 위험은 단순한 현금 지원만으로는 해결할 수 없는 구조적 문제들을 안고 있다. 따라서 복지국가는 정책 목표와 접근 방식을 근본적으로 전환해야 한다.

첫째, 복지국가는 서비스 중심 운영을 강화해야 한다. 단순히 일정 금액의 급여를 제공하는 것이 아니라, 돌봄서비스, 보육, 교육지원, 직업 재훈련 등 다양한 서비스를 통해 개인이 사회적 · 경제적 활동을 지속할 수 있는 기반을 마련하는 것이 중요하다. 이는 개인을 단순한 수혜자가 아니라 사회의 일원으로서 다시 참여하도록 돕는 적극적 방식이다.

둘째, 복지정책은 개인의 역량 강화(empowerment)를 핵심 목표로 삼아야 한다. 아동기에 대한 투자, 청년층을 위한 직업훈련, 중장년층의 평생학습, 일과 가정의 양립을 지원하는 정책은 단기적인 소득 보전을 넘어 장기적으로 개인의 자립을 가능하게 하는 전략이다. 이러한 접근은 수혜자의 의존성을 줄이고 스스로 삶을 관리할 수 있는 능력을 키워주는 데 초점을 맞춘다.

셋째, 복지국가는 단순히 문제가 발생했을 때 사후적으로 대응하는 수준을 넘어, 위험을 사전에 완화하는 선제적 기능을 강화해야 한다. 사회적 연대 부족, 노동시장의 불안정성, 돌봄 공백과 같은 위험 요인을 미리 식별하고 이를 예방하기 위한 정책 개입이 필요하다. 이는 복지국가가 위기 상황에서 '응급 처치자'에 머무르는 것이 아니라, 위험을 미연에 방지하는 예방적 관리자로 기능해야 함을 뜻한다.

마지막으로, 새로운 사회적 위험에 대응하는 정책은 효과가 즉각적으로 나타나지 않기 때문에, 복지국가는 장기적 투자 전략을 채택해야 한다. 저출산 대응 정책, 인적 자원에 대한 투자, 아동과 청년에 대한 교육 및 돌봄 지원은 단기간의 효과보다 장기간의 성과를 염두에 두고 추진되어야 한다. 이러한 시간적 관점은 복지국가가 단기 성과에 급급하지 않고, 세대 간 불평등 해소와 사회 지속 가능성을 고려하는 미래 지향적 복지국가로 발전하는 데 필수적이다.

결론적으로, 새로운 위험 사회에서 복지국가는 단순한 현금 이전의 기능을 넘어, 서비스 제공, 역량 강화, 선제적 예방, 장기적 투자를 아우르는 통합적 역할을 수행해야 한다. 이는 복지국가가 다차원적이고 중첩된 위험을 효과적으로 관리하는 확장된 위험관리자로서 기능함을 의미한다.

3 사회복지의 관점

1) 전통적 접근

(1) 기능적 접근 : 잔여적 관점과 제도적 관점

사회복지의 역할과 기능과 관련하여 두 가지 대조적인 견해가 있다. 첫째는 잔여적 관점으로 이는 사회복지 기능에 있어 비정상적, 보완적, 한정적, 응급조치적인 성격을 강조하는 것이다. 둘째는 제도적 관점으로 정상성, 적절성, 포괄성, 예방성 등의 성격이 강조된다.

① 잔여적 관점

사회복지의 잔여적(residual) 관점은 사회복지를 가족과 시장 체제를 보완하는 조치 정도로 보는 관점이다. 즉, 가족이나 시장경제와 같은 정상적인 사회제도가 개인의 욕구를 적절하게 충족시키지 못할 경우에만 사회복지서비스가 개입해야 한다는 것이다. 사회복지서비스는 응급 상황 동안에만 단기적으로 제공되어야 하며, 개인과 가족의 자활 능력이 회복되었을 때는 사회복지가 철회되어야 한다는 것이다(Wilensky & Lebeaux, 1965). 즉, 개인의 욕구를 충족시켜 주어야 하는 가정이 가장의 실직이나 병고로 제 기능을 하지 못하거나, 시장 체제가 경기침체나 그 밖의 요인으로 인하여 제 기능을 하지 못할 때 사회복지가 가정이나 시장 체제를 대신하여 개입하게 되는 것이다. 이 경우의 사회복지는 보충적, 일시적, 혹은 대체적인 성격을 지니게 된다. 이와 같이 잔여적인 개념에서는 빈곤, 범죄 등의 사회문제의 발생 원인을 개입의 책임으로 돌린다. 수급자의 어려운 상황이 개인의 부적응, 역기능 등에 의해 기인한 것이기 때문에 개인의 부족함, 부적절한 행동, 범죄행위 등에 대하여 비난을 받아야 한다는 것이다(Zastrow, 2013). 사회복지의 잔여적 관점에서는 수당이나 서비스를 받는 것에 대해 낙인을 찍는 스티그마(stigma)가 붙는다.

② 제도적 관점

사회복지의 제도적(institutional) 개념은 사회복지가 현대 산업사회에서 사람들이 만족할 만한 수준의 삶과 건강을 누릴 수 있도록 하며, 각 개인의 자아성취를 돕기 위한 적절하고 타당한 기능을 수행하는 것을 의미한다(Wilensky & Lebeaux, 1965). 이는 현대 산업사회에서 사회복지란 정상적인 일상 기능으로서 역할을 할 수 있다는 것을 전제로 한 개념이다. 개인의 어려운 상황은 환경(사회)에서 기인하는 것이기 때문에 사회는 개인이 제 기능을 할 수 있도록 사회제도를 개선하는 데 초점을 두어야 한다는 것이다. 현대 사회에서는 개인들이 자신의 힘만으로 삶에 필요한 자원을 획득하기 어려운 상황이 정상적인 것으로 간주된다(김영종, 김은정, 2022). 가족이나 시장 제도의 불안정성도 임시적이거나 특수한 상황이 아니라 상시적이고 일반적인 것이 된다. 이러한 제도적 개념에는 수당과 서비스를 받는 데 있어 스티그마가 따라붙지 않는다. 수급자는 그러한 원조를 받을만한 권리가 있다고 간주한다. 현대 산업사회에서는 핵가족화가 불가피하고 가족의 복지적 · 교육적 기능이 약화되기 때문에 아동의 양육, 청소년의 교육, 노인과 장애인의 보호 및 그들의 사회화 기능을 가족이 전적으로 책임질 수는 없다.

어떤 사회의 복지 시스템을 잔여적 혹은 제도적 성격 중 하나에 속하는 것으로 명확하게 구분하는 것은 현실적으로 불가능하다. 한 사회 내에서도 잔여적 혹은 제도적 차원의 사회복지 특성들이 혼재될 수 있기 때문이다. 또한 문제의 성격도 여전히 잔여적으로 간주되어야 하는 것과 제도화를 필요로 하는 경우로 구분될 수 있다. 그럼에도 전반적인 경향에서 현대 사회의 사회복지 시스템은 잔여적 성격에서 제도적 성격으로 뚜렷이 이행되어 가고 있다(김영종, 김은정, 2022). 예를 들어, 우리나라의 아동보육제도는 이러한 경향을 명확하게 보여 준다. 과거에는 가정에서 아동 양육이 어려운 경우에만 사회적 지원이 이루어졌지만, 현재는 아동 보육을 사회가 전반적으로 책임지는 방식으로 제도가 변화하고 있다.

(2) 대상 범주적 접근 : 선별주의 관점과 보편주의 관점

사회복지는 사회적 서비스 형태로 제공하게 되는데, 서비스의 대상자를 규정하는 방식은 선별적이거나 보편적일 수 있다.

① 선별주의 관점

선별주의(selectivism) 관점은 사회복지의 대상을 제한된 사회적 약자계층이나 요보호대상자들로 한정하여 보호하고 치료하는 소극적이고 제한적인 협의의 개념이다. 즉, 장애인, 노인, 아동, 기타 원조를 필요로 하는 대상자들의 고통과 곤란을 경감시키고 사회적 상태를 개선하여 이들이 자립하여 사회적으로 정상적인 생활을 영위할 수 있도록 보호하는 소극적인 활동이다. 선별적 관점은 대개 잔여적 복지 시스템에서 많이 활용된다. 예를 들어, 공공부조의 수급자 선정은 소득이나 재산 수준을 파악하는 자산조사(means-tset) 과정을 거친다. 우리나라에서는 사회복지 공무원 인력의 상당수가 이러한 수급자 적격심사와 같은 선별 업무에 투입된다.

② 보편주의 관점

보편주의(universalism) 관점에서 사회복지란 사회 성원 전체의 복지와 삶의 질을 정부나 사회가 책임지는 체계라고 할 수 있다. 보건, 의료, 교육, 여가, 소득, 노동, 주택, 안전, 고용, 오락, 환경보존 등에 있어 사회적 약자계층뿐만 아니라 일반계층을 포함한 전 국민의 욕구를 충족하기 위한 공공정책의 개입이라고 할 수 있다. 이는 대상적인 측면에서 보편적이며 복지서비스 제공에 있어 적극적인 활동으로서 제도적 개념에 가깝다.

보편적 서비스라 해서 대상자 선정 기준 자체가 없다는 뜻은 아니다. 성별이나 연령, 여타 서비스의 필요성을 선정 기준으로 둘 수 있다. 또한 선정된 대상자들에게 추가 비용이나 이용료를 부과할 때에 경제적 기준에 따라 차등을 둘 수도 있다. 다만 보편적 복지라고 하면 자산이나 소득과 같은 빈곤 기준을 대상자 선정의 일차적 조건으로 하지 않는다는 뜻이다. 우리나라의 아동 보육서비스나 노인 기초연금 등에서도 대상자 선정을 재산과 소득에 따른 선별 기준을 두지 않으려는 추세가 강화되어 왔다.

2) 통합적 접근 : 개발적 관점

미즐리(Midgley, 1995, 배임호 외 2022에서 재인용)는 사회복지의 잔여적 관점 혹은 제도적 관점, 보수주의와 자유주의를 뛰어넘는 통합적 관점으로 개발적(development) 관점을 제시하고 있다. 개발적 관점에서는 사회복지를 "경제개발의 역동적 과정과 연계하여 모든 사람들의 복리를 증진시키기 위한 계획된 사회 변화(planned social change)의 과정"이라고 정의한다. 이와 같이 개발적 관점은 경제와 복지가 선순환 구조를 가지면서 서로 상생관계에 있다고 보고, 다양한 사회복지 프로그램의 확대를 정당화한다. 사회복지 프로그램을 통해 개인의 노동 잠재력을 높여 주면 사회 전체의 경제 발전에도 기여하게 된다. 예를 들어, 한 개인이 직장에서 양질의 보육서비스를 제공받고, 그 가족을 위한 적절한 건강보험이 제공되고, 직업훈련이 지속적으로 제공되어 노등능력이 향상되었다면 결국은 전체 사회의 경제에 기여하게 되는 것이다.

용어정리

- **사회복지(social welfare)** : 사회 구성원의 기본적인 생활을 보장하고 삶의 질을 향상시키기 위해 국가, 지역사회, 민간이 제공하는 제도와 서비스 전반을 말한다. 예를 들어, 기초생활보장제도, 아동수당, 장애인복지서비스 등이 있다. 목적은 사회적 불평등을 줄이고, 빈곤과 소외를 예방하며, 삶의 질을 높이는 데 있다.
- **사회적 위험(social risk)** : 사회적 위험은 개인의 노력만으로는 예방하거나 극복하기 어려운 위험을 뜻한다. 전염병, 경제위기, 실업처럼 구조적 · 집단적으로 발생하며, 사회적 · 제도적 대응이 필요하다. 예로 실업, 빈곤, 질병, 노령, 돌봄 공백, 기후위기가 있다.
- **전통적 위험(traditional risks)** : 산업사회에서 주로 발생한 위험들로, 직접적인 소득 상실과 생계 곤란으로 연결된다. 주된 예는 실업, 산업재해, 직업성 질병, 노령에 따른 경제적 어려움이며, 복지제도 초기에는 이런 위험들을 주로 다뤘다.
- **신사회적 위험(new social risks)** : 기존의 실업, 노령, 질병 등 전통적 위험을 넘어 탈산업화, 세계화, 저출산 · 고령화, 가족 구조 변화 등으로 인해 새롭게 발생하거나 그 심각성이 증대된 위험이다. 예로 빈곤, 사회적 고립, 보육 · 돌봄 공백, 비정규직 확산 등이 있다. 이러한 위험은 개인의 노력만으로 해결하기 어렵고, 새로운 복지정책 · 제도가 요구된다.
- **위험사회(risk society)** : 독일 사회학자 울리히 벡(U. Beck)이 제시한 개념으로, 현대 사회는 전통적 위험보다 불확실하고 예측 불가능한 위험이 구조적으로 확대된 사회를 의미한다. 전통적 위험보다 복합적이고 불확실성이 크며, 모든 계층을 동시에 위협할 수 있다. 예로는 팬데믹, 원전 방사능 누출, 대규모 환경오염, 기후변화가 있다.
- **프레카리아트(precariat)** : '불안정(precarious)'과 '프롤레타리아트(proletariat, 노동자 계급)'의 합성어. 고용과 소득, 사회보장에서 모두 불안정한 새로운 취약계층을 뜻한다. 예로는 플랫폼 노동자(배달 라이더, 대리운전기사), 특수형태근로종사자, 파견 · 단기 계약직 노동자 등이다.
- **서정적 가족주의** : 전통적 유교 가족주의의 강한 집단주의, 의무론적 성격에서 벗어나, 가족 구성원 간의 '정서적 유대'와 '친밀감', '사랑'을 강조하며, 현대 사회의 가족관계를 정서적 만족과 심리적 안정을 추구하는 형태로 변화시키는 가족주의의 한 형태이다.
- **근로장려세제(earned income tax credit, EITC)** : 일을 하지만 소득이 적은 가구에 세금을 환급해 주어 근로 의욕을 높이고 빈곤 탈출을 지원하는 제도이다. 한국은 2009년부터 시행했으며, 맞벌이 부부가 소득이 일정 기준 이하일 경우 세금을 환급받는다. 이는 일하는 빈곤층을 겨냥한 대표적 소득 재분배 정책이다.

- **보편주의(universalism)** : 소득수준이나 자산 조사와 관계없이 모든 국민에게 동일한 복지 혜택을 제공하는 원칙이다. 사회적 낙인과 행정비용을 줄이는 장점이 있다. 대표 사례로 아동수당, 무상급식, 전국민 건강보험이 있다.
- **선별주의(selectivism)** : 소득이나 자산 조사를 통해 '필요한 사람'만 선별하여 지원하는 복지 방식이다. 제한된 재원을 가장 필요한 사람에게 집중할 수 있지만, 낙인 효과와 행정비용이 높아질 수 있다. 대표적으로 국민기초생활보장 생계급여가 있다.
- **사회투자적 복지(social investment welfare)** : 복지를 단순한 지출이 아닌 미래를 위한 투자로 보는 관점이다. 수혜자의 의존성을 줄이고, 자립과 역량 강화를 목표로 한다. 예로 아동기 교육 투자, 청년 직업훈련, 평생학습, 아이돌봄 서비스 등이 있다.
- **사회적 연대(social solidarity)** : 사회 구성원들이 위험과 자원을 함께 나누며 공동체적 연대 의식을 형성하는 원리이다. 나보다 어려운 세대를 위해 부담을 나누는 국민연금, 건강보험 같은 제도가 대표 사례이다.
- **위험관리자(risk manager)로서의 복지국가** : 복지국가는 개인 · 가족 · 시장이 감당하지 못하는 위험을 예방, 완화, 대응하는 역할을 담당한다. 예로 코로나19 재난지원금 지급, 장기요양보험, 감염병 대응체계가 있다.

Chapter

02 사회복지는 무엇인가

-사회복지의 개념

많은 사람들은 세상을 살아가면서 만나게 되는 무수한 역경과 어려움 등을 극복하고, 자신이 원하는 상태가 되기 위해 하루하루 열심히 살아간다. 그러나 앞 장에서 살펴본 바와 같이 인간이 의도하지 않지만 빈곤, 질병, 사고 등 다양한 위험을 맞이하게 되고, 그 위험 속에서 인간이 인간답게 살아갈 수 있도록 함께 하는 노력 중에 하나가 바로 사회복지이다. 그렇기에 사회복지는 인간, 그리고 인간이 살아가는 사회를 포함한 환경(경제적, 사회적, 정치적, 종교적)과 함께 공존하고 상호작용하면서 변화한다.

그렇다면 사회복지란 무엇인가? 본 장에서는 사회복지에 대한 개념을 다양한 관점에서 살펴보고자 한다. 사회복지가 어떻게 등장하게 되었는지, 사회복지와 유사한 개념들과는 어떠한 관계를 가지고 있는지, 사회복지가 사회 속에서 어떠한 기능과 역할을 하고 있는지, 응용학문으로써 사회복지학은 어떤 특성을 가지고 있는지를 알아보고자 한다.

1 사회복지의 개념

우리는 일상생활 속에서 사회복지라는 개념을 자주 접한다. 뉴스 기사에도 보건복지부, 사회복지시설, 사회복지공동모금회, 종합사회복지관 등 사회복지라는 개념이 들어 있고, 특히 복지라는 단어는 여러 영역에서 사용되고 있다. 예를 들어, 주거

복지개선 지원, 겨울철 복지위기가구 집중 발굴 지원, 국민은행 육아퇴직 파견 복지, 소외지역 교통복지, 교육복지 중점학교 확대 등이다. 이처럼 복지는 어느 영역에도 어느 대상에도 어느 주제에도 다 활용될 수 있는 개념이다.

그러나 이처럼 자주 접하고 자주 듣는 사회복지라는 개념을 한마디로 정의하기는 쉽지 않다. 그것은 아마 사회복지가 가지고 있는 속성 및 특성과 관련이 있으며, 일반적으로 추상적이고 보편적인 관념이 내포되어 있기 때문일 것이다. 따라서 사회복지는 나라마다 사람마다 다르게 정의하고 있다고 볼 수 있다. 어떤 사람은 사회복지의 개념을 매우 좁게 정의하기도 하고 어떤 사람은 매우 포괄적으로 정의하기도 한다. 즉, 사회복지의 개념은 맥락과 의도에 따라 다양하게 사용될 수 있기 때문에 우리는 일반적인 개념과 유사 개념 등을 다양하게 살펴볼 필요가 있다.

19세기 전에는 인간이 살아가는 데 필요한 다양한 기능과 역할이 가족이나 교회와 같은 종교기관, 지역사회(마을 단위)에서 이루어져 왔다. 그러나 19세기 산업혁명 이후 인구수 증가로 인한 인구구조의 변화, 인구 이동으로 인한 지역 간의 불균형, 산업화로 인한 경제구조의 변화로 새로운 사회문제가 발생하였고, 이에 따라 기존의 가족, 교회, 마을 단위가 아닌 보다 공식적이고 제도적인 장치가 필요하게 되면서 사회복지라는 개념이 나타나게 되었다. 이처럼 시대의 변화에 따라 사회복지 개념이 달라지는 것에 대해 로마니신은 전 산업사회로부터 후기 산업사회로의 이행과정을 비교하여 다음 7가지 측면에서 변화를 설명한다(Romanyshyn, 1971; 백종만 외, 2001).

첫째, 잔여적 개념에서 제도적 개념으로 변하였다. 산업사회 이전의 사회복지는 주로 응급적이고 일시적인 구호로 도움을 필요로 하는 일부 사람들을 대상으로 하며, 그들의 결함을 강조하였다. 반면 산업사회로 넘어오면서 변화된 제도적 개념에서는 사회경제 환경에 사람들이 잘 대처하도록 일선에서 돕는 서비스가 필요하다고 본다. 따라서 사회복지는 사회제도로서 사회에서 정당한 지위를 가지게 되는 것으로 변화하였다.

둘째, 자선에서 시민의 권리로 변하였다. 자선으로서의 복지가 19세기 중산층의 자선관을 반영하는 것이라면 시민권으로서의 복지 개념은 노동자들이 시민계급으로 성장하는 과정에서 획득한 권리의 하나로 사회복지를 받아들인다. 18세기에 노동자들은 신체, 언론, 재산의 자유 등 자유권을 확보하고 난 후 19세기 초 중반 이후에 정치권을 확보하였다. 이를 바탕으로 19세기 말에 사회권으로서 복지에 대한 권리를 확보하게 되었다.

셋째, 특수성에서 보편성으로 변하였다. 사회복지를 빈민들에 대한 특별한 서비스로 보는 것에서 벗어나, 대부분의 사람들이 보편적으로 가지고 있는 욕구를 충족시키는 프로그램으로 보게 되었다. 현대 산업사회에서는 실업, 노령, 장애, 부양자의 사망, 높은 의료비 등의 사회적 위험에 많은 사람들이 노출되어 있기 때문에 산업사회에서 사회복지의 대상은 특수한 사람들이 아니라 보편적인 대다수의 사람들이다.

넷째, 최저수준에서 적정수준으로 변하였다. 사회의 생산력이 발전함에 따라 사회복지의 보장수준의 기준이 생존을 가능하게 하는 최저수준의 보장으로부터 인간답게 살 수 있는 적정수준으로 변하였다. 이러한 변화에 따라 빈곤에 대한 관점도 절대적인 빈곤 개념에서 상대적인 빈곤 개념을 받아들이게 되었다.

다섯째, 개인 결함의 수정에서 사회개혁으로 변하였다. 사회복지에 대한 초기의 관점은 개인의 도덕적인 결함에서 욕구 발생과 문제 원인을 찾았다. 예를 들어, 개인의 나태함이나 불성실함 또는 정신적인 문제 등에 의해 빈곤에 빠지고 문제를 경험하게 된다고 생각하였다. 그러나 현대 사회에서는 대부분의 사회복지 문제의 발생 원인을 구조적인 사회제도의 결함에서 찾고 있다.

여섯째, 자발적 자선에서 공공의 책임으로 변하였다. 산업사회 이전의 사회복지는 주로 자발적인 자선활동에 의존하고 있었다. 미국의 경우 19세기에서 20세기 초까지도 자발적인 사회복지 활동에 크게 의존하였다. 그러나 산업화의 진전에 따라 발생한 대규모의 사회문제들은 중산층의 자선만으로 대처하기 어렵게 되었고, 국가의 복지 기능을 확대하라는 정치적 압력의 증대로 정부의 개입이 증가되었다. 즉, 사회복지에 있어서 공공의 책임을 요구하게 되었다.

일곱째, 빈민에 대한 복지에서 복지사회로 목표가 변하였다. 과거 사회복지의 주요한 과제는 빈민들을 구제하는 일이었다. 그러나 현대 사회의 복지사회 개념에서는 사회제도를 통해 전체 구성원들의 발전을 꾀하고 있다.

사회복지를 어의적으로 살펴보면 사회복지(social welfare)는 사회(social)와 복지(welfare)의 결합으로 사회는 일정한 영토 내에서 상호작용을 하며 공동생활을 영위하는 개인을 포함한 모든 형태의 인간집단이며, 복지는 그 자체가 행복(삶의 질)을 의미한다. 즉, 사회복지는 일정한 영토 내에서 살고 있는 모든 사람이 바람직한 상태를 말한다. 사회복지의 어휘적 개념을 살펴보면 사회복지는 "국민의 생활 향상과 사회보장을 위한 사회정책과 시설을 통틀어 이르는 말이며, 교육, 문화, 의료, 노동 따위 사회생활의 모든 분야에 관계하는 조직적인 개념으로 국민기초생활 보장법, 아동복지법, 사회복지사업법 따위의 법률에 기초를 둔다."라고 되어 있다(표준국어대사전, 2025).

이러한 사회복지의 개념은 시대뿐만 아니라 나라마다 다르다. 유럽에서는 사회복지라는 용어보다는 사회정책이라는 용어를 사용한다. 여기서 언급하는 사회정책은 인간에게 필요한 사회적 욕구를 충족하기 위해 필요한 소득 보장, 건강, 교육, 주택, 개별적 사회서비스(personal social service), 조세, 노동, 환경, 문화, 교통 등의 영역을 모두 포함하는 보다 넓은 의미의 사회복지라고 할 수 있다. 이에 반해 미국은 사회복지의 영역을 소득 보장과 개별적 사회서비스, 혹은 더 좁혀 개별적 사회서비스의 영역만을 포함시키는 경향이 있다.

동양학의 학문체계로 살펴보면(박희택, 2004), 사회복지를 사회적 서비스 체계라는 개념으로 이해한다고 했을 때 불교의 개념은 '공양', 유교의 개념은 '양민', 도교의 개념은 '양생'이라고 할 수 있다. 공양은 상대를 존경하여 물질적 · 정신적으로 바침[공(供)]을 통해 상대를 살리는[양(養)] 행위를 말하며, 공양으로 성취되는 일체공덕을 돌려[회(廻)] 만중생에게 향하게 함[향(向)]으로써 무한가치를 실현한다는 점에서 회향으로 연결된다. 이러한 개념은 사회복지에서 말하는 사회적 서비스에 잘 부합된다. 양민은 유교정치의 본질적 기능의 하나로서, 사회적 약자에 대한 배려의 성격을 띠고 있다. 사회 구성원을 위한 사회적 서비스의 정치가 양민정치가 되고, 이것은 복지 내지 민생 아젠다 중심의 정치라는 점에서 복지정치 내지 민생정치적 성격을 띤다. 양생은 존재자의 생명을 북돋우는 섬세한 현장적 서비스이며, 삶의 질을 높이는 기능을 한다. 이러한 사회복지의 개념은 불교의 '현생복지'로 현재에 대한 충실을 의미하고, 현재 인간사회의 도덕적 생활과 현실에 입각한 복지 이상 추구를 일컫는다. 유교는 '생활정치'로 일상생활 속에서 생활의 질을 개선해 나가는 것으로 어떻게 살아야 하는지에 대한 문제와 관련한 삶의 스타일의 정치이다.

결국 사회복지라는 개념은 시대에 따라 국가에 따라 이념에 따라 맥락과 의도에 따라 학자마다 다양하게 사용되고 있다. 학자들의 사회복지 개념을 정리하면 〈표 2-1〉과 같다.

〈표 2-1〉 사회복지 개념

학자	사회복지 개념
프리들랜더와 앱트 (Friedlander & Apte, 1974)	사회 구성원의 복지와 사회질서의 제대로 된 기능을 위하여 기본적(basic)이라고 여겨지는 사회적 욕구(social needs)를 해결하기 위한 법, 프로그램, 서비스 등으로 이루어진 하나의 체계(system)
바커(Barker, 1987)	사회를 유지하는 데 기본적인 사회적, 경제적, 교육적, 건강의 욕구를 사람들에게 충족시키고, 지역사회와 전체 사회의 집단적인 복지 상태를 유지하기 위한 국가적 프로그램, 급여, 서비스 체계
프리들랜더 (Friedlander, 1980)	사회질서 유지와 사람들의 복지에 기본이 되는 사회적 욕구를 충족시키는 각종 급여 제공을 보장하고 강화하는 서비스, 급여, 프로그램 및 법의 체계로서 개인이나 집단이 만족할 수준의 삶과 건강을 누리며, 지역사회와 가족의 욕구와 잘 조화를 이루면서 그들의 행복을 증진시키고, 자신들이 가진 능력을 최대로 증진시킬 수 있도록 개인적 사회적 관계를 증진시키는 것
로마니신 (Romanyshyn)	개인과 사회 전체의 복지를 증진시키려는 모든 형태의 사회적 노력을 포함하여, 사회문제의 치료와 예방, 인적 자원의 개발, 인간생활의 향상에 직접적 관련을 갖는 일체의 시책과 과정을 포함
카두신(Kadushin)	흔히 국민 전체의 복지를 지원 · 제고시키는 것이라고 정의되지만, 실제 사회복지의 범위는 보다 협의적이라고 말하면서 "현 미국의 사회복지는 국민 중 특수 계층의 욕구를 충족시키려는 정책, 급여, 프로그램, 서비스"를 의미

학자	사회복지 개념
김영모(1999)	인간의 사회적 욕구에 대한 서비스인 동시에 사회문제를 해결하기 위한 노력이다. 인간의 사회적 욕구는 의식주와 같은 민생문제, 즉 소득, 보건, 교육, 주택과 같은 기본적 욕구가 결핍되어 있는 사람을 도와주는 것
장인협 외(2000)	사회 구성원들이 기존의 사회제도를 통하여 자신의 기본적인 욕구를 충족시키는 데 어려움을 겪고 있거나 어려움이 예상될 때, 그 욕구를 충족시킬 수 있도록 도움을 제공하는 조직화된 사회적 활동의 총체

1) 광의의 사회복지와 협의의 사회복지

사회복지에 대한 학자들의 정의에는 인간, 삶의 질, 욕구, 사회문제 해결이라는 다양한 개념들을 포함하고 있다. 여기에서 욕구와 사회문제에 대한 범주를 어떻게 보느냐에 따라 사회복지의 개념을 넓게 볼 수도 있고 좁게 볼 수도 있다.

광의의 의미로서의 대표적인 사회복지 개념으로 로마니신(Romanyshyn)은 사회복지를 개인과 사회 전체의 복지를 증진시키려는 모든 형태의 사회적 노력을 포함하여, 사회문제의 치료와 예방, 인적 자원의 개발, 인간생활의 향상에 직접적 관련을 갖는 일체의 시책과 과정을 포함"한다고 정의하고 있다(김상균 외, 2007). 김영모(1999) 또한 사회복지를 인간의 사회적 욕구에 대한 서비스인 동시에 사회문제를 해결하기 위한 노력이라고 하였다. 인간의 사회적 욕구는 의식주와 같은 민생문제, 즉 소득, 보건, 교육, 주택과 같은 기본적 욕구가 결핍되어 있는 사람을 도와주는 것이다. 사회문제는 범죄 비행자와 같은 좁은 의미의 반사회적 행위(일탈)도 있지만, 빈곤, 실업, 가족해체, 지역해체와 같은 넓은 의미의 사회구조적 문제(불평등과 사회해체)도 있다."고 정의하며 욕구 충족과 함께 사회문제 해결을 사회복지의 중요한 요소로 파악하고 있다(김영모, 1999).

협의의 의미로서의 사회복지는 모든 사람에게 복지를 지원하는 것보다 실제 지원받는 사람들을 제한하여 대상자로 간주한다. 특히 카두신(Kadushin)은 미국의 사회복지는 국민 중 특수 계층의 욕구를 충족시키려는 정책, 급여, 프로그램, 서비스를 의미한다."고 주장하고 있다. 여기서 특수 계층은 주로 빈곤, 장애, 질병, 노령 등의 특정한 어려움을 갖은 사람들을 의미한다. 이처럼 사회복지 대상은 취약계층으로 국가에 의해 지원되는 공공부조의 대상자로 한정된다.

누구를 지원할 것인가에 대한 부분에 있어서 광의로 접근할 것이냐 협의로 접근할 것이냐는 선별복지 또는 보편복지와 맥을 같이 한다. 선별복지는 도움이 필요로 하는 사람들을 따로 선정하여 사회복지 대상자로 선정하는 것으로 대부분 소득을 기준으로 선정하며, 우리나라의 국민기초생활보장제도와 같은 공공부조가 대표적인 예이다. 보편복지는 모든 사람을 사회복지 대상자로 간주하며 하나의 시민권으로 인정한다. 그 나라의 국민이면 누구나 공평하게 받을 수 있는 권리이며 2022년 기준의 아동수당이 바로 여기에 해당한다. 소득이나 가구 특성과 상관없이 만 7세까지의 모든 아동에게 월 10만 원을 지급하는 아동수당은 대부분의 OECD 국가에서 지급되는 보편복지이다.

이러한 복지의 개념은 그 나라의 경제사회적 발전 상황과 사회제도의 구축 정도에 따라 달라질 것이다. 일반적으로는 경제사회적 발전에 따라 광의의 사회복지 개념으로 나아가고 있다. 욕구를 개별적으로 보느냐 사회구조적으로 보느냐에 따라 선별복지와 보편복지가 함께 이루어지고 있다.

2) 잔여적 사회복지와 제도적 사회복지

윌렌스키와 르보(Wilensky & Lebeaux, 1970)는 사회복지가 사회 내에서 어떻게 기능하느냐에 따라 잔여적 개념과 제도적 개념으로 구분할 수 있다고 하였다. 잔여적 개념(residual concept)의 사회복지는 가족, 시장, 종교, 정치제도 등이 제 기능을 원활히 수행하지 못할 때 생기는 문제에 대해 사회복지가 보완 또는 해소하는 것으로 본다. 즉, 사회복지는 임시적으로 보충할 뿐이며, 사회복지가 사회를 유지 발전시키는 데 필수적이라고 인식하지 않는다(김상균 외, 2007). 따라서 사회 구성원들 중 문제에 처한 일부분의 사람들에게 최저한도의 보호를 제공하는 사회복지 활동은 예외적인 안전망 기능을 수행할 뿐이다. 가능하면 가족이나 시장과 같은 기존 사회제도들이 제대로 기능해서 사회복지 활동이 필요치 않게 되는 것이 바람직한 사회의 상태로 여겨진다. 따라서 잔여적 개념은 사회적 취약계층으로 한정시키는 경향이 있다.

반면, 제도적 개념(institutional concept)의 사회복지는 현대 사회에서 시장과 가족이 기능하더라도 이들로는 불충분하기 때문에 사회를 유지하기 위해 사회복지는 필수적인 기능을 수행하는 것으로 이해된다. 사회복지의 기능은 다른 사회제도가 수행하는 기능과 구별되며 독립적으로 수행된다. 현대 자본주의 사회에서 가족이나 시장경제는 구조적으로 제 기능을 원활히 수행하지 못한다. 산업화 과정에서 가족과 공동체가 해체되었고, 이전의 아동 양육이나 노인 부양 등에서 가족이 가졌던 기능을 약화시켰다. 따라서 약화된 기능을 사회가 담당하여야 하고, 이를 위해 별도의 제도가 필요하게 되었다. 이렇게 사회적 필요에 의해 가족과 시장이 그 주요 기능을 수행하는 것과 동등한 차원에서 사회복지제도는 고유의 기능을 제일선에서 수행하도록 제도화된 것이다.

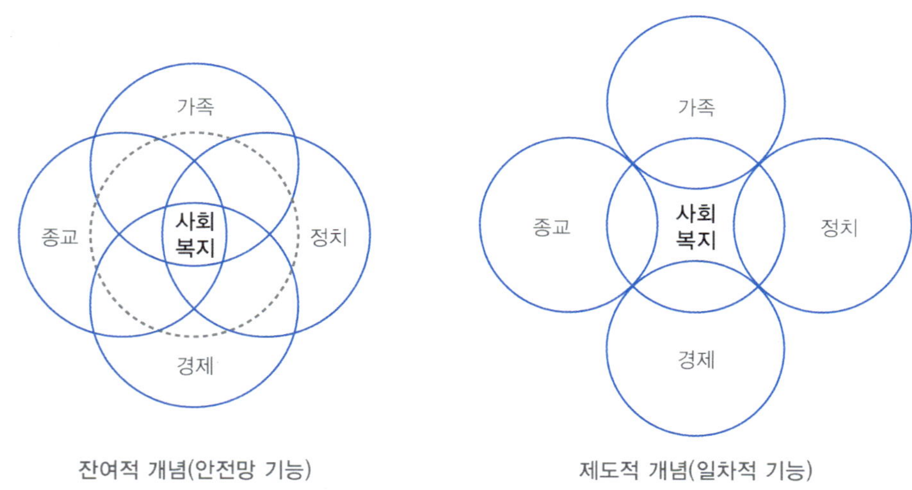

〈그림 2-1〉 사회복지의 잔여적 개념과 제도적 개념

자료 : 최일섭(2019). 사회복지개론. 지식공동체.

2 사회복지의 유사 개념[1)]

사회복지의 개념은 시대와 사회에 따라 다르기 때문에 유사한 용어들과 함께 혼용되고 있다. 나라마다 사회복지를 사용하기도 하고 사회서비스를 사용하기도 한다. 우리나라에서도 제도와 법체계 하에서 사회복지와 사회보장 등 유사한 개념들이 사용되고 있다. 이러한 관련 개념들은 궁극적으로 사람들의 삶의 질 향상이라는 목적을 추구하기 위한 것으로 대상이나 전달 방법, 내용 등 어느 구성 요소를 강조하고 있느냐에 따라서 다르게 표현되고 있다.

1) 사회사업

사회사업(social work)이란 개인, 집단, 지역사회가 사회적 혹은 개인적 만족이나 독립심을 얻도록 도와주는 인간관계에 대한 과학적 지식이나 기술에 바탕을 둔 전문적 서비스이다(Friedlander and Apte, 1974). 따라서 과학적 지식과 기술, 그리고 전문적 서비스라는 점에서 일반적으로 생각하는 불쌍한 사람을 돕는 자선활동이나 사회봉사, 사회공헌활동과는 차이가 있다. 사회사업은 개인, 집단, 지역사회의 바람직한 변화를 위해 체계적이고 의도적이며 목적지향적으로 개입하기 때문이다. 그리고 사회복지가 사회 구성원들의 복지를 위한 기본적인 사회적 필요를 해결하기 위한 포괄적인 하나의 체계(system)인 반면, 사회사업은 사회복지체계 내의 특정의 기능을 수행하는 하나의 전문적 서비스라는 점에서도 사회복지와 사회사업의 개념은 명확히 구분된다.

장인협 외(2000)는 사회복지와 사회사업에 대한 개념 차이를 비교함에 있어서 사

1) 사회복지의 유사 개념은 김태성 · 홍선미 · 조성은(2010), 최일섭(2019), 김상균 외(2005) 등을 참고하였음.

회복지는 이상을 강조하고 바람직한 사회를 목적으로 하고 일반적 대상으로 제도와 정책을 통해 실천하는 것으로 보는 반면, 사회사업은 고정적 실천을 강조하고 바람직한 인간을 목적으로 하며 개별적 대상으로 지식과 기술을 통해 역동적 실천을 강조하였다. 즉, 사회복지를 사회사업보다 더 넓은 범위와 대상으로 하고 거시적인 관점을 가지고 있다고 보았다.

〈표 2-2〉 사회복지와 사회사업의 비교

구분	사회복지	사회사업
어의	이상 강조	실천 강조
목적	바람직한 사회	바람직한 인간
대상	일반적	개별적
기능	제도, 정책(macro)	지식과 기술(micro)
실천	고정적	역동적

자료 : 장인협 외(2000).

이렇게 구분을 해도 우리나라에서는 여전히 사회복지와 사회사업의 구분이 모호한 부분이 있다. 이는 사회사업과 사회복지의 등장 배경과 관련 있다. 우리나라에서 사회사업은 20세기 중후반까지 보편적으로 통용되었다. 그 예로 사회복지 전문 인력을 양성하는 대학의 학과 이름 변화를 통해 알 수 있다. 국내 최초로 대학의 사회복지교육을 위한 학과를 설립한 이화여대의 경우 현재 사회복지학과는 원래 기독교사회사업학과였다. 사회복지교육을 함에 있어서 시대적 변화에 발맞춰 기독교사회사업과(1947년) → 종교사업과(1951년) → 사회사업학과(1958년) → 사회복지학과(1996년)로 명칭을 바꾸었다. 서울대 사회복지학과도 사회사업학과(1959년 설립)에서 1979년에 사회복지학과로 우리나라에서 처음으로 명칭을 변경하였고, 이후 많은 대학이 학과 명칭을 사회복지학과로 변경하였다.

그런데 문제는 학과 명칭만 바꾸었지, 기존의 사회사업학과들이 모델로 한 미국의 사회사업대학원(School of Social Work)의 교과과정의 기본 틀은 그대로 유지하고 있다는 점이다(몇 개의 대학을 제외하고). 그러다 보니 기존의 사회사업학과와 사회복지학과의 실질적 차이가 거의 없다는 것이다. 실제로 얼마 전까지만 해도 사회복지교육을 협의하는 기구의 명칭이 사회복지(사회사업) 교육협의회인 것처럼 사회복지와 사회사업을 동일시하는 경향이 크다(김태성 외, 2010). 이런 맥락에서 여전히 현재 사회복지사를 'social worker'로 부른다.

사회사업을 사회복지로 변경하게 된 배경에는 첫째, 사회사업이 가지고 있는 자선적 이미지와 비전문적인 봉사자라는 인식이라는 점과, 둘째, 과거 빈민 대상의 자선과 시혜 활동이 주축이 되었다는 점 등을 들 수 있다. 따라서 사회복지의 대상이 선별에서 보편으로, 사회복지의 기능이 잔여적에서 제도적으로 확대되어 가면서 사회복지가 일반적으로 사용되게 되었다.

2) 사회보장

사회보장(social security)은 '사람들이 살면서 직면하는 여러 가지 위험들—질병, 노령, 실업, 장애, 사망, 출산, 빈곤 등—로 인하여 소득이 일시적으로 중단되거나, 장기적으로 소멸되거나, 지출이 크게 증가하여 사람들이 이전의 생활을 못할 때, 이전의 생활을 할 수 있도록 하는 모든 국가 프로그램들'로 국제적으로 널리 사용되는 국제노동기구(International Labor Organization, ILO)에서 규정하고 있다.

이처럼 사람들이 살면서 직면하게 되는 위험들을 지원해 주는 국가적 지원체계는 나라마다 구축하게 된다. 이러한 지원체계가 바로 사회보장과 관련된다. 역사적으로 영국에서 농업혁명, 구빈법(1601년), 산업혁명 등으로 빈민문제가 사회에서 이슈가 되면서 1911년에는 질병 및 세계 최초의 강제실업보험을 포함하는 국가보험법(National Insurance Act)이 성립하였다. 독일 역시 노동재해나 노동자의 질병 등이 증가하고 노동운동이 활발해지면서 1883년 질병보험법, 1884년 공업재해보험법, 1889년 폐질·노령보험법의 사회보험입법이 계속하여 성립되었다. 미국은 제1차 세계대전 후 세계공황으로 경제적 체계가 붕괴되면서 대규모 기아행진(飢餓行進),

실업반대 대시위행진 등이 있은 후 1935년에 사회보장법이 성립하였다. 이처럼 영국과 독일은 사회보험이라는 개별 위험에 대한 대처로 영역별 사회보험으로 접근하였다. 사회보장이라는 용어는 1935년 미국의 사회보장법(Social Security Act)에서 처음으로 등장하게 되었고, 1942년 영국의 베버리지 보고서 공표 이후 일반적으로 널리 사용하게 되었다.

우리나라의 사회보장의 개념은 「사회보장기본법」에 따르면 "사회보장은 질병, 장애, 노령, 실업, 사망 등의 사회적 위험으로부터 모든 국민을 보호하고, 빈곤을 해소하며, 국민생활의 질을 향상시키기 위하여 제공되는 사회보험, 공공부조, 사회복지서비스 및 관련 복지제도를 말한다."라고 하였다. 이는 국제노동기구의 사회보장이 소득보장에 초점을 맞춘 것에 비해 넓게 정의한 개념이다.

사회복지와 사회보장의 관계에 있어서는 사회복지를 무엇으로 규정하느냐에 따라 달라질 수 있다. 사회복지를 하나의 사회서비스의 영역만으로 좁게 보고 사회보장을 사회복지보다 넓은 개념으로 보기도 하고, 사회복지를 적어도 5대 영역(소득보장, 건강, 교육, 주택, 개별적 사회서비스)을 포함하는 넓은 개념으로 보고 사회복지가 사회보장보다는 넓은 개념으로 통용되기도 한다.

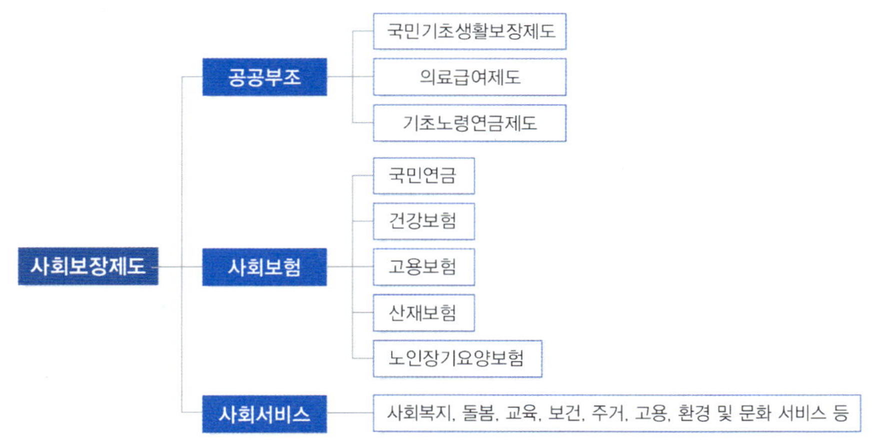

〈그림 2-2〉 사회보장제도의 구조

자료 : 사회보장기본법을 근거로 구성함.

3) 사회서비스와 사회복지서비스

사회서비스(social service)의 개념은 국가별, 학자별 다양한 정의와 범주로 사용되어 왔다. 광의의 사회서비스는 사회적 보호(social care)를 비롯하여 국민 개개인의 다양한 복지 욕구에 대한 집합적 대처의 필요성에 따라 제공되는 사회복지, 돌봄, 의식주의 보장 및 보건의료, 교육, 고용 등 일련의 개입이 이루어지는 서비스를 포괄하고 있다.

법적 개념으로 접근하면 각각의 법률이 제시하는 사회서비스의 개념과 범위는 다소 차이가 있다. 「사회보장기본법」의 제3조(정의) 제4호에 따르면, 사회서비스는 "국가 · 지방자치단체 및 민간부문의 도움이 필요한 모든 국민에게 복지, 보건의료, 교육, 고용, 주거, 문화, 환경 등의 분야에서 인간다운 생활을 보장하고 상담, 재활, 돌봄, 정보의 제공, 관련 시설의 이용, 역량 개발, 사회참여 지원 등을 통하여 국민의 삶의 질이 향상되도록 지원하는 제도"로 정의하고 있다. 「사회적기업 육성법」의 제2조(정의)에 따르면, 사회서비스를 "교육, 보건, 사회복지, 환경 및 문화 분야의 서비스, 그 밖에 이에 준하는 서비스로서 대통령령으로 정하는 분야의 서비스"라고 정의하고 있다. 「사회서비스 이용 및 이용권 관리에 관한 법률」 제2조(정의)에서는 사회서비스를 "「사회복지사업법」 제2조제6호에 따른 사회복지서비스, 「보건의료기본법」 제3조제2호에 따른 보건의료서비스, 그 밖에 이에 준하는 서비스로서 대통령령으로 정하는 서비스"라고 정의하고 있다.

실제 사회서비스 전자바우처사업에서도 사회서비스를 일반적인 의미에서 개인 또는 사회 전체의 복지 증진 및 삶의 질 향상을 위해 사회적으로 제공되는 서비스를 말하며, 공공행정(일반행정, 환경, 안전), 사회복지(보육, 아동, 장애인, 노인 보호), 보건의료(간병, 간호), 교육(방과 후 활동, 특수교육), 문화(도서관, 박물관, 미술관 등 문화시설 운영)를 포괄하는 개념으로 정의하고 있다.

사회서비스는 사회보장(「사회보장기본법」의 사회보장이란 출산, 양육, 실업, 노령, 장애, 질병, 빈곤 및 사망 등의 사회적 위험으로부터 모든 국민을 보호하고 국민 삶의 질을 향상시키는 데 필요한 소득 · 서비스를 보장하는 사회보험, 공공부조, 사회서비스)의 법적 개념으로 볼 때 한 영역이라고 볼 수 있다.

이러한 사회서비스는 영국에서 많이 사용되는데, 사회서비스는 인적 자원의 보존, 보호, 개발을 직접적인 목적으로 하는 조직적인 활동을 말하며, 여기에는 공공부조, 사회보험, 아동복지, 교정, 정신위생, 공중보건, 교육, 오락, 노동보호, 주택이 포함된다(장인협 외, 2007). 즉, 넓은 의미의 제도적 서비스를 포함하였다.

사회복지서비스(social welfare service)는 사회서비스와는 차이가 있다. 사회서비스가 넓은 의미의 제도적 서비스를 포함한다면, 사회복지서비스는 「사회보장기본법」의 정의에서처럼 "국가, 지방자치단체 및 민간 부문의 도움을 필요로 하는 사람에게 상담 · 재활 · 직업소개 · 지도 및 사회복지시설 이용 등을 제공하여 정상적인 사회생활이 가능하도록 지원하는 제도"를 의미한다(「사회보장기본법」 제3조). 즉, 사회서비스 내에 사회복지서비스가 포함하는 것으로 이해할 수 있다.

그러나 영국에서 포괄적인 개념으로 사용되는 사회서비스도 1968년 지방정부 사회서비스법(Local Authority Social Service Act) 제정 이후 사회서비스를 국민건강서비스와 소득 유지 프로그램과는 구별하여 개별 사회서비스로 사용하기도 하였다. 한국에서는 사회서비스와 사회복지서비스가 개념의 차이 없이 혼용되어 사용되고 있다. 사회서비스 일자리 공급 차원의 사업이 추진되고 최근 커뮤니티 케어 확대로 인한 돌봄서비스 영역이 사회서비스로 불리기도 하였다. 그리고 2022년 사회서비스원이 설립되어 재가서비스, 노인일자리 등 기존의 사회복지서비스를 운영하면서 더욱 사회서비스는 개별서비스 영역이었던 사회복지서비스로 인식되는 측면도 있다.

4) 사회안전망

사회안전망(social safety net)이란 가족이나 시장, 정부, 종교와 같은 일차적 사회제도로서 복지와 임시, 응급적 조치로서의 복지를 구분하여 후자를 가리키는 용어로 사용되거나 세계은행(IBRD), 국제통화기금(IMF)과 같은 국제금융기관들이 개도국에 차관을 공여하면서, 그들이 요구하는 구조조정의 부작용으로 위기에 처해진 사람들을 보호하는 응급적 · 사후적 보호조치들을 가리키는 용어였다. 즉, 기존 사회보장제도 아래에서는 적절한 보호를 받지 못한 채 여전히 위험에 노출된 사람들을 보호하기 위한 대책을 의미하였다.

우리나라는 1990년대 후반의 경제위기로 IMF가 제시한 구조조정 이행으로 사회보험과 공공부조, 사회복지서비스를 개편하여 대량 실업자군에 대응하고 극민복지를 해결할 수 있는 사회안전망 구축을 추진하였다. 특히 공공부조정책에서 「생활보호법」을 폐지하고 1999년에 「국민기초생활보장법」을 제정하여 2000년에 시행하면서 적용 대상자의 확대, 부양의무자 범위 현실화 및 급여 유형 다양화, 고용서비스 네트워크 확대로 최저생계기의 현실화와 보장 기능을 확대하고자 하였다.

사회적 취약계층의 사회안전망 구축을 위한 법제적 활동이 확대되면서 2012년 「사회보장기본법」에서 '평생사회안전망'이란 조항이 신설되었다. 여기서 평생사회안전망을 생애주기에 걸쳐 보편적으로 충족되어야 하는 기본욕구와 특정한 사회위험에 의하여 발생하는 특수 욕구를 동시에 고려하여 소득 · 서비스를 보장하는 '맞춤형 사회보장제도'로 정의하고 있다. 그리고 국가와 지방자치단체는 도든 국민이 생애 동안 삶의 질을 유지 · 증진할 수 있도록 평생사회안전망을 구축하여야 하고, 국가와 지방자치단체는 평생사회안전망을 구축 · 운영함에 있어 사회적 취약계층을 위한 공공부조를 마련하여 최저생활을 보장하여야 한다고 규정하고 있다.

한국은 크게 1 · 2 · 3차로 사회안전망을 구축하고 있다. 1차 안전망은 일반 국민을 대상으로 하는 공적연금, 의료보험, 산재보험, 고용보험, 노인장기요양보험 등 5대 사회보험으로 이뤄져 있다. 2차 안전망은 1차 안전망에 의해 보호받지 못하는 저소득층을 위한 공공부조인 기초생활보장제도와 보완적 장치인 공공근로사업를 운용하고 있다. 마지막 3차 안전망으로는 재난을 당한 사람에게 최소한의 생계와 건강을 지원해 주는 각종 긴급구호제도가 있다.

3 사회제도의 기능과 사회복지제도

인간이 행복하게 살아가기 위해 사회는 많은 기능을 수행해야 한다. 길버트와 스펙트(Gilbert & Specht)는 모든 사회가 공통적으로 수행하는 기능에 대해서 생산 · 분배 · 소비, 사회화, 사회통제, 사회통합, 상부상조의 5가지 기능으로 설명하였다(최일섭·이현주, 2006).

1) 생산 · 분배 · 소비의 기능

사람들이 일상생활을 영위하는 데 필요로 하는 재화와 서비스를 생산하고 분배하며 소비하는 과정과 관련된 기능으로 경제제도에 속한다. 현대 사회에서 재화와 서비스를 생산하고 분배하는 기능은 주로 시장영역에 의해 이루어지고 있으나 정부를 포함한 각종 전문기관, 종교기관, 교육기관 등도 이러한 경제적 기능을 담당하고 있다.

이러한 제도는 개별적인 사회 구성원의 차원에서는 생산의 방법과 가족의 욕구 충족 방법에 영향을 주며, 지역사회 전체의 차원에서는 사회 구성원들이 어느 정도 자립할 수 있는가를 결정짓고, 또 건강한 생활을 영위하는 데 필요한 재화와 서비스를 어느 정도 제공받을 수 있느냐를 결정하게 된다.

2) 사회화의 기능

이는 사회가 향유하고 있는 일반적인 지식, 사회적 가치, 행동양태를 사회 구성원들에게 전달하는 과정으로 가족제도가 이에 속한다. 이러한 사회화 과정을 통해서 사회 구성원들은 다른 사회의 구성원들과 구별되는 생활양식을 터득하게 되는 것이다.

3) 사회통제의 기능

사회가 그 구성원들에게 지역사회의 규범에 순응하게 하는 것으로 정치제도가 이에 속한다. 모든 사회는 그 구성원들이 지켜야 할 법, 도덕, 규칙 등의 규범을 갖게 되는데, 이러한 규범을 준수하도록 하는 강제력이 결여된 경우 사회질서가 파괴되어 비행과 범죄가 만연되는 사회해체 현상을 경험하게 될 것이다. 사회통제의 일차적 책임은 정부의 경찰력과 사법권을 통해서 보편적으로 적용될 수 있는 법을 집행하는 강제력을 발휘한다.

4) 사회통합의 기능

이는 사회체계를 구성하는 사회단위 조직들 간 관계와 관련된 기능으로 종교제도가 이에 해당한다. 특정 제도의 구성원이나 전 사회체계의 구성원들은 상호 간에 충성해야 하며, 사회체계가 정상적인 기능을 하기 위해서 어느 정도의 결속력과 사기가 필요하다. 앞서 살펴본 사회화의 기능은 사람들에게 어떻게 행동해야 할 것인가를 가르쳐 주는 수단이고, 사회통제의 기능은 그러한 행동을 하도록 지배하고 강조하는 수단이라 한다면, 사회통합의 기능은 사람들 스스로 규범을 준수하여 바람직한 행동을 하도록 하는 것이다.

5) 상부상조의 기능

이상에서 살펴본 주요 사회제도에 의해서 자신들의 욕구를 충족할 수 없는 경우에 필요로 하게 되는 사회적 기능으로 대표적인 제도로는 사회복지제도를 들고 있다. 과거의 전통적인 사회나 오늘날의 후진사회에서 상부상조의 기능은 가족과 친척, 동네 사람들, 친목단체나 자선단체와 같은 일차적인 집단에 의해서 수행되고 있으나, 현대의 산업사회에서는 이러한 기능이 정부, 민간 사회복지단체, 종교단체 등으로 옮겨졌다.

상부상조 기능은 지역사회 구성원들이 기존 사회제도에 의해 자신의 욕구를 충족시킬 수 없을 경우 강조되는 기능이며, 이러한 사회적 기능과 제도에 의해서 운영되는 것이 지역사회이다.

단순한 사회에서는 가족이라는 하나의 사회제도에서 위의 5가지의 기능을 모두 수행하였지만 사회가 점점 복잡해짐에 따라 개인과 집단들이 이러한 기능을 전문적으로 수행하게 되어 전문화에 따른 사회제도가 생성되었다. 〈표 2-3〉과 같이 각 사회제도는 하나 이상의 사회적 기능을 수행하는 동시에 가장 핵심적인 기능을 담당하고 있다.

〈표 2-3〉 사회적 기능과 제도

제도		일차적 기능
가족	→	사회화
종교	→	사회통합
경제	→	생산 · 분배 · 소비
정치	→	사회통제
사회복지	→	상부상조

자료 : Neil Gilbert & Harry Specht(1974). Dimensions Social Walfare Policy, p. 6.

4 사회과학과 사회복지학

일반적으로 자연과학, 인문과학, 사회과학으로 구분되는 학문영역은 연구대상을 무엇으로 두고 있느냐에 따라 관점과 이론 구축이 달라진다. 자연을 과학적으로 연구하는 자연과학과는 달리 사회과학은 인간의 활동, 그리고 인간의 활동이 이루어지고 있는 사회의 작동 양상과 그 변화에 대해 연구하는 학문이다. 따라서 보편성을 지닌 자연과학과는 달리 인간과 인간들이 모여 사는 사회를 대상으로 연구하기 때문에 사회과학은 인간의 의도가 개입되어 가치판단과 특수성을 가진다. 사회과학의 하위 영역에 대한 분류는 지식의 활용 목적에 따라 기초와 응용으로 나누기도 한다. 기초과학은 이론의 정립을 목적으로 하는 반면, 응용과학은 이론을 활용하여 현실 문제 해결을 목적으로 한다.

사회복지학은 사회과학의 한 영역으로 응용사회과학에 속하는 학문이다. 사회복지는 인간문제를 연구하기 때문에 객관적 입장과 가치관에 대한 상호주관성을 동시에 인정하되, 인간사회에서 발생하는 사회문제들에 대해서 최대한 일반적으로 설명하기 위한 노력을 계속한다고 할 수 있다(Ashley & Orenstein, 2005).

최근 2023년 고시된 국가과학기술표준분류체계(「과학기술기본법」 제27조 및 동법 시행령 제41조)에 따르면 기존의 '인간'과 '사회' 연구 분야가 합쳐져 '인문사회학'이 되었다. 인문사회학 연구분야는 인문학, 사회과학, 문화예술체육학으로 대분류하였다. 사회과학은 정치외교학, 경제학, 농업경제학, 경영학, 회계학, 무역학, 사회학, 사회복지학, 지역학, 인류학, 교육학, 법학, 행정학 · 정책학, 군사학, 지리학, 국제 · 지역개발, 관광학, 신문방송학, 심리과학, 생활과학, 문헌정보학, 여성학, 기타사회과학으로 중분류하였다. 사회복지학은 사회복지정책으로 사회복지 철학/사상/윤리, 사회복지발달사, 사회복지 행정/정책/제도, 사회복지 프로그램 개발/평가, 사회보장, 비교사회복지를 포함하고, 사회복지 실천으로 영유아복지, 아동복지, 청소년복지, 가족복지, 여성복지, 노인복지, 장애인복지, 학교사회복지, 교정복지, 의료사회복지, 정신보건사회복지, 지역사회복지, 산업복지, 군사회복지, 자원봉사 등으로 소분류하였다.

〈표 2-4〉 사회과학과 사회복지학 국가과학기술표준분류체계

사회과학(23개)	사회복지학(21개)
정치외교학, 경제학, 농업경제학, 경영학, 회계학, 무역학, 사회학, 사회복지학, 지역학, 인류학, 교육학, 법학, 행정학 · 정책학, 군사학, 지리학, 국제 · 지역개발, 관광학, 신문방송학, 심리과학, 생활과학, 문헌정보학, 여성학, 기타사회과학	• 사회복지 철학/사상/윤리 • 사회복지발달사 • 사회복지 행정/정책/제도 • 사회복지 프로그램 개발/평가 • 사회보장 • 비교사회복지 • 영유아복지/아동복지/청소년복지/가족복지/여성복지/노인복지/장애인복지 • 학교사회복지/교정복지/의료사회복지/정신보건사회복지/지역사회복지/산업복지/군사회복지/자원봉사

자료 : 국가과학기술표준분류체계(2023년 개정안).

한국의 사회복지학은 50년대 초창기에는 미국 사회사업학의 영향을 많이 받았으며, 사회복지 실천(임상사회사업)과 사회복지정책이라는 두 개의 축으로 발전하여 왔다. 사회복지 실천은 전문직인 사회복지사가 클라이언트의 삶의 질 향상을 위해 전문지식과 기술을 체계화하고 이론화하는 것을 목표로 하고, 사회복지정책은 산업화로 인해 발생한 사회문제를 적극적 국가 개입을 통해 해결하고자 사회보정정책과 제도, 사회복지기관, 사회복지사업법 등에 관심을 기울여 왔다. 독립 학문적 성격이 강한 사회복지 실천과는 달리 사회복지정책은 대상 영역이 훨씬 넓고 다양하다. 또한 정치학, 사회학, 경제학, 법학, 행정학 등의 인접 사회과학 분야들과 관심 영역을 공유하고 있고 동시에 겹치는 부분도 많다.

사회복지학의 정체성을 확보하기 위해서는 다양한 사회과학 이론의 혼재, 그리고 사회복지 실천과의 이론적 상호관계의 모호성 등의 문제가 해결되어야 한다. 사회학, 경제학, 정치학, 행정학, 법학 등 인접 사회과학 이론에 대한 포용적 자세를 강화하는 한편, 사회복지 실천 학문과의 이론적 연결고리를 개발하는 것은 사회(복지)정책 전공자들에 부여된 과제라 생각된다. 따라서 당분간 사회복지정책은 종합사회과학의 특성과 위상을 유지하는 동시에 인접 사회과학 방법론에 대한 적극적이고

개방적 자세를 유지하면서 학제적 연구와 학문 교류의 폭을 넓혀 나가야 한다. 동시에 이론과 실천 간 균형을 유지하기 위해서 사회복지정책 이론 개발에 노력해야 한다(나병균, 2013).

용어정리

- **광의의 의미로서의 대표적인 사회복지** : 사회복지를 개인과 사회 전체의 복지를 증진시키려는 모든 형태의 사회적 노력을 포함하여, 사회문제의 치료와 예방, 인적 자원의 개발, 인간생활의 향상에 직접적 관련을 갖는 일체의 시책과 과정을 포함한다.
- **협의의 의미로서의 사회복지** : 모든 사람의 복지를 지원하는 것보다 실제 지원받는 사람들은 제한적으로 간주한다.
- **잔여적 개념(residual concept)의 사회복지** : 가족, 시장, 종교, 정치제도 등이 제 기능을 원활히 수행하지 못할 때 생기는 문제에 대해 사회복지가 보완 또는 해소하는 것으로 본다.
- **제도적 개념(institutional concept)의 사회복지** : 현대 사회에서 시장과 가족이 기능하더라도 이들로는 불충분하기 때문에 사회를 유지하기 위해 사회복지는 필수적인 기능을 수행하는 것으로 이해된다.
- **사회사업** : 개인, 집단, 지역사회가 사회적 혹은 개인적 만족이나 독립심을 얻도록 도와주는 인간관계에 대한 과학적 지식이나 기술에 바탕을 둔 전문적 서비스이다.
- **사회보장** : 「사회보장기본법」에 따르면 사회보장은 질병, 장애, 노령, 실업, 사망 등의 사회적 위험으로부터 모든 국민을 보호하고, 빈곤을 해소하며, 국민생활의 질을 향상시키기 위하여 제공되는 사회보험, 공공부조, 사회복지서비스 및 관련 복지제도를 말한다.
- **사회서비스** : 사회보장(「사회보장기본법」의 사회보장이란 출산, 양육, 실업, 노령, 장애, 질병, 빈곤 및 사망 등의 사회적 위험으로부터 모든 국민을 보호하고 국민 삶의 질을 향상시키는 데 필요한 소득 · 서비스를 보장하는 사회보험, 공공부조, 사회서비스)의 법적 개념으로 볼 때 한 영역이다.
- **사회복지서비스** : 국가, 지방자치단체 및 민간 부문의 도움을 필요로 하는 사람에게 상담 · 재활 · 직업소개 · 지도 및 사회복지시설 이용 등을 제공하여 정상적인 사회생활이 가능하도록 지원하는 제도이다.
- **사회안전망** : 기존 사회보장제도하에서는 적절한 보호를 받지 못한 채 여전히 위험에 노출된 사람들을 보호하기 위한 대책을 의미한다.

Chapter 03

사회복지는 어떤 가치를 지향하는가

-사회복지의 가치와 윤리

사회복지 실천은 단순한 지식과 기술의 적용을 넘어, 인간에 대한 존중과 윤리적 가치관을 토대로 이루어지는 전문적 활동이다. 이 장에서는 사회복지의 가치와 윤리를 중심으로, 사회복지사가 실천 과정에서 어떤 철학적 태도와 도덕적 기준을 지녀야 하는지를 다룬다. 먼저 사회복지 가치의 개념과 유형을 살펴보고, 인간의 존엄성, 자기결정, 평등과 기회균등 등 핵심 가치를 중심으로 사회복지의 기본 방향을 이해한다. 이어 윤리의 개념과 필요성을 통해 사회복지사가 가치 갈등 속에서도 일관된 판단 기준을 유지해야 하는 이유를 탐구하고, 한국사회복지사협회의 윤리강령을 분석하여 전문직으로서의 책무와 실천 기준을 구체적으로 살펴본다. 또한 실천 현장에서 자주 나타나는 윤리적 딜레마—예를 들어 자기결정과 보호의 충돌, 비밀보장과 안전의 갈등—를 사례를 통해 분석하면서 가치 간 우선순위를 어떻게 설정해야 하는지 배운다. 나아가 로웬버그와 돌고프의 윤리원칙 심사표를 활용한 의사결정 과정을 통해 생명보호, 자기결정, 정의, 비밀보장, 최소 피해 등 다양한 윤리원칙의 적용 방안을 익히며, 윤리교육과 슈퍼비전이 사회복지사의 전문성과 윤리적 민감성을 강화하는 핵심 장치임을 이해한다. 이를 통해 학습자는 사회복지 실천의 철학적 · 도덕적 기반을 내면화하고, 가치가 충돌하는 상황에서도 인간의 존엄과 사회정의를 우선하는 합리적 결정을 내릴 수 있는 전문적 관점을 갖추게 된다.

사회복지 실천은 단순한 기술적 문제에 머무는 것이 아니라 모든 결정에 참여한 사람들의 가치가 여러 과정들을 거쳐서 개입하고 있기 때문에 사회복지 실천은 이론이나 지식, 기술적 차원을 넘어서 철학적이며, 도덕적인 성격을 갖게 된다. 지식이 중요한 것은 자신이 아는 만큼 보고 이해할 수 있기 때문이며 기술은 자신이 아는 것을 효과적으로 활용하여 서비스 이용자들을 돕기 위해서 필요한 것이다. 그러나 더욱 중요한 것은 윤리적인 가치관을 내면화하여 윤리적 성찰과 적문적 책임의 자세로 서비스 이용자들의 삶의 질 향상과 행복 증진을 위해서 힘써야 한다는 점이다. 로웬버그(Lowenberg)는 가치(value)란 "믿음과 같은 것으로 좋고 바람직한 것에 대한 지침이며 적합한 행동의 선택에 대한 지침이다"라고 하였고, 웹스터(Webster) 사전은 가치를 "본래적으로 가치있는 또는 바람직한 무엇"이라고 정의하였다. 가치는 인간의 본질에 관하여 전문직이 갖고 있는 신념(믿음)으로 이러한 신념(믿음)이 사회복지 실천에서 실무자의 일상적인 활동에 반영되어 전문직이 실천해야 할 방향을 제시해 주는 것으로 볼 수 있다.

1 사회복지의 가치

1) 가치의 개념과 유형

(1) 가치의 개념

가치란 인간이 바람직하다고 여기는 신념이자 행동의 기준을 말한다. 인간은 무엇이 좋고 나쁜지, 옳고 그른지를 판단하면서 행동하는데, 그 판단의 근거가 바로 가치이다. 다시 말해 가치는 인간이 어떤 삶을 살고자 하는가, 어떤 사회를 만들고자 하는가를 결정하는 방향타와 같다. 가치는 단순한 개인의 기호나 감정이 아니라, 사회가 공유하는 도덕적 규범이기도 하다. 사회복지의 영역에서는 특히 '인간다운 삶'과 '사회적 평등'이라는 가치를 중심으로 제도와 서비스가 운영된다. 따라서 사회복지를 이해하기 위해서는 먼저 가치가 무엇이며, 어떤 유형으로 나뉘는지를 아는 것이 중요하다.

가치는 또한 인간의 욕구를 충족시키고 삶의 의미를 부여한다. 예를 들어, 가족의 사랑, 자유, 정의, 평등, 행복, 존엄성 등은 인간이 중요하다고 여기는 대표적인 가치이다. 이러한 가치는 시대와 문화, 사회적 환경에 따라 강조점이 달라질 수 있다.

(2) 가치의 두 가지 의미

가치는 크게 형식적 의미와 실질적 의미로 구분된다.

- 형식적 의미란 가치가 사실(fact)과 구별된다는 점을 의미한다. 사실은 '존재하는 것'을 말하지만, 가치는 '존재해야 하는 것'을 의미한다. 즉, 가치란 객관적 사실과 달리 인간의 판단과 이상을 반영하는 개념이다. 예를 들어, '한 사람은 하루 세 끼를 먹는다.'는 사실이지만, '모든 사람은 세 끼를 먹을 권리가 있다.'는 것은 가치의 표현이다.
- 실질적 의미란 가치를 '좋은 것(the good)', '소중한 것(the valuable)'으로 보는 관점이다. 이는 악(evil)과 대비되는 개념으로, 사회복지에서는 인간의 행복, 존엄, 평등 등이 실질적 가치로 간주된다. 이처럼 형식적 의미의 가치는 가치 판단의 기준을, 실질적 의미의 가치는 그 내용을 규정한다고 할 수 있다.

(3) 가치의 유형 : 내재적 가치와 도구적 가치

가치는 그 목적과 역할에 따라 내재적 가치(intrinsic value)와 도구적 가치(instrumental value)로 나눌 수 있다.

- 내재적 가치란 그 자체로 인간에게 선(善)과 행복을 가져다주는 가치이다. 다른 이유 없이, 그 자체로 존재의 의미가 있는 것이다. 예를 들어, 인간의 존엄성, 자유, 정의, 행복 등은 그 자체로 추구할 만한 가치이다. 사회복지에서는 모든 인간이 존중받아야 한다는 '인간 존엄성'이 대표적인 내재적 가치이다.
- 도구적 가치란 내재적 가치를 실현하기 위한 수단으로서의 가치를 의미한다. 예를 들어, 자기결정권, 비밀보장, 공정성, 형평성 등은 인간 존엄성을 실현하기 위한 구체적인 방법이 된다. 사회복지사는 클라이언트의 자기결정권을

존중함으로써 인간 존엄성을 실천하며, 비밀보장을 통해 신뢰와 권리를 보호한다.

일반적으로 내재적 가치가 도구적 가치보다 더 근본적이고 우위에 있다고 볼 수 있다. 도구적 가치는 내재적 가치를 실현하기 위한 실천적 지침의 역할을 하기 때문이다. 그렇지만 가치를 이렇게 구분하더라도 과연 구체적으로 어떠한 가치가 내재적인 가치인지는 또 다시 판단의 대상이 될 수밖에 없다.

(4) 사회복지에서의 가치 분류

사회복지의 목적과 실천 과정에서 가치는 다양한 형태로 나타난다. 대표적으로 다음과 같이 분류할 수 있다.

- 궁극적 가치(ultimate values) : 사회복지가 궁극적으로 지향하는 가장 높은 수준의 가치이다. 인간의 존엄, 사회정의, 평등, 자유, 행복과 같은 가치가 이에 속한다. 이는 모든 복지제도와 정책이 궁극적으로 달성해야 할 목표이다.
- 수단적 가치(instrumental values) : 궁극적 가치를 실현하기 위해 필요한 구체적인 행동이나 태도이다. 예를 들어, 자기결정권, 책임감, 공정성, 형평성, 비밀보장 등은 사회복지 실천 현장에서 실질적으로 적용되는 수단적 가치이다.
- 개인적 가치(personal values) : 개인의 성장배경이나 문화, 신념체계에 따라 형성된 가치이다. 예를 들어, 가족 중심의 가치관, 성실함, 효 사상 등이 개인적 가치로 작용한다.
- 사회적 가치(social values) : 한 사회가 공유하는 도덕적 신념으로, 시대의 변화에 따라 달라진다. 예를 들어, 산업화 시대에는 근면과 경쟁이 중시되었지만, 현대 복지사회에서는 포용, 다양성, 연대, 공존이 사회적 가치로 강조되고 있다.
- 전문직 가치(professional values) : 사회복지사가 전문직으로서 지켜야 할 가치이다. 클라이언트의 인간 존중, 공정한 서비스 제공, 비밀보장, 자기결정권 존중, 사회정의 실현 등은 사회복지사의 실천 윤리와 직결된다.

2) 사회복지의 핵심 가치

사회복지 실천은 단순한 기술적 개입을 넘어, 사람들로 하여금 인간다운 삶을 살도록 돕는 전문적 활동이다. 따라서 사회복지사는 일상적 지원을 수행함에 있어 기준이 되는 가치를 중심 삼아야 한다. 일반적으로 사회복지 실천에서 강조되는 3대 핵심 가치는 인간 존엄성, 자기결정권, 기회 균등(=평등 사상)이다. 이들은 사회복지 개입의 방향과 우선순위를 정하는 나침반이 된다.

(1) 인간의 존엄성 존중

사회복지에서 가장 중요한 가치 중 하나가 인간의 존엄성이다. 인간 존엄성은 모든 인간이 태어날 때부터 그 자체로 가치 있는 존재임을 인정하고 존중해야 한다는 믿음이다. 이는 인간을 단순한 수단이나 객체가 아니라, 목적 그 자체로 보는 관점이다. 인간을 존중한다는 것은 개인적 차이나 문화적 · 인종적 차이에 의해 차별하지 않고 존중받아야 한다는 것을 또한 의미하는데, 인간의 가치와 존엄성에 대한 신념과 존중은 사회복지의 기본원리라고 할 수 있다(이종복 외, 2008; 정민자 외, 2009). 인간이 인간답게 살 수 있는 권리와 보장은 사회복지 영역에만 국한되는 것이 아닌 보편적인 가치이다. 사회복지 실천의 영역에서 인간 존엄성은 클라이언트 개별성 존중, 비밀보장, 공정한 대우 등의 다른 가치와 윤리 원칙을 떠받치는 기초가 된다.

우리 헌법 제10조는 "모든 국민은 인간으로서의 존엄과 가치를 가지며, 행복을 추구할 권리를 가진다."고 규정하며, 국가가 인간다운 삶을 보장할 책임을 지도록 명시한다. 이처럼 존엄성은 단지 이상론이 아니라 법적 · 제도적 기반을 가진 가치이다. 실무적으로, 사회복지사는 클라이언트의 상태나 처지를 단일한 기준으로 판단해서는 안 된다. 동일한 문제를 겪더라도 각 개인의 배경, 경험, 선택지를 존중하고 접근해야 한다.

(2) 자기결정권

자기결정권은 개인이 외부의 간섭 없이 자신의 삶을 스스로 선택하고 결정할 수 있는 권리다. 즉, 자신에게 영향을 미치는 여러 선택지 가운데 어느 쪽을 택할 것인지를 스스로 판단할 자유를 포함한다. 사회복지사는 클라이언트가 스스로 삶의 방향을 정할 수 있도록 지지해야 한다. 이는 사회복지 실천에서 매우 중요한 가치로, 클라이언트가 자신의 문제 해결 과정에 적극적으로 참여하고 주체적으로 결정할 수 있도록 지원해야 함을 뜻한다. 사회복지사는 클라이언트가 자신의 욕구를 인식하고, 목표를 설정하며, 해결 방안을 선택하도록 돕는 역할을 한다. 그러나 자기결정권은 절대적인 개념이 아니며, 클라이언트의 결정이 자신이나 타인에게 심각한 위해를 가할 위험이 있는 경우에는 보호의 가치가 우선될 수 있다. 예를 들어, 자살 시도를 하는 클라이언트가 치료를 거부하는 경우, 사회복지사는 자기결정권을 존중하면서도 생명권 보호를 위해 개입해야 한다. 이처럼 자기결정권은 개인의 자율성을 존중하되, 윤리적 판단과 사회적 책임의 균형 속에서 실천되어야 한다.

(3) 평등

평등이란 사회적 자원을 재분배하여 사회 구성원의 인간다운 삶의 질을 보장하고 향상시키고자 하는 가치이다(고명석 외, 2010). 평등은 한정된 사회적 자원을 공평하게 배분하여 사회 구성원의 삶의 질을 향상시키는 것을 목표로 한다. 평등은 자유와 함께 인간이 인간됨을 실현하기 위한 가장 중요한 정신적 가치의 하나이기 때문에 정의나 사회형평의 이론에서 기본 전제가 되어 왔다. 평등의 개념은 수량적 평등, 비례적 평등, 기회의 평등으로 구분할 수 있다(송근원, 김태성, 2015). 이들 중 수량적 평등은 가장 적극적 평등 개념으로서 결과의 평등이라고도 일컬으며, 이 개념을 지지하는 사람을 평등주의자(egalitarian)라고 부른다.

① 수량적 평등

모든 사람을 똑같이 취급하여 사회적 자원을 똑같이 분배하는 것을 의미한다. 수량적 평등은 재화가 평등하게 분배되는 결과의 평등이라고도 한다(송근원, 김태성, 2015). 능력의 차이, 기여의 차이와 상관없이 사회적 자원을 균등하게 분배하는 것으로 가장 적극적인 평등의 개념이다. 그러나 자본주의 사회의 시장원리와 경쟁 원칙과 공존하기 어렵기 때문에 수량적 평등의 실현은 현실적으로 매우 제한적이다. 다만, 사회복지의 동기로서 또는 목표로서 수량적 평등을 강조하는 경우는 매우 많다.

② 비례적 평등

개인의 노력, 능력 및 기여에 따라 사회적 자원을 상이하게 배분하는 것으로 사람들이 공정한 경쟁을 허용하며 그러한 공정한 경쟁으로 인한 결과의 불평등은 공평하다고 보는 개념이다. 수량적 평등과 비교하면 비례적 평등은 상대적으로 많은 불평등의 존재를 인정한다. 수량적 평등이 전 국민을 대상으로 모든 영역에서 구현하기 어렵고 비현실적인 측면이 있는 반면, 비례적 평등은 자본주의 사회에서 실질적으로 가장 많이 사용되는 평등 개념이다(송근원, 김태성, 1995).

③ 기회의 평등

기회의 평등은 세 가지 평등 중 가장 소극적 개념에 속한다. 결과가 얼마나 다른가에 대해서는 묻지 않는 대신, 결과에 이르는 과정상의 기회가 얼마나 똑같이 제공되었는가를 추궁한다. 결과의 평등이 시장의 기본 원칙과 맞지 않다고 보며, 개인의 노력과 헌신을 이끌어 내어 사회 불평등을 완화시키고자 하는 평등 개념이다. 이처럼 결과를 얻을 수 있는 '과정상의 기회'에 초점을 둔 대표적인 사회복지정책으로는 미국의 헤드스타드(Head Start), 우리나라의 드림스타트(Dream Start) 프로그램처럼 저소득층 아동의 교육지원정책을 들 수 있다. 그러나 기회의 평등이라는 이름 아래 결과의 불평등이 존재를 합법화할 수 있다는 한계가 있다(송근원, 김태성, 1995).

(4) 자유

자유는 사회복지의 가치 중 그 개념과 본질에 대한 논란이 많은 가치로서, 벌린(Berlin, 1969)의 분류가 가장 보편적으로 사용된다. 벌린은 자유에 대한 사상적 측면을 고찰하여 자유를 '소극적 자유(negative liberty)'와 '적극적 자유(positive liberty)'로 구분하였다. 소극적 자유는 다른 사람에 의한 강제가 없는 상태로서 사람들 간의 상호작용 관계에서 다른 사람의 간섭 없이 자신의 의지대로 행할 수 있는 상태를 의미한다. 반면 적극적 자유란 자기가 원하는 것을 할 수 있는 상태를 말한다.

(5) 정의

정의의 개념은 절차상의 정의, 실질적 정의, 능동적 과정으로서의 정의 등으로 사용되고 있다. 절차상의 정의는 법률에서 정한 합법적인 절차를 강조하며, 실질적 정의는 결과로서 분배정의를 강조한다. 분배정의는 넓은 의미에서는 사회적으로 의미있는 모든 편익과 부담이 사회 구성원 사이에서 분배되는 것과 관련된 정의이며, 좁은 의미에서는 경제적인 것에 국한된 편익과 부담의 분배와 관련된 정의를 뜻한다. 능동적 과정으로서의 정의는 불의한 현상을 예방하고 치료하는 사회과정을 강조한다(장인협, 이혜경, 오정수, 2013). 사회복지에서는 특히 분배정의를 강조하며, 사회적으로 취약한 계층이나 불우한 위치에 있는 사람들에게 더 나은 처우와 권한 및 자원의 배분이 이루어지도록 노력한다.

(6) 사회연대

일정한 사회단위 내의 구성원 상호 간 또는 구성원이 사회에 대하여 갖는 연대감 또는 사회적 소속감을 의미하며, 사회통합(social integration)이라고도 한다. 사회복지는 구성원 상호 간의 도움을 주고받는 행위를 통하여 사회적 자원의 재분배뿐만 아니라, 원조 행위 자체가 구성원 상호 간의 감정적 통합을 가져올 수 있다. 사회적 연대는 사회민주주의 사회의 기본 원리와 관련되는데, 사회민주주의 사회는 자본주의적 탐욕과 교환관계를 동정과 동지애로 대치시키며, 경쟁적 분위기를 협동으로 바꾸는 것을 목표로 한다.

(7) 이타주의

이타주의는 사랑과 질서를 기초로 하여 자기를 희생함으로써 타인의 행복과 복리 증진을 목적으로 하는 생각 또는 그 행위를 의미한다(조추용 외, 2008). 사회복지의 가치 중 이타주의는 개인의 이익을 극대화하려는 자본주의의 경제적 행위와는 대별되는 것이기 때문에 사회복지의 중요한 가치로 본다(이정복 외, 2008).

2 사회복지의 윤리

1) 윤리의 개념과 필요성

윤리는 사람들에게 그들이 추구하는 가치와 일관되게 행동하도록 지시하는 행동규범을 뜻한다(Lewis, 1982). 윤리(ethics)는 그리스어인 'ethos'(습관, 사회적 풍습)에서 유래되었고, 그 의미는 관습(custom), 습관(habit)을 뜻하며 라틴어 'mos/mores'(관습)에서 유래한 'morality'(도덕)와 함께 인간의 품성(인격)과 태도를 의미하기도 한다(김기덕 외, 2024). 윤리는 어떤 행동이 도덕적으로 올바르며, 옳은 판단과 행동은 어떠해야 하는지를 다루는 개념이며, 사람들이 지켜야 할 행위규범 중 가장 기본적인 것이다. 다시 말하면, 윤리란 사람이 사회관계에 있어서 사람으로서 마땅히 행하거나 지켜야 할 도리이며(문인숙, 1991), 인간이 관계하고 있는 여러 맥락 속에서 근간을 이루고 있다. 윤리란 어떤 행동의 옳고 그름에 대한 판단으로, 사회복지의 가치기준에 맞는 실천을 하였는가에 대한 판단 기준을 제시한다(양옥경, 1993).

윤리를 언급할 때, 유사한 개념은 '가치'이다. 때로 사람들은 윤리에 대한 개념 정립에서 가치와 혼돈하여 생각하는 경향이 있다. 그러나 윤리와 가치는 구분되는 개념으로써 '가치'는 하나의 추상적 개념이며, 윤리는 실천상의 가치로 볼 수 있다. 즉, 가치는 윤리와는 다르게 바람직한 행동을 선택하는 데 있어 항상 지침으로서 작용하지는 않는다. 왜냐하면 개인의 행동이 개인의 가치와 모순되거나 사회가치를 반영하지 않기 때문이다(윤기영, 1997). 그러나 윤리란 인간의 행동을 통제하거나 규제하는 기준이나 원칙까지 포함하는 개념으로 일반적으로 타인에 대한 책임감에서 우러나오는 인간에 대한 기대를 말하다(문인숙, 1985). 가치와 윤리의 개념을 비교하면 〈표 3-1〉과 같다.

〈표 3-1〉 가치와 윤리의 개념

내용	가치	윤리
개념	• 무엇이 '좋고 바람직한가?'에 관심 • 가정적인 개념으로 인간의 생각에 그침 • 인간이 마땅히 규범으로서 선호해야 할 바람직한 것, 선한 것으로서 지향해야 될 신념이나 믿음 • 이상적, 추상적 목적이나 고수준의 상징성을 지님	• 무엇이 '옳고 그른가?'와 관계되는 올바른 행위에 대한 물음 • 좋은 사고로 그치는 것이 아니라 행위로 실천될 때 의미가 있음 • 사회관계에서 마땅히 행하거나 기대되고 지켜야 할 도덕규범 및 도리로서 실천적이며, 행동의 구체적, 현실적 목표에 대한 실천상의 기준

자료 : Lowenberg & Dolgoff(1996).

사회복지 실천에서 윤리는 단순히 규범이나 규칙이 아니라, 사회복지사가 전문직으로서 사회적 책임을 다하고 클라이언트의 권리를 보호하기 위한 기본적인 토대이다. 미국의 사회복지학자 리머(Reamer, 1995)는 사회복지사가 윤리적 실천을 필요로 하는 이유를 다섯 가지 측면에서 설명하였다. 우선 사회복지사는 자신의 가치관과 클라이언트, 동료, 기관, 사회의 가치관을 명확히 인식해야 한다. 사회복지사는 개인적인 신념에만 의존하지 않고, 사회복지 전문직의 가치체계 속에서 자신의 가치관이 어떤 위치에 있는지를 성찰해야 한다. 이러한 과정은 사회복지사가 공적 책무를 지닌 전문가로서 자신의 가치관을 공개하고, 서비스 이용자나 사회 앞에서 책임 있게 행동하도록 돕는다.

또한 사회복지사는 실천 과정에서 다양한 윤리적 딜레마에 직면하게 된다. 예를 들어, 클라이언트의 자기결정권과 보호의 가치가 충돌하거나, 비밀보장과 공익이 상충하는 상황이 발생할 수 있다. 이러한 복잡한 상황에서 바람직한 판단을 내리기 위해서는 윤리적 통찰력과 전문적 판단 능력이 필요하다. 윤리교육은 사회복지사가 이러한 딜레마의 본질을 이해하고 합리적 결정을 내릴 수 있는 역량을 키워준다.

윤리는 또한 다양한 가치가 충돌할 때 우선순위를 정립하기 위한 기준을 제시한다. 사회복지 현장에서는 자유와 평등, 효율성과 형평, 개인의 권리와 사회의 안전 등 서로 다른 가치가 공존하고 충돌한다. 이때 윤리적 사고는 어떤 가치가 더 근본적인가, 어떤 가치가 상황적으로 더 적절한가를 판단할 수 있는 가치 위계의 틀을 제공한다.

현대 사회복지 실천에서는 시대적 변화에 따라 가치체계의 검토도 필요하다. 과거의 주류 가치였던 효율성과 다수결의 원리가 항상 정당한 것은 아니다. 사회복지사는 시대적 상황과 사회적 욕구의 변화를 고려하여, 새로운 가치와 윤리적 기준을 재정립해야 한다. 이를 통해 복지 실천이 단순한 행정 절차가 아니라, 인간의 존엄과 정의를 실현하는 사회적 실천으로 자리 잡을 수 있다.

마지막으로 윤리는 사회복지사의 전문성 향상과 실천 방법 개발에도 중요한 역할을 한다. 사회복지는 과학적 지식과 기술, 그리고 인간에 대한 이해가 결합된 학문이자 실천 분야이다. 윤리적 성찰은 사회복지사가 단순한 서비스 제공자가 아닌, 비판적 사고와 도덕적 판단을 겸비한 전문가로 성장하도록 돕는다. 윤리적 실천은 곧 전문성의 확장이며, 이는 사회복지의 신뢰성과 사회적 정당성을 강화하는 핵심 요소이다. 결국 윤리는 사회복지사의 행동을 규제하는 외적 규범이 아니라, 인간의 존엄을 보호하고 전문직의 책임을 다하기 위한 내적 기준이다. 사회복지사는 윤리를 통해 자신의 가치관을 점검하고, 전문적 판단을 훈련하며, 사회적 신뢰를 구축하는 과정을 지속적으로 실천해야 한다.

2) 한국 사회복지사 윤리강령의 구조와 내용

한국사회복지사협회(KASW)는 1982년에 윤리강령을 제정하였으며, 여러 차례 개정을 거쳐 사회복지 실천을 더욱 강화한 윤리강령으로 오늘에 이르렀다. 현재 윤리강령은 사회복지사의 이념, 철학, 그리고 사회복지사의 사명에 대한 전문과 10개조의 단순한 규범을 제시하는 데에서 발전하여 전문, 윤리기준, 사회복지사 선서 등 세 부분으로 구성되어 있다.

사회복지사들이 스스로 올바르다고 판단하고 준수하고자 하는 책무성에 담긴 가치 원칙 표준들을 구체적이고 체계적으로 표현한 것이 바로 '윤리강령(code of ethics)'이다. 특히 사회복지사와 같이 직접적으로 인간을 다루는 휴먼서비스 전문직의 경우 보다 섬세하고 높은 수준의 윤리강령을 제시하고 있다. 또한 사회복지사의 실천 과정에서 윤리강령은 단순히 추상적인 선언에 그치는 것이 아니라 다음과 같이 매우 실제적인 역할을 담당하고 있다.

첫째, 사회복지사가 실천 현장에서 직면하는 윤리적 교착 상태에서 갈등을 해결할 수 있는 안내자의 역할을 한다. 둘째, 사회복지사가 저지를 수 있는 불완전한 실천으로부터 클라이언트를 보호하는 역할을 수행한다. 셋째, 사회복지 전문직의 전문직 자율성을 제고하고 외부로부터의 통제나 규제로부터 전문가를 보호한다. 넷째, 동료전문가들과의 상호작용 기준을 제시하고 윤리적이고 올바른 동료관계를 가능하게 한다. 다섯째, 실천 과정에서 야기될 수 있는 다양한 법적 제재나 소송으로부터 전문가를 보호하는 역할을 한다(김기덕 외, 2012).

우리나라의 사회복지사 윤리강령은 만들어지는 과정에서 미국의 영향을 크게 받았다. 1982년 사회복지사 윤리강령을 제정한 이래로 1988년 1차 개정, 1992년 2차 개정이 있었고, 현재는 2023년 5차 개정본이 사용되고 있다. 참고로 한국 사회복지사 윤리강령을 제시하면 다음과 같다.

사회복지사 윤리강령

2023. 04. 11. 5차 개정

■ 전문

사회복지사는 인본주의·평등주의 사상에 기초하여, 모든 인간의 존엄성과 가치를 존중하고 천부의 자유권과 생존권의 보장활동에 헌신한다. 특히 사회적·경제적 약자들의 편에 서서 사회정의와 평등·자유와 민주주의 가치를 실현하는데 앞장선다. 또한 도움을 필요로 하는 사람들의 사회적 지위와 기능을 향상시키기 위해 저들과 함께 일하며, 사회제도 개선과 관련된 제반 활동에 주도적으로 참여한다. 사회복지사는 개인의 주체성과 자기결정권을 보장하는 데 최선을 다하고, 어떠한 여건에서도 개인이 부당하게 희생되는 일이 없도록 한다. 이러한 사명을 실천하기 위하여 전문적 지식과 기술을 개발하고, 사회적 가치를 실현하는 전문가로서의 능력과 품위를 유지하기 위해 노력한다. 이에 우리는 클라이언트·동료·기관 그리고 지역사회 및 전체사회와 관련된 사회복지사의 행위와 활동을 판단, 평가하며 인도하는 윤리기준을 다음과 같이 선언하고 이를 준수할 것을 다짐한다.

■ 사회복지사의 윤리기준

Ⅰ. 기본적 윤리기준

1. 전문가로서의 자세

1) 인간 존엄성 존중

가. 사회복지사는 모든 인간의 존엄, 자유, 평등을 위해 헌신해야 하며, 사회적 약자를 옹호하고 대변하는 일을 주도해야 한다.

나. 사회복지사는 모든 인간의 고유한 존엄성과 가치를 인정하고 존중하며, 이를 기반으로 사회복지를 실천한다.

다. 사회복지사는 클라이언트의 성, 연령, 정신·신체적 장애, 경제적 지위, 정치적 신념, 종교, 인종, 국적, 결혼 상태, 임신 또는 출산, 가족 형태 또는 가족 상황, 성적 지향, 젠더 정체성, 기타 개인적 선호·특징·조건·지위 등을 이유로 차별을 하지 않는다.

라. 사회복지사는 다양한 문화의 강점을 인식하고 존중하며, 문화적 역량을 바탕으로 사회복지를 실천한다.

마. 사회복지사는 문화적으로 민감한 실천을 제공하기 위해, 사회복지 실천 과정에

서 자신의 개인적 · 사회적 · 문화적 · 정치적 · 종교적 가치, 신념과 편견이 클라이언트와 동료 사회복지사에게 미칠 수 있는 영향을 고려하여 자기 인식을 증진하기 위해 힘쓴다.

2) 사회정의 실현

가. 사회복지사는 사회정의 실현과 클라이언트의 복지 증진에 헌신하며, 이를 위한 국가와 사회의 환경 변화를 위해 노력한다.

나. 사회복지사는 사회, 경제, 환경, 정치적 자원에 대한 평등한 접근과 공평한 분배가 이루어지도록 노력한다.

다. 사회복지사는 개인적 · 집단적 · 사회적 · 문화적 · 정치적 · 종교적 특성에 근거해 개인이나 집단을 차별 · 억압하는 것을 인식하고, 이를 해결 또는 예방하기 위해 노력해야 한다.

2. 전문성 개발을 위한 노력

1) 직무 능력 개발

가. 사회복지사는 클라이언트에게 최상의 서비스를 제공하기 위해, 지식과 기술을 개발하는데 최선을 다하며 이를 활용하고 공유할 책임이 있다.

나. 사회복지사는 사회적 다양성의 특징(성, 연령, 정신 · 신체적 장애, 경제적 지위, 정치적 신념, 종교, 인종, 국적, 결혼 상태, 임신 또는 출산, 가족 형태 또는 가족 상황, 성적 지향, 젠더 정체성, 기타 개인적 선호 · 특징 · 조건 · 지위 등), 차별, 억압 등에 대해 교육을 받고 이에 대한 이해를 증진하기 위해 노력한다.

다. 사회복지사는 변화하는 사회복지 관련 쟁점에 대응할 수 있도록 실천 기술을 향상하고, 새로운 실천 기술이나 접근법을 적용하기 위해 적절한 교육, 훈련, 연수, 자문, 슈퍼비전 등을 받도록 노력한다.

라. 사회복지사는 사회복지 실천에 필요한 정보통신 관련 지식과 기술을 습득하기 위해 노력하며, 이를 사용하는 과정에서 발생할 수 있는 윤리적 문제를 인식하고 정보통신 관련 지식과 기술을 활용하도록 한다.

2) 지식기반의 실천 증진

가. 사회복지사는 사회복지 실천 과정에서 평가와 연구 조사를 함으로써, 사회복지 실천의 지식 기반 형성에 기여하고, 궁극적으로 사회복지 실천의 질적 향상을 위해 노력한다.

나. 사회복지사는 평가나 연구 조사를 할 때, 연구 참여자의 권리를 보장하기 위해,

연구 관련 사항을 충분히 안내하고 자발적인 동의를 얻어야 한다.

다. 사회복지사는 연구 과정에서 얻은 정보를 비밀 보장의 원칙에서 다루며, 비밀 보장의 한계, 비밀 보장을 위한 조치, 조사 자료 폐기 등을 연구 참여자에게 알려야 한다.

라. 사회복지사는 평가나 연구 조사를 할 때, 연구 참여자의 보호와 이익, 존엄성, 자기 결정권, 자발적 동의, 비밀 보장 등을 고려하며, 「생명윤리 및 안전에 관한 법률」 등 관련 법령과 규정에 따라 연구윤리를 준수한다.

3. 전문가로서의 실천

1) 품위와 자질 유지

가. 사회복지사는 전문가로서의 품위와 자질을 유지하고, 자신이 맡고 있는 업무에 대해 책임을 진다.

나. 사회복지사는 자신의 이익을 위해 사회복지 전문직의 가치와 권위를 훼손해서는 안 된다.

다. 사회복지사는 전문가로서 성실하고 공정하게 업무를 수행한다.

라. 사회복지사는 부정직한 행위, 범죄행위, 사기, 기만행위, 차별, 학대, 따돌림, 괴롭힘 등 불법적이고 부당한 일을 행하거나 묵인해서는 안 된다.

마. 사회복지사는 자신의 소속, 전문 자격이나 역량 등을 클라이언트에게 정직하고 정확하게 알려야 한다.

바. 사회복지사는 클라이언트, 학생, 훈련생, 실습생, 슈퍼바이지, 직장 내 위계적 권력 관계에 있는 동료와 성적 관계를 형성해서는 안 되며, 이들에게 성추행과 성희롱을 포함한 성폭력, 성적 · 인격적 수치심을 주는 행위를 해서는 안 된다.

사. 사회복지사는 한국사회복지사협회 등 전문가 단체의 활동에 적극적으로 참여하여, 사회정의 실현과 사회복지사의 권익 옹호를 위해 노력한다.

2) 자기 관리

가. 사회복지사는 정신적 · 신체적 건강 문제, 법적 문제 등이 사회복지 실천 과정에서의 전문적 판단이나 실천에 부정적 영향을 주거나 클라이언트의 이익을 저해하지 않도록, 동료, 기관과 함께 적절한 조치를 하도록 노력한다.

나. 사회복지사는 클라이언트에게 최상의 사회복지서비스를 제공하기 위해 사회복지사 자신의 정신적 · 신체적 건강, 안전을 유지 · 보호 · 관리하도록 노력한다.

3) 이해 충돌에 대한 대처

가. 사회복지사는 클라이언트의 이익을 우선으로 고려하고, 이해 충돌이 있을 때는 아동, 소수자 등 취약한 자의 이해와 권리를 우선시한다.

나. 사회복지사의 개인적 신념과 사회복지사로서 직업적 의무 사이에 이해 충돌이 발생할 때 동료, 슈퍼바이저와 논의하고, 부득이한 경우 클라이언트가 적절한 지원을 받을 수 있도록 클라이언트를 다른 사회복지사에게 의뢰하거나 다른 사회복지서비스로 연결한다.

다. 사회복지사는 전문적 가치와 판단에 따라 업무를 수행하는 과정에서, 기관 내외로부터 부당한 간섭이나 압력을 받아서는 안 된다.

4) 경제적 이득에 대한 실천

가. 사회복지사는 클라이언트의 지불 능력에 상관없이 복지서비스를 제공해야 하며, 이를 이유로 차별해서는 안 된다.

나. 사회복지사는 필요한 경우에 제공된 서비스에 대해 공정하고 합리적으로 이용료를 책정할 수 있다.

다. 사회복지사는 업무와 관련해 정당하지 않은 방법으로 경제적 이득을 취해서는 안 된다.

Ⅱ. 클라이언트에 대한 윤리기준

1. 클라이언트의 권익옹호

사회복지사는 클라이언트의 이익을 최우선의 가치로 삼고 이를 실천하며, 클라이언트의 권리를 존중하고 옹호한다.

2. 클라이언트의 자기 결정권 존중

1) 사회복지사는 사회복지 실천 과정에서 클라이언트의 자기 결정을 존중하고, 클라이언트를 사회복지 실천의 주체로 인식하여 클라이언트가 자기 결정권을 최대한 행사할 수 있도록 돕는다.

2) 사회복지사는 의사결정이 어려운 클라이언트에 대해서는 클라이언트의 이익과 권리를 보장하기 위한 적절한 조치를 취해야 한다.

3. 클라이언트의 사생활 보호 및 비밀 보장

사회복지사는 클라이언트의 사생활을 존중하고 보호하며, 전문적 관계에서 얻은 클라이언트 관련 정보에 대해 비밀을 유지한다. 그러나 클라이언트 자신과 타인에게 해를 입히거나 범죄행위와 관련된 경우에는 예외로 할 수 있다.

4. 정보에 입각한 동의

사회복지사는 클라이언트의 알 권리를 인정하고 동의를 얻어야 하며, 클라이언트가 받는 서비스의 목적과 내용, 범위, 합리적 대안, 위험, 서비스의 제한, 동의를 거절 또는 철회할 수 있는 클라이언트의 권리 등에 대해 정확하고 충분한 정보를 제공한다.

5. 기록 · 정보 관리

1) 클라이언트에 대한 사회복지 실천 기록은 사회복지사의 윤리적 실천의 근거이자 평가점검의 도구이기 때문에 중립적이고 객관적으로 작성해야 한다.
2) 사회복지사는 클라이언트가 자신과 관련된 기록의 공개를 요구하면 정당한 비공개 사유가 없는 한 정보에 접근할 수 있도록 해야 한다.
3) 사회복지사는 클라이언트에 대한 문서 정보, 전자 정보, 기타 민감한 개인 정보를 보호해야 한다.
4) 사회복지사가 획득한 클라이언트 관련 정보나 기록을 법적 사유 또는 기타 사유로 제3자에게 공개할 때는 클라이언트에게 안내하고 동의를 얻어야 한다.

6. 직업적 경계 유지

1) 사회복지사는 클라이언트와의 전문적 관계를 자신의 개인적 이익을 위해 이용해서는 안 된다.
2) 사회복지사는 업무 외의 목적으로 정보통신기술을 사용해 클라이언트와 의사소통을 해서는 안 된다.
3) 사회복지사는 어떠한 상황에서도 클라이언트와 사적 금전 거래, 성적 관계 등 부적절한 행동을 해서는 안 된다.
4) 동료의 클라이언트를 의뢰받을 때는 기관 및 슈퍼바이저와 논의하는 과정을 거쳐야 하며, 클라이언트에게 설명하고 동의를 얻은 후 서비스를 제공한다.
5) 사회복지사는 정보처리기술을 이용하는 것이 클라이언트의 권리를 침해할 위험성이 있다는 사실을 인식하고 직업적 범위 안에서 활용한다.

7. 서비스의 종결

1) 사회복지사는 클라이언트에게 제공되는 서비스가 더 이상 클라이언트의 이해나 욕구에 부합하지 않으면 업무상 관계와 서비스를 종결한다.
2) 사회복지사는 개인적 또는 직업적 이유로 클라이언트와의 전문적 관계를 중단하거나 종결할 때 사전에 클라이언트에게 충분히 설명하고, 다른 기관 또는 다른 전문가에게 의뢰하는 등 필요한 조치를 취한다.

3) 사회복지사는 클라이언트의 고의적 · 악의적 · 상습적 민원 제기에 대해 소속 기관, 슈퍼바이저, 전문가 자문 등의 논의 과정을 거쳐 서비스를 중단하거나 거부권을 행사할 수 있다.

Ⅲ. 사회복지사의 동료에 대한 윤리기준

1. 동료

1) 사회복지사는 존중과 신뢰를 기반으로 동료를 대하며, 전문가로서의 지위와 인격을 훼손하는 언행을 하지 않는다.
2) 사회복지사는 사회복지 전문직의 권익 증진을 위해 동료와 다른 전문직 동료와도 협력하고 협업한다.
3) 사회복지사는 동료의 윤리적이고 전문적인 행위를 촉진해야 하며, 동료가 전문적인 판단과 실천이 미흡하여 문제를 발생시켰을 때 윤리강령과 제반 법령에 따라 대처한다.
4) 사회복지사는 다른 전문직의 동료가 행한 비윤리적 행위에 대한 윤리강령과 제반 법령에 따라 대처한다.
5) 사회복지사는 동료의 직무 가치와 내용을 인정하고 이해하며, 상호 간에 민주적인 직무관계를 이루도록 노력해야 한다.
6) 사회복지사는 동료들에게 정보통신기술을 사용한 비윤리적 행위를 하지 않는다.
7) 사회복지사는 동료가 적법하게 업무를 수행하는 과정에서 부당한 조치를 당하면 동료를 변호하고 원조해 주어야 한다.
8) 사회복지사는 동료에게 행해지는 어떤 형태의 차별, 학대, 따돌림 또는 괴롭힘과 자신의 전문적 권위를 행사하는 다른 동료와의 부적절한 성적 행동에 가담하거나 이를 용인해서는 안 된다.
9) 사회복지사는 슈퍼바이지, 학생, 훈련생, 실습생, 자신의 전문적 권위를 행사하는 다른 동료와의 성적 행위나 성적 접촉과 성적 관계에 관여해서는 안된다.

2. 슈퍼바이저

1) 슈퍼바이저는 슈퍼바이지가 전문적 업무 수행을 할 수 있도록 지원하고 슈퍼바이지는 슈퍼바이저의 전문적 지도와 조언을 존중해야 한다.
2) 슈퍼바이저는 전문적 기준에 따라 슈퍼비전을 수행하며, 공정하게 평가하고 평가 결과를 슈퍼바이지와 공유한다.
3) 슈퍼바이저는 개인적인 이익 추구를 위해 자신의 지위를 이용해서는 안 된다.

4) 슈퍼바이저는 사회복지사 수련생과 실습생에게 인격적 · 성적으로 수치심을 주는 행위를 해서는 안 된다.

Ⅳ. 기관에 대한 윤리기준

1) 사회복지사는 기관의 사명과 비전을 확인하고, 정책과 사업 목표를 달성하기 위해 노력해야 한다.
2) 사회복지사는 소속 기관의 활동에 적극적으로 참여함으로써 기관의 성장과 발전을 위해 노력해야 한다.
3) 사회복지사는 기관의 부당한 정책이나 요구에 대해 전문직의 가치와 지식을 근거로 대응하고, 제반 법령과 규정에 따라 해결하도록 노력해야 한다.

Ⅴ. 사회에 대한 윤리기준

1) 사회복지사는 자신이 일하는 지역사회를 이해하고, 클라이언트가 지역사회에서 서로 도우며 함께 살아가도록 지원해야 한다.
2) 사회복지사는 정치적 영역이 클라이언트의 권익과 사회복지 실천에 미치는 영향을 인식하여 사회정의 실현을 위한 사회정책의 수립과 법령 제 · 개정을 지원 · 옹호해야 한다.
3) 사회복지사는 사회재난과 국가 위급 상황에서 문제를 해결하기 위해 적극적으로 활동해야 한다.
4) 사회복지사는 지역사회, 국가, 나아가 전 세계와 그 구성원의 복지 증진, 삶의 질 향상을 위해 적극적으로 노력해야 한다.
5) 사회복지사는 인간과 자연이 서로 떨어져 살 수 없음을 깨닫고, 인간과 자연환경, 생명 등 생태에 미칠 영향을 생각하며 실천해야 한다.

■ 사회복지사 선서문

- 나는 모든 사람들이 인간다운 삶을 누릴 수 있도록, 인간존엄성과 사회정의의 신념을 바탕으로, 개인 · 가족 · 집단 · 조직 · 지역사회 · 전체사회와 함께 한다.
- 나는 언제나 소외되고 고통받는 사람들의 편에 서서, 저들의 인권과 권익을 지키며, 사회의 불의와 부정을 거부하고, 개인이익보다 공공이익을 앞세운다.
- 나는 사회복지사 윤리강령을 준수함으로써, 도덕성과 책임성을 갖춘 사회복지사로 헌신한다.

나는 나의 자유의지에 따라 명예를 걸고 이를 엄숙하게 선서합니다.

3) 주요 윤리원칙의 내용 및 윤리적 의사결정

사회복지사는 실천 현장에서 다양한 가치와 원칙이 충돌하는 복잡한 상황에 자주 직면한다. 이러한 상황을 '윤리적 갈등'(ethical conflict) 또는 '윤리적 딜레마'(ethical dilemma)라고 하며, 이는 어떤 선택을 하더라도 한쪽의 윤리 원칙이 침해되거나 불완전하게 적용되는 상황을 의미한다. 예를 들어, 클라이언트의 '자기결정권'을 존중해야 하지만 동시에 '생명 보호의 가치'를 우선해야 하는 경우처럼, 두 가지 윤리적 원칙이 충돌할 때 사회복지사는 신중한 판단을 내려야 한다. 이러한 윤리적 딜레마는 가치의 상충, 의무의 충돌, 다중 클라이언트 체계 간의 이해관계, 결과의 불확실성, 또는 권력관계의 불균형 등에서 발생할 수 있다.

사회복지사는 이러한 윤리적 갈등 상황에서 합리적이고 전문적인 판단을 내리기 위해 윤리적 의사결정 과정(ethical decision-making process)을 거친다. 이 과정은 개인의 도덕적 직관에만 의존하지 않고, 체계적이고 일관된 기준에 따라 판단하도록 돕는다. 그중에서도 로웬버그(Lowenberg)와 돌고프(Dolgoff)가 제시한 '윤리 원칙 심사표(Ethical Principles Screen)'는 사회복지 실천에서 가장 널리 사용되는 윤리 판단 도구 중 하나이다. 이들은 사회복지사가 의사결정을 내릴 때 어떤 가치와 원칙을 우선해야 하는지를 제시하였으며, 이는 사회복지 실천의 윤리적 방향성을 명확히 하는 데 큰 도움을 준다.

로웬버그와 돌고프(Lowenberg & Dolgoff, 1996)는 사회복지 실천에서 적용되는 윤리원칙의 우선순위를 다음과 같이 제시하였다.

첫째, 생명보호의 원칙(The Protection of Life)은 모든 가치 중 가장 우선한다. 인간의 생명은 절대적 가치이기 때문에, 다른 가치보다 먼저 보호되어야 한다.

둘째, 평등과 불평등의 원칙(Equality and Inequality)은 사회복지사가 인간 간의 기본적 평등을 보장하기 위해 노력해야 함을 의미한다.

셋째, 자기결정권의 원칙(Self-Determination)은 클라이언트가 자신의 삶에 대한 결정을 스스로 내릴 수 있도록 돕는 것이다.

넷째, 진실성과 완전 공개의 원칙(Principle of Truthfulness and Full Disclosure)은 사회복지사가 클라이언트에게 정직하고 신뢰할 수 있는 태도를 유지해야 함을 강조한다.

다섯째, 사생활 보호와 비밀보장의 원칙(Privacy and Confidentiality)은 클라이언트의 정보를 보호하고, 신뢰 관계를 유지하기 위한 필수적 조건이다.

여섯째, 삶의 질 원칙(Principle of Quality of Life)은 사회복지사가 자원을 공정하게 분배하고, 사회적 불평등을 완화하기 위해 노력해야 한다는 가치이다.

마지막으로, 최소 피해의 원칙(Least Harm)은 불가피하게 선택을 해야 할 때, 가장 피해가 적은 대안을 선택해야 함을 뜻한다.

〈표 3-2〉 로웬버그(Lowenberg)와 돌고프(Dolgoff)의 사회복지 실천윤리 원칙의 우선순위

우선 순위	실천윤리 원칙	주요 내용
1	생명보호의 원칙 (Principle of Protection of Life)	이 원칙은 다른 모든 의무나 원칙에 우선하여 발생한다. 다른 사람의 생명 또는 자신의 생명 보호가 매우 중요한 가치이므로, 자율이나 자유보다 우선할 수 있다.
2	평등과 불평등의 원칙 (Principle of Equality and Inequality)	동등한 사람들은 평등하게 대우받을 권리를 가지며, 동등하지 않은 사람들은 그에 맞게 차이를 두어 처우되어야 한다.
3	자율성과 자유의 원칙 (Principle of Autonomy and Freedom)	클라이언트의 자기결정과 자유(freedom)를 존중하는 실천 결정을 해야 한다. 이 원칙은 생명 보호의 원칙보다는 중요성이 낮을 수 있다.
4	진실성과 완전 공개의 원칙 (Principle of Truthfulness and Full Disclosure)	사회복지사는 클라이언트와 다른 사람들에게 진실을 말하고 모든 정보를 충분히 개방하는 것을 허용하는 실천 결정을 해야 한다.
5	사생활 보호와 비밀보장의 원칙 (Principle of Privacy and Confidentiality)	모든 사람의 사생활 보호 권리를 신장시키는 실천 결정을 해야 한다.
6	삶의 질 원칙 (Principle of Quality of Life)	사회복지사는 지역사회뿐만 아니라 개인과 모든 사람의 삶의 질을 보다 향상시킬 기회를 선택해야 한다.
7	최소 피해의 원칙 (Principle of Least Harm)	사회복지사는 항상 최소한의 손실, 즉 최소한의 영구적인 손상 또는 가장 쉽게 회복 가능한 손실을 초래할 선택을 해야 한다.

사회복지사는 이와 같은 원칙들을 상황에 따라 종합적으로 고려하여 윤리적 판단을 내려야 한다. 예를 들어, 클라이언트가 자살 의사를 밝힐 때, 사회복지사는 그의 자기결정권을 존중하면서도 생명보호의 원칙이 더 우선됨을 인식하고 개입해야 한다. 이러한 윤리적 의사결정은 단순히 옳고 그름을 구분하는 문제가 아니라, 다양한 가치 간의 균형을 찾는 과정이다. 따라서 사회복지사는 전문직 윤리강령을 숙지하고, 윤리적 사고력과 판단력을 지속적으로 훈련함으로써 복잡한 실천 상황에서도 인간의 존엄과 권리를 최우선으로 보호하는 결정을 내려야 한다.

3 윤리적 딜레마

1) 윤리적 딜레마의 개념과 유형

사회복지 실천에서 윤리적 딜레마(ethical dilemma) 또는 윤리적 갈등(ethical conflict)은 사회복지사가 전문직으로서 지켜야 할 두 가지 이상의 윤리적 가치나 원칙이 서로 충돌하여, 어느 쪽의 행동이 더 옳은지 명확하게 판단하기 어려운 상황을 의미한다. 사회복지사는 실천 과정에서 '무엇이 옳은가'라는 가치 판단의 문제에 자주 직면하게 되며, 이러한 상황에서는 옳은 선택을 하더라도 다른 한쪽의 가치를 침해할 수밖에 없는 딜레마를 경험하게 된다. 즉, 윤리적 딜레마는 사회복지사가 지닌 도덕적 책임과 전문적 의무, 그리고 사회적 기대 사이의 긴장 속에서 발생한다. 이러한 윤리적 갈등은 단순히 개인의 가치관 차이에서 비롯되는 것이 아니라, 사회복지사의 직무 특성상 다양한 관계와 체계 속에서 발생하는 복합적 문제로 이해되어야 한다. 사회복지사는 클라이언트, 동료, 기관, 지역사회, 국가 등 여러 이해관계자와 동시에 관계를 맺기 때문에, 각자의 요구와 가치가 상충할 때 윤리적 판단이 더욱 복잡해진다.

윤리적 갈등의 주요 유형은 다음과 같이 설명할 수 있다.

첫째, 가치의 상충(competing values)은 사회복지사가 동시에 중요하게 여기는 두 가지 가치가 충돌할 때 발생한다. 예를 들어, 클라이언트의 자기결정권을 존중하는 것이 생명보호의 가치와 충돌하는 경우가 이에 해당한다.

둘째, 의무의 상충(competing loyalties)은 사회복지사가 서로 다른 대상에게 지닌 충성심과 책임감이 충돌할 때 나타난다. 사회복지사는 클라이언트에게 헌신해야 하지만, 동시에 기관의 규정이나 사회 전체의 이익을 고려해야 하는 위치에 있기 때문에 이러한 갈등이 자주 발생한다.

셋째, 클라이언트 체계의 다중성(multiple client system)에서 오는 갈등이 있다. 사회복지사는 한 명의 클라이언트만이 아니라, 가족, 지역사회, 제도 등 여러 체계를 동시에 상대한다. 예를 들어, 아동복지 실천에서는 아동의 권리, 부모의 권리, 보호자의 법적 책임이 충돌할 수 있다.

넷째, 결과의 모호성(ambiguity of results)은 사회복지사가 내린 결정의 결과가 장기적으로 어떤 영향을 미칠지 명확히 알 수 없을 때 발생한다. 사회복지 개입의 결과가 항상 예측 가능한 것은 아니기 때문에, 불확실성 속에서 윤리적 결정을 내려야 하는 상황이 많다.

마지막으로, 힘의 불균형(power imbalance)은 사회복지사와 클라이언트 간의 관계에서 자주 발생하는 갈등의 원인이다. 사회복지사는 전문적 지식과 제도적 권한을 가진 위치에 있으나, 클라이언트는 종종 의존적이거나 취약한 위치에 있다. 이러한 권력의 비대칭은 의사결정 과정에서 클라이언트의 자율성을 침해하거나, 사회복지사가 의도치 않게 권위적으로 행동하게 만들 수 있다.

결국 윤리적 딜레마는 사회복지사의 전문성과 인간적 감수성이 동시에 요구되는 상황에서 발생한다. 따라서 사회복지사는 윤리적 사고를 체계적으로 훈련하고, 다양한 상황에서 원칙과 현실을 균형 있게 조정할 수 있는 판단력을 길러야 한다. 윤리적 딜레마는 피해야 할 문제가 아니라, 사회복지사가 전문직으로 성장하기 위해 지속적으로 성찰하고 해결해야 할 핵심 과제라고 할 수 있다.

사회복지 실천 현장에서 대부분의 사회복지사는 클라이언트의 문제를 해결하는 데 있어서 다양한 가치 갈등을 겪게 되고, 윤리적 결정을 해야 하는 상황에 직면하게 된다. 클라이언트의 문제를 해결할 때 나타날 수 있는 가치 딜레마와 윤리적 갈등 상황은 매우 다양할 수 있다. 윤리적 딜레마는 두 가지 이상의 가치가 상충하는 윤리적 갈림길에서 한 방향을 선택해야 할 때, 혹은 선택하고자 하는 각 대안들이 한 사람 혹은 여러 사람들에게 바람직하지 못한 결과를 초래하게 될 때 발생한다.

한국사회복지사 윤리강령의 개정 필요성에 대한 연구(2019)에서 사회복지사들이 많이 경험하고 있는 윤리적 딜레마 유형을 조사한 결과는 〈표 3-3〉과 같다. 사회복지사가 사회복지를 실천하는 과정에서 다양한 연구 참여자들이 경험하는 윤리적 딜레마의 유형에서는 '사생활 보호와 비밀보장의 한계'가 가장 높았으며, 그 다음으로 평균보다 자주 경험하는 이슈는 '클라이언트 자기결정권과 전문가 온정주의의 충돌', '고지된 동의(알 권리)', '다중관계 및 공사 경계의 불분명함', '전문적 역량의 문제', '동료의 윤리적 문제', '이익의 충돌', '슈퍼비전과 관련된 윤리적 문제'순으로 조사되었다.

〈표 3-3〉 윤리적 딜레마의 유형

(N=429)

딜레마 유형	평균	빈도(비율%)				
		드물게	가끔	종종	꽤 자주	매우 자주
클라이언트 자기결정권과 전문가 온정주의의 충돌	3.29	23 (5.4%)	76 (17.9%)	132 (31.1%)	141 (33.2%)	53 (12.5%)
사생활 보호와 비밀보장의 한계	3.32	41 (9.6%)	52 (12.2%)	125 (29.3%)	146 (34.3%)	62 (14.6%)
고지된 동의(알 권리)	3.20	41 (9.6%)	75 (17.6%)	125 (29.3%)	129 (30.2%)	57 (13.3%)
다중관계 및 공사(公私) 경계의 불분명함	3.20	46 (10.8%)	65 (15.3%)	130 (30.5%)	129 (30.3%)	56 (13.1%)
문화적 다양성 존중의 어려움	2.51	125 (29.3%)	97 (22.7%)	98 (23.0%)	78 (18.3%)	29 (6.8%)
이익의 충돌	2.92	68 (16.0%)	94 (22.1%)	119 (28.0%)	91 (21.4%)	53 (12.5%)
동료의 윤리적 문제	2.93	76 (17.9%)	90 (21.2%)	104 (24.5%)	99 (23.3%)	56 (13.2%)
슈퍼비전과 관련된 윤리적 문제	2.89	66 (15.5%)	107 (25.1%)	109 (25.5%)	97 (22.7%)	48 (11.2%)
조사, 평가와 관련된 윤리적 문제	2.79	70 (16.5%)	108 (25.4%)	126 (29.6%)	82 (19.3%)	39 (9.2%)
전문적 역량의 문제	3.19	37 (8.7%)	83 (19.5%)	121 (28.5%)	129 (30.4%)	55 (12.9%)
성, 종교, 인종, 연령 등 차이에 의한 차별	2.37	160 (37.6%)	74 (17.4%)	93 (21.9%)	70 (16.5%)	28 (6.6%)
성희롱, 성폭력, 성적 관계 등의 문제	1.98	202 (47.6%)	98 (23.1%)	71 (16.7%)	37 (8.7%)	16 (3.8%)
법인, 관공서, 후원자 등에 의한 부당한 압력	2.51	144 (34.0%)	75 (17.7%)	92 (21.7%)	72 (17.0%)	41 (9.7%)
자원 분배의 형평성 문제	2.81	75 (17.7%)	98 (23.1%)	119 (28.1%)	96 (22.6%)	36 (8.5%)
사회정의와 관련된 문제	2.75	89 (20.9%)	93 (21.9%)	113 (26.6%)	95 (22.4%)	35 (8.2%)

구분	평균(표준편차)	최소값	최대값
경험 딜레마의 전체평균	2.84(0.84)	1	5

자료 : 최명민 외(2019). 한국사회복지사윤리강령의 개정 필요성과 방향에 관한 연구. 한국사회복지행정학, 21(2), 171–202.

2) 실천 현장에서의 윤리적 딜레마 사례

사회복지 실천 현장은 다양한 가치와 윤리원칙이 실제 상황 속에서 충돌하는 복합적 공간이다. 특히 사회복지 윤리의 기본 요소인 개인 존중의 원칙, 온정적 개입주의, 공적 책임의 원칙은 서로 조화를 이루어야 하지만, 현실에서는 종종 긴장과 갈등을 일으킨다. 이러한 윤리적 충돌은 사회복지사의 전문적 판단을 요구하며, 동시에 인간의 존엄성과 사회정의 사이의 균형을 모색하게 만든다.

첫 번째로, 클라이언트의 자기결정권 존중과 전문가의 온정적 개입 간의 갈등은 대표적인 윤리적 딜레마이다. 자기결정의 원칙은 클라이언트가 자신의 문제와 관련된 결정을 스스로 내릴 권리를 가진다는 것을 의미하며, 이는 사회복지 실천의 핵심가치로서 모든 개입 과정에서 존중되어야 한다. 그러나 사회복지사는 클라이언트의 선택이 스스로의 복지를 심각하게 해치거나 타인에게 피해를 줄 가능성이 있는 경우, 온정적 개입주의(paternalistic intervention)에 근거하여 개입할 필요가 있다. 예를 들어, 정신적 위기를 겪고 있는 청소년이 치료나 보호를 거부하는 경우, 사회복지사는 그의 자율성을 존중하면서도 생명보호와 안전을 위해 일시적으로 자기결정권을 제한해야 할 수 있다. 이러한 개입은 단기적으로는 자유의 제약처럼 보일 수 있지만, 장기적으로는 클라이언트의 자립과 행복을 증진시키는 결과로 이어질 수 있다. 따라서 사회복지사는 단순한 개입 여부를 넘어서, 자기결정의 존중과 보호의 의무 사이의 균형을 고려한 전문적 판단을 내려야 한다(김기덕 외, 2024).

두 번째로, 클라이언트의 비밀보장과 공공성의 원칙(안전보장) 간 갈등 역시 사회복지사가 자주 직면하는 윤리적 문제이다. 비밀보장(confidentiality)의 원칙은 클라이언트의 사생활과 관련된 정보를 보호하고, 신뢰 관계를 유지하기 위해 반드시 지켜야 할 윤리적 의무이다. 사회복지사는 클라이언트의 동의 없이 개인 정보를 외부에 공개하지 않아야 하며, 이는 서비스 관계의 기반이 되는 신뢰를 형성한다. 그러나 동시에 사회복지사는 공공성(public responsibility)의 원칙을 따라야 하며, 사회 전체의 안전과 생명 보호를 위한 책임도 지닌다. 예를 들어, 클라이언트가 타인에게 위해를 가할 계획을 밝히거나 자살을 암시하는 경우, 사회복지사는 비밀유지 의무와 생명보호의 책임 사이에서 딜레마를 경험한다. 이러한 상황에서는 생명보호의 원칙(The Principle of Life Protection)이 다른 모든 가치보다 우선한다. 사회복지사는 잠재적 피해를 예방하고 생명을 지키기 위해 필요한 정보를 적절히 공개할 수 있으며, 이는 비밀보장 의무의 예외로 인정된다. 단, 이 경우에도 사회복지사는 공개 범위를 최소화하고, 클라이언트에게 사전에 그 이유를 충분히 설명해야 한다(강영숙 외, 2025;, 이봉주 외, 2023).

이처럼 실천 현장에서의 윤리적 딜레마는 단순히 옳고 그름의 문제가 아니라, 상충하는 가치 간의 균형과 우선순위 판단의 문제이다. 사회복지사는 가치와 원칙이 충돌하는 현실 속에서 인간 존엄과 사회적 책임을 동시에 실현할 수 있는 전문적 통찰력을 길러야 하며, 이러한 과정이 곧 사회복지 전문직의 윤리적 성숙을 의미한다.

3) 클라이언트의 권리와 관련된 윤리적 쟁점

이 절에서는 김기덕 등(2020)이 클라이언트의 권리와 관련된 윤리적 쟁점을 따른 사례를 분석한 내용을 중심으로 살펴본다.

※ 사례 : 복지관에서 받은 후원금을 담배 구입에 사용하는 어르신

사례 개요
80세 독거 어르신 안씨 할머니는 복지관에서 지급받는 결연후원금의 대부분을 담배를 사는 데 사용하고 있다. 이 결연후원금은 사용 용도가 생활비 지원으로 되어 있으며 개인 후원자가 매월 결연후원금으로 3만 원을 후원하고 있다. 할머니는 고혈압과 당뇨병을 앓고 계셔서, 담당 사회복지사는 후원금을 건강에 도움이 되는 용도로 사용하도록 설득하였다. 그러나 안씨 할머니는 평생 혼자 살면서 담배가 유일한 친구였다며 후원금의 용도로 담배가 가장 필요한 물품이라며 강경한 태도를 보이고 있다.

• **사례 분석**

☞ 이 사례에서 나타난 문제는 무엇인가?

후원금의 사용처에 대한 사회복지사와 할머니 간의 의견 상충의 쟁점

☞ 클라이언트의 욕구는 무엇인가?

생활비로 지급된 후원금의 사용 용도를 기호품인 담배를 사는 데 쓰겠다는 욕구 → 클라이언트가 본인의 욕구에 맞는 후원금의 사용처를 자기결정하였다. 그러나 통상 후원금의 용도로도 적합하지 않을 뿐더러 어르신의 건강에도 해를 끼치는 담배를 구입한다는 그 결정을 그대로 따라야 하는지 생각해 보자.

☞ 이 사례에서 누구의 이익이 우선되어야 하는가?

할머니의 욕구, 후원자의 의사, 사회복지사의 판단

☞ 사회복지기관의 후원금은 어떠한 용도로 사용되는 것이 윤리적이라고 생각하는가?

후원금의 사용처에 대해 별도의 지정이 없다면 대상자의 욕구대로 따라야 하는가? 위의 사례와 같은 경우 후원자에게 이러한 사실을 알리고 후원자의 의사를 확인해야 하는가?

☞ 사회복지사의 가치는 후원금으로는 적어도 기호품보다는 생필품 구입이 더 적합하다고 생각하는 것이 일반적이다. 후원금과 담배가 갖는 사회적 가치는 어떠한가?

사회복지사는 어르신이 주·부식의 구입보다 담배 구입을 더 선호하는 다양한 이유를 확인해 보아야 한다. 예를 들어, 주·부식을 구입하더라도 손수 음식을 만들어 먹기 어려운 여건이라서 손쉬운 기호품을 선택하는 것은 아닌지, 그리고 어르신의 흡연이 현재 적극적으로 금지되어야 할 근거를 제시할 수 있는지, 안씨 할머니가 바람직한 자기결정을 하는 데 필요한 충분한 정보가 제공되었는지, 어떤 정보들이 제공되어야 하는지, 다른 대안은 없는지 생각해 보자.

- **사례에서 나타난 윤리적 쟁점**

1. 클라이언트의 자기결정권과 전문가의 온정주의적 개입이 상충되는 사례
2. 클라이언트의 자기결정권과 공공성의 원칙이 상충되는 사례

클라이언트의 자기결정과 후원금이 갖는 사회적 성격으로 인한 후원금 사용처에 대한 사회복지사와 할머니 간의 의견이 상충되는 사례이다. 후원금의 사용은 클라이언트 개인의 자율적인 결정에 맡기는 것이 옳은가, 아니면 후원금이 어르신의 삶의 질과 관련하여 합목적적으로 사용될 수 있도록 적극적으로 개입하는 것이 타당한지 생각해 보자.

4) 윤리교육과 슈퍼비전의 역할

사회복지사가 윤리적 의사결정을 효과적으로 수행하기 위해서는 체계적인 윤리교육과 전문가의 슈퍼비전(supervision)이 필수적이다. 사회복지 실천에서 윤리적 딜레마는 이론적 지식만으로 해결하기 어렵기 때문에, 실제 사례를 기반으로 한 훈련과 전문가의 지도 과정이 반드시 병행되어야 한다. 먼저, 윤리교육의 역할은 사회복지사가 직면할 수 있는 다양한 윤리적 상황을 예측하고, 이에 대해 비판적으로 사고할 수 있는 역량을 키우는 데 있다. 윤리교육은 단순한 규범 전달이 아니라, 사회복지사가 자신의 가치관을 인식하고 타인의 가치와 비교 · 조정하는 훈련 과정이다. 이를 통해 사회복지사는 윤리적 딜레마의 본질을 이해하고, 복잡한 실천 상황 속에서도 합리적이고 도덕적인 판단을 내릴 수 있는 능력을 함양하게 된다. 특히 대학이나 기관에서 이루어지는 윤리교육은 학생이나 실무자가 윤리적 민감성(ethical sensitivity)을 높이는 데 효과적이며, 클라이언트의 권리와 복지를 중심에 두는 전문직 정체성을 확립하는 데 기여한다.

다음으로, 슈퍼비전(supervision)은 윤리적 의사결정 과정에서 사회복지사가 올바른 판단을 내릴 수 있도록 돕는 중요한 지원체계이다. 리머(Reamer)가 제시한 윤리

적 의사결정 과정에 따르면, 사회복지사는 윤리적 갈등에 직면했을 때 동료나 상급 전문가(슈퍼바이저), 행정가, 법률 전문가 등과 상담을 통해 상황을 객관적으로 분석하고, 가장 바람직한 대안을 모색해야 한다. 이는 사회복지사가 혼자서 도덕적 판단을 내리는 것을 방지하고, 다양한 시각에서 윤리적 문제를 재검토하도록 하는 과정이다.

슈퍼바이저는 사회복지사의 실천을 지도·조정하는 동시에, 전문적 조언을 제공하는 역할을 수행해야 한다. 특히 슈퍼바이저는 자신의 지위나 경험을 이용하여 개인적 이익을 추구해서는 안 되며, 사회복지사의 성장과 클라이언트의 복지 향상을 최우선으로 고려해야 한다. 또한 슈퍼비전은 단순한 업무 평가나 행정적 통제의 과정이 아니라, 윤리적 성찰과 전문성 향상을 위한 교육적·지지적 과정(educational and supportive process)으로 이해되어야 한다.

결국 윤리교육과 슈퍼비전은 사회복지사가 윤리적 실천을 지속 가능하게 수행하기 위한 전문성 강화의 두 축이라 할 수 있다. 윤리교육이 올바른 가치 판단의 틀을 제공한다면, 슈퍼비전은 그 틀을 실제 현장에서 적용할 수 있도록 구체적 방향을 제시한다. 따라서 사회복지사는 개인적 신념이나 감정에 의존하기보다, 교육과 전문가의 지침을 기반으로 한 합리적이고 일관된 윤리적 의사결정을 내릴 수 있어야 한다.

용어정리

- **가치(value)** : 인간이 바람직하다고 여기는 신념이자 행동의 기준으로, 사회복지사는 '모든 인간이 존중받아야 한다'는 가치관을 바탕으로 실천의 방향을 설정한다.
- **윤리(ethics)** : 가치에 부합하는 행동을 하도록 이끄는 규범으로, 사회복지사가 비밀보장과 생명보호가 충돌할 때 올바른 결정을 내리도록 돕는다.
- **내재적 가치(intrinsic value)** : 그 자체로 선하고 추구할 이유가 되는 가치로, 인간 존엄성이나 자유처럼 목적 그 자체로서 의미가 있다.
- **도구적 가치(instrumental value)** : 내재적 가치를 실현하기 위한 수단적 가치로, 자기결정권과 비밀보장은 인간 존엄성을 구체적으로 실천하게 한다.
- **인간 존엄성(human dignity)** : 모든 인간이 태어날 때부터 고유한 가치를 지닌 존재라는 믿음으로, 사회복지사는 장애인이나 노인 등 취약계층의 존엄을 항상 존중해야 한다.
- **자기결정권(self-determination)** : 개인이 자신의 삶과 관련된 결정을 스스로 내릴 수 있는 권리로, 사회복지사는 클라이언트가 문제 해결 과정에 주체적으로 참여하도록 돕는다.
- **평등(equality)** : 모든 사람이 공정하게 대우받고 동등한 기회를 누려야 한다는 가치로, 사회복지사는 취약계층에게 더 많은 자원을 배분해 실질적 평등을 추구한다.
- **형평성(equity)** : 개인의 욕구와 상황에 따라 자원을 달리 배분함으로써 공정성을 확보하려는 개념으로, 더 필요한 사람에게 더 많은 지원을 제공하는 것이 그 예이다.
- **자유(liberty)** : 외부 간섭이 없는 상태이자 자신이 원하는 삶을 선택할 수 있는 조건을 의미하며, 사회복지사는 클라이언트가 스스로 목표를 설정하고 실현할 수 있는 환경을 조성해야 한다.
- **정의(justice)** : 사회 자원을 공정하게 분배하고 불평등을 최소화하는 가치로, 사회복지사는 소외된 집단이 권리를 보장받도록 노력해야 한다.
- **사회연대(social solidarity)** : 구성원 간의 상호 의존과 협력을 통해 공동의 문제를 해결하려는 가치로, 복지제도나 지역사회 네트워크에서 실천된다.
- **이타주의(altruism)** : 타인의 복지를 위해 자신을 희생하려는 태도로, 사회복지사의 봉사정신과 전문직 윤리의 핵심을 이룬다.
- **윤리적 딜레마(ethical dilemma)** : 두 가지 이상의 윤리원칙이 충돌해 어느 쪽을 선택하더라도 완전한 해결이 어려운 상황으로, 예를 들어 자기결정권과 생명보호의 가치가 상충할 때 발생한다.

- **온정적 개입주의(paternalism)** : 클라이언트의 자율성을 일시적으로 제한하더라도 복지와 안전을 위해 개입하는 태도로, 자살 위험이 있는 이용자에게 적극적으로 개입하는 경우가 이에 해당한다.
- **비밀보장(confidentiality)** : 클라이언트의 사생활과 정보를 보호하는 원칙으로, 사회복지사는 동의 없이 정보를 공개하지 않으며, 다만 생명이나 안전이 위협받을 경우에는 예외적으로 정보를 공개할 수 있다.
- **공공성(public responsibility)** : 개인의 권리뿐 아니라 사회 전체의 안전과 복지를 고려해야 하는 원칙으로, 사회복지사는 개인의 자유가 타인에게 해를 줄 때 개입해야 한다.
- **정보에 입각한 동의(informed consent)** : 클라이언트가 서비스의 목적과 절차를 충분히 이해하고 자발적으로 동의하는 과정으로, 사회복지사는 이를 위해 정확한 설명과 질문 기회를 제공해야 한다.
- **윤리적 의사결정(ethical decision-making)** : 가치 갈등 상황에서 합리적이고 체계적인 판단을 내리는 과정으로, 사회복지사는 사실을 검토하고 대안을 비교해 가장 윤리적인 선택을 해야 한다.
- **윤리원칙 심사표(ethical principles screen)** : 로웬버그와 돌고프가 제시한 판단틀로, 생명보호 · 자기결정 · 정의 · 비밀보장 등의 원칙을 우선순위에 따라 고려하도록 한다.
- **직업적 경계(professional boundaries)** : 사회복지사가 클라이언트와의 관계에서 사적 이익을 추구하거나 부적절한 관계를 맺지 않도록 하는 기준으로, 전문성과 신뢰를 유지하는 토대가 된다.
- **이해충돌(conflict of interest)** : 개인의 이익이 전문적 판단을 왜곡할 위험이 있는 상황으로, 사회복지사는 항상 클라이언트의 이익을 최우선으로 고려해야 한다.
- **클라이언트 체계(client system)** : 개인, 가족, 집단, 지역사회 등 사회복지 개입의 대상이 되는 전체 관계망을 의미하며, 사회복지사는 이들 간의 상호작용을 조정한다.
- **다중관계(multiple relationships)** : 사회복지사와 클라이언트 간에 전문관계 외의 관계가 동시에 존재해 판단이 흐려질 위험이 있는 상태로, 이를 방지하기 위한 경계 설정이 필요하다.
- **윤리강령(code of ethics)** : 사회복지사의 가치와 행동기준을 공식적으로 명시한 문서로, 실천에서 윤리적 판단의 기준이 된다.
- **윤리교육(ethics education)** : 사회복지사가 윤리적 민감성과 판단력을 기르도록 하는 체계적인 학습 과정으로, 실제 사례 중심의 훈련을 통해 가치 갈등을 다루는 능력을 향상시킨다.

- **슈퍼비전(supervision)** : 사회복지사의 실천을 지도하고 윤리적 결정을 지원하는 전문가적 자문체계로, 교육적 · 지지적 성격을 지닌다.
- **문화적 역량(cultural competence)** : 다양한 문화와 가치관에 민감하게 반응하고 존중하며 실천하는 능력으로, 다문화사회에서 사회복지사의 필수 역량이다.
- **공적 책임(public accountability)** : 사회복지사가 사회와 법 앞에서 자신의 판단과 실천에 대해 투명하고 책임 있게 행동해야 한다는 원칙이다.

Chapter 04 사회복지는 무엇으로 이루어져 있는가 -사회복지의 구성 요소

사회복지는 인간의 삶의 질 향상을 추구한다. 결국 사회복지가 추구하는 궁극적 목표의 하나는 대상자(개인, 가족, 집단, 공동체 구성원 등)들에게 그들이 필요로 하는 급여와 서비스를 제공하여 문제를 해결하는 것이다(김상균 외, 2007). 이러한 목적을 달성하기 위해 인간의 둘러싸고 있는 사회문제와 인간 욕구를 분석하여 구체적으로 체계가 구축되어 있어야 한다. 어려움과 욕구를 가진 대상자가 누구(대상)이며, 이들에게 누가(주체-공급자) 어떠한 급여와 서비스를(급여) 제공할 것이며, 이때 필요한 자원을(재원) 어떻게 전달할 것인가(전달체계)가 바로 사회복지의 구성 요소이다[1].

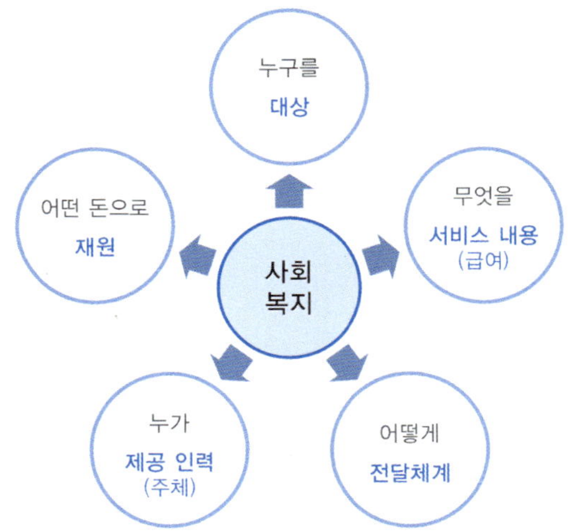

〈그림 4-1〉 사회복지의 구성 요소

1) 사회복지 구성 요소를 욕구-자원-전달체계로 보기도 한다.

우리나라는 인간이 살아가면서 필요한 영역마다 생애주기별로 제공되는 사회복지제도가 있다. 아동에게는 아동수당, 청소년에게는 청소년활동지원, 청년에게는 청년구직활동지원금, 중년에게는 중장년 기술창업센터 지원, 노년에게는 노인맞춤돌봄서비스, 장애인에게는 장애인활동지원 등을 들 수 있다. 〈표 4-1〉의 기사는 돌봄이 필요한 노인에게 돌봄서비스를 제공한다는 내용을 담고 있다. 이러한 내용을 사회복지 구성 요소로 분석해 봄으로써 돌봄서비스의 효과성과 효율성을 고찰해 볼 수 있다.

〈표 4-1〉「거동 불편 노인 돌봄서비스 월 20시간 이상 확대」 기사 내용[2)]

거동이 불편한 노인의 일상생활을 돕는 노인 돌봄서비스가 기존 월평균 16시간에서 월 20시간 이상으로 확대된다. 어르신에게 돌봄서비스를 제공하는 전담사회복지사와 생활지원사도 2,400여 명 증원한다.
보건복지부는 5일 '2024년도 노인맞춤돌봄서비스 사업안내' 개정에 따라 일상생활 지원 등 중점돌봄군에 대한 서비스 제공시간을 월 20시간 이상으로 확대한다고 밝혔다.
노인맞춤돌봄서비스는 홀로 일상생활을 하기 어려운 노인을 대상으로 국가가 안전 지원, 가사 지원, 외출 동행 등을 제공하는 서비스다. 이 서비스를 이용하는 노인은 약 55만 명으로, 이 중 중점돌봄군은 신체상 어려움으로 거동이 불편해 일상생활 지원이 특히 더 필요한 어르신이다. 대상은 약 6만 명 정도다.
보건복지부는 이들이 서비스를 이용할 수 있는 시간이 4시간 이상 확대된다고 설명하였다. 이를 위해 돌봄서비스를 제공하는 전담사회복지사와 생활지원사도 기존 3만 6,000여 명에서 2,400여 명 증원한다.
기존에는 돌봄서비스를 신청하려면 본인이나 친족, 이웃 등 이해관계인이 대리 신청할 수 있었는데, 앞으로는 노인복지관 등 서비스 수행기관도 신청할 수 있게 된다. 예산 집행 역시 지방자치단체의 관리 아래 효율적으로 할 수 있다.

자료 : 부산일보(2024.01.05).

---

2) 위의 기사 내용을 사회복지 구성 요소로 적용해서 살펴보면 다음과 같다.
사회복지 대상 : 거동불편노인
사회복지 주체 : 전담사회복지사, 생활지원사
사회복지 급여 : 돌봄서비스
사회복지 재원 : 국가보조금
사회복지 전달체계 : 보건복지부, 지방자치단체(시도, 시군구, 읍면동), 서비스 수행기관(노인복지관 등)

1 사회복지의 대상[3)]

필요로 하는 모든 사람에게 사회복지의 재화나 서비스를 제공한다고 하면 사회복지의 대상에 대한 논의를 할 필요가 없을 것이다. 그러나 사회복지의 대상은 욕구[4)] 수준과 상황이 매우 다양하기 때문에 공급 측면에서는 어떤 사람들은 대상을 제한하지 않고 누구에게나 급여를 제공하기를 원하지만, 다른 사람들은 보다 엄격한 기준을 가지고 필요한 사람들에게만 자원을 집중하고자 하는 것도 있다. 그리고 수요 측면에서도 사회복지의 대상이 스스로 원하는 영역이나 종류가 다를 것이다. 따라서 사회복지의 대상은 각 사회복지서비스와 제도의 목적에 따라 그리고 재원에 따라 대상자를 규정하고 있다. 보편적으로 인구학적 조건이나 기여조건, 소득수준 등의 자격조건으로 제시하고 있다(김태성 외, 2010). 예를 들어, 노인맞춤돌봄서비스 대상의 경우 만 65세 이상 ① 국민기초생활수급자, ② 차상위계층 또는 ③ 기초연금수급자로서 유사중복사업 자격에 해당되지 않는 자로 규정되어 있다. 여기에서도 인구학적 조건인 65세 이상과 소득수준 조건인 국민기초생활보장수급자, 차상위계층 등의 조건이 규정된 것을 알 수 있다.

---

3) 본 절은 김태성 외(2010)를 참조하였다.

4) 욕구는 어떠한 목적을 위한 필요한 것, 필수적인 것, 좋은 것으로 필요하고 필수적인데 결여되거나 결핍된 것을 의미한다. 인간의 욕구는 매우 다양하므로 구분하기가 쉽지 않지만 사회복지에서 많이 활용되는 매슬로의 욕구단계로 생리적 욕구(인간의 욕구 중에서 가장 기본적이고 강한 생물학적 생존의 욕구로 배고픔, 갈증, 수면, 성욕, 피로 등 감각적 자극에 대한 욕구), 안전의 욕구(개인의 환경 내에서 안전성, 안락함, 평정, 평온 등으로 적절히 보장받고자 하는 욕구), 사랑의 욕구(한 집단 내에서 타인과의 애정적인 관계, 준거집단, 사회적 관계 등을 갈망하는 욕구), 존경의 욕구(자기존중과 타인으로부터 존경을 받고자 하는 욕구), 자아실현의 욕구(자신이 성취할 수 있는 모든 것을 이루려는 욕구)로 분류하였다.

1) 인구학적 조건

아동수당은 아동을 키우는 가구이면 소득수준에 상관없이 누구에게나 급여하는 제도로 아동이라는 인구학적 조건만으로 경제수준과 상관없이 제공된다. 이러한 인구학적 조건에 의한 사회복지제도는 사회복지수급의 권리, 즉 사회권(social right)을 가장 크게 반영한 것으로 보편주의 이념이 반영된 것이다.

인구학적 조건에 의한 사회복지제도의 장점은 다음과 같다.

첫째, 사회통합을 가장 크게 이룰 수 있다는 점이다. 사회복지제도를 통하여 사회통합을 이루기 위하여는 사회복지수급자와 사회복지를 위해 세금을 내는 납세자 간의 반목과 대립이 없어야 되고, 또한 수급자가 치욕감을 갖지 않아야 되는데, 인구학적 조건만으로 급여를 하면, 부자와 빈자 모두에게 주어지고 모든 국민이 하나의 권리로 수급하기 때문에 이러한 문제들이 없다.

둘째, 효율의 측면에서 수급자들의 소득 여부에 상관없이 급여가 이루어지기 때문에 수급자들의 근로 동기를 약화시키지 않는다.

셋째, 불필요한 가족 구조의 변화를 발생시키지 않는다는 점이다. 예를 들면, 보편적 연금의 경우, 65세 이상 노인이면 누구에게나 급여를 하기 때문에 보편적 연금의 경우 노인 단독 가구로 독립할 동기가 발생하지 않는다.

넷째, 정책 운영의 효율성이 크다는 점이다. 급여를 할 때 인구학적 조건만을 따지기 때문에 운영비용이 적게 든다. 예를 들면, 아동수당의 경우 가구에 아동의 유무만 판단하면 된다.

인구학적 조건에 의한 사회복지제도의 단점은 다음과 같다.

첫째, 주어진 자원으로, 소득이 높은 사람으로부터 소득이 낮은 사람에게로의 수직적 재분배의 효과가 약하다. 예를 들면, 보편적 연금의 경우 젊은 사람들로부터 노인에게로 소득재분배가 발생하는데, 이때 소득이 높은 노인이 있는 반면에 젊은 사람들 가운데 소득이 낮은 사람들이 있기 때문이다.

둘째, 인구학적인 조건만으로 급여를 하게 되면 수급자 숫자가 많기 때문에, 주어진 재원 내에서 급여액의 수준을 높이기가 어렵다. 일반적으로 사회복지의 재원이 제한된 상황에서는 사회복지의 필요(needs)가 높은 사람들에게 인간다운 최소한의 생활을 보장해 줄 수 있는 급여액이 집중적으로 주어져야 하는데 인구학적인 조건의 급여는 이러한 목표를 이루기가 어렵다. 즉, 인구학적 조건의 급여는 대상효율성(target efficiency)이 낮다.

2) 기여의 조건

이것은 사회복지제도에 기여한 대상자에게 급여하는 것을 의미한다. 가장 보편적인 부분이 바로 사회보험제도이다. 이러한 사회보험들로부터 급여를 받기 위한 가장 중요한 조건이 수급자들에 의한 기여, 즉 보험료 납부이다(다만, 산업재해보상보험은 대부분의 국가들에서 수급자가 기여하는 것이 아니라 사용자가 기여한다).

기여 조건 사회복지제도의 장점은 다음과 같다.

첫째, 기여를 조건으로 급여를 제공할 경우 우선 수량적 평등(결과의 평등)은 부분적으로만 달성된다. 예를 들어, 국민연금의 경우 대부분의 국가들에서 급여계산 방식이 저소득층, 즉 보험료를 적게 납부한 사람들에게 유리하여 저소득층은 고소득층에 비교할 때 보험료를 적게 납부한 것에 비하여 급여액은 상대적으로 많이 받을 수 있어 수량적 평등, 즉 수직적 재분배를 이룬다. 그렇지만 보험료를 조금이라도 많이 납부한 사람이 더 많은 급여를 받도록 하고 있기 때문에 소득의 차이가 급여의 차이로 연결된다는 한계는 여전히 남게 된다. 이렇게 보험료를 많이 납부한 사람들이 적게 납부한 사람들에 비하여 급여액이 많다는 사실은 비례적 평등—공평(equity)—이라는 관점에서는 적절한 것이다.

둘째, 기여를 조건으로 하는 사회보험은 또한 수평적 소득재분배를 발생시킨다. 예를 들어, 질병보험의 경우 건강한 사람들로부터 질병이 발생한 사람에게로, 국민연금의 경우 현재 일을 하면서 보험료를 납부하는 사람으로부터 은퇴한 노인에게로, 혹은 배우자가 없는 사람들로부터 배우자가 있는 사람에게로, 실업보험의 경우 취업자로부터 실업자에게로 소득재분배가 이루어진다.

기여 조건 사회복지제도의 단점은 수평적 소득재분배가 발생하면 수직적 소득재분배 효과는 약화될 수 있다. 즉, 건강하거나, 현재 일을 하거나, 배우자가 없는 사람들의 소득수준이 그렇지 않은 사람들에 비하여 낮을 수도 있기 때문이다.

3) 소득의 조건

이것은 역사적으로 가장 오래된 사회복지제도의 급여 자격 조건이다. 경제수준에 따라 급여 혜택을 제공하느냐를 결정하는 것으로 대표적으로 국민기초생활보장제도를 들 수 있다. 특히 재원이 국고에 의해 이루어지는 대부분의 사회복지제도는 이러한 소득 조건을 기본으로 하고 있다. 국민기초생활보장제도 역시 수급자가 되기 위해서는 일정한 소득/자산 이하이면서 동시에 부양의무자가 없어야 되고, 근로능력이 있는 경우에는 교육, 훈련, 취업에의 조건으로 급여가 주어진다.

인구학적 조건이나 기여 조건과의 다른 점을 살펴보면, 인구학적 조건의 사회복지제도가 사회권을 가장 크게 반영하는 것이고, 기여의 조건은 '계약상'의 권리를 반영하여 모든 수급자의 권리를 상당 부분 인정하는 반면, 소득/자산조사의 제도는 수급자에게 권리로서 급여하는 성격이 약해서 일종의 '적선(dole)'의 형태로 수급자에게 주어진다는 것이다.

소득/자산조사의 조건의 사회복지제도는 수직적 소득재분배의 효과가 가장 크게 나타난다. 이것은 우선 이러한 제도의 재원이 대개 누진성이 높은 정부의 일반예산에 의존한다는 점과, 무엇보다도 급여가 소득이 낮은 사람들에게만 선별적으로 이루어지기 때문에 명확하게 고소득층으로부터 저소득층으로 소득 이전이 이루어지기 때문이다.

2 사회복지의 주체

공급 주체는 그것을 계획하고 실천하는 주체가 사회의 공공조직(정부의 행정기관 또는 이에 준하는 기관)인가 아닌가에 따라 공공부문(public sector)과 민간부문(civilian sector) 또는 사적 부문(private sector)[5]으로 구분한다. 어떤 사회복지 공급에 있어서 주체가 누구인가를 구분하는 기준은 실제 제공을 누가 하는가와 함께 재원이 어디에 근거하는가를 같이 고려한다. 따라서 최종적인 제공이 민간기관이라 할지라도 사회복지 프로그램의 계획과 재원의 책임이 국가나 지방자치단체에 있을 경우 공공부문으로 구분하기도 한다.

공공부문 공급자는 급여를 제공하는 주체가 정부기관, 이에 준하는 공공조직(특별법에 의한 기관, 공단 등) 또는 민간기관이면서 정부기관의 서비스 위탁이나 구입 등으로 공공기관과 같은 역할을 하는 공급자를 말한다(김상균 외, 2001). 현재 사회복지의 상당 부분을 공공부문에서 공급하고 있는데 우리나라의 경우 국민연금, 국민건강보험, 고용보험, 산업재해보상보험, 노인장기요양보험 등과 같은 사회보험 프로그램, 국민기초생활보장과 같은 공공부조 프로그램, 아동, 노인 또는 장애인 등에게 제공되는 국공립 시설보호 서비스, 보육서비스, 각종 상담기관 등이 대표적인 공공부문 공급자이다. 법률에 의해 정부에서 제공하는 서비스(statutory services)와 정부(중앙 또는 지방)에서 서비스 시설을 건립하여 민간기관에 운영을 위탁하는 경우(사회복지관 등)가 공공부문 공급에 해당된다. 사회복지 역사를 볼 때 20세기 이전까지는 주로 민간단체나 조직에 의해 사회복지가 제공되었지만, 20세기 이후 이른바 복지국가의 시대를 지나면서 공공부문이 사회복지의 기본적인 책임을 맡는 것이

5) 사적부문(private sector)에서 'private'이라는 의미는 '공공(public)'과 반대되는 개념으로 쓰일 때도 있고, 때로는 '이윤을 추구(영리, for-profit)'한다는 의미로 사용되어 '비영리(nonprofit)'와 반대의 개념으로 쓰는 경우도 있기 때문에 용어가 쓰이는 맥락에 따라 유의해서 살펴보아야 한다.

일반화되었다.

하지만 민간부문도 여전히 중요한 공급자로서 역할을 하고 있다. 특히 사회복지 서비스 영역에서 민간부문의 역할은 여전히 상당하며, 비공식부문과 같이 조직화되지 않고 제공되는 사회복지 부문도 남아 있다. 민간부문 사회복지의 특성은 사회복지서비스를 공급하는 주관자가 민간단체나 개인이고, 서비스 재원도 대부분 지역사회나 공동체의 개인, 가족, 사회단체 및 기업 등에 기반하는 점이다. 민간부문은 공공부문의 독과점으로 인한 비효율을 교정하며 다양한 서비스의 제공에 있어 이점이 있다.

그러나 완전히 공공부문으로부터 떨어져 나간 민간부문은 크지 않으며 많은 경우 공공과 민간의 책임 분담이 이루어지고 있다. 특히 복지다원주의(welfare pluralism)가 강조되면서 주체의 구분이 큰 의미를 갖지 않는다는 주장도 있다. 복지다원주의는 한 사회에서 복지 공급의 원천을 다양화하여 국가 이외에 시장, 비공식부문, 자원부문(voluntary sector) 등을 활용하자는 입장이다. 복지국가 위기 이후에 정부의 역할 확대가 한계에 부딪히고 다양한 비판이 나타나면서 민간기업과 비영리조직의 역할이 상대적으로 강조되기 시작하면서 확산된 개념이다. 복지의 혼합경제(mixed economy of welfare)도 유사한 개념으로 쓰인다.

3 사회복지의 재원

모든 사회복지에는 재원이 필요하고, 정책의 내용들, 즉 누구에게 무엇을 얼마나 어떻게 급여할 것이냐는 재원이 어떠하냐에 따라 크게 영향을 받는다. 사회복지에 사용되는 재원은 주체와 마찬가지로 공공부문 재원과 민간부문 재원으로 나눌 수 있다(김태성 외, 2010).

1) 공공부문 재원

공공부문 재원은 크게 세 가지로 나눌 수 있다.

첫째, 정부의 일반예산(조세)이다. 많은 사회복지정책들은 그 재원을 정부의 일반예산에 의존한다. 대표적인 예는 우리나라의 국민기초생활보장제도이다. 일반예산은 사회복지정책이 추구하는 가장 중요한 가치인 평등(소득재분배)을 구현하는 데 가장 필요하다. 대부분의 국가들에서 일반예산을 구성하는 조세들이 전체적으로 볼 때 사회보장성 조세나 조세지출에 비하여 누진적이어서 재원조달 방법 그 자체에서도 소득재분배 효과를 높일 수 있다. 급여의 측면에서 일반예산으로 주로 재원이 이루어지는 사회복지정책들이 더 소득재분배적인 급여를 할 수 있다는 점이다. 그리고 사회복지정책은 급여 대상을 전 국민으로 넓힐 수 있고, 또한 급여 내용의 보편성을 이룰 수 있는, 즉 급여의 양과 질에 있어서 동일성을 유지할 수 있는 것이다. 또한 일반예산의 재원은 안정성과 지속성의 측면에서 바람직하다. 일반적으로 대부분의 국가들에서 조세수입은 안정적으로 이루어진다. 물론 극도로 경기가 침체되면 조세수입이 다소 줄어들 수 있으나, 이 경우에도 적자재정을 통해서라도 정책에 필요한 재원의 안정을 이룰 수 있는 것이다.

둘째, 4대 사회보험인 국민연금, 건강보험, 고용보험(실업보험), 그리고 산재보험을 위한 사용자와 피고용자가 부담하는 보험료이다. 이것이 공공부문 재원인 이유는 사회보험료를 국가가 조세처럼 강제로 부과하고 또한 관리, 운영도 공공기관에서 하기 때문이다. 그래서 많은 나라에서 사회보험료를 사회보장성 조세(social security tax)로 부르고, 또한 조세부담률에 포함시켜 조세수입으로 간주한다. 일반예산의 증가에는 조세저항이 뒤따르기 때문에 지속적으로 늘리기가 어렵고, 특히 조세들의 누진성이 크면 클수록 중산층을 포함한 일반 국민들의 조세저항이 커서 조세수입을 늘리는 데 한계에 부딪힌다. 그래서 많은 국가들에서는 사회보장성 조세의 비중이 일반예산보다 크다. 우리나라의 경우도 사회보장성 조세가 정부의 일반예산보다 크다. 또한 사회보장성 조세는 일반조세처럼 강제로 부과하기 때문에 세금의 성격을 갖고 있으나, 일반조세와 달리 미래에 받을 수 있는 사회보장 급여에 대한 일종의 '권리'를 갖는 것으로 생각하기 때문에 조세저항이 상대적으로 적다. 따라서 사회보장성 조세를 높이는 것이 상대적으로 용이하므로 정치적인 측면에서도 선호된다. 그러나 사회보장성 조세를 재원으로 하는 사회보험의 경우는 보험이기 때문에 보험수리원칙을 완전히 무시할 수 없으므로 소득재분배 효과가 제한적이고, 조세지출은 대개 역진적이다.

셋째, 조세지출(tax expenditure)이다. 이것은 국가가 특별한 목표를 위하여 대상자들에게 세금을 감면해 주는 제도로 국가의 입장에서는 세금을 감면하지 않고 거두어 특정한 목표를 위하여 지출할 수 있기 때문에 성격상 정부예산의 일종으로 볼 수 있어 공공부문 재원으로 분류한다. 조세지출제도는 소득분배 차원에서 보면 역진적이어 소득불평등을 증가시킨다. 따라서 조세지출을 대폭 줄여 과세 대상을 넓히게 되면, 개인소득세의 누진율을 크게 높이지 않아도 조세수입을 늘릴 수 있고, 이렇게 늘어난 조세수입으로 적극적인 소득보장정책에 사용한다면 소득불평등도 줄고 가난한 사람들의 복지도 높아질 수 있다.

2) 민간부문 재원

첫째, 기업복지란 간단히 말하여 기업의 사용자가 피고용자에게 주는, 임금 이외의 추가적인 사회복지성 급여를 말한다. 일반적으로 기업복지의 프로그램들은 공공부문의 사회복지와 상당한 영역에서 유사하게 제공되어 공공복지에 더해지고 있다. 예를 들면, 소득보장의 영역에서는 공공복지인 국민연금에 더하여 기업연금을, 건강 분야에서는 건강보험의 본인부담금에 대해 기업에서 의료비 지원을, 교육 분야에서는 피고용자 본인 혹은 자녀들을 위한 학비보조 프로그램 또는 대여 프로그램을, 주택의 영역에서는 사원주택 혹은 주택수당 등을, 개별적 사회서비스에서는 직장보육시설이나 보육수당 제공 등을 실시하고 있다.

그러나 기업복지에는 중대한 결함이 있는데, 가장 큰 문제점은 사회의 소득불평등을 악화시킨다는 점이다. 기업복지는 법적으로 강제되는 것이 아니기 때문에 모든 근로자에게 제공되지 않고 기업마다 내용과 수준이 다르게 제공된다. 결국 실제로 기업복지의 혜택을 받는 사람들은 상대적으로 규모가 크거나 이윤이 많이 나는 기업의 종사자로서 이들의 대부분은 중간 혹은 고소득층이다. 이들은 급여도 중간 혹은 고임금인 근로자들이기 때문에 결국 기업복지는 사회의 불평등을 더 심화시키는 것이다. 사실 사회의 소득불평등을 줄이기 위해서는 기업복지에 대해 조세감면 혜택을 주지 않고 세금으로 거두어 조세수입을 늘려 저소득층을 위한 국가의 소득재분배정책에 사용하면 소득불평등을 줄일 수 있는 것이다.

둘째, 민간부문 재원은 자발적 기여(voluntary contrubution)이다. 자발적 기여는 개인, 기업, 재단(foundation) 등이 사회복지를 위해서 자발적으로(즉, 강제적이 아닌) 기여한 재원을 말한다. 자발적 기여를 재원으로 하는 사회복지 프로그램들은 대개 비영리 사회복지조직들에 의하여 제공되는 사회복지서비스로서 소규모 단위를 대상으로 하여 다양한 사회복지에의 수요를 해결할 수 있는 장점을 가지고 있다. 이 프로그램을 통해 전 국민을 대상으로 대규모로 획일적인 서비스를 제공하는 국가복지를 보완해 줄 수 있으며, 특히 종교적, 언어적, 인종적 등의 측면에서 이질적인 사람들로 구성된 사회에서는 더욱 그러하다. 또한 자발적 기여를 재원으로 하는 프로그램들은 새롭고 창의적인 서비스 프로그램의 개발이 용이하고 다양한 수요에 맞추어 융통적으로 운영할 수 있다.

반면에 자발적 기여의 문제점은 공공사회복지에 비하여 소득재분배 효과가 낮다는 점이다. 이것은 자발적 기여를 재원으로 하는 프로그램들이 반드시 소득이 낮은 사람들에게만 급여를 하지는 않기 때문이다. 또, 자발적 기여를 재원으로 하는 프로그램들이 대상을 집단적 혹은 지역적으로 다양하게 하여 급여를 하기 때문에 일반 국민 전체를 대상으로 하는 포괄적이고 통합적인 국가 사회복지정책에 대한 필요성이 줄게 되고, 이렇게 되면 국가복지의 확대를 위해 세금을 늘리는 것에 대한 조세저항을 비롯한 정치적 저항이 커져 국가복지의 확대에 어려움을 준다. 그리고 자발적 기여는 기여의 주체들이 자발적으로 기여하기 때문에 기여 주체들의 상황의 변화(예, 기업의 경우 수지의 악화)로 기여액의 변화가 클 수 있어 재원의 지속성과 안정성이 문제가 될 수 있다.

셋째, 사용자 부담(user fee)은 공공부문이든 민간부문이든 사회복지서비스를 받는 사람이 서비스의 비용에 대하여 본인이 일부분 부담하는 것을 말한다. 우리나라의 건강보험의 경우 의료서비스 비용의 일부는 본인이 부담하도록 하고 있다. 이러한 본인부담을 통해 '도덕적 해이(naral hazard)'의 문제를 해결하고 서비스의 남용을 막을 수 있어 결과적으로 전체 서비스 비용을 줄일 수 있는 것이다. 그러나 사용자 부담은 소득재분배를 악화시킬 수 있다. 소득수준에 상관없이 일정액 혹은 일정비율을 서비스 사용자가 부담하게 되면 소득수준이 낮은 사람들이 높은 사람들에 비하여 부담이 높게 되는 전형적인 역진성의 문제가 발생한다. 이렇게 되면 저소득층들은 사용자 부담이 '부담'이 되어 서비스를 이용하기를 꺼리게 되므로 고소득층보다 서비스 이용을 적게 할 수 있다.

마지막으로, 비공식부문(informal sector) 재원이 있다. 가족, 친척, 이웃 등의 비공식부문에 의한 사회복지의 중요성은 크게 줄었지만 여전히 사람들의 복지는 공식적인 제도뿐만 아니라 비공식적인 방법으로도 많이 해결되고 있다. 이러한 비공식부문 사회복지의 가장 큰 문제는 소득계층별로 비공식부문 사회복지의 수급의 불평등이 크다는 점이다. 일반적으로, 자본주의 사회의 세대 간 불평등(generational inequality)의 속성 때문에 사회복지의 급여를 받아야 할 소득이 낮은 사람들은 대개 그들의 가족이나 친척들도 소득이 낮아 가족 간 이전으로부터의 소득이 없거나 낮을 수밖에 없다. 예를 들어, 가난한 노인들의 경우 그들의 자녀들도 대개 가난하여 그들의 부모를 도와줄 경제적 능력이 적은 것이다.

따라서 국가복지가 미약한 상황에서 이러한 비공식부문의 사회복지에 크게 의존하게 되면 소득이 낮은 사람들의 복지는 크게 낮아져 결국 사회복지가 추구하는 근본적인 목표인 평등의 가치를 구현하기에 어렵게 되는 것이다.

4 사회복지의 급여

사회복지정책을 통하여 제공되는 급여의 형태는 다양한데, 크게 보면 현금, 현물(물질적 재화나 서비스), 증서, 기회 그리고 권력 등의 5가지이다. 사회복지제도의 목표를 달성하기 위해 어떠한 급여 형태를 제공하는 것이 효과적인지, 그리고 전달체계 과정에서 접근성이 높은지 등 각 급여 형태에 따라 장단점을 가진다.

1) 현금

현금은 오늘날 서구복지국가들에서 급여 형태 가운데 지출액이나 수급자 숫자 등에서 가장 비중이 크며, 대표적으로 국민기초생활보장제도의 생계급여나 주거급여를 들 수 있다. 국민기초생활보장제도의 생계급여수급자에게는 기준중위소득 30%에 해당하는 금액과 가구 소득인정액과의 차액을 매월 20일에 지급한다.

현금급여는 수급자의 효용(만족)을 극대화하고, 인간의 존엄성의 유지라는 가치를 높일 수 있으며, 수급자들의 선택의 자유를 보장하고, 사회복지정책 운영비용이 적게 든다는 점에서 현금급여 비중은 일반적으로 사회복지가 발전할수록 커지는 경향이 있다.

현금급여는 수급자가 자기가 원하는 것을 구입할 수 있어서 만족도가 높아지고, 수급자들의 선택의 폭을 넓혀 다양한 취향을 반영할 수 있고, 무엇보다도 민주주의 사회에서 그 자체로 매우 중요시되는 가치인 자유나 자기결정(self-determination)의 권리를 높인다. 집행하는 데 있어서도 현물처럼 보관이나 운반 등에 비용이 들지 않으며 간단하고 빠르게 수급자의 통장으로 입금하면 끝나므로 매우 간단하다.

그러나 현금급여는 수급자의 합리적 선택이 전제가 되어야 하는데 그렇지 않은 경우도 발생할 수 있다. 예를 들어, 생계급여를 생계를 유지하기 위한 기본적인 욕구 충족을 위해 사용해야 하지만 쌀 대신 막걸리를 구입하거나 교통비 대신 인터넷

게임비로 사용하게 되면 정책의 목표 달성을 저해할 수도 있다.

2) 현물(물질적 재화나 서비스)

현물(물질적 재화나 서비스)은 의료와 교육서비스, 음식, 주택, 에너지, 각종의 직업훈련 서비스, 상담서비스 등으로 대상 효율성과 정책의 목표 효율성을 높일 수 있고, 프로그램 이해관련집단과 정치적 선호가 높은 편이다. 정책 목표 달성 차원에서 현물보다 현금으로 급여할 때보다 수급자들의 소비단위에서의 통제력이 크기 때문에 정책 목표에 맞도록 소비를 강제화시키기 때문에 더 효율적으로 정책 목표를 이룰 수 있는 것이다. 그리고 실제 필요로 하는 사람들과 그렇지 않은 사람을 구분할 수 있어 대상 효율성이 높다. 즉, 현물급여의 수급자들은 현금급여의 수급자들에 비하여 급여의 남용이나 오용을 할 가능성이 적다. 또한 현물급여는 특정의 현물을 생산하거나 제공하는 집단들도 선호하여 정치적으로 채택될 가능성이 크다. 즉, 현물급여는 공급 측면에서 정책의 효율이 높고 납세자들이 원하는 구체적인 성과를 가시적으로 드러낼 수 있기에 매우 선호하는 급여 형태이다.

그러나 현물급여는 수요자 측면에서는 대상자의 수치심을 높이고 낙인감이 발생할 수 있으며, 프로그램 운영비용이 높고, 현금과는 달리 수급자 선택의 자유가 제한된다는 한계를 가진다.

3) 증서

증서는 현금급여와 현물급여의 장점을 살리면서 단점을 피할 수 있는 제3의 급여 형태이다. 증서는 수급자가 일정한 용도 내에서 원하는 재화나 서비스를 자유롭게 선택할 수 있게 해주는 급여 형태이다. 우리나라의 국가바우처로 국민행복카드를 발급받아 건강보험 임신출산 진료비 지원이나 에너지바우처 등으로 지원하는 것이 대표적이다. 미국에서도 오늘날 수천만 명이 사용하는 '식품권(food stamp)'이라는 증서이다. 수급자들은 이 증서로 음식물만을 구입할 수 있고 음식물 내에서는 다양한 선택을 할 수 있다.

증서는 현금급여와 현물급여의 중간적인 성격을 갖고 있어, 현금급여의 장점인 소비자 선택의 자유를 비록 제한적이지만 살릴 수 있으면서, 현금급여의 단점인 무제한의 선택의 자유에서 발생하는 '비합리적인 선택'의 문제를 어느 정도 줄일 수 있다. 예를 들면, 음식물 증서의 경우 음식물 이외의 용도(예, 술의 구입)로는 사용할 수 없기 때문이다.

증서는 현물급여의 장점인 정책의 목표 효율성이나 대상 효율성을 높일 수 있다. 예를 들면, 음식물 증서의 경우 수급자들의 영양 상태의 개선이라는 목표를 현금급여보다 더 확실히 이룰 수 있고, 또한 경제적 필요가 많은 사람에게 선별적으로 급여할 수 있다. 또한 현물급여보다 비록 제한적이나마 수급자들의 효용을 높일 수 있다. 음식물 증서의 경우 음식물이라는 넓은 범위에서 선택의 폭이 넓어지기 때문에 자신들의 효용을 높이는 음식물을 선택할 수 있기 때문이다.

이처럼 증서가 현금급여와 현물급여의 장점들을 모두 갖고 있음에도 불구하고 대부분의 서구의 복지국가들에서 증서는 중요한 급여 형태가 아니다. 이는 증서의 '중간적인 성격'으로 확고한 지지세력이 존재하기가 어렵기 때문이다. 결국 어느 쪽에서도 선호하지 않는 급여 형태라고 할 수 있다. 그 뿐만 아니라 증서가 현금보다는 크지는 않지만 많은 오용과 남용 문제도 있어 현실적으로 현물급여의 장점인 목표 효율성을 이루는 데 큰 어려움이 있다는 논쟁도 확대되지 않는 것에 한 몫을 한다.

4) 기회

기회는 현금, 현물, 증서와 같은 급여 형태와는 달리 직접적으로 경제적 지원이 이루어지는 것은 아니지만 수급자들에게 경제적 안녕을 높일 수 있는 '기회'만을 제공한다. 예를 들어, 장애인이나 경력 단절 여성 고용 우대 등이다. 사회적 약자집단(여성, 노인, 장애인, 빈곤층 등)에게 진학, 취업, 진급 등을 유리하게 해주어, 시장에서의 경쟁에서의 불이익을 제거하여 평등한, 즉 공정한 경쟁을 하도록 해주는 형태이다. 기회의 형태로 제공하는 정책의 궁극적인 목표는 수급자들이 노동시장에서의 경쟁에서 차별 등의 이유로 불이익을 당하는 것을 없애 이러한 사람들의 소득을 높이는 데 있다. 그래서 현실적으로 여러 가지의 이유로 이들에게 단순히 기회를 준다 해도 이들의 소득이 크게 높아지지는 않는다. 따라서 기회라는 급여 형태는 다른 급여 형태에 비해 소득의 평등과 같은 목표 달성에는 크게 기여하지는 못한다고 할 수 있다.

5) 권력

권력은 수급자들로 하여금 사회복지정책의 결정 과정에 참여시켜 정책 내용, 즉 누구에게 무엇을 얼마나 급여할 것인가를 결정하게 하는 데 수급자들의 입장을 반영하게 하는 것이다. 다른 급여 형태들은 정책 결정자들이 일방적으로 결정하여 수급자들에게 급여하는 것에 반해 권력은 수급자들의 이익을 가장 적극적이고 획기적으로 높일 수 있다는 점이 특징이다. 그러나 이러한 이상적인 급여 형태는 현실적으로는 정책 결정에는 실질적인 영향을 주지 못하는 경우가 대부분이다. 수급자의 정책 결정 과정에서 권력 참여가 대부분 형식적으로 그치고, 정책의 내용을 실질적으로 수급자들의 이익에 부합되도록 결정할 수 있는 권력이 주어지는 것이 아니다. 즉, 수급자 참여라는 것도 기회의 경우처럼 주요 정책 결정자들의 결정을 합리화하기 위한 도구에 그칠 가능성이 크다.

5 사회복지의 전달체계

사회복지 전달체계는 사회복지 재화나 서비스를 제공 주체로부터 대상자에게 옮기기 위해서 생산과 전달의 역할을 수행할 기관과 조직체계이다. 최성재 외(2006)는 사회복지서비스 전달체계란 '지역사회 내에 존재하는 사회복지서비스의 공급자 간을 연결시키기 위하여 또는 사회복지서비스의 공급자와 클라이언트 사이를 연결시키기 위하여 만들어진 조직적 체계'라고 정의하였다. 예를 들어, 노인맞춤돌봄서비스는 일상생활 영위가 어려운 취약노인에게 적절한 돌봄서비스를 제공하여 안정적인 노후생활 보장, 노인의 기능 · 건강 유지 및 악화를 예방하고자 한다. 이때 〈그림 4-2〉와 같이 만 65세 이상 돌봄이 필요한 노인에게 안전지원, 사회참여, 일상생활지원 등 돌봄서비스를 제공되는 과정에서 그 역할과 기능을 수행하는데 보건복지부는 사업총괄과 사업운영, 예산지원을 하고, 시 · 도와 시 · 군 · 구는 수행기관 선정 및 관리를 하고 사업운영과 예산을 지원한다. 각 지역의 읍 · 면 · 동은 대상자 신청접수와 신규 대상자 발굴 등의 역할을 한다. 중앙노인돌봄지원기관은 광역 및 지역수행기관을 지원하고 광역지원기관과 지역수행기관은 사업계획 수립과 사업운영을 통해 대상자에게 서비스를 제공한다.

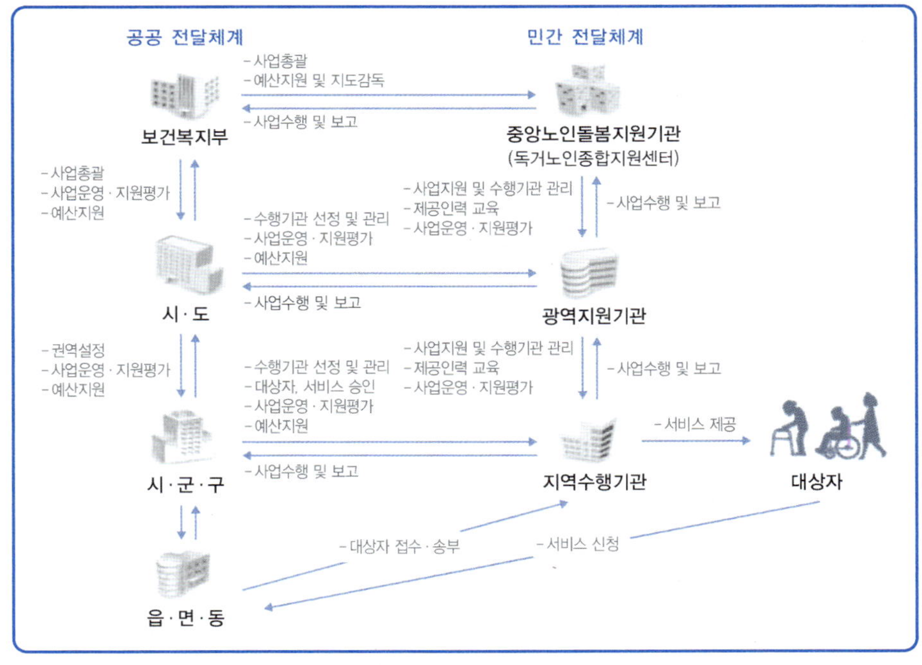

〈그림 4-1〉 노인맞춤돌봄서비스 전달체계

자료 : 보건복지부(2023). 2023년 노인맞춤돌봄서비스 사업안내.

사회복지서비스 전달체계를 복지서비스가 클라이언트에게 전달되는 조직과 인력 구조로 볼 때 사회복지서비스 전달체계는 운영주체와 기능·구조에 따라 몇 가지 유형으로 구분된다(우종모 외, 2004 : 65). 우선, 운영주체에 따라 공적전달체계와 민간전달체계로 구분한다. 운영주체에 따른 분류는 복지서비스를 공급하는 공급자를 중심으로 분류되는데, 공적전달체계는 보건복지부, 광역시도, 기초자치단체, 읍면동, 지역 주민으로 연결되는 일련의 정부복지행정체계를 구성한다. 반면, 민간전달체계란 복지재단, 자원봉사단체, 사회복지협의회, 개인 등에 의하여 사회복지수급자(클라이언트)로 연결되는 민간의 사회복지서비스 전달체계를 구성한다.

운영주체에 의한 구분 이외에 서비스의 기능과 구조를 중심으로 한 분류가 있다. 이는 복지수요자에게 사회복지서비스를 전달하는 것은 재배분정책의 일환으로써, 민간의 세금이나 기부금으로 구성된 사회복지서비스 공급 재원을 조성·관리하는 행정체계와 이를 직접 제공하는 집행체계로 구분된다. 행정체계는 서비스 전달을 기획, 지휘, 지원, 관리하는 간접지원을 담당하는 서비스 전달체제로 보건복지부, 광역시도, 시군구가 이에 해당된다. 반면, 집행체계는 전달자가 사회복지서비스를 클라이언트에게 직접 제공하는 기능을 담당하는 체제로 읍면동이나 민간의 사회복지시설이 이에 해당된다(서재호, 2008).

효율적이고 효과적으로 대상자에게 급여를 제공하는 사회복지 전달체계의 구축의 주요 원칙으로 통합성, 지속성, 접근성, 전문성 등을 들 수 있다. 통합성은 대상자가 한 곳에서 여러 서비스를 이용할 수 있는 것을 의미하고, 지속성은 대상자가 필요로 하는 급여가 중단되지 않고 제공되는 것이다. 접근성은 대상자가 언제 어디서나 서비스를 이용할 수 있어야 함을 의미하고, 제도의 단순성과 지리적 접근성도 함께 고려되어야 한다. 전문성은 서비스의 전달이 전문적인 기관과 인적 자원에 의해서 이루어져야 한다는 것이다.

용어정리

- **사회복지의 구성 요소** : 어려움과 욕구를 가진 대상자가 누구(대상)이며, 이들에게 누가(주체-공급자) 어떠한 급여와 서비스를(급여) 제공할 것이며, 이때 필요한 자원을(재원) 어떻게 전달할 것인가(전달체계)로 볼 수 있다.
- **사회복지의 대상** : 각 사회복지서비스와 제도의 목적에 따라 그리고 재원에 따라 대상자를 규정하고 있다
- **욕구** : 어떠한 목적을 위한 필요한 것, 필수적인 것, 좋은 것으로 필요하고 필수적인데 결여되거나 결핍된 것을 의미한다.
- **사회복지 급여** : 급여의 형태는 다양한데, 크게 보면 현금, 물질적 재화와 서비스(현물), 증서, 기회 그리고 권력 등의 5가지이다. 사회복지제도의 목표를 달성하기 위해 어떠한 급여 형태를 제공하는 것이 효과적인지 그리고 전달체계 과정에서 접근성이 높은지 등 각 급여 형태에 따라 장단점을 가진다.
- **사회복지 전달체계** : 사회복지 재화나 서비스를 제공 주체로부터 대상자에게 옮기기 위해서 생산과 전달의 역할을 수행할 기관과 조직체계이다.
- **공적전달체계** : 보건복지부, 광역시도, 기초자치단체, 읍면동, 지역 주민으로 연결되는 정부복지행정체계를 구성한다.
- **민간전달체계** : 복지재단, 자원봉사단체, 사회복지협의회, 개인 등에 의하여 사회복지수급자로 연결되는 사회복지서비스 전달체계이다.

Chapter

05

사회복지는 어떻게 발전되어 왔는가

-사회복지의 역사와 발전

본 장은 사회복지가 어떠한 역사적 맥락 속에서 형성되고 발전해 왔는지를 살펴본다. 서양 사회복지에서는 빈민법 시대를 출발점으로 하여 사회보험의 도입, 복지국가의 성립과 확장, 그리고 신자유주의의 영향으로 인한 복지국가의 위축에 이르는 과정을 거쳐왔다. 영국의 엘리자베스 구빈법, 독일의 비스마르크 사회입법, 미국의 사회보장법, 영국의 베버리지 보고서 등은 각 시기를 대표하는 전환점으로 제시된다. 한국 사회복지는 삼국시대의 구휼제도에서 시작하여 고려와 조선의 제도적 구제활동을 거쳐, 일제강점기의 식민지적 구호정책, 해방 이후 외원단체 중심의 사회사업, 1960년대 이후 사회보험과 공공부조 제도의 정착, 그리고 현대적 복지국가로의 확산이라는 흐름을 따라 발전해 왔다. 이러한 내용을 통해 학습자는 사회복지가 특정 시기에 갑자기 등장한 것이 아니라 사회적 요구와 환경 변화에 따라 지속적으로 발전해 온 제도적 · 실천적 체계임을 이해할 수 있다.

1 서양의 사회복지 역사

사회복지 역사는 방향을 가진 흐름으로, 헝가리 과학아카데미의 퍼지(Ferge)는 빈민법 시대, 사회보험 시대, 복지국가 시대로 구분하였다(원석조, 2019). 빈민법 시대는 유럽 절대왕정 시대에 걸인과 부랑자 및 구제 가치가 있는 빈민을 대상으로 최소한의 생존에 국한하여 시설에 수용·보호하거나 주거가 있는 빈민에게는 구호금품을 제공하는 등의 국가정책을 시행하였다. 본 장에서는 영국의 빈민구제의 국가 책임을 처음 인정한 1601년 엘리자베스 구빈법을 기점으로 빈민구제제도를 제시하였다. 사회보험 시대는 세계 최초의 사회보험인 1883년 독일의 질병보험을 시작으로 영국 최초 사회보험인 국민보험(1911년), 그리고 세계대공황 이후 케인스주의 영향 아래 제도화된 미국의 사회보장제도(1935년)을 중심으로 살펴보았다. 복지국가 시대는 제2차 세계대전 이후 영국에서 시작되었으며, 전 국민 대상으로 복지 대상자를 확대하고 시장을 보완하기 위한 케인스주의적 사회경제정책이 핵심 정책 수단이 되었다. 퍼지가 논의한 세 단계에서는 1970년대 후반 이후 석유파동으로 인한 경제위기로 복지국가 후퇴 상황을 반영하지 못하고 있다. 본 교재에서는 그 이후를 복지국가 후퇴기로 정의하고 국가개입주의와 사회민주주의 사상이 지배하던 시기로 복지에 대한 정부실패론이 제기된 1970년대 후반부터 현재까지로 살펴보았다.

1) 빈민법 시대

오늘날 사회복지는 영국을 중심으로 발달한 사회복지에 근거를 두고 있다. 영국은 역사적 기원이 되는 빈민법 이후 사회복지제도화를 이끌어 왔으며, 빈민구제에 관한 국가의 책임을 가장 먼저 확립한 국가이다. 16세기 전반에 헨리 8세가 제정한 법령(Act for Punishment of Study Vagabonds and Beggars, 1536)은 빈민법의 기본 골격을 형성하였고, 17세기 들어서면서 종전의 구빈법령을 집대성하여 체계화된 엘리자베스 빈민법을 완성하였다. 이후 여러 과정을 거쳐 1940년대 이르러서 현대적 사회보장제도를 확립하고, 복지국가를 실현하였다. 영국 사회복지의 역사적 경험과 실천 지식들은 현재까지도 많은 나라에 영향을 끼치고 있다.

고대로부터 중세에 이르기까지 복지문제의 해결은 원칙적으로 상호부조의 비공식적 제도에 따라 이루어졌다. 비공식적 제도는 대체로 가족과 친지, 그리고 지역공동체였으며 중세에 이르러서는 봉건영주와 교회의 교구 및 수도원을 중심으로 복지 책임을 떠맡게 되었다(Coll, 1973). 그러나 봉건주의가 붕괴되고 절대왕정 시대로 접어들게 되자 영주와 교회가 중심이 되어 왔던 구빈제도는 와해되었다. 이 시기는 절대왕정 국가의 중상주의 정책과 양모 산업의 확장으로 말미암아 많은 수의 농민이 토지에서 내쫓기면서 빈민과 유민(流民)으로 전락하였다. 이 시기에 진행된 종교개혁으로 수도원들이 수행해 왔던 구제사업들이 대거 축소되면서 전통적으로 구빈기능을 해왔던 봉건 영주와 수도원과 같은 종교 기구는 힘을 잃었다. 이 시대는 중세의 노동능력이 있는 빈민뿐만 아니라 자선 대상이었던 노동능력 없는 빈민이 대량으로 발생하여 사회문제화되었다. 이로 인해 절대왕정의 국가가 공동체 사회의 주체로서 이들 대량의 빈민을 구제할 책임을 안을 수밖에 없게 되었다. 그 결과 빈민에 대한 국가 차원의 근대적 복지제도가 등장하게 된다.

당시 만연하던 빈민들의 문제를 국가 의존에서 제외하기 위한 온갖 법령과 규칙을 제정하였다. 영국은 1300년대부터 1800년대 중반까지 일련의 빈민법(Poor Law)을 제정하게 되었는데, 이 중에서 가장 의미 있는 것은 1601년 엘리자베스 1세 여왕이 제정한 엘리자베스 빈민법(The Elizabeth Poor Law)이었다.

엘리자베스 빈민법(1601)은 이전까지의 빈민구제를 위해 시행된 구호의 교구 단위의 자선행위에서 국가책임으로 전환을 이루었다는 점에서 의미가 깊다. 엘리자베스 빈민법은 이미 이전 법들의 내용을 집대성하여 실시한 것으로 14세기 이후에 실시한 빈민통제와 노동통제 및 빈민구제에 대한 국가의 법적 및 재정적 책임을 확고히 하고 있다. 빈민구제를 위한 조세를 징수하여 재원을 마련하였으며, 빈민감독관을 두어 구빈행정체계를 확립하였기에 근대적인 빈곤정책의 효시로 볼 수 있다. 빈민법은 대상자를 다음과 같이 세 범주로 구분하여 대처하였다(Zastrow, 2000).

- 근로능력이 있는 건강한 빈민(the able-bodied poor) : 건강한 빈민으로 불렸던 이들은 교정원 또는 작업장에서 강제로 노동을 하였으며, 거절하는 자는 감옥에 투옥되었다. 시민들이 이들에게 자선을 베푸는 것을 금지하였다.
- 근로능력이 없는 빈민(the impotent poor) : 노인, 장애인, 아동을 두고 있는 편모 등이 이 유형으로 분류되었으며, 구빈원(poorhouse 또는 almshouse)에 수용

되었다. 이들 중 거처할 곳이 있어 그곳에서 돕는 것이 비용을 줄일 수 있다고 판단되는 경우에는 의복, 음식, 연료 등을 제공하면서 원외구호(outdoor relief)를 실시하였다.

- 요보호 아동(dependent poverty) : 부모 또는 조부모의 보호를 받을 수 없는 아동은 양육을 원하는 시민 아래에서 도제생활을 하였다. 소년은 24세까지 주인에게서 상거래 활동을 배우고, 소녀는 21세 또는 결혼할 때까지 집안일을 돌보는 하녀의 삶을 살았다.

엘리자베스 빈민법이 제정된 후 구체적인 실행 방법을 시도하며 다양한 변화와 발전이 시도되어 왔으나 빈민에 대한 통제 성격이 매우 강했고, 이후 등장한 빈민을 위한 제도의 성격도 마찬가지였다.

엘리자베스 빈민법 시행 이후 교구 중심으로 전개되었던 구제사업이 국가사업의 규모로 확장되었다. 이에 따라 구제비용이 급격히 증가하였고, 구빈 재정이 단위 교구 책임이 되면서 교구마다 구빈 대상이 증가하였으며, 빈민들의 유입을 막으려는 조치를 강구하게 되었다. 재정적 부담 등의 이유로 교구들 간에 빈민의 유입을 거부하는 현상이 나타났는데, 한편에서는 농경 기반의 귀족들이 자신들의 땅에서 농촌 노동자들이 전출해 나가는 것을 막으려는 노력과도 들어맞았다. 이에 따라 정주법(The Settlement Act, 1662)을 제정하여 빈민들의 자유이동을 억제하였다. 이 법의 주된 내용은 교구에서 이주해 오는 사람이 앞으로 빈민법의 대상자가 될 것으로 판단되면 40일 이내에 추방할 수 있게 한 것이다. 이로 인하여 빈민의 이동은 억제할 수 있었으나 빈민 수는 점점 증가하였고, 이에 따라 구빈비용도 늘어나게 되었다.

이후 18세기 후반 영국은 산업혁명이 본격화되면서 초기 자본주의에서 나타나는 자본 축적 과정은 많은 임금노동자를 빈민 계층으로 전락하게 만들었다. 기존의 구빈제도로는 새로운 산업 노동자 계급의 빈민에 효과적으로 대응하기 어렵게 되었다. 이때 새로운 형태의 빈민제도들이 등장하게 되는데 1782년 영국 리치필드

(Richfield) 하원의원 길버트 토머스(Gilbert Thomas)가 제안하여 제정된 길버트법(Gilbert Act)과 1795년 버크셔(Berkshire)주 스핀햄랜드 지역의 치안판사 회의에서 제정된 스핀햄랜드법(Speenhamland Act)이 대표적이다.

길버트법(Gilbert Act, 1782)은 작업장에서 빈민의 어려운 생활과 착취를 개선하는 것을 목적으로 한 법이었다. 빈민들을 작업장에 보내는 대신 직업알선을 하고 거택구호를 인정하였으며, 작업장 간의 연합이나 작업장 바깥에서의 노동을 통한 구제를 허용해 주었다. 오늘날 거택구호제도의 효시가 되었고 이 법의 시행 과정에서 최초로 근대적 의미의 고용, 실업 대책이 시작되었다.

스핀햄랜드법(Speenhamland Act, 1795)은 일종의 빈민에 대한 처우 개선책인 임금보조제도이다. 즉, 노동 수입만으로는 최저생활을 유지하기 어려운 근로 빈곤층에 대해서도 구빈 급여를 지급해 줄 수 있도록 하였다. 노인, 허약자 그리고 장애인들을 위한 원외구호로 광범위하게 활용되었고, 합리적인 구호제도로 오늘날 가족수당이나 최저생활보장의 기반이 되었다. 그러나 고용주가 부담해야 하는 피고용인들에 대한 생계의 책임을 납세자인 노동자 시민들에게 전가시키는 시초가 된 점과 노동자는 수입이 적어도 교구로부터 부족분을 받을 수 있기 때문에 열심히 일을 하지 않는 상황이 발생하여 부정적 평가도 받게 되었다.

18세기 후반부터 19세기 전반에 걸쳐 세계 최초로 영국은 산업혁명을 맞이하게 되고, 도시인구의 급격한 증가와 인구 총량의 성장은 도시사회의 다양한 사회병리 현상을 일으키는 계기가 되었다. 1832년 신흥산업자본가 계급이 전통적인 토지귀족들보다 많은 의석을 차지하였고, 그동안 스핀햄랜드법의 모순으로 구빈세 증가 문제가 대두되면서 구빈법을 조사하기 위한 왕립빈민위원회가 설치되었다. 이에 1834년 빈민법을 전면 개정하게 되었다(오완섭, 2009).

1834년 개정 빈민법은 1601년 엘리자베스 구빈법과 구분하여 신빈민법(the Poor Law Reform)이라 하였으며, 왕립빈민위원회에서는 다음과 같이 세 가지 원칙을 마련하였다.

첫째, 열등처우의 원칙으로 빈민구제의 수준을 최하위노동자 생활수준보다 더 열악하게 함으로써 결국에는 빈민들이 노동을 하도록 하는 데 목적이 있다.

둘째, 작업장 수용의 원칙으로 원외구호를 금지한다. 장애인, 노약자 등 노동능력이 없는 빈민의 경우를 제외하고는 모두 작업장에 수용하여야 구빈의 대상이 된다는 원칙이다.

셋째, 전국 균일처우의 원칙으로 런던에 중앙감독청을 두고 구빈행정을 총감독함으로써 재정의 낭비를 막고, 전국적으로 통일시키고자 하였다.

신빈민법은 빈민구제 성격보다 구빈비용 감소에 있었기 때문에 빈민에 대한 반인권적 요소가 다분히 포함되어 있었다(정민숙 외, 2017). 결국 빈민구제 비용을 줄이려는 목적은 달성되었지만 17~18세기에 불어닥친 대공황과 대량실업은 빈민의 수를 지속적으로 증가시켰으며, 빈곤 문제는 자본주의의 진전과 함께 심각한 사회문제가 되었다. 19세기 후반 빈민구제를 위한 모든 형태의 방법과 기관이 동시에 활동하였고, 무차별적인 자선이 수많은 종교단체와 사회단체, 그리고 개인들에 의해서 재현되고 있었다. 그러나 이들은 도움이 필요한 사람들에게 구제와 서비스를 제공하는 것에만 관심이 있었고, 빈곤의 원인이 되는 사회적 조건과 구제의 체계적이고 합리적인 방법 등에 대해서는 관심이 없었다. 이러한 상황을 극복하고 서비스의 효과적인 제공을 촉진하기 위해 빈곤 문제에 관심이 많던 사상가들에 의해 1869년 자선조직협회(Charity Organization Society)가 창설되었다. 자선조직협회는 주로 중산층 부인으로 구성된 우애방문원(friendly visitors)을 통해 클라이언트의 가정을 방문하여 가정생활, 아동에 대한 교육, 가계경제 등에 대해 개별적 조사를 실시하고 조언 · 지도하였다. 자선조직협회 활동은 성악설적인 관점에서 인간을 보았기 때문에 빈곤의 원인을 개인적 결함에서 찾았다. 이 활동은 이후 개별사회사업(social case work)과 지역사회복지 발전에 기초가 되었다(류상열, 2005).

한편, 1880년대 들어서면서 자선조직협회와 이념을 달리하는 인보관운동(Settlement House Movement)이 발달하였다. 인보관운동은 민간기관에 의한 적극적인 환경개선사업으로 시작하였다. 1884년 영국의 토인비 홀(Toynbee Hall)을 중심으로 옥스퍼드와 케임브리지 대학 학생들이 주축이 되어 빈민지역의 가난한 사람들과 함께 생활하면서 주민의 생활환경을 개선하려고 노력한 운동이었다. 인보관운동은 주로 클라이언트의 문제 해결을 위한 집단 프로그램을 활용하여 현재의 집단사회복지와 지역사회복지 발전의 기초가 되었다(류상열, 2005). 이후 1900년대 초반 사회개혁에 많은 영향을 미치며 1907년 사회입법을 초안하기도 하였고, 1911년 건강보험법 입법 과정에도 적극 참여하며 사회보장을 위한 사회개혁에 참여하였다(박병현, 2015). 1900년대 들어서면서 빈곤 문제에는 국가가 개입해야 한다고 생각하였으며, 1930년대 영국의 구빈법은 근대적인 공공부조제도로 전환되는 계기가 되었다. 20세기 초 실업 문제가 점점 더 심각해지자 신빈민법은 재검토가 불가피해졌고, 1948년 국민부조법이 제정됨으로써 구빈법은 폐지되었다(김제선 외, 2021).

2) 사회보험 시대

사회보험 시대는 자본주의와 산업화에 따른 다양한 사회적 위험에 대응하기 위해 국가의 개입으로 사회복지정책이 시작된 시기이다. 국가마다 등장 배경과 성장 과정에서 조금씩 차이가 나지만 공통점은 노동자 계급을 보호하면서 사회불안을 감소시키고 사회질서를 유지하고자 했던 정치적 의도가 있었다. 19세기 말에서 20세기 중반까지 사회보험은 비교적 짧았지만, 복지국가를 향한 중요한 출발점이라는 데 큰 의의가 있다. 대표적으로 세계 최초의 독일 질병보험법(1883년), 영국 복지국가의 출발점이 된 국민보험법(1911년), 미국 사회보장의 요체인 루스벨트 사회보장법(1935년) 등이 있다.

사회보험은 공제조합을 기원으로 두고 있다. 공제조합이란 조합원 상호 간 부조와 복지를 목적으로 하는 상호부조 조직인데, 조합원이 갹출한 일정의 부금을 재원으로 해서 조합원이 노령, 재해, 실업, 질병, 사망 등의 사고를 당했을 경우 급여를 지급한다. 오늘날과 같은 국가주체 사회보장제도가 전혀 없어 노동자 가족들이 생계 문제를 스스로 해결할 수 밖에 없었던 19세기 말까지, 공제조합은 노동자들이나 서민들의 복지를 위한 유일한 사회조직이었다(원석조, 2019).

사회보험의 출현 배경은 국가마다 다양하다. 사회보험제도는 1880년대 독일에서 최초로 도입되었다. 독일이 사회보험제도를 가장 먼저 도입한 이유는 계급관계에서 찾아볼 수 있다. 독일은 산업화가 매우 빠른 속도로 이루어지면서 급속한 도시화, 노동계급의 형성, 사회주의 사상의 영향 등으로 전통적인 지배계급인 지주계급, 신흥자본계급, 노동계급 사이에 치열한 계급갈등이 전개되었다(서보준 외, 2023). 비스마르크는 사회적 안정과 통합을 위해 사회주의자들을 탄압하기 위한 정책과 노동자계급을 체제 내로 끌어들이기 위한 사회보험을 실시하였다. 비스마르크가 최초로 도입한 사회보험은 1883년 질병보험법이다. 보험료는 노동자가 2/3, 고용주가 1/3을 분담하고, 건강보험의 관리 · 운영은 해당 조합원들의 대표자들이 통제하도록 했다. 이어서 1884년 산재보험, 1889년 폐질 및 노령(연금)보험 등이 도입되었다.

영국은 노동계층의 힘과 민주주의가 독일보다 발달하였기 때문에 시민의 복지를 위한 국가 정책에 가깝다고 평가된다. 20세기 접어들어 자유당이 집권하면서 여러 가지 진보적인 개혁이 시도되었다. 그중에서 1908년 노령연금법은 자유당의 개혁프로그램의 첫 번째 단계로 현대 복지국가의 시작을 의미한다고 할 수 있다. 1908년 8월 제정되어 1909년 1월 시행됨으로써 구빈법에 의해 구호되지 못한 매우 가난한 사람들이 첫 번째 연금을 받았는데 여성이 다수를 차지하였다(Thane, 1982).

연금제도는 이때까지 영국의 구빈정책을 주도하였던 징벌적인 성격의 1843년 신구빈법의 원칙들을 타파하고 사회보장이라는 새로운 방향의 모색이 되었다. 즉, 연금이 사회적 권리로 제공되었다. 연금제도는 자산 조사도 행해지지 않았고, 사회적인 낙인을 수반하지 않았기 때문에 대중적인 반응도 좋았다. 반면에 연금제도는 구빈의 결점을 보완하기 위한 치료적 대책으로 볼 수도 있었다. 이런 관점에서 보면 '빈민'이 '연금수혜자'로 바뀌었을 뿐 연금제도는 단지 구빈법의 연장이었다.

1911년 실업보험과 의료보험으로 구성된 국민보험법이 로이드 조지(Lloyd George)라는 한 정치인의 강력한 정치적 지도력과 페이비언 사회주의 운동의 주역이었던 웹(Webb) 부처, 윌리엄 베버리지(William Beveridge), 윈스턴 처칠(Winston

Churchill) 등의 주장에 의해 도입되었다. 처칠은 독일의 비스마르크 사회입법이 사회주의를 부드럽게 죽이기 위해 마련되었다고 역설하면서 사회보험 도입의 필요성을 강조하였다. 그는 사회보험이 부자와 빈민 사이의 양극화를 막아 주어 사회를 공고히 하는 피라미드와 같은 역할을 한다고 주장하였다(원석조, 2012). 사회보험은 피보험자의 보험료로 운영되기에 급여자격을 획득하기 위해서는 기여를 해야 하므로 노동자의 자존심을 손상하지도 않아 자유주의자가 선호하는 자조의 미덕에도 합치되었다. 또한 산업화로 인한 노동자에 대한 탄압과 억압 등과 같은 자본주의의 모순에 반대한 사회주의 물결도 영국이 사회보험을 시작하게 된 원인으로 작용하였다.

미국은 1929년에 시작된 경제 대공황으로 대규모 실업자와 빈곤 문제가 양산되면서 미국 사회는 민간이나 자발적 사회복지 시스템으로서는 더 이상 감당할 수 없는 문제들을 인정하면서 루스벨트(Franklin Roosevelt) 대통령의 뉴딜(New Deal) 정책으로 여러 가지 노동입법 등이 제정되었고, 1935년 사회보장법을 제정하면서 사회보험뿐만 아니라 공공부조의 큰 틀이 만들어졌다. 뉴딜과 노동조직이 서로 정치적 동맹을 맺는 데 기여한 사회보장법은 미국 최초의 연방정부 차원의 복지 프로그램이었으며, 미국 사회보장제도의 근간이 되었다. 이 법은 ① 연방정부가 관장하는 노령보험, ② 주정부가 관장하고 연방정부가 재정을 보조하는 실업보험, ③ 주정부가 관장하고 연방정부가 재정을 보조하는 공공부조와 사회복지서비스로 구성되어 있었다(원석조, 2019). 연방정부나 주정부 차원에서 공공에 의한 사회복지정책들을 본격적으로 실행하였다.

3) 복지국가 시대

1 · 2차 세계대전을 거치면서 노동자계급과 함께 시민계급의 힘이 강해져 이들의 다양한 욕구를 국가는 수용할 수밖에 없었고, 이를 바탕으로 복지국가가 출현하였다. 제2차 세계대전 이후 영국에서 처음 등장한 복지국가는 사회민주주의 이념에

입각하여 시장의 불평등과 불안정성에 대항하여 사회적 연대와 소득과 부의 평등, 사회적 위험에 대한 공동체의 보장을 추구하였고, 이런 복지국가는 점점 서유럽 전체로 확산되었다. 사회복지의 대상이 전 국민으로 확대되었고, 소득보장은 물론 보건의료, 주택, 교육에 이르기까지 프로그램이 다양화되었으며, 유례가 없을 정도로 많은 재정이 투입되었다. 복지국가는 제2차 세계대전 후의 세계적인 호황과 시민계급의 정치적 성장에 힘입어 꾸준히 확대 · 발전하였다.

영국은 1930년대 세계적 경기 불황을 경험하면서, 몇몇 사회보험제도만으로 자유방임적 자본주의 경제체계의 위험성을 대처하기에 어렵다는 인식이 증가하였다. 경기 불황은 국가나 세계 경제에서 공급이 수요를 초과하는 현상 때문에 발생하는 것이므로, 불황을 극복하고 실업을 없애려면 수요를 적극적으로 증대시키는 것이 필요하다는 사상도 나타났다. 케인스(Keynes) 경제이론이 이를 대표했다. 케인스이론은 국가가 시장에 개입하여 공공 지출을 확대하는 방식 등의 수요를 의도적으로 증대시킴으로써 경기 불황이 극복될 수 있음을 경제학의 논리로서 정리한 것이다. 이 이론은 영국 사회가 당면해 왔던 경제적 문제를 해결하려면 시장을 넘어서는 국가 역할의 중요함을 제시하며, 경제에 대한 국가의 개입이 정당화될 수 있는 근거가 되었다. 그리고 이것은 곧바로 영국에서의 복지 체제에 대한 근원적인 변화, 즉 경제-복지의 결합 체제를 출범하게 만들었다. 현대적 의미의 복지국가가 이로부터 비롯된 것이다.

제2차 세계대전 중 영국의 정치가들은 전후의 사회발전에 대응하기 위한 조치를 강구하기 시작하였다. 이러한 시도가 전후 영국 복지국가의 기틀을 마련하게 된다. 가장 대표적인 시도는 당시 무임소장관으로서 재정계획을 담당한 아서 그린우드(Arthur Greenwood)가 사회보험 및 관련 서비스에 관한 정부부처 간 조사위원회를 설치하면서 윌리엄 베버리지(William Beveridge)를 위원장으로 임명한 것이다. 베버리지는 전쟁 중이던 1942년 「사회보험과 관련 제반 서비스에 관한 보고서(Social Insurance and Allied Service)」를 발간한다.

베버리지 보고서(Beveridge Repeort)라고 불리는 이 보고서는 상호부조의 국가 공동체에 대한 구성을 사회보장제도의 형태로 담은 것이다. 통일되고 보편적인 사회보험 체계를 구축하기 위해 영국의 사회문제를 5대 악, 즉 결핍(want), 질병(disease), 무지(ignorance), 불결(squalor), 나태(idleness)로 규정하고, 이를 해결하기 위해 사회보험 및 관련 서비스의 필요성을 주장하였다. 한편, 본 보고서에서의 '사회보장'은 실업이나 질병, 재해로 인해 소득이 중단되거나 감소했을 때, 노령으로 은퇴할 때, 세대주 사망으로 부양 결손이 발생한 때, 출생이나 사망, 결혼 등으로 예외적 지출이 필요한 때에 국가가 개입해서 최소한의 생활이 가능한 소득을 보장해 주는 것을 의미하였다.

베버리지는 사회보험이 성공하기 위하여 완전고용, 포괄적 보건서비스, 가족수당을 전제조건으로 제시하였다. 실업수당으로 인한 재정 손실을 감안하여 완전고용을 강조하였고, 보건서비스는 치료와 예방을 포괄적으로 제공하여야 하고, 가족수당은 가족의 크기와 소득을 고려하여 결정되어야 함을 강조하였다.

베버리지 보고서를 토대로 근대적 사회복지제도가 본격적으로 성립된다. 전쟁 후 새롭게 들어선 노동당 정부에 의해 가족수당법(1945), 국민보험-산업재해법(1946), 의료보장의 새 지평을 연 국민보건서비스법(1946) 등에 관한 다양한 입법이 대거 이루어졌다. 영국 정부는 1944년 사회보장청을 설치했으며, 1948년 근대적 의미의 공공부조법인 「국민부조법」을 제정하면서 300여년 역사의 구빈법 시대를 공식적으로 마감하였다.

이후 영국의 사회복지는 전후 세계경제의 유례없는 호황국면에 힘입어 더욱 확대된다. 노령연금, 의료보험, 산재보험, 실업보험, 아동수당, 국민부조 등 사회보장제도의 수혜 범위와 급여수준이 확대되고 행정적으로 체계화된다. 특히 1951년부터 1973년까지는 영국 복지국가의 황금기였다. 이 기간 동안 영국의 연평균 실업률은 1971년과 1972년 3%를 초과하였을 뿐 완전고용에 가까웠고, 소매물가의 연평균 상승률도 4.6%에 지나지 않았다. GDP도 증가하여 사회복지를 위한 공공지출을 가능하게 하였다(박병현, 2015).

미국은 사회보장법(1935) 제정 이후 지방정부들이 빈민이나 노인, 장애인 등 취약계층에 대한 공공부조 프로그램을 확대함에 따라 이들을 대상으로 하는 공공 복지 서비스 기관이나 조직들의 수와 규모가 증가하였다. 1950~1960년대에는 빈민 등에 대한 구제나 도움을 대부분 정부부문의 공공부조가 담당하게 되고, 공동모금 제도가 활성화되었다. 1960년대에는 연방정부가 '빈곤과의 전쟁(War on Poverty)'을 선포하면서 각종 복지 관련 대안적 프로젝트들이 실행되었다. 주정부나 지방정부 후원으로 지역사회행동(community action)을 주도하는 기관들이 도시에 설립되기 시작하였고, 이들은 기존 복지 기관들과 달리 새롭고 대안적인 서비스를 제공하였다. 1970년대 들어서면서 미국도 영국과 마찬가지로 석유파동으로 인한 세계경제 위기를 경험한다. 이에 따라 1960년대 '뉴딜 정책'을 통해 확장되었던 사회복지 프로그램이나 서비스 기관들의 재정적 지속 가능성에 대한 문제가 제기되었다. 그와 함께 수많은 프로그램이 과연 원래의 사회적 목적인 탈빈곤 달성에 효과적으로 기여하고 있는지, 오히려 복지에 대한 의존성을 심화시키는 것은 아닌지 우려하게 되었다. 이러한 우려는 복지 프로그램과 서비스가 확대될수록 복지 대상자는 감소하지 않고 증가하였다는 수치 등을 통해서도 확산되었다. 이에 따라 사회복지 분야 전반에서 재구조화의 필요성이 부각된다(김영종, 김은정, 2022).

4) 복지국가 후퇴

1973년과 1979년 두 차례 걸친 석유파동으로 인해 야기된 스태그플레이션은 2차 세계대전 후 복지국가의 이념적 · 이론적 기반이 되었던 케인스주의를 무력화시켰다. 신자유주의자들은 스태그플레이션의 극복을 위해서는 케인스주의 경제사회정책을 포기하고, 화폐공급을 억제하여 경제의 자율성을 회복시키는 방법밖에 없다고 보았으며, 중간계급은 물론 복지국가의 가장 큰 수혜자인 동시에 지지자였던 노동자계급 마저 지지를 표명하면서 복지국가는 재편되었다. 1979년과 1980년에 영국의 대처리즘과 미국의 레이거노믹스가 동시에 등장하면서 복지재편의 시발점이 되었다.

경제적인 번영을 바탕으로 한없이 확대되던 영국의 사회복지는 1970년대에 들어

와서 두 차례 석유파동을 계기로 복지국가의 위기에 직면하게 된다. 물가가 오르고 경제성장이 위축되는 문제가 심각하게 나타났다. 완전고용이 무너지면서 대량 실업이 발생하고, 이를 사회보장제도로 막으려다 보니 국가 재정에 막대한 적자가 발생하였다. 국가의 재정 적자는 다시 물가 상승을 부추기고, 경제성장의 위축과 실업 문제를 더 악화시키게 되었다. 경기침체가 가속화되어 가면서 공공 사회복지 지출을 줄여야 하고 복지에 대한 정부의 역할을 다시 정립해야 한다는 목소리가 나오기 시작하였다.

1979년 보수당 마거릿 대처(Margaret Thatcher) 행정부의 등장은 영국 사회보장 및 사회복지의 역사에 있어서 전환점을 이루는 사건이었다. 대처 행정부는 1983년 사회보장 예산을 삭감하였으며, 사회보장에 대한 국민의 의존심을 약화시킨다는 목표를 세우고 제도개혁을 추진하기 위하여 사회보장조사위원회를 조직하였다. 이 위원회는 1985년 6월 「사회보장의 개혁(The Reform of Social Security)」이라는 녹서(Green paper), 즉 임시적인 자문용 공문서를 작성한다. 이 녹서는 연금 하향 조정, 사적 연금 장려, 자산조사를 전제로 하는 사회보장급여 부분 축소가 되는 「사회보장법(Social Security Act, 1986)」의 기초가 되었다. 이른바 경제와 복지 모두에서 정부의 개입을 가능한 한 줄이는 것이 옳다는 '작은 정부론'이 등장한다.

대처 행정부는 케인스주의에서 강조해 왔던 공공지출을 통한 수요의 증대가 경제를 활성화시킨다는 이론을 폐기하고 공급 측면을 활성화하는 것에 초점을 두며 자유주의 경제 이론을 새롭게 채택하였다. 이것은 기업이나 생산자(공급자)들의 자유로운 활동을 보장해야 경제에 활력이 생기며, 고용을 증진시키고 임금을 통해 소비력의 증대로 나타나고, 이것이 다시 공급을 자극해서 경제의 선순환이 작동할 것을 기대한다. 이는 18세기에 대두된 자유주의 사상의 기조를 따르면서 20세기 후반 다시 부각되었다는 점에서 신자유주의라 한다.

신자유주의 방식의 경제는 경쟁과 자율에 의해 움직이는 시장 방식을 선호하고, 이를 위해서는 국가가 경제에 개입하는 것을 최소화할 필요가 있었다. 이와 관련하여 공공지출의 감축이나 각종 규제 완화, 감세 등의 조치들이 이루어졌다. 또한 국유 산업이나 국영 기업들을 매각이나 위탁 등의 방식으로 민간부문에 넘기는 민영화를 시도하였다. 사회복지제도의 보편주의적 원칙을 축소하고 선별주의적 정책 기조를 강화하는 것으로, 이러한 추세를 '탈복지국가'라고 부른다.

이 같은 20여 년에 걸친 보수당의 복지국가 개혁은 1997년 토니 블레어(Tony Blair) 수상의 노동당이 집권함으로써 새로운 국면을 맞이하게 된다. 블레어 정부는 '제3의 길(the third way)'을 바탕으로 사회복지 개혁을 추진하였다. '제3의 길'을 제창한 앤서니 기든스(Antony Giddens, 1998)는 이념의 양 극단을 전통 사회주의의 수정형인 복지국가형 사회민주주의와 전통 보수주의적 자본주의의 극단화된 변종인 신자유주의로 설명하였다. 그러면서 앞으로 사회 형태는 사회민주주의(고복지-고부담-저효율)도 아니고 신자유주의(고효율-저부담-불평등)도 아닌 중도세력이 주도하는 제3의 길로 가야 하며, 제3의 길로서 급진적 중도, 적이 없는 새로운 민주국가, 활발한 시민사회, 민주적 가족, 신혼합경제, 적극적 복지, 사회투자국가, 세계적 민주주의를 들고 있다.

이후 블레어 정부의 복지개혁의 핵심 내용은 '일할 능력이 있는 사람에게는 일자리를, 그리고 일할 능력이 없는 사람들에게는 사회보장을'이라고 요약할 수 있다. 이것은 복지제도의 개혁이 기존 복지국가체제의 기반이 되었던 '국민의 권리와 국가의 의무'라는 일방적인 구조에서 '정부뿐만 아니라 국민에게도 의무를 부과'하는 쌍무적인 구조로의 이행이라는 점이다. 이러한 복지개혁의 원칙에 기반하여 노동당 정부가 도입한 대표적인 근로연계복지정책이 뉴딜이다. 뉴딜은 구직등록 의무화의 수준을 넘어서서 수급자가 직접 프로그램에 참가하여야 급여를 지급한다는 강도 높은 조건을 부과하고 있기 때문에 의존형 복지로부터 자립형 복지로의 전환을 강조하였다.

2010년 이후 보수당 집권 이후 영국 복지정책은 큰 변화를 겪고 있는데 주요 방향은 지출 축소와 시장주도 성장으로 요약할 수 있다. 국가의 책임이 민간공급자, 시민과 지역사회, 지방정부로 이전되고 있으며, 영국 복지정책 등장 이후 최대한의 수준으로 시장원칙이 사회생활 곳곳에 뿌리내리고 있다(Taylor Gooby, 2012). 이것은 대인적 휴먼서비스로의 보편적 사회서비스들이 확대 공급되는 과정에서, 커뮤니티 기능과 역할이 더욱 중요하게 됨을 나타낸다.

미국에서도 1980년대에 들어서면서 영국과 유사하게 중앙정부의 사회복지 역할을 축소해야 한다는 기조가 강화되기 시작한다. 이른바 레이거노믹스라 불리는 보수당 공화당의 로널드 레이건(Ronald Reagan) 행정부의 경제 기조는 영국의 대처리즘과 같이 시장 중심의 공급 측면을 강조하기 위해 '작은 정부, 규제 철폐, 감세'라는 핵심 가치를 내걸었다. 이 시기에 사회복지 부문에 대해 사회복지서비스를 제공하기 위해 세금 자원으로 공공 조직을 직접 운영하는 대신에 민간 프로그램에 대해 보조금을 지급하거나 민간 기관들로부터 서비스를 구매하는 방법 등을 선호하게 되었다. 민영화와 함께 시장화도 사회복지서비스 부문에 도입되면서 아동과 노인인구를 대상으로 하는 서비스 공급에 이윤 추구 목적의 사기업들까지 참여하게 된다.

미국에서는 1980년대 이후 현재까지도 보수주의적 성향이 지속되고 있으며, 공공 사회복지 프로그램들은 지속적으로 긴축의 위협에 처해 있다. 1990년대 들어서서는 공공부조 관련 사회복지 프로그램들의 대규모 감축이 현실화되었다. 민주당의 빌 클리턴(Bill Clinton) 정부는 1996년 「개인책임 및 노동기회조정법(Personal Responsibility and Work Opportunity Reconciliation Act, PRWORA)」을 제정함으로써 미국 사회복지 정책 역사에 획기적인 변화를 만들어 냈다. 이 법은 공공부조 대상자의 복지 의존을 감소시키는 것을 목적으로 제정된 것으로, 개인의 책임과 근로를 통한 자립 강제를 주요 내용으로 한다. 이로 인하여 '요보호아동가족지원(Aid to Families Dependent Children, AFDC)' 프로그램이 폐지되고, '빈곤가족한시지원(Temporary Assistant for Needy Families, TANF)' 프로그램이 등장하였다. 빈곤가족한시지원 프로그램은 빈곤가족의 취업이나 결혼을 장려해서 빈곤층의 행동 변화를 유도하고, 복지 의존을 감소시키는 것을 일차적 목적으로 한다. 즉, 국가가 제시한 자립을 위한 조건이 점차 강화되면서 복지수급자가 급여를 받지 못하는 상황이 발생할 우려가 높아졌음을 의미한다.

이후로도 1998년 「인력투자법(Workforce Investment Act)」이나 조지 부시(George

W. Bush) 공화당 행정부의 2005년 「적자감축법(Deficit Reduction Act)」 등에 나타났던 것과 같이 공공 부문의 복지서비스를 민영화, 지방화, 영리화(시장화)하려는 신자유주의적 기조가 유지되어 오고 있다. 비록 민주당 오바마(Barack Obama) 행정부에서 공공의료 시스템의 일부를 도입하기도 했지만 전반적으로는 탈복지국가의 신자유주의 추세를 유지하고 있다. 이로 인해 미국의 사회복지서비스가 공급되는 체계는 더욱 다원화, 다선화되는 추세를 보이고 있다(김영종, 김은정, 2022).

지금까지 살펴본 서양 사회복지 역사의 시대별 주요 특성을 정리하면 다음과 같다. 빈민법 시대의 복지 대상자는 걸인, 부랑자, 구제 가치가 있는 빈민이었으며, 복지 시행 주체는 봉건영주, 교회, 국가였다. 복지 수혜자인 대상자의 욕구는 최소한의 생존에 국한하여 관련 문제를 해결하고자 하였다. 부랑자와 빈민을 구빈원이나 작업장과 같은 시설에 수용·보호하거나 주거가 있는 빈민에게는 구호금품을 제공하는 방법을 사용하였다. 빈민법을 통한 구제는 대상자의 권리와는 무관하였으며, 복지 대상이 되는 사회문제를 경제와는 무관한 것으로 인식하였다.

사회보험 시대는 독일 비스마르크 사회입법(1880년대)에서 시작되었다. 이 시기에 주된 복지 대상자는 노동자계급이었고, 복지 시행 주체는 대상자들의 대변자인 노동조합과 행정 책임자인 국가였으며, 보장의 범주가 되는 욕구는 산업화·도시화로 인한 사회적 위험에 대한 최소한의 지원이었다. 즉, 산업재해, 실업, 질병, 노령화 등을 사회적 위험으로 보았다. 사회보험의 가입한 자들은 보험료를 부담함으로써 수급권을 보장받으며 그 권리를 활용하였다. 이 시기의 복지는 경제에 종속적, 즉 잔여적이었다.

복지국가 시대에는 시민, 개인으로 복지 대상자가 확대되었고, 그에 따라 시민들의 조직인 시민단체와 국가가 주체가 되었다. 대상 욕구 역시 국민 최저 이상으로 확장되며 완전고용과 복지의 관련성이 중시되었다. 전국민으로 확대된 사회보장과 시장의 역할을 보완하기 위해 케인스주의적 사회경제정책을 펼치기도 하였다. 이것은 복지의 영역의 확장에 영향을 미치며 경제와도 대응한 관계를 갖게 되었다.

이후 1970년대 두 차례 석유파동으로 인해 스태그플레이션이 나타나며 경제성장의 위축이 나타나 완전고용이 무너지고 대량 실업의 문제를 사회보장제도로 막으려다 보니 국가 재정이 막대한 적자를 입었다. 공공 사회복지 지출을 줄이고 정부의 역할을 재정립하는 하자는 논의가 등장하며 이를 복지국가 후퇴 시기로 볼 수 있다. 경제와 복지 모두에서 국가의 역할을 가능한 한 줄이자는 목소리가 높아지며 케인즈주의가 무력화되고 작은 정부론이 등장한다. 신자유주의 방식의 경제가 강조되며 경쟁과 자율에 의해 움직이는 시장 방식을 선호하기 시작하였다.

〈표 5-1〉 서양 사회복지 역사의 시대별 주요 특성

시대	대상자	복지 주체	대상 욕구	경제와의 관계
빈민법 시대	걸인, 부랑자, 구제 가치가 있는 빈민	봉건영주, 교회, 국가	최소한의 생존	주변적, 사회문제를 경제와 무관한 것으로 인식
사회보험 시대	노동자 계급	노동조합, 국가	산업화 · 도시화로 인한 사회적 위험에 대한 최소한의 지원	경제에 종속, 잔여적 복지정책
복지국가 시대	시민, 개인	시민단체, 국가	국민 최저 이상, 직업 보장(완전고용)과 복지의 관련성 중시	경제와 거의 대등한 파트너 관계
복지국가 후퇴	시민, 개인	민간, 국가	국가 개입 최소화, 시장원리 극대화	경쟁과 자율에 의한 시장 활용

자료 : 원석조(2019). 사회복지정책론 8판 재구성.

2 한국의 사회복지 역사

우리나라의 사회복지 역사의 근대 이전 시기는 민생구휼과 상부상조 제도의 흔적에서 찾을 수 있다. 서구와 마찬가지로 가장 큰 사회적 혼란은 흉작, 기근, 역병의 창궐 등과 같은 천재지변과 전쟁, 폭동 등에 따른 백성의 삶의 불안정에 있었다. 근대 이후에는 식민통치, 한국전쟁과 남북 분단, 정치경제와 사회문화의 급격한 변화를 겪게 되면서 짧은 시간에 서구 사회의 사회복지제도화에 도달하였고, 우리나라만의 고유한 역사적 경로와 시기를 따라 제도적 특성이 형성되었다. 이 장에서는 한국 사회복지의 역사를 근대 이전과 근대 이후 현대 사회로 나누어 살펴보고자 한다.

1) 근대 이전 사회복지

우리나라는 삼국시대부터 각종 천재지변이나 재난 등이 발생할 때 비축된 양곡으로 백성을 위한 구제사업을 실시하였다. 이와 관련한 제도는 역사기록에 나타나는 구빈사업 가운데 오래되고 일반화되었던 '창(倉)'이라고 할 수 있다. 이것은 양곡을 비축해 두는 창고로 본래 전쟁 시에 필요한 군곡을 확보하기 위해 설치하였으나 빈민구제에 많이 활용되었다. 이 외에 이재민이나 무의무탁한 빈민을 구제하기 위하여 곡식, 의류 등을 지급하여 주는 구제활동으로 관곡진급, 사궁구휼이 전개되었다. 뿐만 아니라 춘궁기에 곡식을 빌려주었다가 추수기에 상환하는 진대제, 극빈층에게 곡식을 무상으로 지급하는 진휼제와 같은 곡식 배분의 구빈활동도 진행하였다. 삼국시대의 구빈사업은 임시적이었고, 사후대책적 성격이 강하였으며, 지속성을 유지할 수 있는 단계에는 이르지 못한 한계성을 지닌 구제제도였다.

고려시대는 관료적 봉건체제가 확립된 시기로서 빈민의 구제를 국가적인 사업으로 인식하고 구제사업을 위한 공적 기관이 설치되었고, 빈곤정책을 구체적으로 제도화하였다. 국가 단위 복지사업으로 의창과 상평창 등의 복지기구를 설치하였다. 의창은 각 주와 군에 평상시 곡물을 비축해 두었다가 흉년, 전쟁, 질병 등 비상시에 곡물을 대여하여 추수기에 반납하게 하였다. 상평창은 물가조절의 기능을 한 시설로 생활필수품의 공급조절 기능과 빈궁한 백성들의 일상적인 경제생활의 편의를 도모하는 기능을 담당하였다. 또한 동서대비원, 혜민국 등을 설치하여 빈민환자에게 치료 및 의약과 의복을 지급하였으며, 해아도감과 같은 아동시설이 설립되어 한국 사회복지 발달 사상 처음으로 시설 보호가 도입되었다.

조선시대는 유교의 자혜 사상에 기반하여 빈민의 구제는 왕의 책임이 강했으며, 사회복지는 제도적으로나 내용적으로 고려시대보다 체계화를 이루었다. 이 시기에는 법전이 편찬됨에 따라 각종 구제제도가 법적 근거를 가지고 시행되었다. 또한 신속한 구제를 중시하여 구빈행정의 일차적인 실시 책임은 지방관이 지고, 지도 감독은 중앙정부에 의해서 이루어졌다. 대표적인 구빈기관으로 구황청, 혜민국, 제생원, 활인서 등이 있을 뿐 아니라 계, 두레, 품앗이, 향약과 같은 민간에 의한 구빈활동도 활발하게 전개되었다.

일제강점기의 구제사업은 정치, 경제, 사회, 문화 등 모든 영역에 식민통치의 합리화와 반일행동을 억제하려는 정치적인 성향을 갖고 형식적인 구제사업이 이루어졌다. 1921년 매리 마이어스(Marry Myers) 선교사에 의해 우리나라 최초의 사회복지관인 태화여자관이 설립되었다. 태화여자관은 여성교육, 복음전도, 사회사업 세 분야를 중심으로 활동을 전개하였으며, 태화여학교, 태화유치원, 태화진찰소 등 3개 기구를 통해 여성과 아동 중심의 사업을 펼쳤다. 태화여자관은 현재 태화기독교사회복지관으로 발전하여 한국 사회복지 선구자적 역할을 담당하고 있다. 일본은 전쟁수행을 위해 한국 젊은이들을 대상으로 징병과 징용을 강화하면서 민심이 동요하자 일본에서 시행하던 '구호법'을 우리나라에 도입하여 1944년 우리나라 최초의 구빈법인 '조선구호령'을 실시하게 된다. 이것은 「생활보호법」의 법적 근거가 되었다.

2) 현대 사회복지 성립과 발전

(1) 전근대적 복지 형성기

해방 후 우리나라 정부의 구호정책은 일제강점기나 미군정 시대에 실시했던 정책을 부분적으로 답습하는 수준이었다. 그러나 1950년 한국전쟁을 기점으로 이전의 상호부조에 관한 사회적 질서들이 철저히 무너짐으로써 제도로서의 사회복지가 성립되는 것을 불가피하게 만들었다. 1953년에 파악된 요구호대상자 수는 1,000여만 명으로 당시 인구의 절반에 아까운 것으로 보고되었다. 전쟁은 농경사회의 경제적 기반을 파괴하여 가족이나 지역이 공동체적 복지 기능을 수행할 수 없게 만들었다. 이로 인해 제도적 차원의 사회복지가 이 시기에 긴박하고도 절실한 필요성으로 나타난다(김영종, 2023).

당시 정부는 이런 상황에 대응할 정치 · 경제적 역량이 없었기 때문에 구호의 문제는 미국 등 외국 정부와 원조단체의 지원에 의한 사회사업이 주축을 이루었는데 이 시기의 복지사업은 고아원이나 양로원 등의 시설 중심의 보호사업이 대부분이었다. 정부 차원에서의 구호 노력은 국제연합(UN)의 구호물품이나 미국 정부로부터의 잉여농산물을 지원받아 이를 배분하는 것이 대부분이었다. 민간 차원에서는 전쟁으로 인한 고아, 기아, 미아 등 요보호 아동의 증가와 이들을 보호하기 위한 시설들을 설립하면서 외국 원조단체(외원단체)의 활동이 활발하게 전개되었다. 당시 외원단체연합회에 등록한 선교 · 원조 단체들만 해도 최대 100여 개가 넘었을 정도였다.

이들 외원단체는 물질적 지원 외에도 구호활동의 조직 방식, 이와 관련된 지식이나 기술 등도 함께 전파하였다(김영종, 2017). 당시 서구식 전문 사회사업이 사회복지현장에 보급되는 과정에서 사회사업(social work)이 사회복지라고 인식하게 되었다. 외원단체들은 공식 조직을 통한 전문적 구호를 선호하였고, 고아원과 같은 민간 사회복지시설들을 사회사업가(social worker)에게 맡겨 운영하였다. 그리고 이는 이후 한국의 사회복지교육에 영향을 주었다.

(2) 사회복지제도 도입기(1960~1979년)

한국에서 사회보장에 관한 법률이 본격적으로 제정된 시기는 박정희 정권부터이다. 1961년 한 해 동안 제정된 법은 「공무원연금법」, 「군사원호보상법」, 「윤락행위 등 방지법」, 「공무원재해보상규정」, 「근로기준법」, 「직업안정법」, 「생활보호법」, 「아동복리법」이 있다. 이 중에서 「생활보호법」에서 '사회복지'라는 용어가 최초로 등장하면서 65세 이상 노인, 18세 미만의 아동, 임산부, 불구폐질자 및 심신장애인이라 지칭하며 이 대상자 중심의 공공부조를 시행하였다. 한편, 같은 해 5차 「헌법」 개정을 통해 생존권 보장 조항 및 인간다운 생활을 할 권리를 추가하였으며, 사회보장·사회복지 증진에 대한 국가의 의무를 명시하였다. 1963년에는 「군인연금법」, 「산업재해보상보험법」, 「사회보장에 관한 법률」, 「의료보험법」 등이 제정되었다. 이 시기에 우리나라에서 가장 먼저 확립된 사회보험제도를 살펴볼 수 있는데 「산업재해보상보험법」이 제정되면서 1964년 산재보험이 실시된 것이다.

1960년대는 군사정부가 들어서면서 1950년대 이래 지속되던 단순 구제의 사회사업 방식에 의문이 제기되면서 대안적 방향에 대한 모색이 활발해지던 시기였다. 하지만 정부의 재정 부족으로 민간 외원단체가 시급한 사회복지 문제나 욕구를 해결하는 실정이었다. 외원단체들의 구호가 범람하면서 탈법이나 비리 등 여러 폐해가 심각한 문제가 되고 있었다. 1962년부터 제1차 경제개발 5개년 계획을 추진하였고, 이때부터 경제개발로 도시화 및 산업화 현상이 나타나고, 도시 빈곤층, 가출 및 비행, 미혼모, 주택 부족 등 과거와는 다른 여러 가지 사회문제들이 드러나기 시작하였다. 그러나 당시 정부는 한정된 자원을 경제개발에 집중하기 위해 사회복지에 대해서 소극적이었다. 이 시기에 경제 발전과 빈곤 탈피를 위한 국제연합 등이 주도하는 사회개발(social development) 접근을 받아들였고, 사람들 스스로 빈곤에서 벗어나려고 노력하도록 만드는 것이 중요하며 사회적 지원은 여기에 초점을 두어야 한다는 것을 강조하였다. 사회개발 접근의 대표적인 예로 1960년대 말부터 시작된 '새마을 운동'이 있으며 농촌의 근대화에 크게 기여하였다.

1970년대는 산업화가 가속화되어 경제성장에 자신감이 생긴 정부는 성장의 혜택을 사회에 환원할 필요가 있음을 인정하며, 점차로 예방적이며 제도적인 복지모델로의 전환을 도모하였다(유광호 외, 2005). 이 시기에는 한국전쟁 이후 사회복지에 크게 기여했던 외국의 원조 단체들이 철수하거나 사업을 크게 축소하였고, 운영주체와 운영재원이 정부의 재정지원 중심과 우리나라 사람들로 대체되었다. 그리고 1970년에 「사회복지사업법」이 제정됨으로써 민간 사회복지사업의 체계를 확립하였을 뿐만 아니라 국가와 지방자치단체에 의한 사회복지법인에 대한 보조와 지도 · 감독이 가능하게 됨으로써 민간 사회복지와 공공 사회복지 토대가 마련되었다(남일재 외, 2015).

사회보험으로 임의가입이었던 1963년의 의료보험을 강제가입의 의료보험(1976)으로 전환하였으며, 산재보험 적용 대상을 확대하려는 노력을 시도하였다. 저소득계층을 위한 「의료보호법」(1977년)을 제정함으로써 의료보장체계를 구축하였다. 그러나 1973년 「국민복지연금법」은 중화학공업 건설 및 수출진흥을 위한 자금 조성을 위해 제정되었지만, 당시 석유파동으로 인한 사회 전반의 경제적 어려움과 정부에 대한 국민의 강한 불신으로 시행되지 못하다가 1986년도에 「국민연금법」으로 제정되었다(권중돈 외, 2023).

한편, 10개 대학이 사회사업학과를 설치하여 사회사업 교육을 실시하면서 전 시대에 비해 사회복지 교육을 위한 기반이 확대된 시기이기도 하다.

(3) 사회복지제도 확대기(1980~1990년대)

한국의 1980~1996년은 정치적 혼란 속에서 경제가 지속적으로 성장하며, 경제개발 우선주의 정책 기조에서 사회개발과 경제개발을 함께 강조하는 방향으로 바뀐다. 정부 정책에서 사회복지서비스의 공급이 다양한 인구 대상으로 확대되고, 서비스의 내용도 실질적으로 확충되기 시작한다. 이 시기에 사회복지제도에 있어서 대상별 접근을 시도한 서비스법이 등장하였다. 또한 국민연금 도입과 전 국민 의료보험제도 구축, 그리고 「최저임금법」과 「고용보험법」 제정 등으로 복지제도의 확대를 이룬 시기이다.

대상별 접근을 시도한 법으로는 「아동복지법」(1981년), 「노인복지법」(1981년), 「심신장애자복지법」(1981년), 「영유아보육법」(1991년)이 있다. 또한 각종 사회복지 관련 법들이 정비된다. 「생활보호법」은 제정된 이후 1982년 처음으로 개정되면서 빈곤자들에 대한 생활보호의 내용과 방법이 구체적으로 정리되고, 자활보호 급여가 명시되었다. 1983년에는 「사회복지사업법」이 1970년 제정 이래 처음으로 개정되면서 '국가와 지방자치단체는 사회복지를 증진할 책임을 진다'라는 조항이 신설되면서, 사회복지에서 공공부문의 책임이 비로소 명문화된다. 또한 '사회복지사'를 사회복지시설에서 일하는 사람들을 통칭해서 사회복지 '종사자'로 규정하던 것을 전문직이 규정되면서 요건인 교육 이수와 자격 검증의 방법이 법제화되었다(김영종, 김은정, 2022). 1987년에 사회복지전문요원제도가 처음 도입되면서 사회복지사를 공무원으로 채용하여 읍 · 면 · 동 일선에서 공공부조(생활보호 등) 업무를 전담하게 하였다. 일련의 변화를 거쳐 현재는 공공 사회복지행정 전달체계의 중추를 이루고 있다. 공공부문의 사회복지 확충을 위한 노력은 「생활보호법」을 개정하여 최저생활권리를 보장하고자 1999년 「국민기초생활보장법」 제정이 되면서 공공부조의 상당한 진전을 보였다.

의료보험제도는 1977년 7월 500인 이상을 고용하는 사업장을 대상으로 강제가입이 시작되어 1988년 5인 이상 사업장까지 확대되었다. 특히 1989년에는 도시지역 주민으로 적용 대상을 확대하여 전 국민 의료보험 세대를 맞이하게 되었다. 그러나 이 시기의 의료보험은 각 사업장과 지역마다 조합을 구축하여 운영하는 조합주의 방식이었기에 통합주의 논쟁이 끊이지 않았다. 조합주의 방식으로는 사회 위험에 공동으로 대처함으로써 재분배 효과를 극대화하는 데 한계가 있기 때문이다. 그럼에도 우리나라 대부분의 국민을 포괄하는 의료보험제도의 기틀을 마련했다는 점에서 의의가 크다(권중돈 외, 2023).

노후생활보장을 목적으로 한 「국민연금법」(1986년)이 제정되면서 과거 특수직역(공무원, 사립학교 교직원, 군인)에 국한되었던 연금제도가 일반 국민까지 확대되었다. 제도 시행 초기에는 상시 10인 이상의 근로자를 사용하는 사업장에서 실시되었으나 이후 적용 대상의 범위를 점차 넓혀 나가 1995년에는 농어촌지역주민, 1999년에는 도시지역 자영업자로 확대되면서 전 국민 연금시대를 맞이하게 되었다.

「고용보험법」은 1993년에 제정되어 1995년부터 시행됨으로써 4대 사회보험의 기틀이 마련되었다. 1980년대 말부터 나타난 세계 경제적 여건의 변화로 인해 '저임금 · 장시간 노동체제'를 기반으로 하는 한국 경제가 더 이상 대외 경쟁력의 우위를 점할 수 없게 되자, 국가 경쟁력 강화를 위한 방편으로 노동의 기능적 유연성과 임금유연성을 제고하여 경쟁적인 노동시장 발달을 이루려는 목적에서 고용보험이 도입되었다. 1997년 IMF 구제금융 사태가 발발하면서 급속하게 확장되기 시작했으며, 가장 짧은 기간 안에 적용 대상의 범위를 전 국민으로 확장시켰다.

1980~1990년대 나타났던 사회복지서비스 전반의 확장은 곧 서비스를 제공하는 인력에 대한 필요를 크게 높였다. 특히 사회복지사 전문직에 대한 수요가 많아졌는데, 이에 대응해서 대학들의 사회복지 교육과정도 급속히 증가하였다. 1980년대에만 전국적으로 30개 대학에서 사회복지학과 혹은 사회사업학과가 신설되었으며, 1990년대 후반으로 가면 한국사회복지대학협의회에 등록된 대학들의 수만 해도 50개를 넘겼다. 이에 따라 사회복지사 인력의 과대 배출 우려까지도 나타났다(김영종, 2023).

(4) 사회복지제도 변혁기(2000년대 이후)

우리나라는 1997년 IMF 외환위기를 겪으면서 정치, 경제, 사회 영역 전반의 구조적 취약성이 드러나고, 사회안전망을 구축하고자 복지국가의 틀을 강화하자는 주장이 대두되었다. 그리고 2000년대 들어서면서 고용보험과 실업 및 빈곤대책이 확대되어 기존 제도의 내실화를 이루었다.

빈곤정책의 일환으로 「생활보호법」이 폐지되고, 최저생활을 보장하고 자활을 조성하기 위한 「국민기초생활보장법」의 제정(1999)됨으로써 공공부조에 근본적인 변화가 나타났다. 단순 보호 차원의 생활보호제도에서 저소득층의 수급을 권리로 인정하고 빈곤에 대한 사회책임을 강조하였다. 또한 이 시기에 국민연금이 도시 자영업자까지 확대되어 전국민 연금시대를 열기 되었으며(1999), 「국민건강보험법」을 제정(1999)함으로써 직장조합과 국민의료보험공단이 국민건강보험공단으로 단일화 되었으며, 2003년에는 지역과 직장 재정의 통합으로 완전한 통합이 이루어졌다. 고용보험은 1인 사업장까지 확대하였으며(1999), 산업재해보상보험을 5인 미만 사업장까지 확장하였다(2000).

2000년대 초 · 중반에는 국가책임 강화와 참여복지를 내세운 복지정책의 이념에 기반을 두었다. 취약계층의 보호지원을 위한 사각지대 해소를 위한 제도 개선, 차상위계층 보호, 일을 통한 탈빈곤 지원, 사회적 취약계층 보호 강화, 사회복지 전달체계의 확대 개편을 추진하였다. 특히, 긴급위기 발생 시 신속한 생활 지원을 골자로 한 긴급복지제도와 저임금 또는 차상위계층에게 조세를 통해 현금급여를 하는 정책인 근로장려세제(EITC)가 실시되었다.

2005년에는 「저출산 · 고령사회기본법」을 제정하고 제1차 고령사회 기본계획을 마련하여 출산과 양육에 유리한 환경 조성, 고령사회의 삶의 질 향상 기반 구축, 저출산 · 고령사회의 성장동력 확보, 저출산 · 고령화 대응 사회 분위기 조성의 4대 분야를 구성하였다.

2000년대 후반에는 「기초노령연금법」을 제정(2007)하면서 기초노령연금제도를 도입하였으며, 2008년부터 실시된 노인장기요양보험으로 치매 및 노인성 질환으로 인한 노인 문제를 사회보험 형태로 대비할 수 있게 되었다. 이때부터 능동적 복지를 강조하면서 평생복지 기반 마련, 예방 · 맞춤 · 통합형 복지, 시장 기능을 활용한 서민생활안정, 사회적 위험으로부터 안전한 사회를 위한 성장과 분배 등을 전략으로 내세운 사회복지정책을 추진하였다(원석조, 2012).

2010년대는 양극화 문제와 저출산 및 고령화 문제 해결이 시대적 요청인 상황으로, 보편적 복지를 기반으로 한 사회서비스 공공성이 확대된 시기이다. 희망복지지원단 및 읍면동 복지허브화로 통합사례가 가능한 공공행정체계가 구축되었다. 2018년부터 지역사회통합돌봄(커뮤니티 케어)을 위한 기반을 구축하여 돌봄이 필요한 주민이 자신이 살던 곳에서 주거, 보건의료, 요양, 돌봄, 일상생활을 지원하는 지역 주도형 복지서비스를 제공받고 있다. 또한 아동수당 지급, 사회서비스의 품질 및 공공성 향상을 위해 사회서비스원 출범, 부양의무자 기준 단계적 폐지 추진, 건강보험 보장성 확대 등의 변화가 있었다(권중돈 외, 2022).

지금까지 살펴본 한국 사회복지 역사의 시대별 주요 특성을 정리하면 〈표 5-2〉와 같다.

〈표 5-2〉 **한국 사회복지 역사의 역사 시대별 주요 특성**

시대	주요 특성 및 복지제도
근대 이전 사회복지	• 삼국시대 : 굶주린 백성을 구제하고 위로하는 책임-왕 – 창, 관곡진급, 사궁구휼, 진대제 등 • 고려시대 : 빈민의 구제를 국가적인 사업으로 인식, 구제사업 위한 공적 기관 설치, 빈곤정책 제도화 – 의창, 상평창, 동서대비원, 혜민국 등 • 조선시대 : 빈민구체 책임-왕, 법전 편찬으로 복지제도 체계화 및 법적 근거 마련 – 구황청, 혜민국, 제생원, 활인서 등 • 일제강점기 : 식민통치의 합리화와 반일행동 억제 위한 구제사업 – 외원기관에 의한 최초 복지관, 구호법, 조선구호령 등
전근대적 복지 형성기	• 해방 이후 이전 정책 부분적 답습, 외국 정부와 원조단체의 지원에 의한 사회사업 주축 – 고아원, 양로원 등 시설 중심의 보호사업 • 서구식 전문 사회사업 시작. 사회사업가의 민간 사회복지시설 운영
사회복지제도 도입기	• 사회보장에 관한 법률 본격적 제정 – 공무원연금법, 근로기준법, 생활보호법, 산업재해보상보험법, 의료보험법, 사회복지사업법 등 제정 • 10개 대학 사회사업학과 설치와 관련 교육 실시 및 기반 확대
사회복지제도 확대기	• 경제성장으로 사회개발과 함께 강조 – 최저임금법, 고용보험법, 아동복지법, 노인복지법, 국민기초생활보장법, 국민연금법 등 제정 • 전문직 사회복지사 수요 급증으로 교육과정 증가
사회복지제도 변혁기	• 사회안전망을 구축하고자 복지국가 틀 강화 – 근로장려세제, 저출산 · 고령사회기본법, 기초노령연금법 등 제정 – 희망복지지원단, 지역사회통합돌봄, 사회서비스원 등 출범

용어정리

- **개인책임 및 노동기회조정법(Personal Responsibility and Work Opportunity Reconciliation Act, PRWORA)** : 1996년 복지수급자의 개인책임과 노동을 강조하는 미국의 연방 입법을 말한다.
- **근로장려세제(EITC)** : 국가가 빈곤층 근로자 가구에 대해 현금을 지원해 주는 근로연계형 소득지원제도이다.
- **길버트법(Gilbert Act)** : 1782년 영국에서 제정된 빈민구제법으로, 작업장에서 빈민의 어려운 생활과 착취를 개선하는 것을 목적으로 하는 법이다. 빈민들의 직업을 알선하고 거택보호를 제공하였으며, 작업장 운영자를 민간기업에서 지방정부 고용 운영자로 대체하였다.
- **뉴딜(New Deal) 정책** : 미국의 루스벨트 대통령이 경제 공황에 대처하기 위하여 시행한 경제 부흥 정책이다.
- **베버리지 보고서(Beveridge Repeort)** : 1942년 영국의 사회문제를 결핍, 질병, 무지, 불결, 나태로 규정하고, 이를 해결하기 위해 사회보험 및 관련 서비스를 제시한 보고서이다.
- **빈곤가족한시지원(Temporary Assistant for Needy Families, TANF)** : 빈곤가족의 수급권을 한시적 지원(5년)으로 제한하고 최대한 자립할 것을 요구하는 일시적인 원조 프로그램이다.
- **스태그플레이션(stagflation)** : 경제활동이 침체되고 있음에도 불구하고 지속적으로 물가가 상승되는 상태가 유지되는 저성장(stagnation) · 고물가(inflation) 상태를 의미한다.
- **스핀햄랜드법(Speenhamland Act)** : 1795년에 영국에서 제정된 빈민에 대한 일종의 처우 개선법으로, 임금보조제도를 핵심으로 한다. 일정 소득 이하의 빈민에게 보조금을 지급하고, 수당은 빵의 가격과 부양자 수에 기초하였다.
- **신빈민법(the Poor Law Reform)** : 국가의 구제활동을 제한하고 구빈비용을 억제하기 위해 제정하였다. 열등처우의 원칙(구제 대상 빈민의 생활수준은 최하층의 독립 근로자의 생활수준과 같아서는 안 되는 조건에서만 구제가 제공되어야 한다는 원칙), 작업장 수용의 원칙(노동능력이 있는 빈민과 그 가족에 대한 구제는 작업장 내에서 한정시킨다는 원칙), 전국 균일처우의 원칙(행정기구를 개혁하여 구빈행정의 중앙집권화를 지향하는 원칙)의 세 가지 원칙을 마련하였다.
- **엘리자베스 빈민법(The Elizabeth Poor Law)** : 1601년 이전 빈민법들의 내용을 집대성하여 체계화한 법으로 빈곤구제에 대한 국가책임을 인정한 법이다. 빈민을 근로능력이 있는 건강한 빈민(교정원 또는 작업장 강제 노동), 근로능력이 없는 빈민(노인, 장애인, 아동을 두고 있는

편모 등 구빈원에 수용), 요보호 아동(도제생활)으로 분류하였다.

- **요보호아동가족지원(Aid to Families Dependent Children, AFDC)** : 부양이 필요한 아동을 둔 저소득 가족을 원조하기 위한 일시적인 제도이다.
- **인보관운동(Sttlement House Movement)** : 대학생, 성직자들이 중심이 되어 민간기관에 의한 적극적인 환경개선사업으로 시작하였다. 빈민지역의 사람들과 함께 생활하면서 생활환경을 개선하고자 노력한 운동으로, 현재의 집단사회복지와 지역사회복지 발전의 기초가 되었다.
- **자선조직협회(Charity Organization Society)** : 중산층 부인 중심으로 구성된 우애방문원의 활동을 통해 클라이언트 가정을 방문하였고, 개별적 조사를 통하여 조언 · 지도하였다. 빈곤의 원인을 개인의 문제에서 찾았으며, 이후 개별사회사업과 지역사회복지 발전에 기초가 되었다.
- **정주법(The Settlement Act)** : 빈민들의 자유이동을 억제하기 위해 1662년 제정한 법이다. 세계 최초 원조 자격 취득을 위해 정주 요건을 요구하였고, 지방 당국은 빈민의 정주자격 판단 권한을 보유하였다. 정주 자격이 있는 빈민만 구제, 정주 자격이 없는 빈민은 타지로 추방하였다.
- **제3의 길(the third way)** : 영국의 사회학자 앤서니 기든스(Antony Giddens)가 자본주의와 사회주의의 한계를 극복하는 새로운 이념 모델로 제시하였다. 신자유주의와 사회민주주의를 모두 반대하고 '제3의 길'로 불리는 새로운 사회발전 모델을 제안하였다.
- **케인스(Keynes) 이론** : 국가가 시장에 개입하여 공공 지출을 확대하는 방식 등의 수요를 의도적으로 증대시킴으로써 경기 불황이 극복될 수 있음을 경제학의 논리로 정리한 이론이다.

PART 2 사회복지의 실천 방법

사회복지는 생각이나 제도만으로 완성되지 않는다. 실제 사람의 삶 속으로 들어가 함께 문제를 이해하고, 변화의 길을 찾아가며, 다시 일어설 수 있도록 돕는 과정이 필요하다. 이 과정이 바로 사회복지 실천이다. 6장은 사회복지가 가장 가까운 자리에서 이루어지는 미시적 실천을 다룬다. 개인, 가족, 집단과 같은 구체적인 삶의 단위를 중심으로 문제를 이해하고, 상담, 사정, 개입, 평가의 과정을 통해 사람 스스로가 자신의 삶을 회복할 수 있도록 전문적으로 동행하는 방법을 설명한다.

7장은 실천의 시야를 개인을 넘어 지역사회로 확장한다. 한 사람의 어려움은 종종 개인의 문제가 아니라 그가 속한 환경과 구조의 문제에서 비롯되기도 한다. 지역사회복지는 주민들이 서로 연결되고, 자원을 발견하고, 함께 문제를 해결할 수 있도록 하는 공동의 힘을 기르고 조직하는 작업이다. 이 장에서는 지역사회의 변화, 주민 참여, 조직화, 계획과 실행의 과정 등을 소개하며, "지역사회복지는 마음이고, 사회복지행정은 실행력이다."라는 관점을 함께 이해할 수 있도록 이끈다.

8장은 사회복지가 개인과 지역을 넘어 사회 전체를 움직이는 방식, 즉 거시적 실천을 다룬다. 사회복지정책은 사회가 무엇을 중요한 문제로 보고, 누구에게, 어떻게 지원할 것인지에 대한 방향과 약속이다. 사회복지법은 이러한 약속이 일시적 선의가 아닌 권리로서 보장되도록 기준을 마련하고, 사회보장제도는 누구에게도 닥칠 수 있는 위험에 대비하기 위해 사회가 함께 책임지는 안전망을 구성한다. 이 장은 사회복지가 개인적 도움을 넘어 사회적 구조를 설계하는 일임을 강조한다.

따라서 Part 2는 사회복지 실천이 개인 → 지역 → 사회 구조로 단계적으로 확장되어 이루어지는 흐름을 이해하도록 한다.

Chapter

06

개인, 가족, 집단을 위한 사회복지 실천이란

-사회복지의 미시적 실천 방법

본 장은 사회복지가 어떻게 사람을 돕는가, 즉 실천의 과정을 다룬다. 사회복지의 목적은 누군가를 대신해 문제를 해결해 주는 것이 아니라, 그 사람이 자신의 삶을 스스로 다시 세울 수 있도록 힘을 키워주는 것이다. 그래서 사회복지사는 사람의 존엄을 지키면서, 그 사람이 가지고 있는 가능성과 잠재력을 발견하고 확장시키는 역할을 한다. 사회복지 실천은 도움을 필요로 하는 단위(대상)에 따라 달라진다. 개인이 중심일 때도 있고, 가족 전체를 다루어야 할 때도 있으며, 비슷한 문제를 가진 사람들이 모여 집단을 이루는 경우도 있다. 또 때로는 지역사회 전체의 구조적 변화를 돕는 개입이 필요하기도 하다. 즉, 누구를 중심에 두느냐에 따라 실천의 언어와 도구가 달라진다. 이 장에서 중요한 또 하나의 내용은 사례관리(case management)이다. 사례관리는 여러 문제와 욕구가 겹쳐 있는 사람에게 필요한 자원과 서비스를 이어주고 조정하는 실천 과정이다. 이러한 실천 활동을 통해 문제를 대신 해결하는 것이 아니라, 사람이 다시 스스로 설 수 있도록 힘을 키워주고자 한다.

1 사회복지의 실천 개념과 특성

1) 사회복지 실천의 개념

사회복지 실천(social work)은 사회복지사가 서비스 대상자의 사회적 안녕 상태를 이루는 데 사회복지의 이념과 가치를 토대로 필요한 구체적인 서비스를 제공하는 다양하고 전문적인 실천 활동이다. 뿐만 아니라 국가, 사회 또는 단체가 하는 모든 조직적 · 집합적 노력을 의미한다. 이와 같이 사회복지 실천은 사회복지사 개인의 실천에서부터 국가에서의 활동까지 포함할만큼 내용과 범위가 포괄적이다.

먼저, 사회복지 실천의 협의의 개념에 해당하는 사회복지 실천의 정의를 살펴보면 다음과 같다. 사회복지 실천의 고전적 정의는 리치몬드(Richmond, 1922)에 의하여 제시된 개별실천(social casework)에서 살펴볼 수 있다. 리치몬드는 "개개인 그리고 사람과 사회환경과의 사이에서 의식적인 조정을 통하여 개개인의 인격적인 발달을 이루어 나가는 과정"으로 정의하였다. 또한 미국사회복지사협회(National Association Social Workers, NASW, 1974)는 "개인, 집단, 지역사회가 사회적 기능과 관련된 자신의 능력을 향상시키거나 회복하도록 돕고, 이러한 목표 달성에 적합한 사회적 조건을 만들도록 돕는 전문적 활동"으로 정의하고 있다(Barker, 2014). 국제사회복지사연맹(International Federation of Social Workers, IFSW, 2014)은 사회 변화와 발전, 사회적 유대, 역량 강화와 평등, 차별과 억압으로부터 해방 등을 위한 노력을 전반적 사회복지 실천의 정의에 포함하였다. 이와 함께 사회복지사들은 사회복지 실천 이론, 사회과학, 인문학 및 자생적 지식에 기반하여 사람들과 환경과 상호작용하는 지점에 개입해야 한다고 하였다.

학자들이 정의한 개념을 살펴보면, 바커(Barker, 2014)는 사회복지 실천이란 실천가치에 일치되는 방식으로 사회적 서비스를 제공하라는 사회적 위임을 이행하기 위해 사회복지 실천 지식과 기술을 활용하는 것으로 치료, 사회적 기능이 손상된 사람들을 재활시키는 회복, 그리고 예방을 포함하는 것으로 정의하였다. 미시적 실천(micro practice)은 개인, 가족, 소집단이 직면한 문제를 해결하도록 돕는 활동으로 보통 사례를 개별적으로 다루거나 임상적 실천 현장에서 직접적 개입을 하는 것을 일컫는다. 중간적 실천(mezzo practice)은 주로 가족과 집단을 대상으로 하며 주요 활동은 의사소통, 중재, 협상을 이끌고 교육시키며 사람들을 참여케 하는 것을 말한다. 거시적 실천(macro practice)은 전체 사회의 향상과 변화를 가져오는 것을 목적으로 하는 활동으로 정치적 행동, 지역사회조직, 광역 수준의 사회복지기관 행정 혹은 공공복지행정을 의미한다(최해경, 2018).

재스트로(Zastrow, 2013)는 미시적 실천은 개인을 대상으로 하여 일대일로 개입하는 것, 중시적 실천은 가족과 소집단에 개입하는 것, 거시적 실천은 조직과 지역사회에 개입하거나 법과 사회정책의 변화를 도모하는 것으로 정의하였다. 팀버레이크, 파버, 그리고 사바티도(Timberlake, Farber, & Sabatini, 2002)도 다른 여러 학자들이 내린 정의에 근거하여 미시적 실천을 일대일 혹은 개별적 실천, 중시적 실천을 가족과 소집단을 대상으로 하는 실천, 거시적 실천을 대규모 집단, 조직, 지역사회, 제도, 전체 사회를 대상으로 하는 실천으로 구분하였다.

이러한 내용과 수준을 바탕으로 볼 때 사회복지 실천이란, 상담, 서비스 제공, 자원 개발 및 연계 등 사회복지사의 전문적 활동으로 개인, 가족, 집단, 지역사회의 문제 해결과 변화를 돕는 직접적 실천과 사회복지행정 및 정책 영역에서 사회복지사의 전문 활동으로 직접적 실천이 가능하고 효율적으로 실시되도록 지원하는 간접적 실천을 포괄하는 종합적인 전문 활동으로 정의할 수 있다(최해경, 2018).

2) 사회복지 실천의 목적과 목표

사회복지 실천의 개념과 목적을 정의하고자 하는 노력은 사회복지 실천의 논의가 시작된 이후 계속되었다. 구체적으로 논의와 합의가 이루어진 것은 1979년 미국사회복지사협회(NASW)의 주관으로 미국 시카고에서 사회복지 실천의 개념적 틀 정립을 위한 사회복지전문인 전국 회의가 개최된 때이다. 당시 저명한 사회복지 관련 인사들이 모여 실질적인 사회복지 실천의 목적에 대해 합의하여 「사회복지 실천 목적에 관한 실질 성명(Working Statement on the Purpose of Social Work)」(Social Work, 1981)을 발표하였다. 주요한 내용은 두 가지로 첫째, 사회복지 실천의 목적에 대한 정의와 달성을 위해 사회복지사가 일반적으로 취해야 할 세 가지 믿음 체계, 둘째, 목적 달성을 위해 성취해야 할 6개의 주요 목표이다.

이 성명에서 사회복지 실천의 목적을 "모든 사람의 삶의 질 향상을 위해 개인과 사회 간 서로 유익한 상호작용을 촉진 또는 회복시키는 것"으로 정의하고 있다. 이러한 목적을 실천하기 위해서 사회복지사는 세 가지 믿음 체계를 가져야 한다(NASW, 1981).

① 개인을 둘러싼 사회환경은 개인의 모든 잠재력과 소망의 최대 실현에 필요한 기회와 자원을 제공해야 하며, 개인의 빈곤과 고통을 감소시키기 위해 기본적으로 필요한 것들을 공급해야 한다.

② 각 개인은 자기 자신의 행복(well-being), 자기 주변 타인의 복지, 그리고 전체 사회의 복지를 위해 최대한 효과적으로 기여해야 한다.

③ 개인과 개인 주변 타인과의 교류는 모든 당사자의 존엄, 개성, 자기결정을 향상시키는 방향으로 진행되어야 한다. 즉, 모든 개인은 인간적으로 정당하게 대접받아야 한다.

앞의 두 가지 믿음 체계는 사회복지사가 활동 목적을 달성하기 위해 노력하는 과정에서 사회와 개인에게 가지고 있는 기대 또는 요구를 나타내며, 세 번째 믿음 체계는 사회복지사 자신이 유념해야 할 사항을 나타내고 있다. 사회복지 실천 활동의 목적은 개인에게 일방적이고 무조건적인 원조를 제공하는 데 있는 것이 아니라 개인 자신이 속한 사회 속에서 자신의 역량을 최대한 발휘하면서 살아가도록 촉진하며, 그에 필요한 조건을 조성하는 것이다. 이 과정에서 사회복지사는 모든 개인의 인격과 존엄성이 손상되지 않도록 주의해야 한다(엄명용 외, 2020).

앞서 살펴본 사회복지 실천 목적을 달성하기 위해서 성취해야 할 목표는 다음과 같다.

① 클라이언트 자신의 역량을 확대하고 문제 해결 능력과 대처 능력을 증진할 수 있도록 돕는다.
② 각종 자원을 확보할 수 있도록 돕는다.
③ 사회복지 실천 조직이 클라이언트에게 반응적인 조직이 되도록 한다.
④ 개인과 주변 환경에 속한 사람들 사이의 상호작용을 촉진한다.
⑤ 조직과 조직, 기관과 기관 사이의 상호작용에 영향력을 행사한다.
⑥ 사회·환경의 정책에 영향을 미친다.

2 사회복지의 실천 대상

사회복지 실천에서 클라이언트에 대한 개입의 단위에 따라 문제를 파악하고 어떠한 개입을 하는가는 매우 중요한 과업이다. 클라이언트의 단위를 어떻게 하는가에 따라 사회복지 실천 현장에서의 개입 방법이 달라지기 때문이다. 개입의 단위를 개인, 가족, 집단, 지역사회로 살펴볼 수 있다.

1) 개인 대상 실천

개인 대상 실천은 개인을 대상으로 한 사회복지 실천이다. 과거의 'casework'라고 불리는 개별사회사업, 개별실천과 맥락을 같이 한다. 개별사회사업은 전문사회사업 방법 가운데 가장 먼저 개발되었고, 이 방법을 뒷받침하는 이론적 기초는 방대한 양의 직접적인 실천 경험과 인접 과학의 지원을 받으며 발전되어 왔다(양옥경 외, 2018). 개인은 전통적으로 사회복지 실천의 주요 개입 대상으로 강조되어 왔으나 사회복지 실천에서 개인을 바라보는 시각은 시대의 주요 이론, 이념 등에 따라 변화되었다. 과거에는 개인은 해결되지 못한 문제와 욕구를 지닌 원조의 대상이라는 수동적 존재로 이해되었으나 현재는 자신이 가진 강점을 기반으로 문제와 욕구를 해결하고, 잠재된 역량을 실현하는 능동적 존재로 이해되고 있다.

개인 대상 실천은 일대일 관계를 기반으로 개인적이고 사회적인 문제를 해결할 수 있도록 돕는 데 그 목적이 있다. 개인 대상 실천에는 개인이 사회에 적응할 수 있도록 돕는 것과 개인의 특수한 욕구에 따라 사회적 서비스를 받도록 돕는 것이 모두 포함된다. 이처럼 개인 대상 실천은 실천지향적 이론이자 전문 방법론으로 미국의 민주주의적 사회 배경과 실용주의라는 학문적 전통, 자원 정신과 개인주의의 사회문화적 풍토에서 성장하고 발전하였다(김만두 역, 1985).

개인 대상 실천에서 개인과 개인을 둘러싼 환경의 상호작용에 초점을 둔 PIE(Person in Environment) 관점을 토대로 개인을 이해할 필요가 있다. 즉, 개인의 문제를 사회적 환경 속에서의 삶의 문제로 이해하고 인간과 환경 간의 상호적 변화를 가능하게 하려는 다양한 수준의 통합적 시각에서 바라보아야 한다.

개인 수준의 개입은 대면 접촉을 통해 직접적으로 서비스를 제공하는 직접 실천과 클라이언트 생활환경을 변화시키기 위한 지역사회 중심 자원 연계 및 개발, 중재, 옹호와 같은 간접 실천을 포함한다.

2) 가족 대상 실천

가족 대상 실천이란 가족을 대상으로 한 다양한 형태의 사회복지 실천을 말한다. 가족구성원들 간의 관계나 가족구성원들 중 한 사람의 행동 · 정서 · 심리적인 문제에 개입을 하여 문제들을 해결하거나 경감시키기 위한 노력들이 가족과의 실천이다. 가족은 인간의 성장과 발달은 물론 문화 전달에 필요한 모든 것을 전수하고 양육하는 일차집단이다. 가족은 사회 변화에 따라 그 규모나 기능이 변화하였지만, 그럼에도 불구하고 가족만이 갖는 위대한 생존 가치와 능력을 보유함으로써 사회의 기본 단위로서의 의미를 유지하고 있다.

가족 대상 실천은 개인을 단위로 하는 것보다 가족을 단위로 개입할 때 효과가 더 크다고 판단될 때, 또는 클라이언트의 문제 해결을 위해서 전체 가족의 협조와 노력이 필요하다고 판단될 때 가족 대상 사회복지 실천을 선택하게 된다. 이것은 클라이언트로서 가족과 가족을 둘러싼 다양한 환경 내의 체계들을 변화시키기 위한 전문적 실천 과정이며, 가족의 문제를 해결하고, 관련된 문제 해결 기술을 증진시키기 위한 목적을 가진다. 사회복지사가 가족의 욕구 및 문제에 개입하려고 할 때 가족 기반 실천의 필요성은 다음과 같다(원영희, 손화희, 2019).

첫째, 가족이라는 하나의 단위에서 가족구성원을 대상으로 가족의 사정과 치료를 하는 경우 가족구성원의 개입을 유도할 뿐만 아니라 중도에 포기하는 경우도 줄일 수 있다.

둘째, 문제 상황에 있는 아동의 문제를 해결할 때 가족에 초점을 두고 개입하는 경우 그 아동뿐만 아니라 다른 아동 또는 그 부모 또한 해결 · 예방할 수 있는 기회를 가질 수 있다.

셋째, 가족 중심의 사례관리를 하는 경우 지역사회에서 일반적으로 접하게 되는 가족의 위기와 관련한 다양한 문제를 인지하게 되고, 그 결과 효과적으로 도움을 줄 수 있는 방법을 모색할 수 있다.

넷째, 가족 단위의 개입은 아동학대 또는 아동행동의 문제 해결을 위한 부모 훈련 교육 참여의 가능성을 높인다.

이러한 가족 대상 실천 방법으로는 가족 중심의 사례관리, 가족치료, 가족생활교육, 가족복지 프로그램 등을 설명하고 있다(김연옥 외, 2022).

첫째, 가족 중심의 사례관리는 사회와의 관계적 맥락에서 자원을 연계하고 관리하여 가족의 잠재된 역량을 개발함으로써 가족 기능을 원활히 수행할 수 있도록 돕는 방법이다. 가족 중심의 사례관리는 세 가지 접근으로 이루어지는데 역할 중심, 자원 획득, 역량 강화의 접근이다.

둘째, 가족치료는 가족 단위로 가족구성원들 간의 상호작용 관계를 변화시키고자 하는 전문적 개입 활동이다. 가족치료는 개인보다는 가족 전체에 초점을 두면서 가족의 역동성에 개입하여 가족관계와 상황을 개선하도록 돕는다. 가족치료의 접근 방법에는 경험적 가족치료, 구조적 가족치료, 전략적 가족치료, 해결중심 가족치료 등이 있다.

셋째, 가족생활교육은 가족구성원으로서 개인과 가족 전체가 성장 · 발달에 필요한 능력을 배양함으로써 가족과 관련된 문제를 예방하고 대응하는 것이다. 개인과 가족의 욕구에 근거하여 가족생애주기에 걸쳐 접하는 다양한 문제들을 다루고, 개인과 가족의 잠재력을 증진하는 것이 목적이다.

넷째, 가족복지 프로그램은 가족의 문제와 욕구에 근거하여 특정한 목표를 성취하기 위한 활동이다. 일반적으로 사회복지기관에서 가족복지서비스로 제공되고 있는 것들을 대부분 지칭한다.

3) 집단 대상 실천

집단 대상 실천은 유사한 목표를 가지고 있는 개별 구성원을 하나의 집단으로 묶어 그 집단을 대상으로 사회복지사가 집단이라는 환경과 집단 내의 역동성을 활용해 집단 구성원의 개별 목표와 집단의 목적을 달성하기 위해 노력하는 실천 방법이다(권중돈 외, 2023). 집단활동은 19세기 중반 YMCA, YWCA 등의 레크레이션과 사회화 집단을 활용하여 젊은이들에게 기독교 정신을 심어주고자 한 것에서 기원을 찾을 수 있다. 이후 산업화 · 도시화가 이루어지면서 점차 도시 빈민지역의 젊은이들을 중심으로 사회환경을 조직 · 개선하고자 하는 목적을 가지고 집단활동이 본격화되었다. 이것은 인보관운동의 시작으로 볼 수 있다.

초기 집단 개입은 지역사회조직의 개념과 연결되어 발전하다가 1923년 웨스턴 리저브 대학교(Western Reserve University) 사회사업대학원에서 집단사회사업(group work)이 교과목으로 선택되면서 사회복지 실천 방법의 하나로 자리 잡게 되었다.

1960년대 이후에는 사회 변화뿐 아니라 개인의 치료와 변화를 목적으로 정신병동, 병원, 아동복지기관, 교도소, 학교 등에서 소그룹 활동이 활성화되면서 사회복지 실천의 주요 개입 방법으로 성장하게 되었다.

집단 대상 실천은 구성원들 간의 상호작용으로 이루어지는데 이러한 상호작용을 집단과정(group process)이라고 한다. 집단과정은 집단 내에서 함께 활동하는 구성원들 간의 상호작용에 의해 발생되는 힘, 즉 집단역동(group dynamics)으로 집단과 성원들에게 강력한 영향을 미친다. 집단역동은 집단 내에서 발생하는 집단행동에 대한 설명을 가능하게 하고, 동시에 집단역동을 응용하여 원하는 방향의 집단행동을 증가시키는 데 활용할 수 있다. 집단역동을 효과적으로 이용한다면 전체 집단과 구성원들에게 긍정적인 결과를 가져올 수 있다(Northen, 1969).

따라서 집단 대상 실천에서 사회복지사는 집단의 역동을 이해하고 이를 활용할 수 있어야 한다. 그러기 위해서는 집단역동에 영향을 미치는 요인인 집단성원들 간 의사소통, 정서적 유대, 하위집단, 규범과 역할, 지위, 집단응집력 등을 분석하고 파악해야 한다.

사회복지사들을 집단이 추구하는 목적에 따라 집단의 종류를 구분하고, 목적에 적합한 집단 개입을 하게 된다. 토스랜드와 리바스(Toseland & Rivas, 1995)는 집단을 목적에 따라 치유집단(treatment group)과 과업집단(task group)으로 구분하였다. 치유집단은 집단성원의 교육, 성장, 행동 변화 또는 사회화에 대한 욕구를 충족시키기 위해 구성된 집단으로 지지집단, 교육집단, 성장집단, 치료집단, 사회화집단이 있다. 과업집단은 의무사항의 이행, 조직 또는 집단의 과업성취를 위해 구성된 집단으로 위원회, 행정집단, 협의회, 치료회의, 사회행동집단 등이 있다(Toseland & Rivas, 1995).

집단 개입 방법은 집단의 유형과 목적에 따라 다양하지만 집단의 크기와 기간 그리고 집단의 개방 여부 등은 집단과정에 중요한 영향을 미치는 요인들이다(Zastrow, 1987).

4) 지역사회 대상 실천

지역사회 대상 실천은 지역사회를 기본 접근 단위로 구성원들의 안녕과 행복을 증진하기 위한 사회적 노력으로 정의된다. 즉, 지역사회 대상 실천은 지역의 문제와 주민의 욕구를 해결함으로써 지역사회 안팎에 긍정적인 변화를 일으키는 집합적 노력이라고 할 수 있다(Netting et al., 2016). 이것은 이상적인 지역사회를 건설하기 위한, 지역사회의 복지를 증진시키기 위한 사회복지 실천의 한 분야라고 할 수 있다. 지역사회에 나타나는 제반 문제를 해결하거나 지역구성원들의 문제 해결 능력을 향상시켜 그들의 삶의 질을 증진시키기 위해 전개되는 모든 활동을 고려하면 매우 포괄적인 개념으로 전문 혹은 비전문 인력이 지역사회 수준에 개입하여 지역사회에 존재하는 각종 제도에 영향을 주고, 지역사회의 문제를 해결하고자 하는 일체의 사회적 노력을 의미한다(강용규 외, 2011).

지역사회 대상 실천의 대상은 기본적으로 지역사회 구성원 전부를 실천 대상으로 삼거나 지역 자체를 클라이언트로 간주한다. 그러나 경우에 따라서는 특별한 욕구를 갖고 있거나 사회경제적으로 불안정한 위치에 놓인 취약계층을 특정하기도 한다. 예를 들어, 장애인이나 노인과 같이 특수한 형태의 돌봄서비스를 필요로 하는 경우로 대상을 한정하거나, 기초생활수급자 및 차상위계층과 같은 사회적 취약계층을 우선 대상으로 선정하여 시행하는 지역사회복지서비스들을 살펴볼 수 있다.

지역사회 대상 실천은 지역사회 구성원의 안녕과 행복 증진이라는 목적의 달성을 개인이나 가족과 같은 전통적인 개별 사인(私人)의 책임으로만 미루기보다 구성원의 최대 참여 원칙을 바탕으로 공동체 의식 발현 차원에서 개진하고 달성하는 공적 책임의 차원으로 확장시킨다. 물론 지역사회 대상 실천은 비공식적 사회 지지망의 활용과 사회적 책임도 중시한다. 그렇지만 그것에만 의존하지 않고 욕구사정과 문제 해결 등 개입의 전 과정에서 사회적 차원과 개인적 차원을 포함한 공사(公私) 자원의 총체적 발굴, 동원, 활용, 연계를 강조하는 것이 특징이다(이재완, 2020).

최근 들어 지역사회 대상 실천은 지역사회조직사업을 대신하여 자주 등장한다.

거시적 실천으로서 지역사회 실천은 지역사회조직사업, 지역사회개발, 사회계획, 사회행동, 사회행정과 관련된 기술을 포함한다.

3 사회복지의 실천 과정과 원칙

사회복지 실천 과정은 클라이언트의 문제 해결을 돕기 위한 일정한 과정이며, 각 과정에 따라 사회복지사가 수행해야 할 과업의 초점은 달라진다. 대체로 원조 과정은 도움을 필요로 하는 사람과 처음 접촉하는 것을 시작으로 문제를 파악하고, 필요로 하는 서비스를 확인하여 제공한 후 마무리하는 순으로 이루어진다. 학자마다 과정을 구분하는 단계는 상이하지만 단계별 내용은 유사하다. 이 장에서는 원조 과정을 초기, 개입, 종결 세 단계로 나누어 단계별 기본 과업을 중심으로 살펴보고자 한다.

1) 실천 과정

(1) 초기 단계

초기 단계는 접수, 자료수집 및 사정, 계획 등을 포함한다. 먼저 접수는 클라이언트가 사회복지사를 만나기까지의 과정으로 접수에 이르는 경로는 다양하며, 경로별로 문제 해결에 임하는 클라이언트의 태도, 동기, 참여 의지 등이 다를 수 있다. 접수는 ① 클라이언트 스스로 도움이 필요하다고 판단하여 직접 기관을 방문하여 서비스를 신청하는 경로, ② 가족구성원, 친구, 이웃, 교사 등 클라이언트를 잘 아는 주변 지인이 클라이언트의 문제 해결을 위해 도움을 요청해서 접촉이 이루어지는 경로, ③ 클라이언트는 원하지 않지만 그의 문제 해결을 위해 공식체계(주로 정부 또는 공공기관)가 사회복지기관이나 사회복지사에게 서비스를 신청하는 경로, ④ 사회복지사가 직접 도움을 필요로 하는 클라이언트를 찾아 나서 사례를 발굴하는 '아웃리치(outreach)' 활동을 통한 경로가 있다.

접수를 통하여 클라이언트가 도움을 요청한 문제와 욕구를 확인하여 기관에서 서비스를 제공해 줄 수 있는지의 여부를 결정하며, 기관에서 서비스를 제공하기로 한 경우 그 사람의 상황이나 관련된 문제에 대한 기본적인 자료수집이 이루어진다. 클라이언트의 문제 상황을 개인과 환경을 포함한 전체적 관점에서 파악해야 하므로 자료수집은 풍부할수록 좋으며, 이를 위해 다양한 출처로부터 자료를 수집할 필요가 있다. 자료수집은 ① 자신의 문제를 직접적으로 설명하는 클라이언트를 통한 정보, ② 클라이언트의 비언어적 행동이나 다른 사람과의 상호작용 등을 관찰함으로써 파악한 자료, ③ 표준화된 심리검사 도구를 활용한 클라이언트가 겪는 불안이나 우울, 사회적 성숙도, 자아존중감, 가족관계 등에 관한 구체적 정보, ④ 클라이언트와 사회복지사의 상호작용에서 나타나는 사회관계 양상에 대한 사회복지사의 직관력을 통한 정보 등을 통하여 파악한다.

자료수집이 끝나면 수집된 자료를 해석하고 의미를 부여함으로써 최종적으로 문제를 규정하고 실천 방향을 정하는 사정(assessment)이 이루어진다. 사정단계는 ① 수집 · 정리된 자료들을 체계적으로 분석하고 해석하고, ② 클라이언트의 문제를 개인—환경의 전체적 맥락 안에서 강점과 함께 파악한 후, ③ 클라이언트의 삶에서 변화가 일어나야 할 부분을 클라이언트와 함께 결정하고, ④ 적절한 서비스 및 개입 유형과 수준 등을 선택하는 과정이다.

사정에서는 다양하고 많은 자료를 정리 · 분석하기 위해 기본적으로 몇 가지 사정 도구를 사용한다. 클라이언트의 사회환경과 관련된 정보는 가계도(genogram)와 생태도(ecomap)를 사용하여 정리할 수 있다. 가계도(genogram)는 클라이언트를 중심으로 가족 상황을 그림으로 표현한 것이다. 아트먼(A. Hartman)에 의해 처음 고안되었으며, 최소 3대 이상의 가족구성원을 포함하여야 한다. 가계도를 작성할 때는 클라이언트와 사회복지사가 함께 참여하여 가족 내 관계 양상을 파악해 나가는 것이 중요하다.

생태도(ecomap)는 개인과 그 가족이 주변 외부 환경체계와 어느 정도 연결되어 있고 관계의 질은 어떠한가를 그림으로 표시한 것이다. 가계도와 마찬가지로 생태도 역시 클라이언트와 함께 작성하는 것이 바람직하다. 작성된 생태도는 가족구성원의 연령, 성별, 가족 구성에 관한 정보와 함께 가족이 지역 안에서 얼마나 많은 공식적 · 비공식적 사회관계망을 가지고 있는지, 고립의 정도는 어떠한지, 상호작용 관계의 질은 어떠한지 등을 한눈에 파악할 수 있게 한다. 원조 과정에서의 변화를 알아보기 위해 여러 번 그려서 비교해 볼 수도 있다.

사정단계에서 클라이언트의 문제와 욕구를 확인하였다면, 계획에서는 앞으로 어떤 변화를 어떤 전략으로 이룰 것인지 명확히 하는 데 주안점을 둔다. 이를 위해 목표 설정, 실행계획, 계약의 주요 과업 등이 수행된다. 목표 설정에서는 개입 과정을 통해 표적 문제가 해결된 상태, 즉 달성되었으면 하는 바람직한 결과나 기대를 클라이언트의 언어로 표현하는 것이다. 이 과정에서는 클라이언트가 반드시 함께 참여해서 문제의 우선순위와 해결 전략에 대한 합의를 하는 것이 필요하다. 목표가 설정되면 실행계획에서 클라이언트의 능력을 고려하여 구체성, 현실성, 측정 가능성, 성취 가능성, 시기 적절성 등을 고려하여 수립한다. 계획단계는 계약으로 마무리된다. 이것은 선택된 목표를 확인하고 구체적 수행활동에 관한 상호 간의 동의를 확인하는 절차이다. 즉, 변화가 필요한 부분 및 전략행동(목표)에 관한 합의를 명시하고, 사회복지사와 클라이언트가 수행할 의무와 과업 등에 대해 상호 약속하는 과정이다. 계약서에는 일의 순서와 방법, 평가 방식, 시간 계획 등이 제시되고, 마기막에 클라이언트와 사회복지사의 서명과 계약 날짜 등이 기재된다. 구두(口頭)나 암묵적 형태의 계약보다는 상호 서명한 계약서를 교환하는 서면계약이 바람직하다. 계약과정에서 사회복지사는 원조 의도를 명확하게 전달하고, 클라이언트의 역할에 따른 책임성을 알려야 한다. 또한 목표 등 계약에 기재된 내용이 고정불변의 것이 아니라 원조 과정의 진척에 따라 수정 · 보완될 수 있다는 점을 알리는 것도 중요하다.

(2) 개입 단계

개입 단계는 초기 단계에서 클라이언트와 함께 수립한 목표들을 실천으로 옮기는 전반적인 과정들이 포함된다. 사회복지 실천 과정 중에서 가장 오랜 시간이 필요하며, 사회복지 실천의 모든 방법과 이론, 지침이나 규정, 지역사회의 자원 등을 포괄적으로 활용하여 클라이언트의 문제나 욕구를 해결해 나가는 과정이다. 개입은 명료하고 단순하며 쉽게 이해되는 구체적 목표의 설정과 클라이언트와 사회복지사가 함께 수행해야 할 활동이 구체화되어야 한다. 계획을 실행해 나가는 방법은 직접적 개입과 간적접 개입으로 나누어 볼 수 있다.

첫째, 직접적 개입은 개인, 가족, 그리고 집단 단위로 사회복지사가 클라이언트와 직접 마주하며 상호작용을 통해 함께 정한 목표를 해결해 나가는 과정이다. 직접적 개입은 가족이나 집단 단위로 활동을 한다고 하더라도 궁극적으로 개인의 변화를 목적으로 한다. 구체적인 목적은 ① 클라이언트 체계가 과업을 수행할 때 지지를 제공하고, ② 계획된 변화가 일어나도록 클라이언트 체계를 원조하고, ③ 클라이언트 체계가 상호 간 도움을 얻을 기회를 조성하고, ④ 클라이언트 체계에 자원, 문제해결, 행동 실행에 관한 교육을 함으로써 클라이언트의 역량을 강화시키는 것이다 (Timberlake, Farber, & Sabatino, 2002).

즉, 개인의 정서, 인지, 행동의 변화를 주로 다룬다. 정서 변화는 클라이언트의 내외부로부터의 스트레스나 갈등으로 인한 정서적 혼란을 감소시키거나 안정되도록 하는 것이다. 클라이언트의 인지 변화는 주로 지속적으로 문제나 욕구를 유발하는 인지 패턴을 이해하여 대처 능력을 향상시키는 것이다. 행동 변화는 클라이언트가 다른 사람이나 외부 환경에 부적절하게 대응하여 나타나는 문제들을 적응적 방향으로 변화시키는 것이다. 따라서 직접적 개입은 클라이언트의 심리적 혼란은 안정화시키고 자신에게 닥친 사건이나 상황을 폭넓게 볼 수 있도록 하여 사회적 기능이나 대처 능력을 향상시키는 것을 목적으로 한다. 직접적 개입 방법은 클라이언트의 상황과 목적에 따라 다양하며, 한 번에 한 가지의 개입 기술만 활용되는 것이 아니라 복합적으로 적용된다.

둘째, 간접적 개입은 클라이언트 개인의 변화를 주로 다루는 직접적 개입과 달리 클라이언트와 관련된 환경적 차원을 중심으로 접근한다. 즉, 간접적 개입은 사회복지사가 클라이언트를 원조하기 위해 클라이언트 외에도 관련된 개인, 집단, 가족, 조직 또는 지역사회 등 클라이언트 환경에 개입하는 것이다. 지역사회자원을 연계하고 지지집단을 형성하며 해당 정책이나 규칙을 변화시키며 권익을 옹호하는 활동이 여기에 속한다.

사회구조적 문제 해결과 사회정의 실천에 일차적 관심을 갖는 간접적 개입은 지역사회운동, 임파워먼트, 지지체계 개발 및 활용, 프로그램 개발, 옹호 등의 방법을 중심으로 사회적 배제, 불평등, 차별과 억압 등의 거시적 문제에 관심을 가짐으로써 클라이언트가 겪고 있는 어려움에 대하여 근본적인 방법으로 접근하고자 한다. 따라서 효과적인 개입을 위해서 시간이 다소 많이 필요하거나 개입의 효과가 두드러진 결과로 나타나지 않을 수 있다. 하지만 사회복지 실천에서 클라이언트의 욕구를 충족하기 위해서는 사회복지기관이나 영역의 특성에 따라 차이가 있기는 해도 직간접적 개입이 동시에 이루어졌을 때 가장 효과적이라고 할 수 있다.

(3) 종결 단계

종결 단계는 사회복지사와 클라이언트의 전문적 관계가 종료되고 개입 활동을 마무리하는 단계이다. 종결 단계에서는 개입 활동 전반에 대한 평가가 병행된다. 평가는 프로그램의 목적이 제대로 달성되었는지, 비용은 적절했는지 등을 분석하는 것으로 향후 서비스 개선을 위해서도 꼭 필요한 일이다. 일반적인 사회복지사는 목적 달성 정도를 평가하는 효과성 평가, 비용의 결과를 따지는 효율성 평가, 결과를 중심으로 보는 총괄평가, 과정의 적절성을 중심으로 보는 형성평가를 함께 시행해야 한다.

평가의 중요성은 다음과 같다. 첫째, 사회복지기관은 평가를 통해 클라이언트와 사회에 대한 책임을 다할 의무를 이행했는지 입증할 수 있다. 둘째, 사회복지의 실천 효과를 증명함으로써 기관 존립과 서비스 필요성을 입증할 수 있다. 셋째, 사회복지사의 실천 활동이 클라이언트의 변화를 이끌었는지에 대한 자기평가 과정을 통해 사회복지사의 실천 역량을 향상시킨다(박지영 외, 2020).

평가를 기반으로 개입의 목적이 달성되었거나 계획했던 개입 기간이 종료되었을 때 종결이 이루어진다. 사회복지사는 종결과 관련해 클라이언트가 어떤 감정을 가지고 어떤 반응을 보이는지를 주의 깊게 파악하여, 클라이언트가 이런 감정을 제대로 표현하고 처리할 수 있도록 도와야 한다. 이와 함께 종결에 대한 사회복지사 자신의 감정에 대해서도 검토해 보아야 한다. 바람직한 종결은 클라이언트 욕구에 근거해서 이루어져야 하며, 만약 클라이언트가 종결할 상황이 아닌 경우에는 서비스 계획을 재수립하여 다시 개입하거나 다른 기관에 의뢰하여 서비스를 계속 받을 수 있도록 도울 필요가 있다. 즉, 개입 과정을 통해 획득한 효과의 유지와 강화를 위해 클라이언트가 문제 해결의 기본 원칙을 파악하도록 도와주거나 필요한 경우 사후관리(follow-up service)를 통해 클라이언트가 잘 적응하고 있는지를 점검해야 한다. 사후관리는 종결이 이루어진 후 일정 기간이 지나서도 변화가 유지되도록 하기 위한 방법으로, 종결 후에도 클라이언트의 성취를 인정해 주고 클라이언트의 노력을 지속하도록 격려해 주는 기회를 제공하는 것이다. 사회복지사는 사후관리를 위한 시기와 절차에 대한 계획을 수립하여 종결 과정에서 클라이언트에게 사후관리의 목적과 방법 등을 설명하며, 통상 종결 후 6개월 동안 사후관리를 지속한다. 이를 통해 사회복지사는 클라이언트와 동등한 위치에서 건강한 관계를 지속하면서 클라이언트가 도움을 요청하면 지원할 수 있는 관계를 유지한다.

2) 실천 원칙 : 7대 기본 원칙

비에스텍(Biestek, 1957)은 관계를 '전문적 원조 관계를 형성하기 위해서 사회복지사와 클라이언트 간의 감정과 태도의 역동적인 상호작용'이라고 정의하였다. 관계의 목적을 심리 · 사회적 욕구와 문제를 가진 클라이언트를 원조하는 것에 있다고 보았다. 그는 원조를 구하는 사람들에게는 공통적인 기본 감정 및 태도 유형이 존재한다면서 이를 바탕으로 7대 원칙을 정립하였다. 이것은 사회복지사와 클라이언트 간 상호작용에서 사회복지사의 책임을 규정하는 유용한 방식이다. 일반적으로 전문적 원조 관계는 매우 역동적인데, 클라이언트가 변화되고 성장하며 배워 감에 따라 끊임없이 변화한다. 따라서 사회복지사가 전문적 원조 관계를 유지하는 동시에 기본적인 인간의 욕구와 문제를 해결하기 위해서 요구되는 전문적 원조 관계의 기본 원칙을 사회복지 실천 과정에서 지켜야 한다.

〈표 6-1〉 비에스텍의 사회복지 실천 관계 7대 원칙과 클라이언트의 관련 욕구

사회복지 실천 관계 원칙	클라이언트의 욕구
개별화	개별적인 개인으로 대우받고자 하는 욕구
의도적인 감정 표현	자신의 감정을 자유롭게 표현하고자 하는 욕구
통제된 정서적 관여	문제에 대해 공감을 얻고자 하는 욕구
수용	있는 그대로 인정받고자 하는 욕구
비심판적 태도	판단받고 싶지 않은 욕구
클라이언트의 자기결정	자기 스스로 선택하고 결정하고자 하는 욕구
비밀보장	개인의 정보나 비밀을 보호받고자 하는 욕구

자료 : 엄명용 · 김성천 · 윤혜미(2020). 사회복지 실천의 이해(5판) 재인용.

(1) 개별화

개별화(individualization)는 각 클라이언트의 독특한 자질을 인정하고 이해하는 것이며, 클라이언트가 더 나은 적응을 하도록 원리와 방법을 다르게 적용하여 돕는 것이다(Biestek, 1957). 개별화는 인간은 개별적인 존재이며 같은 인간으로서가 아니라 개인차를 가진 인간으로서 취급되어야 한다는 인간의 권리에 기초를 두고 있다. 즉, 모든 클라이언트는 개별적 욕구를 가진 존재로 개별화해야 한다는 것이다. 개별화를 위해서 사회복지사는 개인적인 편견이나 선입관에서 벗어나야 하며, 인간행동에 대한 지식에 정통해야 한다. 또한 클라이언트가 하는 말을 귀담아듣고 관찰할 수 있는 경청의 자세를 지녀야 하고, 인간의 감정을 꿰뚫어 볼 수 있는 직관력도 필요하다.

1. 개별화 원칙을 적용하는 사회복지사의 역할

- 인간에 대한 편견이나 선입관을 탈피한다.
- 인간행동 및 발달에 대한 지식을 갖고 활용한다.
- 클라이언트의 말을 경청하고 관찰한다.
- 클라이언트가 면담에 참여하는 속도에 맞추어 진행한다.
- 클라이언트의 미묘한 감정을 민감하게 포착한다.
- 클라이언트의 현재 능력을 활용하게 한다.
- 클라이언트의 개성과 상황에 따라 원칙을 융통성 있게 적용한다.

2. 개별화 원칙을 적용하는 구체적 방법

- 클라이언트의 성별이나 직업, 나이에 따라 면접 시간 조정하기
- 클라이언트를 위한 개별 환경 등 비밀이 존중된다는 안도감과 신뢰감 주기
- 클라이언트와 약속 시간 준수하기
- 면접을 위한 사전 준비 철저히 하기

3. 클라이언트를 개별화하기 위한 사회복지사의 역량

- 언어적 표현에 대한 경청 능력
- 비언어적 표현에 관한 관찰 능력
- 편견과 선입견에 대한 자기 인식 능력
- 감정을 민감하게 포착할 수 있는 능력

(2) 의도적 감정 표현

의도적 감정 표현(purposeful expression of feeling)은 자기 감정, 특히 부정적 감정을 자유로이 표현하려는 클라이언트 욕구에 대한 인식에서 출발한다. 사회복지사는 클라이언트가 자신의 감정을 표현하는 것을 의도적으로 경청하여야 하며, 그의 감정 표현을 낙담시키거나 비난하지 말아야 하고, 치료하는 과정상 필요할 경우에는 자극을 주고 격려해 주어야 한다. 치료하는 과정상 필요하다고 판단할 때에는 클라이언트가 자기 감정을 적절히 표현할 수 있도록 적극적으로 격려하고 자극할 필요가 있다. 이렇게 적극적으로 자신의 부정적인 감정을 표현하고 나면 감정을 억압해

야 하는 긴장에서 벗어날 수 있게 된다. 또한 감정을 표현하는 것만으로도 심리 · 사회적 지지가 되기 때문에 사회복지사와 클라이언트의 상호 관계를 더욱 돈독하게 하는 이점이 있다.

클라이언트가 감정을 표현할 수 있도록 안정된 환경을 조성하는 방법

- 사회복지사는 클라이언트가 자유롭고 안전한 분위기 속에서 자신의 감정을 표현할 수 있도록 편안한 분위기를 만든다.
- 클라이언트가 부정적인 감정을 가질 수 있다는 것과 그러한 감정을 표현해도 좋다는 것을 알려준다.
- 클라이언트가 감정을 표현하도록 격려하고 촉진하며, 그의 표현을 경청한다.
- 클라이언트가 표현하는 감정의 흐름을 이해하고 전체 감정을 파악한다.
- 양가감정의 보편성에 대해 알려주어 클라이언트를 안심시킨다.
- 클라이언트의 부정적인 생각과 감정에 대해 비난하지 않는다는 것을 그가 느끼도록 해주며 이를 말로 표현해도 좋다.

(3) 통제된 정서적 관여

통제된 정서적 관여(controlled emotional involvement)는 사회복지사가 클라이언트가 가진 감정을 표현하는 데 민감하게 반응하며, 그 감정의 의미를 이해하고, 클라이언트의 감정에 목적을 가지고 적절하게 반응하는 것을 말한다. 여기에서 통제란 사회복지사가 클라이언트와의 만남의 목적을 바탕으로 전문가로서 적절한 방법을 적용한다는 의미이다. 즉, 무제한적이 아니라 조절의 방식으로 정서적 관여를 하는 것이다. 사회복지사의 통제된 정서적 관여의 구성 요소로는 클라이언트의 말이나 행동, 감정에 사회복지사가 예민하게 대처해 나갈 줄 아는 민감성, 클라이언트가 겉으로 내보이는 말뿐만 아니라 내면의 잠재된 감정의 의미를 클라이언트 입장에서 이해하는 감정이입적 이해, 클라이언트의 감정적 표현에 대해 사회복지사가 적절하게 자신을 드러내 보이는 것인 반응의 세 가지가 있다(김기태 외, 2007).

통제된 정서적 관용 적용하기

- 클라이언트의 감정에 대해 민감성 가지기
  - 클라이언트의 감정에 민감성을 갖는다는 것은 클라이언트가 무엇을 생각하고 무엇을 하고자 하는지 감각적으로 파악하고 적절하게 대처하는 것을 의미한다. 이는 클라이언트의 언어적 · 비언어적 감정 표현을 잘 관찰하고 경청하는 데에서부터 비롯된다. 클라이언트가 자기의 감정을 직접 말로써 표현하지 않더라도 그의 태도에서 드러나는 감정을 파악해야 한다.
- 클라이언트의 감정이 의미하는 것에 대해 이해하기
  - 당면한 문제와 관련하여 클라이언트의 감정에 내포된 의미를 이해하는 것이다.
- 클라이언트의 감정에 대해 의도적으로 적절한 반응 보이기
  - 클라이언트의 감정을 이해하는 것만으로는 부족하다. 클라이언트의 감정에 적절하게 반응해야 하는데, 이때 반응은 원조의 목적에 맞게 통제하고 조절해야 한다.

(4) 수용

수용(acceptance)은 사회복지사가 클라이언트의 장점과 단점, 긍정적 혹은 부정적 감정, 사회적 혹은 반사회적 생활양식 등을 모두 포함하여 있는 그대로를 지각하고 받아들이는 관계의 원칙이다. 클라이언트의 잘못된 태도나 행동을 옳다고 인정하거나 허용해 주는 것이 아니라 있는 그대로의 클라이언트 현실을 받아들이는 것이다. 사회복지사는 인간 존엄성을 바탕으로 클라이언트를 수용해야 한다. 이와 관련한 사회복지사의 과업과 역할은 다음과 같다. 첫째, 사회복지사는 클라이언트를 존재하는 그대로 모든 것을 이해하고자 하는 태도를 가져야 한다. 둘째, 사회복지사는 클라이언트의 가치관 차이를 인식하고 극복하기 위해 노력해야 한다. 셋째, 사회복지사가 자신의 감정을 클라이언트에게 전가하는 것은 아닌지를 숙고해야 한다. 넷째, 수용(acceptance)과 동의(agreement)의 차이를 인식해야 한다. 다섯째, 사회복지사는 인간 존엄성의 가치를 기본으로 클라이언트를 대해야 한다.

1. 수용 원칙 적용 시 유의 사항

- 수용이 클라이언트의 일탈 태도나 행동을 허용한다는 의미는 아니다. 단지 클라이언트의 행동이나 생각을 알면서도 '좋다', '나쁘다' 등으로 비판하지 않고 아무런 판단도 하지 않는다는 정도이다.
- 수용은 행동으로 표출한 감정을 허용하는 것이지, 그 행동을 인정하는 것은 아니다. 사고와 감정은 허용하고 존중하되 클라이언트의 일탈적인 태도나 행동을 '해도 좋다', '해도 된다'고 허용하는 것은 수용이 아니다. 사회복지사는 윤리와 법, 전문적 가치에 의거하여 바람직한 것과 수용할 수 있는 것에 대한 기준을 가져야 한다.

2. 수용 원칙의 적용 시 장애 요인

- 인간 행동 양식에 관한 충분하지 못한 지식
- 사회복지사로서 특정한 면을 받아들이지 못하는 태도
- 자기 자신의 감정을 클라이언트에게 맡겨버리는 것
- 편견과 선입견
- 보장할 수 없으면서 말로만 클라이언트를 안심시키는 태도
- 수용과 허용의 혼돈
- 클라이언트에 대한 존경의 결여
- 사회복지사의 자아 인식 부족

(5) 비심판적 태도

비심판적 태도(non-judgement attitude)는 클라이언트의 문제나 욕구 발생의 원인에 대해 클라이언트의 책임 정도를 확인하거나 비난하지 않는 관계의 원칙이다. 도움을 요청하는 클라이언트의 대부분은 자신에 대해 부정적인 감정을 지니고 있으며, 다른 사람의 비난에 대한 두려움 때문에 자기방어적인 태도를 보일 가능성이 크다. 클라이언트의 문제는 인간과 환경, 환경과 환경 간의 상호복잡한 작용에 의해 발생한 것이기 때문에 한 개인의 잘잘못을 다지는 것은 바람직하지 않다. 사회복지사가 자기를 심판하거나 비난하지 않는다는 것을 알게 되면, 클라이언트는 방어 없이 자유롭게 자신의 문제와 욕구를 주제로 논의할 수 있고, 관계 형성이 수월하게

될 수 있다.

사회복지사가 비심판적인 태도를 가진다고 하여 클라이언트의 기준, 태도, 행동 등에 대한 평가, 즉 사정(assessment)을 하지 않아야 한다는 것은 아니다. 비심판적 태도는 사회복지사의 인간에 대한 신뢰와 믿음 그리고 존중이 드러나는 것이다.

1. 비심판적 태도 원칙의 적용 시 장애 요인

- 클라이언트의 행동과 말에 편견과 선입견을 가지고 성급하게 결론을 내리면 그는 사회복지사가 자신을 심판한다고 느낄 수 있다.
- 클라이언트를 다른 사람과 비교하거나 유형화하려는 태도를 보이면 클라이언트는 사회복지사가 자신을 범주화한다고 느낀다.

2. 비심판적 태도를 적용하는 사회복지사 역할

- 클라이언트의 잘못을 비판하지 않고 심판하지 않을 것임을 전달
- 클라이언트에 대해 편견과 선입관을 버리고 객관적으로 평가
- 자기인식을 통한 개방적 태도 유지

(6) 자기결정권

자기결정권(self-determination)은 사회복지 실천 과정에서 클라이언트가 의사결정 과정에 참여하여 우선적으로 본인의 선택과 결정을 할 수 있다는 점을 인식하는 것을 말한다. 자기결정은 인간의 기본권이며, 사회복지 실천에서도 최종적으로 사회복지서비스를 클라이언트가 스스로 결정할 수 있도록 보장한다는 의미이다. 따라서 사회복지사의 임무는 클라이언트의 문제를 직접 해결하는 것이 아니라 클라이언트가 자신의 현재 혹은 미래에 대한 전반적 맥락에서 문제나 욕구를 이해할 수 있도록 도와야 하며, 클라이언트 자신과 관련 있는 지역사회자원 및 자신의 잠재적 자원들을 충분히 확인할 수 있도록 해야 한다. 또한 클라이언트가 자기 스스로 성장하고 욕구를 충족할 수 있도록 관계의 분위기를 형성해야 한다. 그러나 자기결정권은 클라이언트의 능력, 법률, 도덕, 사회복지기관의 활동 범위 등에 따라 제한을 받게 된다.

1. **클라이언트의 자기결정 원칙의 적용 시 유의 사항**
   - 사회복지사는 문제 해결의 주도권을 잡는 것을 피해야 하며, 주요 문제 해결자는 클라이언트임을 강조한다.
   - 클라이언트의 사회적, 정서적 생활에 지나치게 관여하지 않는다.
   - 직간접적으로 클라이언트를 조종하거나 강제로 설득하지 않는다.
   - 클라이언트의 자기결정에 관한 논의는 각 클라이언트의 상황에 따라 개별화한다.
   - 클라이언트에게 결정의 모든 것을 맡기는 것이 아니라 문제를 해결할 수 있는 다양한 방법을 제시하고, 함께 대안을 모색하며 클라이언트가 선택할 수 있도록 돕는다.

2. **클라이언트의 자기결정을 돕는 데 필요한 사회복지사의 역량**
   - 경청하고 수용하는 태도
   - 클라이언트가 활용 가능한 자원을 찾고 분석하도록 지원하는 능력
   - 클라이언트의 잠재력을 개발하는 데 도움이 되는 환경 조성 능력

(7) 비밀보장

비밀보장(confidentiality)은 클라이언트의 기본적 권리로, 전문적 원조 관계를 통해 알게 된 클라이언트에 관한 정보를 엄격하게 비밀로 지켜야 하는 것을 의미한다. 이것은 사회복지사의 윤리적 의무이며 효과적인 사회복지 실천서비스를 위한 기본 원칙이다. 비밀보장에 대한 믿음이 없다면 사회복지사와 클라이언트 사이에 신뢰 관계는 형성될 수 없으며 효과적인 결과도 기대할 수 없다. 그러나 비밀보장의 원칙도 자기결정의 원칙과 마찬가지로 절대적으로 지켜져야 하는 것은 아니다. 예를 들어, 구체적으로 클라이언트가 다른 사람을 살해할 것이라는 이야기를 들었을 경우 어떠한 조치를 취하지도 않고 비밀보장의 원칙만 적용할 수 없기 때문이다. 이럴 경우 클라이언트의 비밀을 사회복지기관 내에서나 다른 기관의 사회복지사에게 밝혀야 하는 경우가 발생하는데, 이 상황에서는 관련된 모든 관계자에게 비밀보장의 의무가 확대 · 적용된다. 사회복지사는 클라이언트에게 비밀보장의 한계를 초기 단계에서 충분히 고지해야 하며, 클라이언트 정보의 수집 방법과 목적에 대해 사전에

설명해야 한다.

1. **비밀보장 원칙의 한계**
- 비밀유지가 클라이언트를 보호하지 못하고 제대로 돕는 것이 아닌 경우
  - 클라이언트 자신의 생명이나 안전이 위협받을 경우 클라이언트의 보호를 우선으로 하고 비밀보장의 원칙은 유보한다.
- 제3자의 보호 및 안전을 위협할 경우
  - 클라이언트의 비밀을 보호하는 것이 타인의 생명이나 안전을 위협할 경우 비밀보장의 원칙은 적용되지 않는다.

2. **법적 의무와 비밀보장**
- 우리나라에서 법적으로 사회복지사와 클라이언트 관계에서 사회복지사는 클라이언트의 비밀을 모두 지켜줄 권한을 갖고 있지는 않다. 따라서 클라이언트의 정보를 공개하라는 법원의 명령을 받을 경우 사회복지사는 클라이언트에 대한 비밀보장 원칙을 주장하며 정보 공개를 거부할 수 없는 경우도 있다(민사소송 : 증언거부 가능, 비밀보장 유지, 형사소송 : 증언거부 불가능, 비밀보장 예외).

4 사례관리

사례관리는 복합적인 문제와 욕구를 가진 서비스 이용자에게 필요한 다양한 서비스를 체계적으로 제공함으로써 그들의 욕구를 충족시키고 사회적 기능을 향상시키는 통합적인 사회복지 실천 방식이다. 서비스 이용자는 개인으로서 존재하기도 하지만 가족, 집단, 지역사회의 일원으로 존재하는 경우가 대부분이다. 따라서 사회복지 실천의 시각, 또는 접근 방법은 개인, 가족, 집단, 지역사회를 포괄할 수 있어야 한다. 이러한 필요에 의하여 사회복지 실천 전문직에서 통합적 접근 방법이 출현하기 시작하였다.

사례관리는 서비스 계획과 연계, 협력과 조정, 상담, 옹호, 지역사회의 자원 동원 및 개발 등의 활동이 절차에 따라 이루어지며, 복합적인 문제에 지속적으로 개입하기 위하여 단선적이기보다는 순환적인 과정이다. 특히, 사회복지 실천 분야에 국가의 개입이 증대되고 있는 현시점에서 우리나라의 공공부문 사례관리의 실태를 조망해본다.

1) 개념, 목적, 기능

사례관리는 사람을 돕는 방법의 하나로서 오랜 역사를 가지고 있다. 근대적인 사례관리는 1970년 미국 정신병원의 탈시설화 운동을 기점으로 클라이언트 욕구의 개별화와 자기결정의 존중 및 지역사회자원의 통합을 강조하며 도입된 사례관리 실천 방법에서 기원을 찾을 수 있다(Ballew & Mink, 1996). 이후 급격한 고령화로 복합적 욕구를 가진 집단의 증가 및 탈시설화, 복지국가의 재정 위기와 서비스 전달의 지방분권화, 통합적 서비스 관리의 필요성 등의 사회 변화를 통해 강조되기 시작하였다.

사례관리는 점차 다양해지는 욕구를 충족시키고 복잡한 문제를 해결하기 위하여 개인과 가족, 집단과 지역사회 등 다양한 차원에 개입하며 여러 가지 모델을 활용하는 사회복지 실천의 통합적 접근에 기반한 실천 방식이다. 따라서 직접적 개입(상담과 치료 등)과 간접적 개입(관리와 행정, 옹호 등)의 차원을 모두 포함한다. 그러나 학자에 따라 개념 정의에서 강조점이 다르다. 사례관리의 대표적인 개념 정의를 살펴보면 〈표 6-2〉와 같다.

〈표 6-2〉 사례관리의 주요 정의

주요 학자	사례관리 정의
Moxley(1989)	복합적인 욕구를 가진 사람들의 기능화와 복지를 위해 공식적 · 비공식적 지원과 활동의 네트워크를 조직 · 조정 · 유지하고, 이러한 활동을 통해서 클라이언트의 생활 기술을 증진시키고 사회적 망과 관련된 대인복지서비스 제공자들의 능력을 발전시키며, 제공되는 서비스의 효율성과 효과성을 증진시키는 것이다.
Woodside & McClam (2006)	복합적인 욕구를 가진 대상자들에게 다양한 서비스를 효과적으로 전달하기 위한 실천 전략이다.
NASW (미국사회복지사협회) (2013)	다양한 서비스들을 계획하고 실행하고 모니터링하는 과정이다. 사례관리 과정은 사회복지사들이 전문가팀 활동을 통해 클라이언트에게 필요로 하는 다양한 서비스를 제공하고 조정하는 활동이다.
CMSUK (영국사례관리자협회) (2018)	사례관리란 개인의 건강, 사회보호, 교육과 고용 욕구를 충족시키기 위해 요구되는 옵션과 서비스들을 사정, 계획, 실행, 조정, 점검, 평가하는 협력적 과정이다. 이러한 과정은 의사소통과 가용할 수 있는 자원들을 사용하여 비용 효과적인 성과의 질을 증진시키는 것이다.
한국사례관리학회 (2016)	사례관리란 복합적이고 다양한 욕구가 있는 클라이언트와 그 가족의 사회적 기능 회복을 돕는 통합적 실천 방법이다. 이를 위해 운영체계를 확립하고, 클라이언트와 함께 강점 관점의 체계적인 사정을 해야 하며, 클라이언트의 내적 자원 및 지역사회 자원을 개발하고 활용하여 삶의 질 향상을 위해 노력해야 한다.
사회보장급여의 이용 · 제공 및 수급권자 발굴에 관한 법률(2017)	사회보장 수준을 높이기 위해 지원 대상자의 다양하고 복합적인 특성에 따른 상담과 지도, 사회보장에 대한 욕구조사, 서비스 제공 계획의 수립을 실시하고 그 계획에 따라 지원 대상자에게 보건 · 복지 · 고용 · 교육 등에 대한 사회보장급여 및 민간 법인 · 단체 · 시설 등이 제공하는 서비스를 종합적으로 연계 · 제공하는 통합사례관리를 실시할 수 있다.

자료 : 김성천 외(2020). 사례관리론 : 개념, 기술, 실천역량 이해 재구성.

사례관리의 목적과 기능은 사회복지 실천 현장의 변화에 따라 사회복지서비스의 효과성을 증진시키기 위한 것으로, 구체적으로 다음과 같은 목적을 달성하기 위하여 실행된다(박지영 외, 2020).

- 돌봄의 연속성(continuity of care) : 노인이나 정신장애인 등 문제가 일시에 해결되기 어려운 서비스 이용자들은 지속적인 돌봄과 다양한 서비스를 필요로 한다. 돌봄의 연속성은 시간적 지속성과 다양한 서비스 간의 연결성을 모두 포함한다.

- 서비스의 통합성(integration of services) : 다양한 서비스를 통합적으로 제공하기 위해서는 많은 기관과 다양한 전문가가 협력하여 체계적으로 개입해야 한다. 서비스의 통합성을 통해 서비스의 종복이나 누락을 예방하고 서비스 간의 시너지를 증대할 수 있다.
- 이용자 중심적 개별성(user-centered individuation of services) : 서비스 이용자 개개인에게 맞는 '맞춤형' 서비스를 제공하고자 하며, 이는 서비스 이용자가 서비스 결정에 참여함으로써 달성될 수 있다.
- 서비스 접근성(accessibility to services) : 서비스 이용의 장애를 제거하고 이용자가 필요한 서비스를 쉽게 획득할 수 있도록 적극적인 자세와 찾아가는 서비스를 강조하며, 서비스 이용자가 거주하는 지역사회를 기반으로 서비스를 제공한다.
- 사회적 책임성(accountability) : 사회적 책임성은 사회복지서비스의 효과성 및 효율성과 관련이 있다. 적절한 서비스를 제공하여 서비스 이용자의 욕구를 효과적으로 충족시키고, 제한된 자원을 현명하게 활용함으로써 서비스의 효율성을 향상시킨다.
- 서비스 이용자의 자립성과 자기결정권 증진 : 서비스 이용자가 본인의 자원과 강점을 발견하고 활용하며 서비스 지원을 통해 사회적 기능을 향상시킴으로써 궁극적으로 자립적인 삶을 살며, 자신의 삶에 대한 결정권을 행사할 수 있도록 한다.

2) 사례관리 실천 과정

사례관리 실천 과정은 클라이언트나 서비스 기관의 성격, 사례관리자의 역할, 클라이언트의 목표에 따라 다르게 나타날 수 있으나 일반적 단계는 〈그림 6-1〉과 같이 사례 발견 및 접수, 사정, 개입 계획 및 목표 설정, 개입/실행, 조정 및 점검, 평가 및 종결 단계로 실행된다.

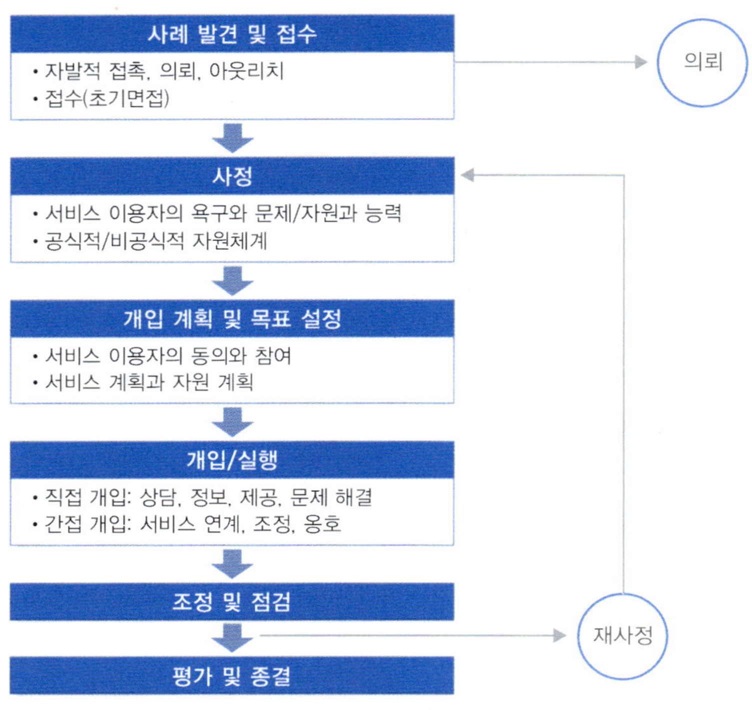

〈그림 6-1〉 **사례관리 실천 과정**

첫째, 사례 발견 및 접수 단계에서는 잠재적 욕구를 가진 개인을 확인하는 데서 시작된다. 사례 발견의 방법은 서비스 이용자가 직접 사례관리 기관을 방문하거나 전화로 서비스를 의뢰하거나 다른 기관으로부터의 의뢰, 사례관리자가 기관 밖으로 서비스 이용자를 찾아 나서는 아웃리치가 있다. 특히 접수(초기면접) 과정에서 욕구가 있어도 기관에 대한 정보가 없거나 접근이 어려운 사람들을 위해 사례관리자는 지역사회 인구집단에 대한 정보를 파악하고 있어야 하며, 가정방문, 관찰, 외부 정보 등을 통해 자료를 수집하고 수집된 자료를 정리해야 한다. 이는 사례관리의 첫 단계로 서비스 이용자와 사례관리자가 관계를 형성하고 이용자의 주된 욕구를 파악하며, 이 욕구와 기관 서비스와의 적합성을 평가하는 것을 목적으로 한다.

둘째, 사정 단계에서는 개입 방법을 선택하기 위하여 서비스 이용자의 문제와 상황을 검토하는 과정이다. 이 과정을 통하여 서비스 수준과 성격에 관한 결정이 내려지고, 서비스 전달의 양과 질에 대한 기준이 마련된다. 이 단계에서는 서비스 이용자와 그 가족에 의해 제시된 문제 외에도 신체적 · 인지적 · 사회적 · 정서적 욕구는 물론 경제적 · 환경적 욕구도 파악되어야 한다. 또한 공식적 · 비공식적 서비스 제공자로부터의 서비스 이용자에게 제공될 수 있는 도움에 대한 면밀한 검토도 실시되어야 한다.

셋째, 개입 계획 및 목표 설정 단계에서는 사정을 바탕으로 욕구를 해결하기 위한 서비스 계획과 자원동원 계획을 수립한다. 서비스와 자원동원 계획은 서비스 이용자와의 동의와 참여를 통해 수립되어야 하며, 목표를 설정하고 목표의 우선순위를 결정해야 한다. 서비스 계획에는 욕구와 욕구의 우선순위, 욕구별 목표, 필요한 서비스의 종류와 빈도, 횟수 등이 포함되어야 한다. 자원동원 계획에는 동원 가능한 공식적 · 비공식적 자원, 자원 공급자 및 공급기관, 앞으로 개발되어야 할 자원 등이 포함되어야 한다.

넷째, 개입/실행 단계에서는 개별화된 서비스 계획에 따라 개입이 이루어지는 것을 말한다. 클라이언트 자신이 서비스에 접근하고 이용할 수 있는 능력과 기술을 향상하도록 하는 직접 개입과 사례관리자가 클라이언트를 대신해 체계의 수행이나 행동을 변화시키려고 할 때 사용하는 간접 개입이 활용된다.

다섯째, 조정과 점검 단계에서는 서비스 이용자의 목표 성취를 위하여 다양한 원조자들이 참여하고 있으므로 '조정'은 목표 성취를 위해 참여한 원조자 각자의 역할을 잘 수행할 수 있도록 돕고 지지하는 역할이다. 조정과 함께 이 단계에서 중요한 역할을 수행하는 '점검'은 서비스 이용자의 실행 계획에 정해진 서비스와 자원의 전달이 잘 이루어지고 있는지를 추적하기 위해 행해지는 활동 과정이다. 한편, 서비스 이용자의 욕구를 해결하기 위해 수립한 사례관리 계획의 수정이 필요할 때 재사정의 과정을 거치게 된다. 계획에 언급한 목표가 달성되고 있는지, 기존의 서비스나 지지의 내용이 적절한지, 계획의 변경을 필요로 하는 이용자의 새로운 욕구가 생겨나고 있는지를 평가하는 것이다.

여섯째, 평가와 종결 단계에서는 초기 목표가 달성되었는지, 그리고 개입이 바람직한 변화를 초래하였는지를 평가하는 것이다. 그러나 사례관리 대부분 해결이 어려운 만성적인 문제에 개입하여 지속적으로 서비스를 제공하기 때문에 한 번의 평가로 종결을 결정하기가 어렵다. 서비스가 더 이상 도움이 되지 않거나 사망 등의 경우 종결을 진행하며, 평가 결과 전문적인 서비스 추가로 필요한 경우 다른 기관에 의뢰한다.

3) 공공부문 사례관리

사회복지 실천 영역에서 사례관리가 일반화되면서 우리나라에서는 2012년부터 시 · 군 · 구에 사례관리를 전담하는 '희망복지지원단'을 설치하여 통합사례관리제도를 운영하고 있다. 통합사례관리는 지방자치단체 차원에서 운영하는 공공복지 영역의 사례관리로, 지역 내 공공 · 민간 자원에 대한 체계적인 관리 · 지원체계를 토대로 복합적이고 다양한 욕구를 가진 대상자에게 복지 · 보건 · 고용 · 주거 · 교육 · 신용 · 법률 등 필요한 서비스를 통합적으로 연계 · 제공하고, 이를 지속적으로 상담 · 모니터링 해나가는 사업을 의미한다. 일반적으로 지역 주민을 대상으로 하나, 복지 욕구 및 경제적 여건을 고려하여 빈곤계층의 탈빈곤과 빈곤 예방을 중점 목표로 설정하고 고용과 복지의 연계에 중점을 두고 진행한다. 통합사례관리의 주된 대상은 기초생활수급자(특히 신규수급자), 기초수급 탈락자, 차상위 빈곤가구, 긴급지원 대상가구, 지방자치단체 복지사각지대 조사를 통해 발굴된 위기가구이다(보건복지부, 2023).

통합사례관리는 지방자치단체마다 다양한 조직모형을 가지고 실행되지만 행정복지센터로부터 사례관리 대상자를 의뢰받아 접수 → 욕구조사 → 사례관리회의 → 대상자 구분 및 선정 → 서비스 제공계획 수립 → 서비스 제공 및 점검 → 종결 → 사후관리의 운영 절차는 동일하다. 통합사례관리사업을 총괄 수행하고 관리하는 전담조직은 희망복지지원단이다. 희망복지지원단은 지방자치단체 소속 통합사례관리사와 복지 담당 공무원으로 구성되며, 고난도 사례관리, 슈퍼비전 및 솔루션 회의 운영, 자원관리, 읍·면·동 관리 및 지원, 교육 및 홍보 업무 등을 수행한다(보건복지부, 2023). 통합사례관리의 운영체계는 〈그림 6-2〉와 같다.

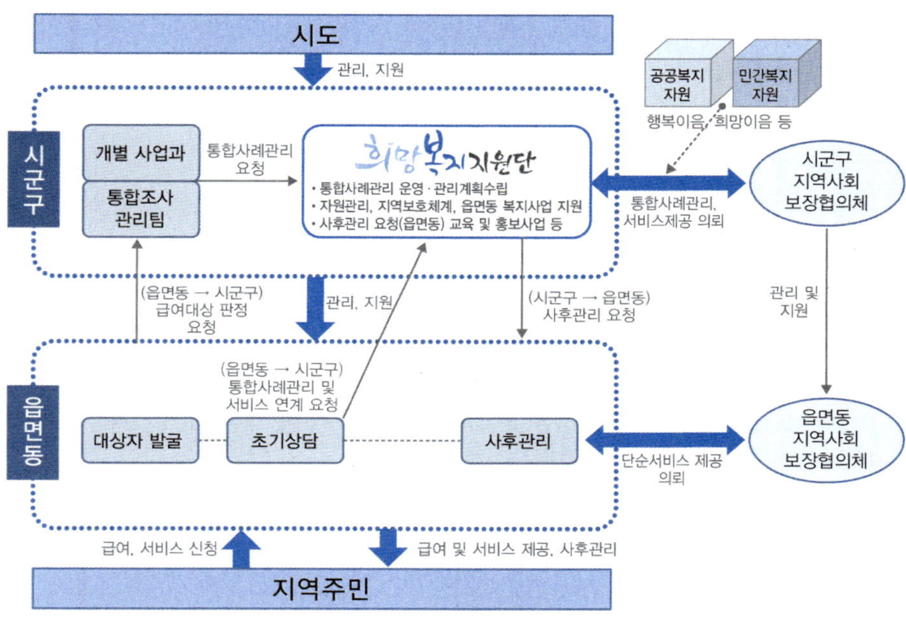

〈그림 6-2〉 **통합사례관리 운영체계**

자료 : 보건복지부(2025). 2025년 희망복지지원단 업무 안내.

용어정리

- **가계도(genogram)** : 클라이언트를 중심으로 3세대 이상에 걸친 가족 성원에 관한 정보와 가족성원들 간의 관계를 도표화한 가족사정도구이다.
- **개별화(individualization)** : 클라이언트의 독특한 자질을 인정하고 이해하며, 클라이언트가 더 나은 적응을 할 수 있도록 원리와 방법을 다르게 적용하여 돕는 것이다.
- **비밀보장(confidentiality)** : 클라이언트의 기본적 권리로서, 전문적 원조관계에서 알게 된 클라이언트에 관한 정보를 엄격하게 비밀로 유지하는 것을 의미한다.
- **비심판적 태도(non-judgement attitude)** : 클라이언트의 문제나 욕구 발생 원인에 대해 클라이언트의 책임 정도를 확인하거나 판단하거나 비난하지 않는 태도를 의미한다.
- **사례관리(case management)** : 복합적인 문제와 욕구를 가진 서비스 이용자에게 필요한 다양한 서비스를 체계적으로 제공함으로써 그들의 욕구를 충족시키고 사회적 기능을 향상시키는 통합적인 사회복지 실천 방식이다.
- **사정(assessment)** : 수집된 자료를 분석하고 해석하여 의미를 부여함으로써 최종적으로 문제를 규정하고 실천 방향을 설정하는 과정이다.
- **생태도(ecomap)** : 개인 및 가족의 사회적 맥락과 개인 및 가족을 둘러싼 다양한 사회체계들과의 상호작용 상태를 하나의 그림으로 나타낸 사정도구이다.
- **수용(acceptance)** : 클라이언트의 현재 상태와 특성을 판단이나 편견 없이 이해하고 존중하는 전문적 태도이다.
- **의도적인 감정 표현(purposeful expression of feeling)** : 클라이언트가 자신의 감정을 인식하고 자유롭게 표현하도록 촉진하는 전문적 개입 태도이다.
- **자기결정권(self-determination)** : 사회복지 실천 과정에서 클라이언트가 자신의 삶과 관련된 의사결정 과정에 주체적으로 참여하고 선택할 권리를 존중하는 것을 의미한다.
- **통제된 정서적 관여(controlled emotional involvement)** : 사회복지사가 클라이언트의 감정을 공감적으로 이해하되 과도하게 개입하지 않고, 전문적 목적에 따라 적절하게 반응하는 태도이다.

Chapter

07

지역사회는 어떻게 변화되는가

-사회복지의 중범위 실천 방법

본 장에서는 사회복지가 개인을 돕는 것에서 한 걸음 더 나아가, 사람들이 살아가는 장소와 환경, 즉 지역사회 전체를 함께 살펴보아야 한다는 관점을 다룬다. 사람이 살아가는 문제는 단지 개인의 성격이나 능력 때문만이 아니라, 내가 어떤 동네에서, 어떤 관계 속에서, 어떤 자원과 정보 안에서 살아가는가에 따라 크게 달라진다. 예를 들어, 같은 어려움이라도 주변에 함께 도와줄 이웃, 복지관, 의료시설, 문화시설, 주민 모임이 있다면 훨씬 회복이 쉬울 수 있다. 그래서 지역사회복지는 지역의 문제를 지역 안에서 함께 해결하려는 실천이다. 복지관, 주민센터, 학교, 병원, 종교기관, 자원봉사단체, 지방정부가 연결되어 "누가 어떤 도움을 필요로 하는가?" → "우리 동네에는 어떤 자원이 있는가?" 이 질문에 함께 답하는 방식으로 움직인다.

또한 사회복지행정은 이러한 복지가 현장에서 실제로 작동하도록 조정하는 과정이다. 정책이 책 속에만 있으면 아무 의미가 없다. 행정은 예산을 배정하고, 사람을 연결하고, 기관을 운영하고, 서비스가 전달되는 흐름을 관리하는 일이다. 즉, 지역사회복지가 "함께 해결하자"라는 방향을 제시한다면, 사회복지행정은 이를 현실에서 실제로 돌아가게 만드는 엔진이라고 할 수 있다. 한마디로, "지역사회복지는 Community을 기반한 사람과 관계의 마음에서 시작되고, 사회복지행정은 작동하는 실행력이다."라고 할 수 있다.

1 지역사회복지

1) 지역사회복지의 개념과 등장 배경

(1) 지역사회복지의 개념

사회복지 영역에서 지역사회복지의 개념을 정의하기는 쉽지 않다. 그 이유는 사회복지학적 차원에서 지역사회복지의 위치가 애매하고, 국가마다 지역사회복지와 유사한 용어를 혼용하여 사용, 즉 영국의 지역사회보호(community care) 또는 지역사회사업(community social work), 일본의 지역복지(community welfare), 미국의 지역사회조직사업(community organization) 등의 사용으로 명확하게 개념 정의를 하기는 쉽지 않다.

국내외 학자들의 지역사회복지 개념 정의에 대해 간단히 살펴보면 다음과 같다. 테일러와 프레슬리(Taylor & Presley)는 "지역사회복지를 비전문가의 숙련성을 높이는 게 어렵고 취약한 상황에 처한 사람들이 그들의 집합적인 상태를 통제할 수 있도록 능력을 향상하는 데 기여하는 전문 분야이다."라고 정의하였다. 하드캐슬 외(Hardcastle, et al., 1997)은 "지역사회 실천은 지역사회, 집단, 조직, 제도의 행동 유형, 사람들의 관계, 이 모든 것들의 상호작용에 변화를 가져오는 실천 기술을 적용하는 것이다."라고 정의하였다.

박수현(2011)은 "지역사회복지는 지역사회의 문제와 요구를 파악하고, 이를 바탕으로 지역사회 구성원들의 자립과 자기결정을 지원하며, 지역사회 자체의 자원과 능력을 활용하여 다양한 복지서비스와 프로그램을 제공하는 활동이다."라고 정의하였다. 김영란 외(2020)는 "지역사회복지란 사회복지 전문 지식과 기술을 활용하여, 특정한 지역사회 안에서 발생하는 제반 이슈나 니즈를 해결할 뿐 아니라 지역사회에서의 삶이 전보다 향상될 수 있도록 주민, 조직, 제도를 강화하는 다양한 실천 활동이다."라고 정의하였다.

정리하면 지역사회복지는 지역사회의 구성원들이 상호 협력하고 도움을 주고받으며, 지역사회의 구성원들의 복지를 증진하고, 지역 주민의 역량을 강화하기 위해 교육 훈련을 통해 지역사회 주민 지도자들을 육성하고 이들을 중심으로 지역사회의 문제를 해결하기 위해 다양한 복지서비스와 프로그램을 개발하고 제공하는 사회복지 실천 활동이다. 이는 지역사회의 문제와 요구에 적합한 방식으로 지역사회의 복지를 향상시키기 위한 다양한 활동과 프로그램을 포함한다.

(2) 지역사회복지의 등장 배경

① 자선조직협회와 인보관운동의 성장

자선조직협회(Charity Organization Societies, COS)와 인보관운동(Settlement House Movement)은 19세기 말에서 20세기 초에 등장한 주요 사회운동으로, 지역사회복지의 발전에 중요한 기여를 하였다. 먼저 COS의 기여점은 과학적 행정의 접근 방법을 제시하였다. 그리고 COS는 사회복지사 양성을 위한 교육의 초석을 제시하였으며, 개별 사례 접근 방법을 통해 개인과 가족의 문제를 평가하고 대응하는 데 기여하였다(Lubove, R, 1965).

인보관운동은 지역사회 내에서 직접 참여 활동을 중심으로 지역사회와 그 구성원들의 문제와 요구에 대한 깊은 이해를 얻을 수 있는 동기가 되었으며, 지역 주민들을 대상으로 다양한 교육과 문화 프로그램을 제공함으로써 이를 통해 지역사회의 사회적 자본을 강화하는 데 기여하였다. 그리고 인보관운동은 단순한 서비스 제공을 넘어, 사회개혁 활동에도 참여하여 이를 통해 지역사회의 구조적 문제에도 대응하려 노력하였다(Trolander, J. A ,1987). 이처럼 COS와 인보관운동은 모두 지역사회 내에서의 복지서비스 제공과 사회복지 전문가의 역할에 중요한 기여를 하였으며, 현대의 지역사회복지 발전의 기초를 마련하는 데 기여하였다.

② 자본주의 체제의 등장과 민주주의의 발전

19세기 후반에서 20세기 초 산업화와 도시화가 급속도로 진행되면서 새로운 도시 계층의 등장과 더불어 그에 따른 새로운 사회문제들이 발생하였다. 그 이후 1930년대 미국의 대공황은 복지의 필요성을 더욱 부각시켰으며, 루즈벨트의 '뉴딜 정책(New Deal Policy)' 등을 통한 연방정부 주도로 주정부와의 협력을 통한 복지서비스 제공 역할이 확대되었다. 그리고, 2차 세계대전 이후 빠르게 복구하고 성장한 경제는 복지국가 건설을 가능하게 하였다. 이시기 여러 국가를 중심으로 중앙 집중식 복지서비스가 확대되었으나, 지역사회의 특성과 요구를 완전히 반영하기 어려운 수준이었다. 즉, 국가 개입에도 불구하고 개입의 수준은 지역의 문제를 해결하기에 역부족이었으며, 이를 위해 지역 주민 스스로 당면문제를 해결해 나가기 위한 활동이 필요했고 이에 따라 지역사회복지의 필요성이 강조되기 시작하였다(Midgley, J, 1986; Popple, P. R, & Leighninger, L, 2004).

1960~1970년대에는 민주주의와 사회정의에 대한 인권운동이 활발히 진행되면서, 지역사회 중심의 복지접근 방식이 강조되기 시작하였다. 이 시기에는 '지역사회개발'과 '지역사회참여'의 중요성이 강조되었다. 1980년대 이후 복지국가 위기 이후 등장한 신자유주의 물결은 복지의 긴축 재정정책과 더불어 복지의 민영화를 재촉하였다. 이로 인해 지역사회가 복지서비스 제공의 주요 주체로 강조되기 시작했으며, 지역사회의 자원과 참여를 통한 복지서비스 제공의 필요성이 강조되었다.

그리고 사회복지 실천 분야에 대한 사회과학적 인식의 확립과 분화로 1990년 이전 중심이 되었던 3대 실천 방법론 중 개별사회사업(social case work), 집단사회사업(social group work)은 통합사회복지 실천 방법론으로 통합되었고, 지역사회조직사업(community organization in social work)은 조직과 지역사회에 사회 변화를 위한 전문적이고 직접적 개입을 의미하는 거시적 사회복지 실천 활동으로 발전하였다(김제선 외, 2021).

2) 지역사회복지의 필요성과 특성

지역사회복지는 특정 지역 또는 지역사회 내의 복지를 향상시키는 데 중요한 역할을 한다. 지역사회복지의 필요성은 다음과 같다.

첫째, 사회적 연결망을 강화할 수 있다. 즉, 지역사회복지 활동을 통해 이웃 간의 상호작용과 소통이 촉진되며,그 결과로 지역사회의 결속력이 강화된다.

둘째, 사회적 지지 인프라를 구축할 수 있다. 즉, 지역사회 내에서의 복지 활동은 주민들 간 협력과 지지 시스템을 구축하는 데 중요한 역할을 한다. 이를 통하여 개인 또는 지역사회 구성원들이 겪는 다양한 문제나 위기 상황에 대응할 수 있는 기반을 갖출 수 있다.

셋째, 사회적 통합과 포용에 도움을 준다. 즉, 지역사회복지 활동은 다양한 배경과 상황을 가진 주민들이 지역사회에 통합되고 포용되는 데 도움을 줄 수 있다.

넷째, 지역적 특성을 반영한 서비스를 제공할 수 있다. 즉, 지역사회복지는 지역의 특성, 문화, 자원 등을 반영한 서비스와 프로그램을 제공할 수 있다. 이를 통해 지역 주민들의 니즈와 문제 상황에 맞는 적절한 지원을 할 수 있다.

다섯째, 자원과 역량을 집중할 수 있다. 즉, 지역사회 내의 다양한 자원과 역량을 집중적으로 활용함으로써, 한정된 자원 내에서도 효과적인 복지서비스를 제공할 수 있다.

여섯째, 지역 주민의 복지수준 향상에 기여할 수 있다. 지역사회복지 활동을 통해 주민들의 일상생활의 질이 향상될 수 있다. 이는 돌봄, 건강, 교육, 문화 활동 등 다양한 분야에서의 복지서비스 제공을 통해 이루어진다.

일곱째, 지역의 문제에 대응하고 이를 해결할 수 있다. 즉, 지역사회복지는 지역 내에서 발생하는 다양한 문제나 위기 상황에 대응하여, 지역 주민들의 안전과 복지를 보장하는 데 중요한 역할을 한다.

여덟째, 지역 주민들의 자기결정과 참여를 촉진할 수 있다. 즉, 지역사회복지는 주민들이 자신들의 생활과 지역사회 결정에 직접 참여하고 영향을 미치는 데 기여할 수 있다.

이처럼 지역사회복지는 지역 주민들이 주체가 되어 주민들 간의 협력과 통합, 포용 그리고 지역복지 향상을 위한 사회복지 실천 활동의 중요한 방법 또는 매개체라 할 수 있다.

지역사회복지의 특성은 첫째, 다양한 전문 및 비전문적 활동을 포함한다. 즉, 사회복지 실천의 경우 대부분 전문 사회복지사에 의해 수행되는 데 비해 지역사회복지는 전문가와 비전문가(지역 주민)의 다양한 전문 및 비전문적 활동을 포함한다. 둘째, 지역사회복지는 지역성과 기능성을 포함하는 일정 지역사회 내에서 이루어진다. 셋째, 지역사회복지는 지역 주민의 삶의 질 향상이라는 목표를 가지고 있다. 넷째, 지역사회복지는 지역사회의 문제 해결 능력을 향상시키고 주민들의 복지 욕구를 충족시키는 기능을 수행한다. 끝으로, 지역사회복지는 공공과 민간의 협력이 필수적이며 이러한 추세로 발전하고 있다.

3) 지역사회복지의 영역과 내용

지역사회복지의 내용은 크게 지역사회보호, 지역사회계획, 지역사회개발, 지역사회운동 네 가지로 활동으로 구분할 수 있으며, 그 내용을 살펴보면 다음과 같다.

지역사회보호(community care)는 지역사회를 기반으로 하는 대인 사회복지서비스를 제공함에 있어 지역사회의 일반적 삶을 기본 준거로 하는 서비스 활동이다. 즉, 지역 주민들, 특히 취약계층이 자신의 주거지에서 안전하고 독립적으로 생활할 수 있도록 지원하는 활동을 의미한다. 특히, 정상화의 원칙을 최대한 반영하여 대인서비스 대상자들이 거주하는 자신의 집 또는 지역사회 내에서 대인서비스를 제공받도록 하는 지역사회보호 활동이다. 예를 들면, 노인이나 장애인을 위한 재가복지서비스 또는 홈 케어 서비스, 노인맞춤돌봄서비스, 가정 내에서의 장애인 지원 프로그램, 장기요양서비스 등이 있다.

지역사회계획(community planning)은 지역사회 구성원들 간 구조적인 관계를 변화시키거나 지역사회 구성원들이 지역 문제에 대처하여 극복할 수 있도록 구체적인 실천 과정을 계획하고 결정하는 활동이다. 즉, 지역 주민과 전문가, 공무원 등 지역사회의 이해 당사자들이 협력하여 지역사회의 현재와 미래의 복지서비스에 대한 니즈를 파악하고, 이를 만족시키기 위한 전략적 계획을 수립하는 활동이다. 예를 들면, 지역사회의 돌봄, 건강, 교육, 주거, 교통 등의 현황 조사와 분석을 통하여 미래를 예측하여 이를 바탕으로 한 지역복지서비스 계획을 수립한다(Kenny, S, 2006). 그리고 민 · 관 · 학이 협력하여 수립하는 지역사회복지계획도 지역사회계획에 해당한다.

지역사회개발(community development)은 두 가지로 구분하여 설명할 수 있는데, 하나는 저소득 취약계층의 지역 주민들의 삶의 질 향상을 위한 경제 · 사회적 개발 활동과 또 하나는 지역사회의 니즈와 이슈에 대처하는 지역사회자원개발 활동이다. 즉, 이 두 가지를 종합하면 지역사회개발사업은 지역사회 주민들의 참여와 협력을 바탕으로 지역사회의 역량을 강화하고, 지역사회의 문제를 해결하기 위한 활동이다. 예를 들어, 자원봉사자 개발, 모금, 후원자 개발, 주민들과 함께하는 지역사회 문제 해결 워크숍, 지역사회 주민들의 역량 강화 교육 프로그램 등이 이에 해당한다(Ife, J, 2002).

지역사회운동(community acting)은 주민들이 공유하고 있는 지역의 이슈를 해결하기 위해 함께 투쟁하고 행동하는 실천 활동이다. 즉, 지역사회의 문제나 불평등, 지역의 이슈 등을 개선하거나 해결하기 위해 주민들이 직접 참여하는 사회적 행동을 의미한다. 예를 들면, 환경보호 운동, 주거권 보장을 위한 주민들의 피케팅, 화장장 설치 반대 운동, 쓰레기 소각장 설치 발대 운동 등이 이에 해당한다.

앞에서 설명한 내용 이외의 기타 지역사회복지 활동은 다음과 같다.

첫째, 지역사회 기반의 복지서비스를 제공한다. 즉, 지역사회 기반의 복지서비스는 해당 지역의 문화, 특성 및 필요에 맞춰 제공되는 복지서비스를 의미한다. 이는 지역 주민들의 니즈와 문제를 직접적으로 파악하고 반영할 수 있는 서비스를 제공함으로써 효과적인 서비스 지원을 가능하게 한다. 예를 들어, 지역사회복지관, 지역

정신보건센터, 지역아동센터, 지역노인복지관 등의 다양한 지역사회 기반 서비스를 제공한다.

둘째, 지역사회복지사업의 기획 및 실행 활동을 한다. 즉, 이 활동은 지역사회의 특정 문제나 니즈를 해결하거나 지원하기 위해 특별히 기획되고 실행되는 프로젝트나 사업을 포함한다. 이를 통해 지역사회의 실질적인 문제에 대응하고, 지역사회의 복지를 증진시키는 데 기여하게 된다. 예를 들어, 지역 청소년들을 위한 직업 탐색 프로그램, 노인들을 위한 건강관리 프로그램, 중장년층을 위한 사회참여 지원사업 등을 들 수 있다.

셋째, 지역사회자원 조사 및 실천 활동을 한다. 즉, 지역사회에는 다양한 자원이 존재한다. 이러한 자원을 효과적으로 파악하고 활용하면, 복지서비스의 효율성과 효과를 높일 수 있다. 그리고 지역사회의 자원을 조사하고 이를 활용하는 활동은 지역사회복지의 핵심 활동이라 할 수 있다. 예를 들어, 지역 기업과의 협력을 통한 장애인 고용 지원 프로그램, 지역 농산물을 활용한 학교 급식 지원 프로그램 등을 들 수 있다.

4) 지역사회복지의 실천 모델

지역사회복지 실천 모델은 로스만(J. Rothman)이 제시한 세 가지 모델, 즉 지역사회개발모델, 사회계획모델, 사회행동모델과 테일러와 로버츠(S. Taylor & R. Roberts)의 지역사회실천모델, 즉 프로그램 개발과 조정모델, 계획모델, 지역사회연계모델이 있다. 그리고 웨일과 갬블(M. Weil & D. Gamble)의 8대 지역사회복지 실천 모델, 즉 근린 지역사회조직모델, 기능적 지역사회조직모델, 사회계획모델, 프로그램 개발과 지역사회연계모델, 정치 · 사회적 행동화 모델, 연대(연합)모델, 사회운동모델, 그리고 그 외 기타 학자들의 모델이 있다. 이 중 로스만이 제시한 세 가지 모델에 대해 간략하게 살펴보고자 한다. 로스만은 사회복지 분야에서 다양한 지역사회복지 실천 모델을 제안하며, 그중에서 주요한 세 가지 모델은 지역사회개발모델(community development model), 사회계획모델(social planning model), 사회행동모델(social action model)을 제시하였다. 그 내용을 살펴보면 다음과 같다.

지역사회개발모델은 지역 주민들 스스로가 지역의 문제를 해결하고 개선할 수 있는 역량을 강화(empowerment)하여 지역사회의 발전과 성장을 촉진하고자 하는 지역사회 실천 모델이다. 이 모델의 접근 방법은 과정 목표를 중시하며 지역사회 내의 모든 집단을 긍정적 변화를 위한 필수 요소이자 잠재적 파트너로 간주한다. 그리고 사회복지 전문가는 지역 주민들과 협력하여 지역의 자원과 능력을 활용하여 문제를 해결하고, 사회적 자본을 구축하는 역할을 수행한다. 이 모델에서 로스(Ross)는 사회복지사의 역할에 대해 안내자(guider), 가능자(enabler), 전문가(expert), 치료자(therapist) 등으로 제시하였다. 예를 들면, 지역 내 여러 집단 간 협력관계를 수립, 자치 구조 창조, 문제 해결 역량 강화, 지역사회 현안과 이슈에 대한 관심과 참여 독려, 협력과 지지, 토착적 주민 리더십 개발과 증대 등이 있다.

사회계획모델은 전략적인 계획과 조직적인 구조를 강조하며, 지역사회의 문제를 분석하고 해결하기 위한 계획을 개발하는 지역사회 실천 모델이다. 이 모델의 접근 방법은 지역사회의 현안 문제를 해결하는 가장 합리적이고 기술적인 방법을 사용하여 문제 확인, 사정, 목표개발, 실행, 평가의 과정에에 따라 실천을 전개한다. 또한 과업중심 목표를 중시하고 지역사회 문제 해결에서 합리적 측면을 강조하며 전문가 중심의 전략을 지향한다. 사회복지 전문가는 데이터 수집, 분석, 목표 설정, 계획 수립 등과 같은 프로세스를 통해 사회문제에 대한 전략적 계획을 수립한다. 이 모델에서 샌더스(Sanders)는 사회복지사의 역할에 대해 분석가(analysis), 계획가(planner), 조직가(organizer), 행정가(administrator) 등으로 제시하였다.

예를 들면, 지역에서 청소년 범죄가 증가하는 경우, 사회복지 전문가는 범죄의 원인을 분석하고, 청소년 프로그램을 개발하여 범죄 예방을 위한 계획을 수립한다. 우리나라의 경우 대표적인 사회계획모델의 예로 4년마다 수립하는 지역사회보장계획 등이 이에 해당한다.

사회행동모델은 자원과 권력의 배분에 있어서 불평등이 존재한다는 갈등이론을 기반으로 하는 지역사회 실천 모델이다. 이 모델은 과정 목표와 과업 목표, 관계 목표를 중시하며, 지역사회의 억압되고 소외된 계층이 정치적으로 공평한 입장에서 보다 나은 처우와 대우를 받을 수 있도록 하는 실천 활동을 강조한다. 이를 위해 지역사회 권력과 자원의 재분배, 사회적 약자에 대한 의사결정의 접근성 강화를 통한 지역사회 변화에 초점을 두며 활동을 한다. 이 모델에서 사회복지 전문가는 사회적 변화를 주도적으로 추구하며, 사회정의와 평등을 위해 활동하는 것을 중요하게 여긴다. 이 모델의 접근 방법은 사회복지 전문가와 지역 주민들은 사회문제에 대한 인식을 공유하고, 정치적 참여와 대중적인 운동을 통해 변화를 이끌어 낸다. 이 모델에서 그로서(Grosser)는 사회복지사의 역할 대해 가능자(enabler), 중재자(broker), 옹호자(advocator), 행동가(activist) 등으로 제시하였다. 예를 들면, 여권신장 운동, 복지권운동, 소수인종집단의 인종차별 운동, 소비자 보호 운동, 연령차별 운동, 장애인의 이동권 보장을 위한 투쟁, 국민기초생활보장 시민사회연대 단체의 '국민생활 최저선 확보 운동' 등이 이에 해당한다.

5) 지역사회복지의 실천 과정

지역사회복지의 실천 과정은 일반적으로 5단계, 즉 지역사회 현안 및 이슈 확인, 지역사회 현안 및 이슈와 관련된 니즈와 문제 사정, 계획, 실행, 평가로 구성된다. 지역사회복지 실천 과정은 지역사회에서 현안과 이슈를 파악하고 해결하기 위한 체계적인 방법을 제공한다. 지역사회복지의 실천 과정을 단계별로 살펴보면 다음과 같다.

첫째, 지역사회 현안 및 이슈를 확인(identify community issues)하는 단계이다. 이 단계에서는 특정 지역사회에서 현안과 이슈를 확인하고 문제를 정의하는 과정을 진행한다. 이 단계에서의 주요 활동은 사회조사, 현지 방문, 인터뷰, 설문 조사 등을 통해 지역사회의 현안을 파악하고 중요한 이슈를 식별하는 활동을 한다.

둘째, 지역사회 현안과 이슈와 관련된 니즈와 문제를 사정(assess needs and problems

related to community issues)하는 단계이다. 이 단계에서는 발견된 현안과 이슈를 자세히 평가하고, 해당 커뮤니티의 니즈와 문제를 분석한다. 이 단계에서의 주요 활동은 데이터 수집, SWOT 분석, 스테이크홀더(stakeholder)[1] 간 상호작용을 통해 니즈와 문제를 심층적으로 이해하는 것이다.

셋째, 계획(plan)을 수립하는 단계이다. 이 단계에서는 해결책을 개발하고, 현안 및 이슈에 대한 개선 전략을 수립한다. 이 단계에서의 주요 활동은 목표 설정, 자원 확보, 프로그램 및 프로젝트 계획 수립, 협력 파트너 동원 등을 통해 해결책을 설계하는 것이다.

넷째, 실행(implement) 단계이다. 이 단계에서는 계획을 실행하고, 프로그램이나 프로젝트를 현실로 실현시키는 과정을 진행한다. 이 단계에서의 주요 활동은 프로그램 운영, 자원 할당, 홍보 및 교육, 협력 파트너와의 협업을 통해 해결책을 실행한다.

다섯째, 평가(evaluate) 단계이다. 이 단계에서는 실행된 프로그램 또는 프로젝트의 성과를 평가하고, 지속적인 개선을 위한 피드백을 얻는다. 이 단계에서의 주요 활동은 성과 지표와 목표 달성 여부를 평가하고, 지역사회의 의견을 수렴하여 프로그램을 개선한다.

6) 지역사회복지의 도전과 과제

지역사회복지는 지역 주민들의 복지를 향상시키기 위한 중요한 활동이지만, 다양한 도전과 과제에 직면하고 있다. 여기에는 자원 부족, 지역사회 참여의 저하, 그리고 지역사회 내의 이해당사자 간 협력 필요성 등이 포함된다. 이와 관련된 내용을 살펴보면 다음과 같다.

1) 여기에서 스테이크홀더(stakeholder)란 조직 또는 프로젝트와 직간접적으로 연관된 개인, 단체들을 의미한다. 이들은 해당 조직이나 프로젝트의 결과와 성과에 관심이 있거나 영향을 미칠 수 있는 사람들이나 단체들을 나타낸다. 스테이크홀더는 비즈니스, 정부, 비영리기관, 커뮤니티 구성원 등 다양한 배경과 역할을 가진 사람들로 구성될 수 있다.

(1) 지역사회자원 부족으로 인한 서비스 제공의 한계

지역사회복지 활동에 필요한 자원은 한정적이며, 이로 인해 모든 니즈와 문제에 적절히 대응하기가 어려울 수 있다. 즉, 대부분의 지역사회는 자원 부족 문제(resource constraints)에 직면하고 있는데 이는 금전적 자원, 전문 인력, 시설 및 장비, 그리고 프로그램 운영을 위한 자원의 부족을 의미한다. 이러한 자원 부족은 지역사회복지기관과 단체의 능력을 제한하고, 서비스 제공 및 개발을 어렵게 만든다. 이로 인해 필요한 지원이 부족하고, 지역 주민들의 복지에 영향을 미칠 수 있다. 따라서 자원을 확보하기 위해 협력 파트너십을 구축하고, 자원을 효율적으로 운용하기 위한 전략을 수립하는 것이 중요하다. 또한 기부와 자원 모금 캠페인을 통해 추가 자금을 조달할 수 있다(Munday, B, 2007).

(2) 지역사회 참여의 저하

지역사회복지 활동의 성공은 주민들의 참여에 크게 의존한다. 그러나 다양한 이유로 주민들의 참여가 저하(decline in community engagement)되면, 지역복지 활동의 효과와 효율성이 감소할 수 있다. 즉, 현대 사회에서는 개인주의가 강화되고 지역사회 참여가 감소하는 경향을 보이는 경우가 있으며, 이로 인해 지역사회의 공동체 의식과 활동이 줄어들고 있다. 이러한 지역사회 참여의 저하는 지역사회의 의사결정 과정에 부정적인 영향을 미치며, 사회적 응집력(cohesiveness)를 약화시킬 수 있다. 이러한 문제를 해결하기 위해서 사회복지사는 지역 주민들을 적극적으로 모으고, 커뮤니티 활동 및 프로그램을 지원하는 환경을 조성해야 한다. 또한 교육, 홍보, 자원 활용 등을 통해 지역사회 참여를 촉진할 수 있다(Putnam, R. D, 2000).

(3) 지역사회 내 다양한 이해당사자 간 협력 필요

지역사회는 다양한 이해당사자로 구성되어 있으며, 이들 간의 원활한 협력 없이는 지역사회복지 활동이 효과적으로 이루어지기 어렵다. 복잡한 사회문제를 해결하려면 다양한 이해당사자 간의 협력이 필요하다(need for collaboration among stakeholders). 하지만 이를 달성하기 위한 노력과 의사소통 부족이 도전이 될 수 있다. 이해당사자 간의 협력 부족은 효율성을 감소시키고 중복 노력을 초래할 수 있으며, 지역사회의 문제 해결을 어렵게 만든다. 따라서 문제를 극복하기 위해서는 이해당사자 간의 협력을 촉진하기 위한 플랫폼과 프로세스를 개발하고, 의사소통을 강화하며, 공통의 목표와 가치를 공유하여 협력을 증진할 필요가 있다(Kenny, S, 2006).

이러한 도전과 과제는 지역사회복지의 효과성과 효율성을 향상시키기 위해 극복해야 할 중요한 문제들이다. 지역사회복지의 성공은 이러한 도전을 인식하고, 이에 대응하는 다양한 전략과 방법을 개발하고 실행하는 데에 달려 있다.

2 사회복지행정

1) 사회복지행정의 개념과 역사

(1) 사회복지행정의 개념

사회복지행정은 사회복지(social welfare)와 행정(administration)의 합성어로 사회복지학의 한 분야로서 학문적 체계를 갖추고 있다. 여기서 사회복지학은 인간행동과 사회현상을 탐구하는 학문으로 정치학, 경제학, 사회학, 심리학, 정신의학, 인류학, 경영학, 법학, 철학 등의 광범위한 인문사회과학의 이론과 지식을 활용하는 응용사회과학의 성격을 갖는다. 그리고 사회복지행정은 사회복지학이란 실천 학문의 실천방법에 관한 분과 학문 중 하나로 기본적으로 사회복지의 이념, 가치, 주요 이론

등을 수용하지만 경영학, 관리과학, 일반 행정학의 이론과 기법을 포괄적으로 적용하고 있다(황성철 외, 2022).

사회복지행정의 개념은 각 국가 및 학자마다 다르게 정의하고 있다. 그 이유는 아마도 각 국가들의 정치적 · 사회적 · 경제적 배경이 다르고 학자마다 연구 관심 영역 및 범주, 접근 방법들이 다르기 때문이다.

사회복지행정은 크게 협의적 개념과 광의적 개념으로 구분할 수 있다. 먼저 협의적 개념에서의 사회복지행정은 사회복지 실천 방법의 하나로 사회복지조직의 목표 달성을 위해 주로 관리자에 의해 수행되는 상호의존적인 과업 또는 활동을 의미한다. 즉, 사회복지 실천의 한 방법으로 사회복지조직의 목표 달성을 위해 사회복지서비스의 생산 및 공급 활동을 의미한다. 광의적 개념에서의 사회복지행정은 사회복지정책을 사회서비스로 전환시키는 데 필요한 사회복지조직(공공과 민간 모두를 포함)에서의 총체적 활동을 의미한다. 즉, 협의적 개념을 포함하여 국가의 사회복지정책을 서비스로 전환시키는 데 필요한 사회복지의 총체적 활동을 의미한다.

다음은 사회복지행정에 관한 대표학자들의 정의를 중심으로 개념을 살펴보고자 한다.

먼저, 키드네이(Kidneigh)는 사회복지행정의 거시적 측면을 강조하면서 "사회복지정책을 서비스로 전환시키는 과정"이라 정의하고, 정책을 구체적인 사회복지서비스로 전환시키고 그 경험을 다시 정책 수행에 반영하도록 다시 의견을 제시하는 양방향의 과정 속에 있는 것으로 보았다. 스타인(Stein)은 사회복지행정의 미시적 측면을 강조하면서 사회복지행정을 "사회복지조직이 조정과 협력 활동의 체계를 통해서 목표를 설정하고 달성하는 과정"이라 정의하였다. 패티(Patti)는 사회복지행정을 "조직 목표를 달성하기 위해서 관리자가 수행하는 상호의존적인 과업, 기능, 활동 등의 체계적 개입 과정으로 사회복지 실천의 한 방법"이라고 개념화하였다. 아이린 유인즈(Eileen Youens)는 사회복지행정을 "사회복지정책을 실행하고 사회적 이익을 증진시키는 공공부문의 행정 프로세스 및 실무"로 정의하였다(Youens, E, 2007). 존슨(Johnson)은 사회복지행정을 "사회적 문제를 해결하고 취약한 계층을 지원하기 위해 공공부문과 민간부문이 협력하여 제공하는 서비스와 그 관리"로 정의하였다(Johnson, P. L. S, 2002).

그리고 황성철 외는 사회복지행정을 "사회복지정책을 서비스로 전환시키는 사회복지조직의 목표 달성을 위한 조직구성원들의 협력적 활동의 체계 또는 과정이다"라고 정의하였다(황성철 외, 2022). 한국사회복지행정학회(Korean Society for Welfare Administration)에서는 사회복지행정이란 "사회복지제도와 서비스의 계획, 운영, 평가 및 개선, 정책과 예산의 제정과 행정 집행, 사회적 문제 및 이해관계자와의 상호작용을 포함하는 사회복지 분야의 행정 활동을 의미한다."라고 정의하고 있다.

이를 종합하면 사회복지행정이란 "사회복지조직(공공과 민간 모두를 포함)의 조정과 협력 과정을 통하여 조직의 목표를 달성하기 위한 사회복지서비스 전달체계 또는 과정"으로 정의할 수 있다.

2) 사회복지행정의 필요성과 특성

(1) 사회복지행정의 필요성

사회복지행정의 필요성은 다양한 학술적인 관점에서 논의되고 있다. 즉, 사회복지행정의 필요성은 사회적 문제 해결, 공정성 증진, 복지제도 운영 및 개선, 사회변화 대응과 정책 혁신, 평가와 지속적 개선 등 다양한 측면에서 제시되며 이에 대한 주요 내용은 다음과 같다.

- 사회적 이익 증진과 공정성 확보 : 사회복지행정은 정부와 공공부문이 사회적 문제를 해결하고 사회적 이익을 증진시키는 역할을 한다. 이를 통해 사회적 공정성을 확보하고 취약계층들에게 필요한 서비스를 제공한다. 이처럼 사회적 이익을 증진시키기 위한 효율적인 정책과 서비스 제공을 위해 사회복지행정은 필수적이다(Atkinson, M., & Flint, J., 2001).
- 사회복지제도의 효과적인 운영과 관리 : 사회복지행정은 사회복지제도와 서비스의 계획, 운영, 관리 등의 활동을 담당한다. 즉, 효과적인 사회복지조직

활동을 통해 사회복지제도의 효율성을 높이고 자원을 최적으로 활용할 수 있으며, 전문성을 제공한다(Kettl, D. F., 2002).

- 사회 변화의 대응과 정책 혁신 : 사회는 지속적으로 변화하고 이 변화와 함께 새로운 사회적 문제가 발생한다. 즉, 사회복지행정은 이러한 변화에 대응하고 새로운 정책과 프로그램을 개발하는 역할을 수행한다. 이를 통해 사회적 문제를 예방하고 해결하는 데 기여한다(Morisson, F., Hocking, C., & Weir, J., 2013).
- 서비스의 평가와 지속적인 개선을 위한 노력 : 사회복지행정은 제도와 서비스의 평가를 통해 효과성을 검증하고 개선점을 파악한다. 이를 통해 자원 낭비를 줄이고 서비스 품질을 향상시킨다(Bovaird, T., & Löffler, E., 2015).

(2) 사회복지행정의 특성

사회복지행정(사회복지조직)의 특징은 사람과 사람 간 상호작용, 윤리적 정당성, 지식과 기술의 불확실성, 전문가의 중요성, 목표의 모호성, 체계적 평가 척도의 어려움 등이 있다.

사회복지행정의 특징에 관한 내용을 살펴보면 다음과 같다.

① 인간관계 중심의 상호활동이 중요하다

인간관계 중심의 상호작용 활동의 가장 핵심이 된다. 즉, 사회복지조직의 사회복지사와 클라이언트와의 관계 즉, 이들의 상호작용이 활동의 핵심이 된다. 여기에서는 사회복지사와 클라이언트 간 라포(rapport) 형성이 중요하다.

② 윤리적 정당성이 중요(사회복지조직의 원료는 인간)하다

사회복지조직에서의 서비스 기술은 사회적 가치에 제약을 받으며, 특히 윤리적 또는 도덕적 정당성에 예민한 특징을 갖는다.

③ 지식과 기술이 불확실하다

사회복지행정의 지식과 기술은 불확실하다. 즉, 사회복지조직의 활동은 정해진 절차와 과정에 따라 동일한 생산물을 산출하는 활동이 아니다. 따라서 각기 다른 특성을 가진 대상에 대해 동일한 매뉴얼을 적용하더라도 각기 다른 생산물로 산출된다는 특징을 갖는다.

④ 전문가(사회복지사)의 역할이 중요하다

사회복지사의 역할이 매우 중요하다. 즉, 사회복지조직에서 제공하는 사회복지서비스는 전문적 특성을 갖는다. 즉, 사회복지조직은 조직의 관리자의 지시를 포함하여 전문적 교육 내용, 전문적 활동에의 참여, 전문적 지지집단의 이용 가능성 등에 의해 실천이 결정된다는 것이다.

⑤ 목표가 모호해질 수 있다

사회복지조직의 목표와 이해 대상 또는 이해 집단의 목표는 상이하다. 이러한 경우 사회복지조직의 목표는 모호해질 수 있다. 조직과 이해 대상 또는 집단과의 합의가 결여될 경우 조직 목표 달성을 위한 활동이 불가능해진다. 따라서 이해 당사자들 간 타협이 필요하다.

⑥ 성과에 대한 체계적 평가가 어렵다

서비스의 효과성 및 효율성을 측정할 수 있는 평가 척도의 부족 또는 부재로 조직의 성과에 대한 객관적 증명이 어렵다. 따라서 사회복지서비스의 효과성 및 효율성을 타당하게 측정할 수 있는 척도 개발이 필요하며 이를 통해 비용-효과분석이 용이해진다.

이러한 특성들은 사회복지행정이 사람 중심, 윤리 중심, 불확실성을 다루는 분야이며, 전문성과 목표 달성의 중요성을 강조하며, 성과 평가의 어려움을 동반하고 있음을 나타낸다.

3) 사회복지행정의 주요 가치와 과정

(1) 사회복지행정의 주요 가치

사회복지행정의 주요 가치는 효과성, 효율성, 공평성, 접근성, 사회정의, 인권, 자주성, 사회적 연대, 진보적 변화 등을 들 수 있으며 그 내용은 다음과 같다.

① 효과성(effectiveness)

효과성은 '사회복지조직에서 제공된 서비스나 프로그램이 클라이언트의 욕구 충족과 문제 해결에 얼마나 기여하였는가?'와 관련이 있다. 즉, 효과성은 조직의 목표의 달성(클라이언트의 문제 해결) 정도에 주목한다.

② 효율성(efficiency)

효율성은 서비스 단위당 비용 절감과 같이 최소의 비용(input, 자원)으로 최대의 효과(output)를 내는 것에 주목한다. 즉, 한정된 자원을 효율적으로 배분하기 위해서 어떻게 할 것인가?와 관련이 있으며, 이는 사회복지서비스 공급에서 매우 중요한 가치이다.

③ 공평성(equity)

공평성 또는 형평성은 동일한 욕구를 가진 클라이언트는 동일한 서비스를 제공받아야 한다는 점에 주목한다. 여기에서 동일한 서비스란 서비스를 받을 기회와 내용, 비용이 포함된다.

④ 접근성(accessibility)

접근성은 클라이언트가 사회적 서비스를 쉽게 이용할 수 있어야 하는 편의에 주목한다. 여기에서 접근성은 물리적, 정보적, 심리적 접근성 개념을 모두 포함한다. 접근성을 높이기 위해서는 기관의 위치, 교통수단 등의 편익성, 서비스에 대한 홍보의 접근성, 서비스 이용 부담을 낮추는 등의 노력이 필요하다.

⑤ 사회정의(social justice)

사회적 정의는 사회복지서비스와 프로그램을 통해 모든 개인과 공동체에게 공평한 기회를 제공하려는 노력에 주목한다. 즉, 사회복지행정은 불평등을 해소하고 공정한 기회와 자원의 분배를 촉진하는 데 주력한다.

⑥ 인권(human rights)

인권은 폭력, 차별, 약자의 권리 침해에 대한 대응과 관련이 있다. 즉, 사회복지행정은 모든 개인의 기본적인 인권과 존엄성을 존중하고 보호하는 것을 강조한다.

⑦ 자주성(empowerment)

자주성은 개인이 자신의 삶을 개선하고 결정을 내릴 수 있도록 돕는 것과 관련이 있다. 즉, 사회복지행정은 개인과 공동체의 자주성을 증진하려는 목표를 가지고 있다.

⑧ 사회적 연대(social solidarity)

사회적 연대는 다양한 사회 구성원 간 상호 의존성을 이해하고 협력을 촉진하는 것을 의미한다. 즉, 사회복지행정은 공동체와 사회적 연대를 강조한다.

⑨ 진보적 변화(progressive change)

진보적 변화는 정책 개발과 실행에 관련이 있다. 즉, 사회복지행정은 사회적 문제를 해결하고 개선하기 위해 혁신적이고 진보적인 변화를 촉진하려는 목표를 가지고 있다.

이러한 가치와 이념은 사회복지행정의 핵심 원칙을 형성하며, 사회복지 전문가와 조직은 이러한 원칙을 기반으로 서비스 또는 프로그램을 개발하고 실천한다.

(2) 사회복지행정의 과정

사회복지행정도 일반행정과 마찬가지로 조직을 통해 실천되는 과정이 동일하기 때문에 일반행정에서처럼 기획(Planning), 조직(Organizing), 인사(Staffing), 지시 · 감독(Directing), 조정(Coordinating), 보고(Reporting), 재정(Budgeting), 평가(Evaluation)의 일련의 8가지 과정을 따른다. 이러한 행정 과정을 걸릭과 어위크(L. Gulick & L. Urwick)가 제시한 7가지(POSDCoRB)에 평가 부분을 포함하여 각 영어 단어의 초성을 따서 'POSDCoRBE'라고 한다. 사회복지행정의 과정인 'POSDCoRBE' 내용을 간략하게 살펴보면 다음과 같다.

① 기획

기획(planning)은 행정가에 의해 첫 번째로 수행하는 과정으로 조직의 목적과 목표를 달성하기 위한 과업 및 수행(활동) 방법을 결정하는 단계이다. 이 단계에서 사회복지행정가는 변화하는 환경에 맞춰 과업을 계획하고 방법과 기술을 결정해야 한다. 그리고 사회복지조직의 목적과 목표는 그 조직이 실제 수행해 나가는 과업에 따라 변경되기도 한다.

② 조직

조직(organization)은 공식적인 조직구조의 설정이 필요하고 업무에 대한 분장(할당)이 규정되며 사회복지조직의 경우 운영 규정에 제시되어 있다. 이 단계에서는 조직이 설정한 목표를 달성하기 위해 조직의 공식적 구조를 통해 직무를 규정하며, 과업을 명확히 규정하여 업무를 할당하고 조정하는 단계이다.

③ 인사

인사(staffing)는 사회복지조직의 직원을 채용, 훈련 및 교육 또는 경우 따라서는 해고 등을 통하여 조직환경 등을 유지관리하는 단계이다. 사회복지조직에서는 행정최고책임자는 직원에 대한 임면 또는 해임권을 가지며, 직원 교육 및 훈련과 조직 내의 친화적인 환경 유지에 대한 결정권과 책임을 갖는다.

④ 지시 · 감독

지시 · 감독(directing)은 사회복지조직 업무의 다양한 부분들을 상호 관련시키는 기능을 하며, 조직의 관리자로서 여러 가지 의사결정을 한 후, 그 결정을 명령하거나 지시의 형태로 구체화하는 단계이다. 이 단계에서 행정책임자는 합리적 의사결정 능력, 조직의 비전에 대한 관심과 이를 달성하기 위한 미션 수행을 위한 노력, 직원에 대한 공감 및 지지 능력, 위임 능력, 조직의 창성을 높이는 노력 등의 역량을 갖춰야 한다.

⑤ 조정

조정(coordinating)은 조직 업무의 다양한 부분들을 상호 관련시키는 기능을 수행하는 단계이다. 즉, 업무의 다양한 부분들을 상호 관련시키는 과정으로 사회복지행정가는 부서 간, 직원들 간의 효과적인 의사소통의 망을 만들어 유지하고 조정하는 단계이다.

⑥ 보고

보고(reporting)는 사회복지행정가는 이해 당사자, 즉 직원, 이사회, 지역사회, 행정기관, 후원자 및 자원봉사자 등에게 조직의 업무 진행 상황을 알려주는 단계이다. 이 단계에서는 조직의 운영 상황에 대해 잘 파악하기 위해 기록 유지, 정기 감사, 조사 연구 등의 활동 과정을 거치게 된다.

⑦ 재정

재정(budgeting)에서 투명한 예산관리는 바람직한 조직 구성, 재정 기획, 재정 운영에 대한 통제를 전제로 한다. 사회복지조직의 행정책임자는 중·장기적인 재정계획을 수립한 후 회계 규정에 따라 재정 운영을 투명하게 사용하며 이에 대해 책임을 지는 단계이다. 그리고 재정계획은 예산정책이라고도 하는데 급여 지급 일정, 수입 확보 방법, 지출 통제를 포함하고 있으며, 재정 운영에 대한 통제는 재정 기록 또는 회계 방법을 통해 이루어진다.

⑧ 평가

평가(Evaluation)는 사회복지조직의 목표에 기반하여 진행되었던 전반적 활동에 대한 평가를 하는 단계이다. 즉, 사회복지조직에서 제공된 서비스에 대한 효과성과 효율성을 평가하는 단계이다.

4) 사회복지행정의 역사

(1) 미국 사회복지행정의 역사

사회복지행정은 다양한 지식과 기술 그리고 실천을 통해 오랜 시간에 걸친 사회변동과 더불어 사회복지제도와 사회복지 학문의 발전 과정을 통해 이루어진 역사의 결과물이며, 그중 사회복지행정이 독립된 영역으로 가장 발전한 국가를 꼽으면 미국을 들 수 있다. 이러한 미국의 사회복지행정이 어떠한 시대적 상황과 여건 속에서 학문적 정체성을 확립하게 되었는지에 대해 간략하게 살펴보고자 한다.

미국의 사회복지행정의 역사는 5단계, 즉 형성기, 발전기, 확립기, 새로운 도전과 대응의 시기로 구분할 수 있으며, 각 단계별 내용은 다음과 같다.

① 형성기(1870~1920년대)

이 시기는 미국 사회복지행정의 초기 단계로 자선단체와 민간 기관들이 중심이 되어 사회복지서비스를 제공하던 시기였다. 이 시기에는 제한된 정부의 개입과 자선 활동을 중심으로 하는 사회복지서비스가 대부분을 차지하는 시기였다. 특히 이 시기에는 자선조직협회(Charity Organization Society, COS)와 밀워키에서 개최된 밀포드 회의(Milwaukee Conference)가 중요한 역할을 하였다. 먼저 COS는 사회복지서비스의 조직화와 효율성을 향상시키는 목적으로 설립되었으며, 19세기 말 미국에서 사회복지서비스를 조직화하고 개선하는 데 주요한 역할을 수행하였다.

그리고 초기 COS 기관의 행정가들은 사회복지조직의 전문 인력을 양성하고 훈련하는 프로그램에 관심으로 가졌으며, 존스 홉킨스(Johns Hopkins) 대학교에 사회과학 박사과정 설치하여 여기에서 졸업한 학생들이 COS 기관과 다른 사회복지조직의 관리자가 되었다. 에드워드 디바인(Edward Devine)은 1898년 뉴욕 하계 자선학교(New York Summer School of Applied Philanthropy)를 설립하여 사회복지사 양성 교육을 처음으로 제도화하였고, 뉴욕 하계 자선학교는 더욱 발전하여 1910년 미국 최초의 2년제 대학원 교육과정을 개설하게 되었다. 이처럼 미국에서 사회복지 정규과정 교육은 시작은 1910년 뉴욕 자선학교가 시초이다. 그리고 20세기에 들어서는 COS 기관을 중심으로 한 사회복지기관의 행정가 역할은 지역공동모금회(Community Chest)와 지역사회복지기관협의회(Council of Social Agencies)의 창설과 더불어 더욱 강화되었다. 또한 지역사회의 빈곤 문제와 더불어 사회복지 니즈를 공동으로 조사하여 이를 기반으로 지역사회 문제에 대응하기 위해 체계적 지역 계획 수립의 필요성이 제시되었고 이에 대한 사회복지기관들의 동의와 참여로 지역사회복지협의회가 출범하게 되었다(황성철 외, 2022).

이처럼 COS는 가난과 사회적 문제에 대한 사회구조적인 접근을 촉진하고, 자선 활동을 더 효과적으로 관리하고자 하였으며, 이는 미국의 사회복지행정이 발전하는 데 크게 기여한 점[2]이라 할 수 있다.

사회복지의 본질을 규명하려는 노력의 일환으로 1929년 미국 위스콘신주 밀워키에서 학술대회가 개최되었는데 이 회의가 밀포드 회의(Milford Conference)[3]이다. 밀

---

2) · 과학적 사회조사와 문제 해결(scientific social investigation and problem solving) : COS는 과학적인 방법을 사용하여 가난과 사회적 문제의 원인과 영향을 조사하고 이를 문제 해결에 활용하였다.

· 자립성과 자원 관리(promoting self-sufficiency and resource management) : COS는 자선보다는 수혜자들이 자립할 수 있도록 도와주는 것을 중요시하였다. 자립성을 증진하고 복지 의존성을 줄이기 위해 직업 훈련, 교육, 고용 기회 제공 등의 프로그램을 제공하였다. 또한 자선단체 간 중복된 자원 사용을 최소화하고 더 효율적으로 자원을 관리하도록 노력하였다.

· 자선단체 간 협력(cooperation among charities) : COS는 여러 자선단체 간의 협력을 촉진하였으며, 서로 다른 자선단체들이 협력하여 사회복지서비스를 제공하고 중복을 최소화하기 위해 중요한 역할을 하였다. 이러한 협력은 자선단체들 사이의 경쟁을 줄이고 효율성을 높였다.

· 중앙 집행부와 관리(centralized administration and management) : COS는 중앙 집행부를 통해 자선 활동을 조직화하고 효과적으로 관리하였으며, 이를 통해 자선 활동의 계획, 실행, 모니터링, 평가를 효율적으로 수행할 수 있었다.

3) 역사적 의미

· 과학적 접근과 혁신 : 밀포드 회의에서는 사회복지서비스 제공에 있어 과학적인 방법을 강조하였다. 이는 당시에는 새로운 접근이었으며, 사회문제의 원인과 효과를 과학적으로 연구하고 해결책을 개발하는 방법론을 도입한 것이다. 이러한 접근은 사회복지학의 발전과 사회복지서비스의 품질 향상에 큰 영향을 미쳤다.

· 자선단체 간 협력 : 밀포드 회의에서는 여러 자선단체 간의 협력을 촉진하였으며, 서로 다른 자선단체들이 중복된 노력을 줄이고, 자원을 더 효과적으로 활용하도록 하였다. 이러한 협력은 사회복지서비스 제공의 효율성을 높였으며, 이후의 사회복지 시스템에서도 중요한 원칙으로 채택되었다.

· 사회복지서비스의 과학화와 진보 : 밀포드 회의는 사회복지서비스의 품질을 향상시키고자 하는 노력의 일환으로 사회조사와 과학적 접근을 촉진하였다. 이는 사회복지서비스가 보다 효율적으로 제공되고 수혜자들의 실제 필요에 더 잘 부응할 수 있도록 하였다.

· 사회복지학의 발전 : 밀포드 회의는 사회복지학의 발전과 연결되었다. 사회복지학은 이후에 이러한 과학적 방법론과 사회복지서비스의 조직화에 대한 연구를 발전시켰으며, 이를 통해 사회복지 분야의 전문성을 높였다.

포드 회의에서 사회복지행정은 개별사회사업, 집단사회사업, 지역사회조직사업과 더불어 기본적 실천 방법으로 인정되었지만 구체적인 사회복지행정의 기능과 사회복지행정가의 역할에 관한 논의는 진행되지 않았으며, 사회복지행정의 영역과 지식체계 대해서도 더 이상의 언급은 없었다. 그러나 밀포드 회의는 미국 사회복지 분야의 역사적 회의로 사회복지서비스와 자선 활동의 조직화 및 효율성을 증진하고자 하는 노력을 상징하는 중요한 역사적 사건임에는 분명하다. 이 회의에서는 사회복지서비스 제공에 대한 접근 방식과 방법론에 대한 논의가 진행되었다. 밀포드 회의에서는 가난과 사회문제에 대한 접근 방식이 과학적이고 조사 중심으로 바뀌어야 한다는 의견이 제시되었으며, 이러한 접근 방식은 자선단체의 활동을 효율적으로 관리하고 개선하였다.

정리하면, 전반적으로 미국 사회복지행정 형성기에는 대도시의 사회문제를 대처하는 효과적 방법으로 지역사회를 기반으로 형성된 COS와 공동모금회, 지역사회복지협의회 창립과 운영을 중시함으로써 사회복지행정이 시작되었다고 볼 수 있다. 다만 미국에서는 이 시기에 사회복지 분야 중 개별사회사업(social case work)을 중심으로 학문적 정체성과 전문성을 강화하려는 움직임 등으로 사회복지행정에 대한 관심은 상대적으로 적었던 것으로 보인다.

② 발전기(1930~1960년대)

이 시기는 1930년대 경제 대공황, 1940년대 제2차 세계대전, 1960년대 인권운동 등의 급변기로 미국의 사회복지행정이 상당한 발전을 하였다. 1935년 사회보장법(Social Security Act) 제정으로 사회보험과 공공부조 프로그램, 사회복지서비스가 제도화되었다.

1930년대 말에 사회복지행정이 두 가지 영역, 즉 민간복지행정과 공공복지행정으로 구분되었다. 즉, 사회복지대학원에서 수여하는 전문가 자격증을 가지고 민간 사회복지기관에서 활동하는 민간복지 행정가와 대규모 관료제의 조직을 이끌고 법과 규정에 의해 시행되는 복지 프로그램을 관리하면서 인사권과 재정권을 행사하는 일반행정가 출신의 공공복지 관리자로 구분되어 사회복지행정 업무 역할을 수행하였다.

1950년대에는 행정학의 발전이 매우 빠르게 진행됨에 따라 사회복지의 가치, 지식, 기술을 토대에 일반행정의 이론과 기법을 접목하여 사회복지행정을 체계화하려는 노력이 있었다(Patti, 1983 9; 황성철 외, 2022 재인용). 1960년대에는 연방정부의 공공부조 프로그램 개혁 조치와 더불어 지역사회 중심의 다양한 사회복지기관이 출현함으로써 사회복지행정에 큰 변화와 발전이 있었다.

정리하면, 발전기에는 민간복지행정에 공공복지행정이 가세하여 사회복지행정가에 대한 수요가 급격히 증가하여 사회복지 전문직에서도 이에 대한 수용을 통해 행정의 중요성이 부각되었고 교육과정에도 이를 반영하기 시작하였다. 이로 인해 사회복지행정에 관한 학문적 연구도 동시에 발전하는 계기가 되었다.

③ 확립기(1970~1990년대)

1970년대에 들어서 사회보장법과 공공부조 관련 법률들이 개정되어 세분화되었다. 즉, 사회보장법 제20조의 신설로 공공부조 수혜자들에게는 보육 및 가족계획서비스가 추가되었고, 식품 보조 서비스(food stamps)는 시범사업을 거쳐 전국적으로 확대되어 빈곤계층을 위한 프로그램으로 정착되었다. 그리고 연방정부와 주 정부의 사회복지 프로그램이 세분화 및 다양화됨에 따라 지역 차원에서는 서비스 파편화 또는 분절화에 따른 조정의 문제가 심각하게 제기되어 이를 위한 통합적이고 효율적인 서비스 제공 기제가 필요하였고, 이러한 환경에서 등장한 것이 사례관리(case management)이다. 이 시기에 사회복지 프로그램의 다양화와 팽창은 이에 대한 사회복지 프로그램의 책임성(accountability)과 효과성(effectiveness)에 관한 논의를 촉발하는 계기가 되었다.

제1차 석유파동(1st Oil Shock)과 제2차 석유파동(2nd Oil Shock)으로 인한 경제 침체로 1980년대에는 사회복지 프로그램 축소로 방향이 급격히 전환되었다. 1980년대 말 민영화의 바람은 사회복지 영역에도 커다란 영향을 미쳐 사회복지조직의 책임성이 강화되는 방향으로 사회복지 프로그램의 평가체계가 강화되었다. 따라서 민간 사회복지조직의 존립도 얼마나 많은 정부지원 프로그램을 계약을 통해 유치하는가에 따라 달라졌다.

그리고 1970년에는 84개 사회복지대학 중 19개 대학에서 사회복지행정에 관한 교과를 운영하였으며, 1977년에는 35개 대학으로, 1991년에는 59개 대학 중 44개로 증가하였다. 1990년대 미국의 사회복지는 낮은 경제성장과 국제 경쟁력 약화로 인해 후퇴하였고, 이로 인해 사회계층 간의 소득 불평등은 더욱 확대되었고 민간사회복지조직들은 자원 부족 현상으로 운영에 어려움을 겪게 되었다. 1980년 이후부터 시작된 민영화(privatization)와 상업화(commercialization)는 1990년대 더욱 강화되어 비영리 민간 사회조직과 영리 민간 사회복지조직과의 구분이 모호해졌으며, 사회복지조직의 관리자는 정부지원, 후원금, 클라이언트 이용료 등 재원 확보의 통로를 다변화해야 하는 상황에 직면하게 되었다(Hasenfeld, 1996).

1990년대 이후 미국 사회복지행정에서 재정관리와 마케팅이 강조되었으며, 사회복지조직의 환경 변화는 기존 조직구조의 변화와 더불어 리더십의 변화를 가져다주었다.

이 시기의 미국사회복지조직의 관리와 사회복지행정의 변화로 눈에 띄는 것은 사회복지조직의 합병(consolidation)과 연합(alliance)이다. 즉, 민영화와 상업화로 인해 지역 차원에서 계약과 서비스 구매가 활발히 이루어지는 급변화하는 시대적 변화에 위기감을 느낀 영세한 사회복지조직들도 보다 경쟁력 있는 규모가 큰 사회복지조직으로 합병과 협력이라는 방식으로 돌파구를 찾기 시작하였다.

④ 새로운 도전과 대응의 시기(2000년대 이후~현재)

2000년대 이후 미국 사회복지행정은 신자유주의적 정책 기조, 기술 혁신, 글로벌화, 사회적 다양성 확대라는 사회적 배경 속에서 새로운 도전에 직면하게 되었으며 그 내용은 다음과 같다.

첫째, 정부 역할의 변화와 민영화 · 시장화 심화가 두드러졌다. 1990년대부터 시작된 사회복지 영역의 민영화와 상업화 흐름은 2000년대 들어 더욱 강화되었으며, 그 결과 사회복지서비스 제공의 상당 부분이 계약(contract)이나 아웃소싱을 통한 민간 · 비영리기관에 의존하게 되었다. 이로 인해 사회복지행정가는 한편으로는 계약 기반의 성과관리(performance management)와 평가(accountability)에 대한 책임이 커졌고, 다른 한편으로는 정부 · 기업 · 비영리 간 협력적 거버넌스(governance)가 요구되는 상황에 직면하였다.

둘째, 정보기술(IT)과 디지털 행정의 부상은 사회복지행정의 운영 방식을 근본적으로 변화시켰다. 디지털 기록 관리, 전자 복지 서비스(e-welfare), 온라인 지원 시스템이 등장하면서 사회복지조직은 더 효과적이고 신속하게 서비스를 제공할 수 있었으나, 동시에 개인정보보호와 정보격차 문제에 대한 고민도 증가하였다. 따라서 행정가는 기술 활용 능력뿐만 아니라 윤리적 · 법적 책임성도 동시에 수행해야 하는 과제를 안고 있다.

셋째, 사회복지 환경의 불평등 구조 심화와 다양성 확대에 대한 대응이 강조되었다. 2008년 글로벌 금융위기 이후 빈곤과 불평등은 다시 주요 사회문제로 부상하였으며, 인종적 · 문화적 다양성의 확대로 사회복지조직은 다양한 문화적 배경을 존중하는 서비스(culturally competent services)를 제공해야 하는 도전에 직면하였다. 또한, 이민자, 난민, 성소수자(LGBTQ+)와 같은 소수자 집단의 사회복지 요구가 부각되면서 사회복지행정은 사회통합적 관점에서의 포괄성과 형평성을 더욱 중시하게 되었다.

넷째, 성과 중심 행정과 재원확보 경쟁이 강화되었다. 정부 및 기부 재원에 대한 의존도가 여전히 크나, 민간 사회복지조직은 정부 보조금 삭감 상황 속에서 기금모금(fundraising), 기업과의 파트너십(partnership), 사회적 기업 모델(social enterprise) 등 다양한 재원 다변화 전략을 적극 활용해야 하는 과제를 가지게 되었다. 이에 따라 행정가들은 더 뛰어난 재정관리 능력, 마케팅 능력, 리더십을 요구받고 있다.

정리하면, 미국의 새로운 도전과 대응의 시기에는 사회복지행정이 단순한 조직관리 차원을 넘어 글로벌화, 정보화, 다양성의 확대, 민영화와 성과 책임 강화라는 새로운 환경 속에서 유연성과 혁신성을 요구받는 시기라고 할 수 있다. 즉, 행정가는 조직 내부의 성과관리뿐 아니라 사회적 형평성과 포용성을 함께 고려하는 균형 잡힌 리더십을 발휘해야 하며, 이것이 21세기 미국 사회복지행정의 가장 중요한 특징이다.

(2) 한국 사회복지행정의 역사

우리나라 사회복지행정의 역사는 크게 사회복지 전문 활동의 태동기(1945년 이전), 외원기관 활동 및 사회복지행정의 형성기(1946년~1970년대), 사회복지행정의 발전기(1980~1990년대), 사회복지행정의 확립기(2000년대~현재)로 구분할 수 있으며, 그 내용을 살펴보면 다음과 같다.

① 사회복지 전문 활동의 태동기(1945년 광복 이전)

북한을 포함한 우리나라의 인보관 성격의 최초 민간 지역사회복지관은 반열방(班列房)으로 미국 감리교 여선교사 메리 놀즈(Mary Knowles)에 의해 1906년 원산에서 설립되었다. 그리고 현대적 의미에서의 남한 최초 민간지역사회복지관은 태화여자관[4]으로 1921년 서울에서 설치되었다. 그 후 1944년 3월 전문 33조로 구성된 '조선구호령'이 공포되었으며, 일제 치하의 최초의 공공 구호 행정이 시행되었다.

우리나라의 사회복지 전문 활동의 태동기에는 단순한 자선(慈善) 또는 시혜(施惠)의 성격이 강했으며, 이 시기의 민간 사회복지시설은 주로 종교적 동기 또는 봉사정신 차원에서 설립 운영되었으며, 조선총독부의 식민지 지배를 강화하기 위한 목적으로 사회복지 활동이 전개되었다.

4) 지금의 태화종합사회복지관으로 발전하였다.

② 외원기관 활동 및 사회복지행정의 형성기(1945년 광복 이후~1970년대)

광복 이후 3년간의 미군정은 긴급구호 차원에서의 공공복지를 제공하였으며, 이를 담당할 행정기관으로 군정청과 위생국을 설치하였다. 이 시기의 사회복지행정의 수준은 미군정하에서 일방적이고 단순한 구호 수준이었다. 한국전쟁 이후인 1950년대에는 외국민간원조기관연합회(Korea Association of Voluntary Agencies, KAVA)를 비롯한 많은 외국원조기관 주도로 전쟁 피해자인 고아, 미망인, 무의탁 노인 및 빈민에 대한 긴급 구호 활동이 전개되었다. 이 시기에는 공공복지의 필요성은 인식하고 있었으나 전문적인 사회복지행정 수준에는 미치지 못하였으며, 민간 사회복지행정도 체계적으로 시행되지 못하였다.

1960년대에는 우리나라 최초의 공공부조법인 생활보험법이 1961년 제정하였으나, 일제강점기하에 시행된 조선구호령의 기본 틀을 크게 벗어나지 못하는 수준이었다. 「사회복지사업법」이 1970년에 제정됨으로써 공공 사회복지행정을 통한 민간 사회복지기관에 대한 지원과 지도 · 감독으로 할 수 있는 법적 근거가 마련되었다. 1970년대에 들어 한국 사회가 경제적으로 성장하여 외국 원조 기관들이 철수하거나 지원액을 대폭 삭감하기 시작하였으며, 이로 인해 사회복지 활동을 위한 재정 확보에 어려움을 겪게 되었다. 이로 인해 정부의 복지에 대한 부담이 가중되었으나 우리나라 사회복지의 토착화 기반을 마련하는 계기가 되었다.

③ 사회복지행정의 발전기(1980~1990년대)

1980년대에는 민주화 운동과 더불어 사회복지 분야에도 각종 사회복지 관련 법이 제정되거나 개정되는 등 사회복지 전반에 큰 변화가 나타나는 시기였다. 상담 및 치료 전문 사회복지기관의 필요성에 대한 인식이 시작되었고, 다양한 사회복지 이용시설의 설립이 활성화되었다. 1982년 '사회복지사윤리강령'이 제정되었으며, 1983년 5월 「사회복지사업법」이 개정되면서 종전 사회사업가 또는 사회사업종사자라는 명칭이 '사회복지사'로 규정되어, 1984년부터 사회복지사가 국가자격증제도로 시행되었다. 이 시기에는 사회복지의 전문성과 행정의 효율성 및 효과성 향상을 위하여 사회복지 전달체계 개선의 필요성이 대두되었고, 이러한 분위기는 공공 행정조직, 학계, 사회복지 실무현장에서 사회복지행정에 대한 관심을 불러일으키는 데 일조하였다. 1987년에는 공공 행정에 사회복지전문요원(당시 사회복지 별정직 공무원)이 각 동사무소에 배치되어 우리나라 공공복지행정의 시발점이 되었다.

1988년 사회복지관 운영 · 국고보조사업 지침이 수립되어 전국적으로 사회복지관 사업이 확대되었고, 1989년에는 당시 대선공약 사항과 맞물려 주택건설촉진법 등이 개정되었으며, 이를 계기로 저소득층 영구임대아파트 건립 시 단지 내에 반드시 사회복지관건립을 의무화하였다. 이를 계기로 저소득층 밀집 지역을 중심으로 사회복지관이 양적으로 증가하였고 이는 저소득의 복지 향상에 기여하게 되었다.

1990년대에는 신자유주의 영향으로 사회복지에 대한 민간부문의 역할과 책임이 강조되던 시기였으며, 우리나라도 정부지원을 받는 사회복지법인을 중심으로 종합사회복지관을 설립하거나 위탁 · 운영함으로써 민간 사회복지행정의 중요성을 인정받았다. 1992년 사회복지사업법 개정으로 사회복지전담공무원과 사회복지사무소를 설치 운영할 수 있는 법적 근거가 마련되었고, 사회복지전담공무원의 직제가 별정직렬에서 일반 직렬(5급까지)로 사회복지 인적 제도화를 위한 기반이 마련되었다. 1995년에는 전국 5개 지역보건소에 사회복지 전문 인력을 배치하여 보건과 복지 업무를 통합하는 보건복지사무소를 시범 운영하였다. 1997년에는 사회복지사업법의 전면 개정으로 사회복지시설 설치가 허가제에서 신고제로 변경됨으로 인해 민간 사회복지서비스의 참여기가 확대되었으며, 사회복지시설 평가제도를 도입해 운영을 투명성과 자원의 효율적 운영에 기반을 마련하였다. 1998년에는 사회복지공동모금회가 설립되어 민간 사회복지조직과 재정의 자율성이 강화되는 계기가 되었으며, 1999년에 한국사회복지행정학회가 창립되면서 학문적 기틀을 마련하고자 하였다.

④ 사회복지행정의 확립기(2000년~현재)

2000년에는 우리나라 최초의 공공부조법인 「생활보호법」을 대체할 「국민기초생활보장법」의 시행으로 공공복지행정의 새로운 전환을 맞이하게 되었다. 2003년에는 '사회복지사 1급' 국가시험제도를 시행하였고, 2003년에는 사회복지사무소를 시범 설치 운영하였다. 2005년 8월부터 시 · 군 · 구에서 지역사회복지협의체(현재는 지역사회보장협의체로 명칭이 변경됨)라는 법정 단체를 의무 설치하여 지역사회복지계획을 수립하고, 주요 사항을 심의 의결하고 서비스 부문 간 연계를 강화하였다. 2006~2007년에 걸쳐 주민생활지원서비스 전달체계(1~3단계)를 실시하여 보건, 복지, 주거, 고용, 평생교육, 생활체육, 문화, 여가 등 총 8개 분야의 서비스 및 관련 정보를 종합적으로 제공하기 시작하였다. 2007년에 빈곤아동을 대상으로 시작된 '희망스타트 사업'은 2008년 7월부터 '드림스타트 사업'으로 명칭을 변경하고 대상 지역을 확대 운영하였다. 2008년 노인장기요양보험제도를 실시하였고, 2010년 1월부터 사회복지종합관리망 '행복e음'을 구축하여 운영하였으며, 2012년 5월에 '희망복지지원단'이 출범 운영되면서 공공복지행정의 통합사례관리 업무를 수행하기 시작하였다. 2013년 2월부터 '사회보장정보시스템'을 개통하여 16개 부처 296개 복지사업 정보를 연계 운영하여 공공복지행정을 정보 차원에서의 통합화 노력이 있었다. 2008년 기초노령연금으로 시작된 노인소득보장제도가 기존 제도는 폐지되고 2014년에 「기초연금법」으로 신설되어 운영되었다. 문재인 정부에 들어와서 2019년 장애인 등급제가 폐지되었으며, 2020년부터는 노인장기요양보험제도 실시로 취약계층 노인의 돌봄 환경에 사각지대가 발생하여 이를 해결하기 위해 2020년부터 노인맞춤돌봄서비스 실시, 이를 관리하기 위한 중앙노인돌봄기관인 독거노인종합지원센터를 설치 운영하였다. 이처럼 2000년대의 우리나라 사회복지행정은 공공복지행정의 발전과 더불어 현장 중심으로 민간복지행정과의 협업을 통해 발전 운영되고 있다.

용어정리

- **지역사회복지(community welfare)** : 지역사회의 구성원들이 상호 협력하고 도움을 주고받으며, 지역사회의 구성원들의 복지를 증진하고, 지역 주민의 역량을 강화하기 위해 교육 훈련을 통해 지역사회 주민 지도자들을 육성하고 이들을 중심으로 지역사회의 문제를 해결하기 위해 다양한 복지서비스와 프로그램을 개발하고 제공하는 사회복지 실천 활동이다.
- **인보관운동(Settlement Movement)** : 중상류층(전문가 · 지식인 등)이 빈곤 지역에 거주(settle)하면서 주민과 함께 생활 · 교육 · 문화 · 조직화를 추진한 지역사회 중심 운동. 구조적 빈곤 · 사회환경 개선, 지역사회 조직화와 주민 참여를 중시한 지역사회복지의 시초적 운동으로 평가된다.
- **자선조직협회(Charity Organization Society, COS)** : 19세기 후반 영국 · 미국에서 전개된 운동으로, 산발적 · 중복적 구호를 지양하고 조사(casework)와 조직적 관리를 통해 '합리적 · 과학적' 자선사업을 하려 했던 조직. 개인의 도덕성 · 근면성에 초점을 둔 선별적 구호 성격이 강하다.
- **지역사회보호(community care)** : 지역사회를 기반으로 하는 대인 사회복지서비스를 제공함에 있어 지역사회의 일반적 삶을 기본 준거로 하는 서비스 활동이다.
- **지역사회계획(community planning)** : 지역사회 구성원들 간의 구조적인 관계를 변화시키거나 지역사회 구성원들이 지역문제에 대처하여 극복할 수 있도록 구체적인 실천 과정을 계획하고 결정하는 활동이다.
- **지역사회운동(community acting)** : 주민들이 공유하고 있는 지역의 이슈를 해결하기 위해 함께 투쟁하고 행동하는 실천 활동이다.
- **사회복지행정(administration of social welfare)** : "사회복지조직(공공과 민간 모두를 포함)의 조정과 협력 과정을 통하여 조직의 목표를 달성하기 위한 사회복지서비스 전달체계 또는 과정"으로 정의할 수 있다.
- **반열방(班列房)** : 북한을 포함한 우리나라의 인보관 성격의 최초 민간 지역사회복지관은 반열방으로 미국 감리교 여선교사 메리 놀즈(Mary Knowles)에 의해 1906년 원산에서 설립되었다.
- **태화여자관(泰和女子館, Taehwa Women's Hall)** : 현대적 의미에서의 남한 최초 민간지역사회복지관이다. 1921년 서울 인사동에 미국 남감리회 여선교부가 설립한 근대적 사회사업기관으로, 우리나라 사회복지관의 효시이자 여성 · 아동 · 지역사회복지의 출발점으로 평가된다. 여성 교육, 보건 · 구호, 각종 구락부 활동 등을 통해 오늘날 지역사회복지관과 인보관적 기능을 함께 수행한 기관이다. 당시 초대 관장 마이어스(Mary D. Myers)는 '태화관'을 영어로 "Great Harmony Hall"이라고 소개하기도 하였다.

Chapter

08

사회복지는 어떻게 제도로 작동되는가

-사회복지 거시적 실천 방법

본 장에서는 사회복지가 어떻게 사회 전체를 대상으로 작동하는가를 설명하는 장이다. 개인 한 사람의 문제는 혼자만의 문제가 아니라, 사회구조의 변화와 연결되어 나타난다. 그래서 사회는 문제를 해결하기 위해 정책, 법, 그리고 제도를 만들어 왔다. 사회복지정책은 어려움을 겪는 사람을 돕기 위한 사회의 방향과 약속이라고 할 수 있다. 이를 통해 어떤 문제를 우선 해결할지, 어떤 방식으로 자원을 나눌지 정해진다. 이때 단순히 도움을 주는 것에서 끝나는 것이 아니라, 모두가 사람답게 살 수 있도록 하는 가치가 중요하다. 또한 사회복지법은 말 그대로 사회복지를 가능하게 해주는 규칙과 기준이다. 법이 있기 때문에 사회복지는 '선의'나 '기부'가 아니라 국가가 보장해야 할 권리가 된다. 마지막으로 사회보장제도는 누구나 인생에서 겪을 수 있는 위험, 예를 들어 실직, 질병, 노령과 같은 일에 대비하여 사회가 함께 돕는 장치이다. 이를 위해 사회는 세 가지 체계를 운영한다. 사회보험은 미리 보험료를 모아 위험이 생기면 지원하는 방식이고, 공공부조는 생활이 어려운 사람에게 국가가 직접 도와주는 제도이며, 사회복지서비스는 돌봄이나 상담처럼 눈에 보이는 실제 도움을 제공하는 방식이다. 즉, 사회복지는 돈으로만 돕는 것이 아니라, 사람이 사람답게 살아갈 수 있도록 곁을 내어주는 것이다. 따라서 사회복지는 선의가 아니라 사회가 정한 권리와 기준으로 제공된 약속으로 정책을 통해 방향을 세우고, 법은 기준을 만들며, 제도는 그 약속을 실제로 실현하는 것이다.

1 사회복지정책

1) 사회복지정책의 개념과 특성

사회복지정책은 사회복지와 정책의 합성어이다. 사회복지정책의 개념은 사회복지개념을 어떻게 규정하느냐에 따라 사회복지정책의 개념이 다르게 규정되어 질 수 있다. 따라서 사회복지와 정책의 개념을 각각 살펴볼 필요가 있다.

(1) 사회복지와 정책의 개념

사회복지(social welfare)는 잔여적 개념(residual concept)과 제도적 개념(institutional concept)으로 구분할 수 있다. 먼저 사회복지의 잔여적 개념이란 개인의 욕구가 일차적으로 가족 또는 시장을 통해 충족되는데, 이러한 가족 또는 시장이 제대로 그 기능이 작동되지 않을 때 국가가 최소한의 개입을 통해 잠정적, 일시적으로 그 기능을 대신하는 구호적 성격의 선별적 복지를 지향하는 사회복지를 의미한다. 즉, 사회복지는 '마지막 수단'으로 여겨지며, 개인이나 가족 또는 시장이 문제를 해결할 수 없을 때만 개입하게 된다. 이러한 관점에서 복지 혜택은 종종 최소한으로 제한되며, 주로 가난하거나 긴급한 필요가 있는 사람들을 선별적 대상으로 한다.

이에 반해 사회복지의 제도적 개념은 사회적 욕구 충족을 목적으로 하는 사회복지가 다른 사회제도와 동등한 수준에서 일차적, 정상적으로 제도화되어 있으며, 국가가 적극적으로 개입하며 보편적 복지를 지향하는 사회복지를 의미한다. 즉, 사회복지를 모든 시민의 권리로 보며, 사회적 안전망을 강화하고 모든 사람의 복지를 향상시키는 데 중점을 둔다. 여기서는 복지서비스가 일반적인 사회적 필요에 대응하기 위해 보편적으로 제공되며, 예방적이고 포괄적인 접근 방식을 취한다.

〈표 8-1〉 사회복지의 잔여적 개념과 제도적 개념

구분	잔여적 개념(residual concept)	제도적 개념(institutional concept)
주요 관점	사회복지는 마지막 수단으로 간주	사회복지는 기본적인 인권으로 간주됨
대상	주로 빈곤자 또는 긴급 또는 위기 상황에 처한자	모든 사회 구성원
서비스 제공 방식	개별적이고 문제 중심적(선별주의)	보편적이고 예방적(보편주의)
목적	특정 문제 해결 및 긴급 상황 대응	사회적 안전망 강화 및 모든 사람의 복지 향상
접근 방식	최소한으로 제한된 서비스 제공	포괄적이고 지속적인 서비스 제공
철학	개인의 책임 강조	사회적 책임과 연대 강조
정책의 예	긴급 복지 지원, 일시적인 급여 제공	기본 소득, 국민건강보험, 무상교육 등

정책(policy)의 개념은 국가별, 학자별로 정의하는 것이 달라 합의된 정의를 내리기가 쉽지 않다. 그 이유는 국가별로 처한 정치적 · 사회적 · 경제적 환경과 상황이 다르기 때문이다. 또한 연구자들의 관심 영역과 연구 범주가 다르기 때문이다. 그러나 국내외 학자들의 정책에 대한 정의를 종합하면 “정책은 정부 또는 조직의 특정 목적을 성취하기 위해 필요한 행동에 대한 지침 또는 계획, 규정 또는 절차를 의미”한다.

(2) 사회복지정책의 개념

사회복지정책의 개념은 국가마다 상이하며, 학자들 간에 정의가 다른 것은 국가별로 사회복지정책에 대한 역사적 경험이 다르고 이에 따라 학술적으로나 일상적으로 사회복지정책을 받아들이는 태도가 다르기 때문이다.

사회복지정책에 대한 개념적 정의는 여러 학자들에 의해 다양하게 제시되어 왔다. 대표적인 국내외 학자들이 제시한 사회복지정책의 정의는 다음과 같다.

길버트와 테렐(Gilbert & Terrell, 1996)은 사회복지정책을 “정부가 개인의 복지를 증진하거나 보호하기 위해 채택한 원칙과 법률, 프로그램, 서비스 및 활동”으로 정의하였다. 이는 사회복지정책이 개인의 복지를 중심으로 정부의 다양한 활동을 포함한다는 것을 강조한다.

티트머스(Titmuss, 1974)는 사회복지정책을 "사회적 필요를 충족시키기 위해 공동체 내에서 조직적으로 이루어지는 활동"으로 정의하였다. 여기서는 사회적 필요와 공동체 차원에서의 조직적 접근에 중점을 둔다.

에스핑-앤더슨(Esping-Andersen, 1990)은 복지국가와 관련한 사회복지정책의 연구에서 사회복지정책을 "사회적 시민권과 사회적 권리를 구현하는 정책"으로 정의하였다. 이는 사회복지정책이 사회적 권리와 시민권의 실현과 밀접한 관련이 있다는 관점을 제시한다.

박병현(2019)은 "사회복지정책이란 사람들이 인간다운 삶을 영위하도록 서비스 또는 소득을 제공함으로써 인간의 기본적 욕구를 충족시켜 주고, 각종 의존 문제를 해결하기 위한 정부의 지침, 계획, 과정"이라고 정의하였다.

앞서 사회복지와 정책의 개념, 국내외 학자들의 사회복지정책의 정의를 바탕으로 정리하면, 사회복지정책은 "사회복지의 특정 목적을 성취하기 위해 필요한 행동에 대한 지침 또는 계획된 프로그램"으로 정의할 수 있다.

(3) 사회복지정책의 특성

사회복지정책은 그 특성에 따라 여러 방식으로 분류되고 이해될 수 있으며, 사회복지정책의 주요 특성은 목적 지향성, 공공성, 복합성, 역동성, 다양성, 통합적 접근, 정치적 성격, 법적 기반 등이 있으며 그 내용은 다음과 같다.

① 목적 지향성(purpose-oriented)

사회복지정책은 사회적 문제를 해결하고, 사회적 복지와 정의를 증진하기 위한 명확한 목적을 갖는다. 예를 들어, 빈곤 감소, 건강 증진, 교육 접근성 향상 등이 목적일 수 있다.

② 공공성(public nature)

대부분의 사회복지정책은 정부 기관에 의해 개발되고 집행된다. 이러한 정책들은 공공의 이익을 위해 공급되며, 국민의 권리와 복리를 보장하는 데 중점을 둔다.

③ 복합성(complexity)

사회복지정책은 경제, 사회, 정치, 문화 등 여러 분야와 연관성이 있으며 상호 작용하며, 이러한 분야의 요소들이 정책의 형성과 실행에 영향을 미친다.

④ 역동성(dynamism)

사회적, 경제적, 정치적 환경의 변화에 따라 사회복지정책도 지속적으로 변화하고 적응해 간다. 이는 사회의 변화하는 필요와 요구에 대응하기 위한 것이다.

⑤ 다양성(diversity)

사회복지정책은 건강, 교육, 주거, 고용, 사회적 보장 등 다양한 분야를 포괄하며, 각 분야는 고유의 목적과 접근 방식을 가지고 있다.

⑥ 통합적 접근(integrated approach)

효과적인 사회복지정책은 종종 여러 부문과 기관 간의 통합적 접근을 요구하며, 이는 복잡한 사회적 문제를 다각도에서 해결하려는 시도라 할 수 있다.

⑦ 정치적 성격(political nature)

사회복지정책은 정치적 과정과 밀접하게 연결되어 있다. 정책 결정, 자원 배분, 우선순위 결정 등은 정치적 의사결정 과정에 의해 크게 영향을 받는다.

⑧ 법적 기반(legal foundation)

많은 사회복지정책은 법적 규정에 의해 지원되고 강화되며, 법률은 정책의 범위, 서비스 제공 방식, 자격 기준 등을 명시한다.

이러한 특성들은 사회복지정책이 복잡 다양한 사회적 변화에 대응하는 데 중요한 기능과 역할을 하며, 다양한 이해관계자와의 상호작용을 통해 형성되고 집행된다는 것을 보여준다.

2) 사회복지정책의 가치와 이념

(1) 사회복지정책의 가치와 이념

사회복정책의 가치에 대해 살펴보기 전에 먼저 가치와 윤리의 개념을 살펴보고자 한다.

가치(value)와 윤리(ethics)는 사회, 문화, 그리고 개인의 행동을 지배하는 중요한 개념이다. 가치란 "사람들이 중요하게 여기는 신념(belief)이나 원칙(principle)"을 의미한다. 이는 개인이나 사회가 어떤 것을 중요하게 여기는지, 어떤 것을 추구하고 싶어 하는지를 반영한다. 예를 들어, 정직, 자유, 평등과 같은 것들이 가치에 해당한다. 가치는 문화, 경험, 개인적 신념 등에 따라 다양하게 형성될 수 있다.

윤리란 "옳고(right) 그름(wrong)에 대한 판단과 관련된 원칙과 기준들"을 의미한다. 이는 개인이나 집단이 특정 상황에서 어떻게 행동해야 하는지에 대한 지침을 제공한다. 윤리는 개인의 도덕적 판단, 사회적 규범, 법적 기준 등에 의해 영향을 받는다. 예를 들어, 정의, 책임감, 공정성 등이 윤리적 원칙에 포함된다.

따라서 앞서 살펴본 가치의 개념을 바탕으로 정리하면 사회복지의 실천 가치란 "사회복지 실천에서 중요하게 여기는 신념(belief)이나 원칙(principle)"을 의미한다. 다음에서는 사회복지의 여러 가치들 중 자유, 평등, 효율성, 사회적 적절성, 사회정의, 인간 존중 등에 대해 살펴보고자 한다.

① 자유

자유(freedom)란 자기가 원하는 것을 하는 것을 의미한다. 자유에는 크게 소극적 자유와 적극적 자유로 구분할 수 있다. 소극적 자유(passive freedom)란 다른 사람의 간섭 혹은 의지(will)로부터의 자유를 의미하고, 적극적 자유(aggressive freedom)는 자신이 원하는 것을 할 수 있는 자유를 의미한다. 소극적 자유는 '기회(opportunity)'의 측면을 강조하는 반면, 적극적 자유는 자유의 '능력(capacity)'의 측면을 강조한다.

현대 복지국가에서 사회복지정책은 특정한 사람들의 소극적 자유를 줄이는 반면 다른 사람들의 적극적 자유를 증가시키는 경우가 많다. 이는 적극적 자유가 소극적 자유의 가치를 높일 수 있다는 것과 소극적 자유로부터 감소되는 효용이 적극적 자유로부터 증가되는 효용보다 적을 수 있다는 점에서 옹호되고 있다.

② 평등

사회복지정책의 가치들 가운데 가장 중요한 것 중 하나는 평등(equality)이다. 평등은 정의로운 분배를 의미하는데 어떻게 분배하는 것이 정의로운가에 대해 사람들 간에 관점의 차이가 있다. 평등은 세 가지로 구분, 즉 수량적 평등, 비례적 평등, 기회의 평등으로 구분하여 설명할 수 있다.

- 수량적 평등(numerical equality) : 가장 적극적인 평등으로서 사람들의 욕구 또는 능력의 차이에 관계없이 사회적 자원을 모두에게 양적으로 똑같이 분배하는 평등을 의미한다. 수량적 평등은 결과의 평등과 동일한 의미를 갖고 있으며, 수량적 평등의 개념이 의미하는 결과의 완전한 평등은 존재하지 않으며 대다수 구성원들이 이를 원하지 않는다. 수량적 평등의 예로 공공부조제도를 들 수 있다.
- 비례적 평등(proportional equality) : 개인의 욕구, 노력, 능력, 기여 등 기준에 따라 사회적 자원을 상이하게 배분하는 것으로, 흔히 공평 또는 형평성(equity)이라고도 한다. 비례적 평등은 실질적으로 가장 널리 적용되는 개념이며, 비

례적 평등의 예로 사회보험을 들 수 있다.

- 기회의 평등(equal opportunity) : 가장 소극적인 평등 개념으로서, 이 개념에 의하면 결과의 평등은 중요하지 않고 결과를 얻을 수 있는 과정상의 기회만을 똑같이 해주는 것에 집중하는 것이 필요하다. 따라서 과정상의 기회만 평등하다면 그로 인한 결과의 불평등은 개인이 책임져야 한다는 관점이다. 기회의 평등이라는 이름 아래 수많은 결과의 불평등의 존재를 정당화한다는 비판이 있다. 기회의 평등의 예로 드림스타트(dream start) 등을 들 수 있다.

③ 효율성

사회복지정책에서도 효율성(efficiency)이 중요한 것은 사용되는 자원이 한정되어 있어 가능하면 한정된 자원으로도 높은 효과를 얻는 것이 필요하기 때문이다. 효율성을 어떠한 것이 비효율적 자원 사용이라고 보는가의 관점에 따라 목표 효율성과 운영 효율성으로 구분한다. 목표 효율성은 정책이 목표로 하는 대상자들에게 자원이 얼마나 집중적으로 할당되는가를 기준으로 하며, 목표 효율성 관점에서 보면 목표 외에 사용되는 자원은 비효율적인 것이다. 운영 효율성은 정책을 집행하고 운영하는 과정에서 대상자에게 직접 사용되는 것 외에 투입되는 비용을 기준으로 한다. 운영 효율성 관점에서는 흔히 운영비라고 하는 간접경비를 줄이는 것이 중요하다.

④ 사회적 적절성

사회적 적절성(social appropriacy)은 사회복지정책을 통해 사람들의 '욕구(need)'를 충분히 충족시켰는가를 의미한다. 사회적 적절성은 급여 수준이 높을수록 실현 가능성이 높은데, 이러한 점에서 사회보험의 사회적 적절성 실현 정도가 공공부조, 사회수당보다 높다. 공공부조는 최저생활 수준에 맞추어 급여를 준다는 점에서, 사회수당은 대상자가 아주 많아서 1인당 급여가 낮다는 점에서 사회적 적절성을 달성하기에 한계가 있다.

⑤ 사회정의

사회정의(social justice)는 사회 구성원들에게 정당한 몫을 분배하고 이에 대한 권리와 책임을 바르게 부여하는, 바람직한 사회의 원리를 의미한다. 사회정의는 정의로운 사회를 만들어 나가는 데 사회복지정책의 중요한 가치이다.

⑥ 인간 존중

인간 존중(human dignity)의 가치는 사회복지의 핵심 가치 중 하나이며, 이 가치는 모든 인간이 태어날 때부터 가지는 본질적인 가치와 존엄성을 인정하는 것에 기반한다. 사회복지 실천에서 모든 개입과 서비스의 기본적인 지침으로 작용하며, 사회복지 전문가들은 이러한 원칙에 따라 개인의 권리와 복지를 증진시키는 데 노력해야 한다. 그리고 인간 존중의 가치는 개인의 삶의 질을 향상시키고, 사회적 정의와 평등을 촉진하는 데 중요한 역할을 한다.

3) 정책 형성 과정

사회복지정책 형성 과정은 사회문제 → 이슈화 → 정책 의제(아젠다) 형성 → 정책 대안 형성 → 정책의 결정 → 정책의 집행 → 정책 평가 순으로 진행되며, 그 단계별 내용은 다음과 같다.

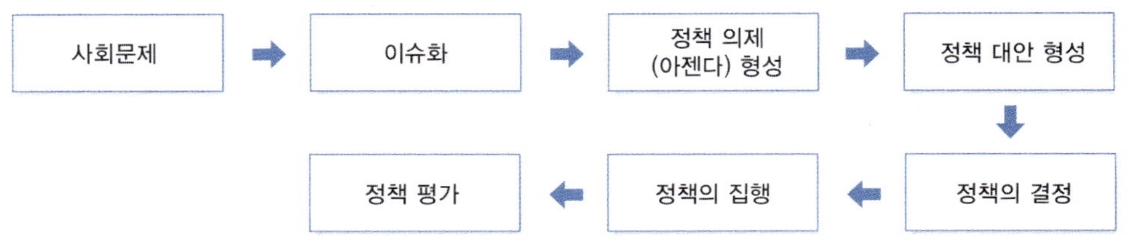

〈그림 8-1〉 **사회복지정책 형성 과정**

(1) 정책 문제의 형성

사회문제(social problem)란 다수의 사람들이 문제 또는 해롭다고 인식하거나, 이 문제에 대해 해결할 것을 요구하는 경우, 그리고 이 문제는 반드시 해결 가능한 것이어야 하고 가끔은 권력자가 문제로 규정한 것도 포함된다. 사회문제란 불충족된 욕구에 기반하며 이것이 개인적 차원이 아닌 사회적 문제로 표출되어 제시되어야 한다. 사회문제는 본질적으로 그 문제로 인하여 고통을 받고 있는 사람이 스스로 해결하지 못하기 때문에 문제로 성립된다.

이슈란 어떤 문제(problem) 또는 요구(demand)가 '공공의 관심'을 끌어 '공공정책상의 논점'으로 제시되는 경우를 의미한다. 즉, 특정 주제나 문제에 대한 관심, 논란, 또는 토론이 집중되는 현상을 의미한다. 이슈는 다양한 형태로 나타날 수 있으며, 사회적, 정치적, 경제적, 문화적, 환경적 등 여러 분야에서 발생할 수 있다.[1)]

(2) 사회복지정책 의제(아젠다) 형성

정책 의제(정책 아젠다)란 공공정책으로 전환되기 위하여 정책 결정자들의 관심을 불러일으키고 논의될 수 있는 상태에 있는 문제 또는 이슈, 즉 의제들의 목록을 의미한다. 정책 의제의 형성은 어떤 이슈를 둘러싸고 다양한 이해관계자들의 이해 갈등이 수반되는 정치적 성격이 강한 정책 과정이다. 정책 의제 형성 모형은 외부주도 모형, 동형 모형, 내부접근 모형 등이 있다.

(3) 정책 대안의 형성 과정

정책 대안이란 문제를 어떻게 해결할 것인가, 즉 해결 방법에 대한 것이며, 정책

---

1) 이슈의 등장은 이슈 제기자(클라이언트, 사회복지사, 언론, 정치인 등) 또는 이슈 유발장치(영어 표현은 'triggering mechanism, 방아쇠를 당기다'라는 의미)로, 어떤 문제나 상황이 이미 무르익어서 크게 터질 수도 있지만 아직은 그렇지 않은 상태에 있다가 하나의 사건을 계기로 사회적 관심을 갖고 크게 문제가 되는 경우를 의미한다. 예 : 송파 세모녀 사건, 반지하 장애인 모녀 익사 사건 등

대안의 형성 과정은 문제와 상황 파악 → 미래 예측 및 목표 설정 → 대안 탐색 및 개발 → 대안의 비교분석 순으로 진행된다.

(4) 정책 결정

정책 결정이란 권위 있는 정책 결정자가 문제 해결을 위한 여러 대안들 가운데 하나를 선택하는 행위 또는 과정을 의미한다. 대안의 선택 과정 이외에도 여러 가지 대안이나 이미 결정된 사항들의 집행에 관한 우선순위를 확정 짓는 과정, 또는 우선순위를 매기기 위하여 대안이나 결정 사항들을 비교 분석하는 과정 역시 정책 결정 과정으로 볼 수 있다.

정책 결정은 공익적 성격과 함께 정치적 성격을 동시에 갖는다.

(5) 정책 집행

정책 집행이란 일반적으로 볼 때 의도된 정책 목표를 달성하기 위하여 결정된 사항들을 구체화시키는 활동을 의미한다. 정책 집행의 의미를 관리기술적 측면과 정치적 과정 측면에서 살펴볼 수 있다. 관리기술적 측면에서의 의미는 정책 집행은 정치적으로 중립적인 과정이며, 과학적 합리성에 입각하여 계층제를 통하여 분업이 이루어지는 기술적 과정이다. 정치적 과정 측면에서의 의미는 여러 사회 세력들 간의 관계를 반영해 주는 과정이다.

(6) 정책 평가

정책 평가는 협의의 정책 평가와 광의의 정책 평가로 구분된다. 먼저 협의의 정책 평가란 원래 의도한 문제의 해결에 얼마만큼 영향을 미쳤는가에 대한 평가 활동을 의미한다. 협의의 정책 평가의 개념은 구체적인 하나의 정책이 미치는 여러 가지 영향들에 초점을 두며, 결국 그 정책이 성공하였는지 실패하였는지에 대한 평가 연구를 의미하는 경우가 많다. 광의의 정책 평가란 정책 결정 이전부터 정책 집행

이후까지의 모든 정책 과정 속에서 이루어지는 정책 활동에 대한 평가를 의미한다. 정책 평가는 사회복지정책의 효과성 증진, 책임성 확보(정책 목표 달성 정도와 책의 소재 파악 용이), 연구의 기초(정책 연구에 기여) 등에 매우 필요한 과정이다.

2 사회복지법

1) 사회복지법의 개념과 법원

사회복지법은 사회복지를 목적으로 하는 법률의 총체를 의미한다. 이는 국가와 사회가 개인의 기본적인 생활을 보장하고, 사회적 약자를 보호하기 위해 설정한 다양한 법규와 정책을 포함한다. 사회복지법의 주요 목적은 국민의 건강, 복지, 안전을 보장하며, 사회적 약자의 권리를 보호하고 사회적 불평등을 완화하는 것이다.

법원(法源)이란 '법의 연원'의 축약어이다. 법원은 크게 성문법과 불문법으로 구분된다. 성문법이란 문서로 표현되며, 일정한 형식과 절차에 따라서 제정 · 공포되는 법을 의미하며, 제정법 또는 실정법이라고도 한다. 오늘날 대부분의 국가에서는 원칙적으로 성문법을 법원으로 하는 성문법주의(成文法主義)를 채택하고 있으며, 예외적인 경우 불문법을 병용(竝用)하고 있다.

(1) 성문법으로서의 법원

성문법으로는 헌법, 법률, 명령(대통령령, 총리령, 부령), 규칙, 자치법규(조례와 규칙), 국제법(국제조약, 국제법) 등이 있으며 그 내용은 다음과 같다.

① 헌법(constitution)

1919년 세계 최초 헌법인 독일의 바이마르 헌법 이래 헌법상 생존권 조항이 규정됨으로써 헌법은 가장 중요하고 기본적인 사회복지법의 법원이 되었다. 헌법은 국가의 가장 기본이 되는 법률로, 국가의 체제, 정부의 구조, 기본적인 국가 원리, 그리고 국민의 기본권을 규정한다. 헌법은 모든 다른 법률과 규정의 근거가 되며, 법적 위계에서 최상위에 위치한다. 헌법은 일반 법률에 비해 변경이 어렵고, 대부분의 국가에서는 특별한 절차를 통해서만 개정할 수 있으며, 국가의 정체성과 근본적인 가치를 반영한다.

② 법률(法律, statute or legislation)

법률은 국가의 입법부인 국회의 의결을 거쳐 제정 · 공포된 법을 의미한다. 사회복지법의 법원으로서의 법률은 실질적으로 사회복지의 구체적인 내용을 규정하고 있는 대부분의 법률이 이에 해당한다. 법률은 사회의 다양한 영역을 규율하며, 구체적인 법적 규정을 포함한다. 법률은 헌법에 근거하여 만들어지며, 헌법에 위배되지 않는 범위 내에서 국민의 권리와 의무를 명시한다.

③ 명령(命令, order or decree)

명령은 행정기관(예 : 부처, 기관)에 의해 제정되는 성문법이며, 법률을 구체화하거나 세부적인 사항을 규정하는 것이다. 명령에는 제정 주체에 따라 대통령령, 총리령, 부령 등이 있으며, 명령의 목적에 따라 집행명령과 위임명령으로 구분된다. 명령은 일반적으로 시행령으로 불리우며, 법률에 의해 위임된 권한에 근거하며, 법률의 틀 안에서만 유효하다. 명령은 대개 행정적인 성격을 가지며, 법률보다는 더 구체적인 사항을 다룬다.

④ 규칙(規則, regulation or rule)

규칙은 정부의 행정기관(예 : 부처, 기관)에 의해 설정되는 세부적인 지침이다. 이는 특정 분야의 법률을 실행하기 위해 필요한 구체적인 절차와 기준을 명시한다. 규칙은 법률과 명령에 근거하여 제정되며, 해당 행정기관의 특정 업무에 관련된 세부적인 내용을 다룬다. 일반 국민보다는 해당 분야의 전문가나 관련된 사람들에게 주로 적용된다.

⑤ 자치법규(조례와 규칙)

지방자치단체는 주민의 복리에 관한 사무를 처리하고 재산을 관리하며, 법령의 범위 내에서 자치에 관한 규정을 제정할 수 있다(헌법 제117조).

- 조례(ordinance) : 지방자치단체의 의회에 의해 제정되는 법규이다. 이는 해당 지방자치단체의 영역 내에서 적용되며, 지역적 특성과 필요에 맞춘 규정을 담고 있다. 조례는 지방정부의 자치권을 행사하는 주요 수단 중 하나이다. 조례는 지방자치단체의 구체적인 사항을 규율한다. 예를 들어, 지역 내 교통, 환경, 공공질서, 지역 문화 발전 등에 관한 사항을 다룬다. 조례는 국가 법률에 위반되지 않는 범위 내에서 제정되며, 지역 주민의 복지와 지역 발전을 목표로 한다.
- 규칙(regulation) : 지방자치단체의 집행기관, 즉 시장, 군수, 구청장과 같은 고위 공직자에 의해 제정되는 세부적인 행정 지침을 의미한다. 규칙은 일반적으로 시행규칙으로 불리우며 조례나 법률에 의해 위임된 사항을 구체화하고, 지방자치단체의 행정을 원활하게 하는 데 목적을 둔다. 규칙은 보다 세부적이고 기술적인 사항을 다루며, 지방자치단체의 일상적인 행정 운영과 밀접하게 관련된다. 이는 조례나 국가 법률의 틀 안에서만 유효하며, 해당 지방자치단체의 공무원이나 주민에게 구체적인 지침을 제공한다.

이러한 성문법은 법의 위계적 체계에서 각기 다른 수준에 위치하며, 국가 및 지방

자치단체의 운영과 사회질서 유지에 필수적인 역할을 수행한다

(2) 불문법으로서의 법원

불문법은 성문법 이외의 문서화되지 않은 법을 의미한다. 불문법에는 관습법, 판례법, 조리가 있다. 이는 전통, 관습, 판례 등 비문서적인 형태로 존재하며, 사회의 오랜 관행과 사법적 해석에 의해 형성되고 인정된다. 불문법은 법의 형식적 성문화 과정을 거치지 않았기 때문에, 유연성과 적응성을 가지며, 사회의 변화와 발전에 따라 자연스럽게 조정되고 발전할 수 있다.

- 관습법(customary law) : 오랜 시간에 걸쳐 사회적으로 관행으로 준수해 내려온 사회생활과 규범이 사회 구성원의 법적 확신을 얻게 되어 국가에 의해 불문의 형태로서 승인되고 강행되는 불문법을 의미한다. 민법 제1조에는 관습법을 법원으로 인정한다는 조항이 명시되어 있다.
- 판례법(case law or common law) : 법원의 판결과 이에 따른 법적 해석을 통해 형성되는 불문법을 의미한다. 즉, 구체적인 법률 문제에 대한 동일한 취지의 법원의 판결이 반복됨으로써 그러한 결정이 후속 법원의 의사결정에 영향을 주고 하위 법원을 기속한다.
- 조리(條理, legal reasoning) : 조리는 당연히 그러해야 할 것이라고 인정되는 법 해석의 기본원리이며, 성문법, 관습법, 판례법이 없을 경우 최종적으로 적용되는 보충적 법원이다. 일반적으로 국가가 법적 규범의식으로서 승인한 사회통념, 신의성실의 원칙, 공서양속[2], 비례원칙[3], 형평성[4], 경험칙[5] 등을 조리로

2) 공서양속(public policy and morals 또는 public order and good morals)은 법률과 사회규범에서 중요한 개념으로, 사회의 일반적인 도덕적, 윤리적 기준과 공공의 질서를 유지하는 데 필요한 규범을 의미한다. 이 개념은 법적 결정과 법률의 해석에 영향을 미치며, 특히 계약법, 국제법, 민법 등 다양한 법적 영역에서 중요한 역할을 한다.

3) 비례원칙은 행위나 결정이 그 목적에 비해 과도하지 않아야 한다는 원칙이다.

4) 형평성은 공정하고 정당한 대우를 받을 권리를 의미한다. 이는 모든 개인이나 그룹이 동등하게 취급되어야 하며, 비슷한 상황에서는 비슷한 방식으로 대우받아야 한다는 원칙이다.

5) 경험칙은 복잡한 계산이나 분석 없이, 경험적으로 유추할 수 있는 간단한 규칙을 의미한다.

써 법적 규범력을 가지는 것으로 인정된다. 민법 제1조에도 "민사와 관하여 법률의 규정이 없으면 관습법에 의하고, 관습법이 없으면 조리에 의한다"라고 명시함으로써 조리의 법원성을 성문으로 인정하고 있다.

2) 사회복지법의 법적 성격

사회복지법의 법 체계상의 위치를 살펴보면 실정법과 자연법 중 실정법에 속하며, 국내법과 국제법 중 국내법에 속하며, 법의 위계에서 헌법 아래 공법, 사법, 사회법 중 사회법에 속하며, 사회법의 하위 법인 노동법, 경제법, 사회복지법의 위치에 있다.

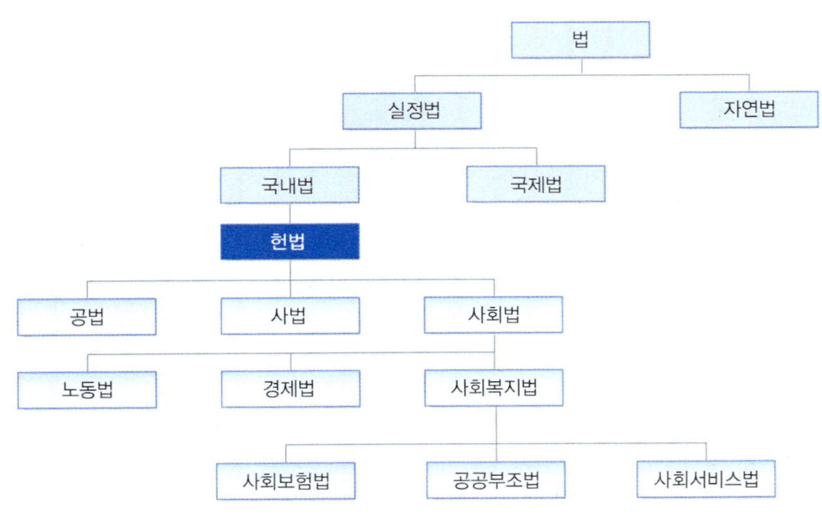

〈그림 8-2〉 **사회복지법의 법 체계상의 위치**

그러나 우리나라의 사회복지법은 법 체계 내에서 그 범위를 구체적으로 명시한 규정이 존재하지 않기 때문에 관점에 따라 개념이 다르게 규정될 수 있다. 즉, 형식

이는 복잡한 상황을 신속하게 판단하거나 결정할 때 유용한 지침을 제공한다.

적 의미에서의 사회복지법에는 사회보험, 공공부조, 사회서비스에 직접 관련되는 법률만을 포함하고 있지만, 실질적 의미에서의 사회복지법에는 삶의 질을 증진시키기 위한 다양한 법률들이 포함되어 있다. 우리나라의 사회복지법은 사회법전이 없는 개별법 체계로 존재한다.

사회복지법의 법적 성격을 본서에서는 규범적 성격, 보호적 성격, 재분배적 성격, 예방적 성격, 통합적 성격 등으로 구분하여 제시하였다.

① 규범적 성격

「사회복지법」은 국가와 사회가 개인의 복지를 증진하기 위해 설정한 법적 규범의 체계이다. 이는 개인의 기본적인 생활을 보장하고, 사회적 약자를 보호하는 데 목적이 있다. 특히, 사회보장, 공공복지, 그리고 개인의 복지와 관련된 서비스 및 지원에 관한 법적 틀을 제공한다.

② 보호적 성격

「사회복지법」은 사회적 약자와 취약계층을 보호하는 데 중점을 둔다. 이는 아동, 노인, 장애인, 그리고 저소득층과 같은 사회의 보호가 필요한 집단에 특별한 관심을 기울이는 것을 의미한다.

③ 재분배적 성격

「사회복지법」은 경제적 자원의 재분배를 통해 사회적 평등을 증진하는 역할을 한다. 소득 재분배를 통해 경제적 불평등을 완화하고, 사회적 안정과 공정을 도모한다.

④ 예방적 성격

「사회복지법」은 또한 사회적 문제가 발생하기 전에 이를 예방하는 목적도 가지고 있다. 예를 들어, 교육 및 직업 훈련 프로그램을 통해 빈곤의 순환고리를 끊고, 사회적 배제를 방지하는 것이 이에 해당한다.

⑤ 통합적 성격

「사회복지법」은 다양한 사회적 서비스와 지원체계를 통합하여 종합적인 복지 체계를 구축한다. 이는 건강, 교육, 주거, 고용 등 다양한 영역에서의 복지서비스를 포괄한다.

이러한 「사회복지법」의 법적 성격들을 종합해 보면, 사회복지법은 단순히 법적 규정을 넘어서 사회적 정의, 평등, 통합을 추구하는 광범위한 사회적 목적을 가지고 있다고 볼 수 있다.

3 사회보장제도

1) 사회보장의 개념과 범위

사회보장의 정의는 시대별, 국가별, 학자마다 다르게 정의되고 있다. 처음 사회보장이란 용어를 공식적으로 사용한 국가는 미국이며, 1935년 사회보장법(Social Security Act)의 제정부터가 그 시작이라 하겠다. 미국은 전통적으로 자유주의 시장경제를 채택하고, 개인의 생계는 개인 스스로가 책임을 지는 개인주의 가치를 중요하게 생각하는 국가이다. 그래서 그 당시 미국에서 국가의 적극적 개입을 통한 사회보장정책을 실시한다는 것은 그 사회가 용납하지 못하는 부분 중에 하나였다. 그러나 1929년 대공황(Great Depression)은 미국인의 이러한 가치 의식을 변화시키는 계기가 되었으며, 자본가 계급인 기업인들도 정부의 개입을 요청하였다. 그만큼 경제가 어려웠다는 것을 반증하는 사건이 아닐까 생각되는 대목이다. 즉, 대공황은 미국뿐만 아니라 세계를 경제공황에 빠뜨리게 하였다. 이러한 위기 상황은 미국인의 가치관을 변화시켰으며, 사회보장에 대한 정부의 책임을 요구하게 되었다. 루스벨트 대통령은 경제위기 극복을 위해 7년간(1933~1939년)에 걸쳐 뉴딜 정책(New Deal Policy)을 실시하였다. 이 과정에서 정부 주도의 사회간접자본(SOC) 투자와 더불어 실업자들의 생계보장을 위한 실업보험 실시 등이 제안되었으며, 이러한 제안들을 반영하여 1935년에 사회보장법을 제정하였다. 이러한 사회보장법이 담고 있는 내용을 살펴보면 "사회보장은 재해, 실직, 퇴직, 주된 소득자의 사망 등으로 감소 또는 상실된 소득을 보전해 주고 아동, 빈곤노인, 장애인 등 사회적 약자의 소득을 보장해 주는 제도"였다.

다음으로 사회보장의 개념에 대해 살펴보면, 미국의 사회보장제도를 이용하여 쉽게 정리한 『사회보장핸드북(Social Security Handbook)』에서는 사회보장을 "개인과 가족의 물질적 요구를 충족해 주고, 저축을 소진할 수 있는 질병 치료 비용으로부터 노인과 장애인을 보호하며, 가족을 유지하도록 하고, 아동에게 건강하고 안전하게 성장할 수 있는 기회를 제공하는 프로그램들"이라 정의하고 있다. 이 정의는 미국의 사회보장법과 관련 법들이 규정하고 있는 많은 프로그램을 포괄한 것으로 사회보장법 제정 당시의 정의보다 넓은 의미를 담고 있다고 볼 수 있다.

국제노동기구(ILO)는 사회보장을 "모든 사람이 적절한 의료를 받고, 질병, 실업, 노령, 산업재해, 직업병 또는 가족을 잃는 등의 사건으로 인해 생계가 위협받을 때 수입을 보장받을 수 있는 기본적인 인간 권리"로 정의하고 있다. 이 정의는 사회보장의 광범위한 목적을 포함하며, 보건 서비스와 수입 보장을 모든 사람에게 제공하는 것을 강조한다. 그리고 사회보장은 노동시장 참여와 사회적 통합을 촉진하고, 인간의 존엄성을 유지하는 데 기여한다.

우리나라는 「사회보장기본법」 제3조제1호에 "사회보장이란 출산, 양육, 실업, 노령, 장애, 질병, 빈곤 및 사망 등의 사회적 위험으로부터 모든 국민을 보호하고 국민 삶의 질을 향상시키는 데 필요한 소득·서비스를 보장하는 사회보험, 공공부조, 사회서비스를 말한다."라고 정의하고 있다.

위의 내용을 종합하여 정리하면 사회보장이란 "사람이 살아가면서 예상치 못한 사회적 위험, 즉 질병, 실업, 재해, 장애, 사망, 노령, 출산 등에 의해 소득중단 또는 상실이 되는 것을 국가가 법적 근거(사회보험, 공공부조, 사회수당, 사회서비스)에 의해 소득을 보장해 주는 사회제도"라고 정의할 수 있다.

2) 사회보험

사회보험(social insurance)은 미래의 사회적 위험에 대비하여 정부가 보장하는 강제보험이다. 「사회보장기본법」 제3조제2호에서 사회보험이란 "국민에게 발생하는 사회적 위험을 보험의 방식으로 대처함으로써 국민의 건강과 소득을 보장하는 제도를 말한다."라고 정의하고 있다.

사회보험은 위험 분산과 공동부담이라는 보험원리와 강제가입과 법적 권리라는 사회적 성격을 가지고 있다. 사회보험의 가입 대상자는 법에 의해 규정되며, 급여를 받을 수 있는 권리는 대개 수급권자의 과거 기여금 납부 실적 및 납입 기간에 근거하여 결정된다. 기여금과 급여는 일반적으로 수급 대상자의 과거 소득과 연계되어 결정된다. 사회보험의 재원은 대부분 근로자 및 사용자의 기여금에 의해 충당되며, 이를 수행하기 위한 행정비용은 정부의 재정으로 충당된다. 사회보험의 기여금에 의해 마련된 기금은 정부의 일반재정과 분리된 특별기금으로 구분하여 운영된다. 공공부조가 사회문제를 해결하는 사회보장제도라면 사회보험은 사회 위험에 대비하는 예방적 사회보장제도라 할 수 있다. 우리나라의 사회보험제도로 산업재해보상보험제도는 1964년에, 의료보험제도는 1977년에 최초 시행되어 1989년에 전 국민 의료보험제도로 발전하였다. 국민연금제도는 1988년, 고용보험제도는 1995년에 실시되었으며, 이렇게 4대 사회보험이 완성되었다. 그 후 2008년 노인장기요양보험제도가 시행되면서 현재 5대 사회보험제도로 확대 운영되고 있다.

사회보험은 사보험과 달리 다음과 같은 특성이 있다.

첫째, 강제성을 들 수 있다. 즉, 사회보험은 가입을 법률로 강제한다. 둘째, 사회보험은 전 국민을 대상으로 한다. 셋째, 사회보험은 정부가 관장하고 감독한다. 넷째, 사회보험은 최저소득만 보호한다. 다섯째, 비용 부담은 공동부담을 원칙으로 하고 있으며, 부담해야 할 수준도 부담 능력에 비례하여 부담한다. 여섯째, 정부의 과세력(taxing power)을 통하여 인플레이션으로 인한 소득 감소를 보상해 준다.

사회보험의 필요성은 소득 보장, 의료비용 부담의 경감, 사회적 위험관리, 경제 안정성 유지, 사회적 연대감의 강화 등을 들 수 있는데 그 내용을 살펴보면 다음과 같다.

- 소득보장 : 사회보험은 노령, 장애, 실업 등으로 인한 소득 감소 또는 상실에 대비해 준다. 이를 통해 경제적 안정성을 제공하며 빈곤을 예방할 수 있다.
- 의료비용 경감 : 국민건강보험 등을 통해 의료비 부담을 경감시켜 준다. 이는 국민의 건강관리에 기여하며 의료 접근성을 높일 수 있다.
- 사회적 위험 관리 가능 : 사회보험은 개인이나 가족 단위로 감당하기 어려운 사회적 위험들(예 : 산업재해, 장기간의 질병, 사망, 노령 등)을 사회적으로 분산시켜 준다.
- 경제 안정성 유지 : 경제적으로 어려운 시기에도 사회보험을 통해 최소한의 생계를 유지할 수 있어 경제 전반의 안정성을 도모할 수 있다.
- 사회적 연대감 강화 : 사회보험제도는 사회 구성원 간 연대감을 강화하고, 사회적 약자에 대한 보호를 강화하는 역할을 한다.

3) 공공부조

공공부조(public assistance)는 사회보장제도 중 사회보험 다음으로 큰 비중을 차지하는 사회보장제도로 비기여, 소득 · 자산조사를 기반으로 제공되는 공적 프로그램이다. 「사회보장기본법」 제3조제3호에는 "공공부조(公共扶助)란 국가와 지방자치단체의 책임하에 생활 유지 능력이 없거나 생활이 어려운 국민의 최저생활을 보장하고 자립을 지원하는 제도를 말한다."라고 정의하고 있다.

공공부조의 급여 수준은 일반적으로 수급자의 경제 상태나 요구수준에 따라 결정되며, 공공부조의 재원은 국가의 일반조세에 의해 충당된다. 공공부조는 사회보장 프로그램 중에 가장 오래되었으며, 사회적 위험을 해결하는 최후의 프로그램이라 할 수 있다.

우리나라의 공공부조 프로그램은 「국민기초생활 보장법」에 법적 근거를 두고 있다. 국민기초생활보장제도는 급여별 선정 기준 이하의 소득을 가진 사람들에게 생계급여, 주거급여, 의료급여, 교육급여, 해산급여, 장제급여, 자활급여 등의 급여를 제공한다. 국민기초생활보장제도는 근로 능력이 있는 사람들에게도 자활 사업에 참여하는 것을 조건으로 생계급여를 제공한다.

공공부조의 일반적 특성으로 첫째, 공공부조는 규정된 최소소득 이하의 대상자에게만 선택적으로 행해지는 선별적 프로그램이다. 둘째, 공공부조는 조세를 재원으로 한다. 셋째, 공공부조는 수급권자에 대한 자산조사(means test)가 행하여진다. 넷째, 공공부조는 사회적 취약계층에 대한 최종적인 소득 보장 프로그램이다.

공공부조의 기본 원칙은 첫째, 국가책임의 원칙이다. 즉, 공공부조를 통하여 생활이 어려운 국민의 생존권을 실현하는 것을 국가의 책임으로 하는 원칙이다. 둘째, 생존권 보장의 원칙이다. 즉, 모든 국민은 누구나 생활이 어려운 때에는 국가에 대해 보호를 청구할 권리가 있으며, 국가는 이러한 요구를 들어줄 의무가 있다는 원칙이다. 셋째, 무차별 평등의 원칙이다. 즉, 급여 내용에 있어서 수급권자의 인종, 성별, 종교 및 사회적 신분에 차별 없이 평등하게 보호를 받을 권리가 있음을 의미한다. 넷째, 보충성의 원칙이다. 즉, 수급권자가 가지고 있고 이용할 수 있는 자산·능력 및 그 밖의 모든 것을 최대한 활용하고 그렇게 하고도 최저생활을 유지할 수 없을 때 최종적으로 그 부족분을 보충해 준다는 원칙이다. 다섯째, 자립 조장의 원칙이다. 즉, 수급권자의 잠재 능력을 개발 육성하여 자력으로 사회생활에 적응하게 하는 원칙이다.

공공부조의 필요성은 빈곤의 완화, 사회적 안전망 제공, 경제적 불평등 감소, 사회적 연대와 공동체 의식 증진, 긴급복지 대응 등을 들 수 있으며, 그 내용은 다음과 같다.

- 빈곤을 완화한다 : 공공부조는 빈곤층에게 기본적인 생계를 지원하여 빈곤과 극심한 경제적 어려움을 완화하는 데 중요한 역할을 한다.
- 사회적 안전망을 제공한다 : 사회보험과 같은 시스템에서 보호받지 못하는 사람들에게 필요한 최소한의 생활 보장을 제공한다.
- 경제적 불평등을 감소하는 데 기여한다 : 경제적 불평등을 줄이는 데 기여하여 사회적 안정성과 조화를 증진할 수 있다.
- 사회적 연대와 공동체 의식을 증진하는 데 기여한다 : 공공부조는 사회 구성원 간의 연대감을 강화하고, 공동체 의식을 증진시키는 데 기여한다.
- 긴급한 사회적 위험에 대처할 수 있다 : 자연재해, 경제 위기 등 긴급하고 예기치 못한 상황에서 사회적 약자들을 보호하는 역할을 수행한다.

4) 사회서비스

현대 사회의 대표적인 사회문제와 이슈의 키워드는 저출산, 고령화, 양극화, 4차 산업혁명 시대의 대응, 기후변화, 인구문제, 교육과 불평등, 문화적 다양성과 통합, 돌봄 등으로 제시할 수 있다. 이러한 사회문제는 다양한 형태로 나타나고 있으며, 사람들의 삶에 사회적 위험 요소로 나타나고 있다. 따라서 최근 이러한 사회적 문제를 해결하기 위한 다양한 제도적 노력이 제시되고 있으며, 그중 사회보장 프로그램으로서의 사회서비스에 대한 수요가 급증하고 추세이다.

사회서비스(social service)는 개인 또는 사회 전체의 복지 증진 및 삶의 질 향상을 위해 사회적으로 제공되는 서비스이다. 사회서비스는 사람들에게 개별적 욕구를 충족시켜 주는 프로그램이며, 이러한 욕구를 주로 공식적인 기구 또는 제도를 통해 충족한다.

「사회보장기본법」 제3조제4호에는 사회서비스를 "국가 · 지방자치단체 및 민간부문의 도움이 필요한 모든 국민에게 복지, 보건의료, 교육, 고용, 주거, 문화, 환경 등의 분야에서 인간다운 생활을 보장하고 상담, 재활, 돌봄, 정보의 제공, 관련 시설의 이용, 역량 개발, 사회참여 지원 등을 통하여 국민의 삶의 질이 향상되도록 지원하는 제도를 말한다."라고 정의한다.

사회서비스는 사회보험 또는 공공부조와는 다른 특성을 가지고 있으며 그 내용을 살펴보면 다음과 같다. 첫째, 사회서비스는 비물질적 · 심리사회적 서비스가 주된 내용으로 이루어져 있다. 둘째, 사회서비스는 급여의 특성상 개인적 욕구의 특수성에 따라 개별적 처우를 제공해야 한다. 셋째, 사회서비스의 급여는 서비스 보장이어서 서비스를 전달하는 사람들의 전문적 개입과 기술이 중요하고, 전문 인력의 자질과 실천적 윤리 의식이 성공적인 법의 실현에 결정적 요소가 된다.

용어정리

- **정책(policy)** : 정부 또는 조직의 특정 목적을 성취하기 위해 필요한 행동에 대한 지침 또는 계획, 규정 또는 절차를 의미한다.
- **사회복지정책(policy of social welfare)** : "사회복지의 특정 목적을 성취하기 위해 필요한 행동에 대한 지침 또는 계획된 프로그램 또는 지침"으로 정의할 수 있다.
- **가치(value)** : 사람들이 중요하게 여기는 신념(belief)이나 원칙(principle)을 의미한다.
- **윤리(ethics)** : 옳고(right) 그름(wrong)에 대한 판단과 관련된 원칙과 기준들을 의미한다.
- **이슈(issues)** : 어떤 문제(problem) 또는 요구(demand)가 '공공의 관심'을 끌어 '공공정책상의 논점'으로 제시되는 경우를 의미한다.
- **정책 의제(policy agenda)** : 공공정책으로 전환되기 위하여 정책 결정자들의 관심을 불러일으키고 논의될 수 있는 상태에 있는 문제 또는 이슈, 즉 의제들의 목록을 의미한다.
- **소극적 자유(passive freedom)/적극적 자유(aggressive freedom)** : 소극적 자유는 다른 사람의 간섭 혹은 의지(will)로부터의 자유를 의미하고, 적극적 자유는 자신이 원하는 것을 할 수 있는 자유를 의미한다.
- **수량적 평등(numerical equality)** : 가장 적극적인 평등으로서 사람들의 욕구 또는 능력의 차이에 관계없이 사회적 자원을 모두에게 양적으로 똑같이 분배하는 평등을 의미한다.
- **비례적 평등(proportional equality)** : 가장 소극적 평등으로 개인의 욕구, 노력, 능력, 기여 등 기준에 따라 사회적 자원을 상이하게 배분하는 것으로, 흔히 공평 또는 형평성(equity)이라고도 한다. 과정상의 기회만 평등하다면 그로 인한 결과의 불평등은 개인이 책임져야 한다는 관점이다. 기회의 평등이라는 이름 아래 수많은 결과의 불평등의 존재를 정당화한다는 비판이 있다.
- **기회의 평등(equal opportunity)** : 모든 사람이 출발선에서 차별 없이 동등한 기회를 가질 수 있도록 보장하는 원칙이며, 이는 개인의 능력과 노력에 따라 성과를 추구할 수 있는 공정한 환경을 의미한다.
- **목표 효율성(goal effectiveness)** : 사회복지정책이 애초에 설정한 정책 목표(예 : 빈곤 감소, 삶의 질 향상)를 어느 정도 달성했는지를 평가하는 개념이다. "목표에 얼마나 근접했는가, 목표를 실제로 달성했는가"에 초점을 두는 성과 중심의 평가 기준이다.
- **운영 효율성(operational efficiency)** : 주어진 예산과 자원으로 서비스를 얼마나 낭비 없이, 합리적으로 운영·집행했는지를 보는 개념이다. 동일한 결과를 더 적은 자원으로 내거나, 같

은 자원으로 더 많은 서비스를 제공했는가를 따지는 비용 대비 성과 기준이다.

- **사회적 적절성(social appropriacy)** : 사회복지정책을 통해 사람들의 '욕구(need)'를 충분히 충족시켰는가를 의미한다.
- **사회정의(social justice)** : 사회 구성원들에게 정당한 몫을 분배하고 이에 대한 권리와 책임을 바르게 부여하는, 바람직한 사회의 원리를 의미한다.
- **사회복지법(Social Welfare Act)** : 사회복지를 목적으로 하는 법률의 총체를 의미한다.
- **성문법(statute law)** : 문서로 표현되며, 일정한 형식과 절차에 따라서 제정 · 공포되는 법으로, 제정법 또는 실정법이라고도 한다. 성문법으로는 헌법, 법률, 명령(대통령령, 총리령, 부령), 규칙, 자치법규(조례 및 규칙), 국제법(국제조약, 국제법) 등이 있다.
- **불문법(unwritten law)** : 성문법 이외의 문서화되지 않은 법을 의미한다. 불문법에는 관습법, 판례법, 조리가 있다.
- **사회보장(social security)** : "출산, 양육, 실업, 노령, 장애, 질병, 빈곤 및 사망 등의 사회적 위험으로부터 모든 국민을 보호하고 국민 삶의 질을 향상시키는 데 필요한 소득 · 서비스를 보장하는 사회보험, 공공부조, 사회서비스를 말한다."라고 정의하고 있다(「사회보장기본법」 제3조제1호).
- **사회보험(social insurance)** : "국민에게 발생하는 사회적 위험을 보험의 방식으로 대처함으로써 국민의 건강과 소득을 보장하는 제도를 말한다."라고 정의하고 있다(「사회보장기본법」 제3조제2호).
- **공공부조(public assistance)** : "공공부조(公共扶助)란 국가와 지방자치단체의 책임하에 생활 유지 능력이 없거나 생활이 어려운 국민의 최저생활을 보장하고 자립을 지원하는 제도를 말한다."라고 정의하고 있다(「사회보장기본법」 제3조제3호).
- **사회서비스(social service)** : "사회서비스란 국가 · 지방자치단체 및 민간부문의 도움이 필요한 모든 국민에게 복지, 보건의료, 교육, 고용, 주거, 문화, 환경 등의 분야에서 인간다운 생활을 보장하고 상담, 재활, 돌봄, 정보의 제공, 관련 시설의 이용, 역량 개발, 사회참여 지원 등을 통하여 국민의 삶의 질이 향상되도록 지원하는 제도를 말한다."라고 정의하고 있다(「사회보장기본법」 제3조제4호).

PART 3 사회복지 실천 분야와 이슈

사회복지는 다양한 삶의 영역에서 구체적인 모습으로 실천된다. 이 파트에서는 사회복지가 어떤 대상과 분야에서 어떻게 작동하고 있는지를 살펴보고, 나아가 오늘날 사회복지가 직면한 주요 사회적 이슈를 함께 이해하고자 한다. 이를 통해 사회복지 실천이 고정된 영역이 아니라, 사회 변화에 따라 확장되고 재구성되는 과정임을 확인한다.

9장과 10장, 11장에서는 사회복지 실천 분야가 왜 다양하게 전개되는지를 중심으로 주요 분야별 특징을 살펴본다. 아동, 청소년, 노인, 장애인, 가족을 비롯하여 산업, 군, 교정, 의료, 정신건강, 학교 등 다양한 영역에서 사회복지가 어떤 문제에 대응하고 어떤 방식으로 실천되고 있는지를 이해한다. 이를 통해 사회복지가 특정 대상에 한정된 활동이 아니라, 개인의 생애 전반과 사회 전 영역을 포괄하는 실천임을 확인한다.

12장에서는 '지금, 우리 사회'의 변화 속에서 사회복지가 마주한 새로운 이슈를 다룬다. 기후위기, 제4차 산업혁명과 인공지능, 인권의 문제는 기존의 사회복지 실천에 새로운 질문을 던지고 있으며, 사회복지는 이에 대한 응답을 요구받고 있다. 이 장을 통해 사회복지가 과거의 제도에 머무르지 않고, 현재의 사회 문제를 설명하며 미래를 준비하는 역할을 수행하고 있음을 이해하게 된다.

따라서 Part 3은 사회복지 실천 분야에 대한 이해를 바탕으로, 동시대 사회가 제기하는 이슈 속에서 사회복지가 어떤 의미와 과제를 갖는지를 함께 살펴보고자 한다.

Chapter

09

사회복지 실천 분야는 왜 다양할까 I

-사회복지 실천 분야 Ⅰ

본 장에서는 사회복지가 누구를 돕는가에 대한 구체적인 실천 영역을 다룬다. 아동, 청소년, 노인, 장애인, 그리고 가족은 사회 속에서 서로 다른 생애 단계와 환경적 조건을 가지며, 그에 따라 경험하는 어려움과 필요한 지원 역시 달라진다. 아동과 청소년 복지는 성장 과정에서의 보호와 발달을 중심으로 하며, 노인 복지는 노년의 삶의 안정과 존엄을 지키는 데 초점을 둔다. 장애인 복지는 사회적 제약을 최소화하고 온전히 참여할 수 있는 환경을 만드는 것을 목표로 하고, 가족복지는 가족이 가진 기능과 관계가 건강하게 유지되도록 지원한다. 이러한 각 분야의 사회복지 실천은 개별 대상자의 문제만을 다루는 것이 아니라, 가정 · 학교 · 직장 · 지역사회가 함께 연결되는 다층적 지원체계 속에서 이루어진다. 결국 이 장은 사회복지가 특정 문제를 해결하는 단일 서비스가 아니라, 서로 다른 삶의 조건 속에 있는 사람들의 '사람다운 삶'을 지탱하기 위해 사회가 함께 책임지는 과정임을 이해하도록 돕는다.

1 아동복지

1) 아동복지의 개념

(1) 아동복지의 정의

일반적으로 아동이란 신체적, 정신적으로 성숙하지 못한 사람을 일컫지만, 구체적인 개념과 범위는 전문 분야 및 관할 내용에 따라 그 기준이 달라진다. 우선 「아동복지법」에 따르면 아동복지란 아동이 행복한 삶을 누릴 수 있는 기본적인 여건을 조성하고 조화롭게 성장 및 발달할 수 있도록 하기 위한 경제적, 사회적, 정서적 지원을 말한다. 또한 카두신과 마틴(Kadushin & Martin, 1968)은 아동복지를 넓은 의미와 좁은 의미로 구분하였는데, 좁은 의미에서 아동복지란 "요보호아동을 중심으로 한 사회복지 실천으로 개인이나 민간단체를 중심으로 이루어지는 요보호자 개인의 원조 활동"을 의미한다. 그러나 넓은 의미에서 아동복지는 "일반아동과 그 가족을 대상으로 한다는 점에서 서로 유기적인 체계에서 광범위하게 전개되는 사회복지 실천"을 의미한다.

따라서 아동복지는 사회복지의 한 분야로서 특수한 장애나 욕구를 가진 아동은 물론, 모든 아동이 가족과 사회의 일원으로 건전하게 성장하고 발달할 수 있도록 지역사회나 사회복지 분야의 기관들이 협력하여 실천에 옮기는 조직적인 활동이라 할 수 있다.

(2) 아동복지의 기능

아동복지는 모든 아동의 삶의 질 향상에 그 궁극적인 목적이 있다. 이를 위하여 아동복지는 개인, 가족, 집단, 그리고 지역사회를 대상으로 그들의 문제 및 욕구에 반응하여, 대상의 역량을 강화하고 문제를 해결하도록 개입한다.

아동복지의 주요 기능은 세 가지로 요약될 수 있다.

첫째, 아동 개인의 입장에서 한 인간으로서의 기본적인 생활을 보장하는 것이다.

둘째, 미래 사회의 주역인 아동을 보호하고 양육함으로써 국가의 미래 인력을 보호하는 것이다.

셋째, 아동의 욕구가 적절히 충족되지 못하면 건전한 성장과 발달이 저해되고 이후 사회적 문제를 야기할 수 있으므로 이들의 욕구를 충족시키고 적절히 성장 및 발달하도록 도와 사회문제를 미연에 방지하는 기능을 하게 된다.

2) 아동복지의 현황

(1) 가족 문제

아동 문제를 유발하는 가족 문제는 아동을 책임지는 가정에 주로 문제가 있다. 즉, 빈곤이나 실업에 의한 가족의 경제적 불안정, 가족 구조상의 결함, 부모 양육상의 결함 등으로 인해 아동의 성장에 많은 문제를 야기한다.

과거 부모의 학력이나 사회적 지위가 크게 존중받는 권위적인 사회에서는 부모의 빈곤과 실업은 아동에게 매우 부정적인 영향을 미쳤다. 사회적 냉대와 무관심 속에서 자라난 아동은 정상적인 사회활동을 하기 매우 어렵기 때문이다. 또한 빈곤으로 인한 영양실조, 불결한 주거 환경 등은 아동의 건전한 성장에 장애 요인이다. 이것은 교육 기회의 박탈과 함께 나아가 청소년 비행으로 이어질 수 있다.

(2) 정보통신매체 문제

정보통신의 발달로 아동들이 스마트폰과 같은 IT 기계에 몰입하는 시간이 많아지고 있다. 따라서 가족과 함께하는 시간이 적어져 가정의 기능적 구조에 악영향을 미칠 가능성이 매우 크다. 그래서 정부는 가족의 기능을 정상화하기 위해 아동복지관, 청소년수련관 등을 통한 아동의 정상적인 성장에 도움이 될 수 있도록 각종 프로그램을 체계화해야 한다. 정보통신매체가 정보의 제공 및 지적 활동에 대한 동기를 유발하는 것은 사실이기 때문에 올바른 사용법에 대한 방법을 제시하여야 한다.

(3) 방임 아동 문제

방임된 아동은 낮은 자아존중감, 부정적인 자아상, 자신감 부족, 열등감, 비판적 태도를 나타내며 쉽게 실망하고 좌절하는 특성을 보인다. 신뢰 있는 인간관계 형성이 안 되고 자기 파괴적인 행동, 집중력 장애, 공격적 행동, 좌절과 분노를 조절하지 못한다. 또래 친구 관계 형성이 어려우며 희생양이 되기도 한다. 부모의 도움이나 인정을 얻으려는 노력도 하지 않고, 학교에 일찍 오고 방과 후에도 집에 가려 하지 않으면서 친구들과 놀지도 않는다. 늘 위축된 모습으로 조용하거나 통제되지 않는 과잉행동을 보이기도 한다. 이와 같은 신체적, 행동적 문제를 나타내는 아동에 대하여 학대 관련 정보를 수집하고 신고 조치하여야 한다.

3) 아동복지의 전망과 과제

최근 한국사회는 급속한 경제성장과 산업화로 인하여 아동의 양육 환경이 급속하게 나빠지고 있다. 아동 인구는 감소하고 있으며 핵가족제도와 여성의 사회참여 등으로 가족 기능이 약화되고 있다. 또한 자녀에 대한 부모의 가치관 변화, 산업화에 따른 도시집중, 환경오염, 범죄 등 유해한 사회환경 등이 아동 문제의 원천을 형성하면서 아동복지에 대한 새로운 사회적 욕구를 창출하고 있다. 이러한 사회적 환경 변화에 따른 아동복지의 해결 과제를 제시하면 다음과 같다.

(1) 요보호아동을 위한 서비스 강화

현재 아동복지시설은 대부분 고아 등을 중심으로 하는 시설에 치중하고 있고 이들의 입소도 보호자가 없는 아동에 제한되어 있다. 그러므로 요보호아동을 위한 기존 서비스 체계를 전환하고 아동복지시설의 개방화가 필요하다. 또한 아동복지시설은 대부분 낡고 환경이 열악하므로 시설 환경의 정비와 시설 처우의 전문화가 우선되어야 한다. 그리고 입양위탁사업의 활성화를 위한 국민적 홍보와 계도를 추진하고 입양, 위탁가정에 대해 경제적 지원책을 강구하여 전문적인 서비스가 이루어지도록 해야 한다.

(2) 보육정책의 정상화

현재 우리나라 보육정책은 아동에게 최상의 보육서비스가 제공되지 않으면서, 부모와 보육시설 운영자에게는 가중된 부담을 안겨다 주고 있다. 심지어 이러한 보육정책은 정부 유관 부처의 부담으로 고스란히 전가되고 있다. 이러한 현상의 근본적인 원인은 우리나라 보육정책이 사적 부담의 원칙과 민간의 영리 부문에 우선하여 정책을 전개했다는 데 있다. 즉, 국가 주도하의 공공 보육체계 활성화보다는 민간에게 영리를 추구하는 영역으로 보육 영역을 개방하면서 재원의 일부 보조금을 국민연금기금을 활용하여 전개함으로써 정상적인 공공 보육체계와 다르게 유지하려 했던 점이다. 이러한 문제를 해결하기 위해서는 국가의 재정적 부담을 늘려가면서 운영 주체를 법인으로 하여 공공 보육체계를 더욱 굳건히 유지해야 근본적인 해결책이 될 수 있을 것이다.

(3) 가족 기능의 강화로 아동 문제를 예방

아동보호의 최우선 주체는 가족이다. 안정된 가정은 아동 양육 최선의 환경이기 때문에 아동복지가 가장 효과적으로 이루어지기 위해서는 가족의 한 구성원으로서의 아동에 초점을 두고 가족을 통한 아동지원과 육성을 도모할 필요가 있다. 이를 위해서는 우선 가정이 있는 경우 가족의 자녀 양육 기능을 유지 향상하여 안정된 가정생활 속에서 아동이 자랄 수 있도록 지원하고 가족 해체를 예방하며 가족 보존을 위한 정책을 개발해야 한다. 즉, 소득보장 프로그램이나 가족 갈등을 해소할 수 있는 가족 및 아동 상담 프로그램의 개발 등이 이루어져서 가족 기능을 강화하고 잠재력을 개발하여야 한다.

(4) 지역사회 중심의 아동복지 필요

지역사회 중심의 아동복지정책이 필요하다. 국가가 일정한 지역사회를 기반으로 하여 공공, 민간, 가족이 함께 참여하는 다원주의적 복지서비스를 강화하는 것이다. 지역사회는 아동의 양육과 보호를 지원하는 프로그램을 개발하고 전문 인력이나 자원봉사자를 참여시켜 아동이 원가정 또는 대리가정에서 생활하면서 지역사회와의 교류 및 여가 활동들을 지역사회 내에서 총체적으로 지원할 수 있는 방안이 강구되어야 할 것이다.

아동복지 관련 ISSUE

새 학기, 유령 아동을 찾아라

- 사라진 60명의 행방 : 교육부는 새 학기마다 예비소집을 진행해 취학 대상 아동의 소재와 안전을 확인해요. 올해 소재 불명으로 수사가 진행된 아동 수는 337명, 이 중 60명은 끝내 찾지 못했어요. 대부분 해외 거주로 수사가 어렵다고.
- 집계되지 않은 아이들 : 문제는 출생등록된 아동만이 예비소집 대상이 된다는 거예요. 우리나라에서 태어났지만, 출생등록이 안 된 외국인 아동은 그 현황조차 파악하지 못하고 있어요. 출생등록 없이는 학교에 가거나, 병원치료를 받는 기본적인 권리조차 누리기 어려워요.

한국에서 태어났는데 추방

- 정체성은 한국인이지만 : 한국에서 태어나 성장한 외국인 아동은 모국어도 한국어, 정체성도 한국인이에요. 한국에 성장 기반을 가진 아이들이 성인이 되어 갑작스럽게 본국으로 강제 퇴거되면 큰 혼란을 겪을 수 있어요.
- 임시로 보장받는 존재 : 법무부는 지난 20일 국내 장기체류 청소년에게 임시체류 자격을 부여하는 한시적 구제 대책을 마련했지만, 3년간 운영되는 임시 대책인 만큼 근본적인 제도 개선이 과제로 남아있어요.

가장 최소한의 존재 증명

- 이 땅에 태어났다는 증거 : 외국인 아동 출생등록의 핵심은 최소한 한국에서 태어난 아이들이 자신의 존재를 증명할 수 있도록 보호하자는 거예요. 공식적인 생일조차 없는 아이들에게 서류상으로 존재를 증명할 기회를 통해 보편적 인권을 보호하는 방식으로요.
- 한국, 10년째 이럴 거야? : 사실 국제사회는 그동안 한국 정부에 외국인 아동을 포함한 보편적 출생등록제 시행을 지속해서 권고해 왔어요. 그간 꾸준히 법안이 발의되었고, 22대 국회에 와서는 초당적 지지를 얻고 있어요. 더는 미뤄지지 않도록 우리의 아주 작은 관심이 필요한 시점입니다.

[Q&A] 외국인 아동 출생등록의 오해와 진실

Q. 출생신고를 하면 한국 국적도 주는 건가요?

A. 아닙니다. 우리나라의 국적법은 엄격한 속인주의를 채택하고 있어 출생지와 관계없이 아동은 부모의 국적을 따르는 것이 원칙이에요. 출생 등록을 한국에서 했다고 국적이 부여되는 것이 아닙니다.

Q. 외국인 아동은 자국에 출생등록 하면 되지 않나요?

A. 국내법상 외국인은 본국 대사관에 출생신고를 해야 해요. 하지만 부모가 본국에서 박해를 피해 한국에 온 난민인정자나 인도적 체류허자가라면 어렵겠죠. 한국에 영사관이나 대사관이 없는 국가들도 존재하고요.

Q. 해외의 경우는 어떤가요?

A. 미국, 영국, 캐나다, 독일, 호주, 네덜란드, 일본 등은 부모의 법적 지위나 출생지와 관계없이 모든 아동이 출생등록을 하도록 보편적 출생등록제도를 택하고 있어요.

자료 : Save 뉴스레터(2025.03). 세이브더칠드런.

2 청소년복지

1) 청소년복지의 개념

(1) 청소년복지의 정의

일반적으로 청소년복지는 전체 사회복지와는 다른 여러 계층들, 즉 사회복지사, 클라이언트, 정책, 실천 등과의 관계 속에서 구체적인 의미를 가진다. 우선 「청소년 기본법」에 따른 청소년복지란 청소년이 정상적인 삶을 누릴 수 있는 기본적인 여건을 조성하고 조화롭게 성장 및 발달할 수 있도록 제공되는 사회적, 경제적 지원을 말한다. 또한 청소년백서(2005)에서는 청소년복지 활동을 청소년들의 기본적인 욕구를 충족하게 하고, 정신적, 정서적, 신체적으로 최상의 발달을 기하기 위해서 청소년 자신들에게 직접적으로 또는 가정이나 사회를 통해 간접적으로 제공되는 모든 사회적, 제도적, 전문적 활동이라고 정의하고 있다.

이상의 개념을 종합해 볼 때 청소년복지란 청소년의 행복한 삶을 위한 적극적인 사회의 노력이라고 볼 수 있으며, 아울러 이들이 성장하고 발달할 수 있도록 공공, 민간 사회복지서비스를 실천에 옮기는 조직적인 활동이라고 할 수 있다.

(2) 청소년복지의 기능

청소년복지의 주요 대상은 과거에는 요보호청소년과 문제 청소년 위주였으나 오늘날에는 모든 청소년으로 확대되고 있으며, 청소년복지는 모든 청소년의 삶의 질 향상을 궁극적 목적으로 삼고 있다. 모든 청소년들을 대상으로 그들의 삶의 질을 향상시키는 청소년복지의 궁극적 목표를 이루기 위해서는 그에 상응하는 적합한 수단이 요구된다.

첫째, 청소년들을 위한 사회적 보호의 효과이다. 청소년들을 사회로부터 보호할 수 있다. 구체적으로 청소년들과 그를 둘러싼 환경을 보살펴 주어 사회적 기능을 수행할 수 있는 기회와 능력을 가지지 못한 사람들에게 제공하는 사회적 보호를 통해서이다. 이는 의식주와 위험으로부터 보호 등 기본적인 욕구와 소속감, 수용, 스트레스 상황의 해소 등과 같은 사회적, 심리적 욕구를 충족시킬 필요가 있는 사람들에게 제공되는 활동과 노력에 해당된다. 예컨대 신체적, 정신적 장애를 가진 청소년, 사회로부터 소외받고 있는 청소년들이 혜택을 받게 될 것이다.

둘째, 청소년들을 위한 사회적 치료의 효과이다.

셋째, 청소년들을 위한 사회적 강화 서비스의 효과이다. 즉, 잠재적 클라이언트에 해당되는 모든 청소년들의 삶을 강화하여 특정한 영역에서의 사회적 기능 향상을 위해 사람들의 성장과 발달을 지원해 주는 효과이다.

이것이 바로 청소년복지의 필요성이 된다. 예를 들어, 청소년 여가활동지원 프로그램, 부모자녀관계 활성화 훈련, 학교폭력 예방 프로그램 등을 통해 이루어질 수 있을 것이다.

2) 청소년복지의 현황

(1) 가족 문제

건강한 가정환경이 조성되어야 한다. 가족은 부부간의 애정이 존속하고 부모와 자녀 간의 존경과 사랑을 바탕으로 유기적인 관계 속에서 혈연으로 맺어진 특수한 체계이다. 그러나 가족이 불행하다면 성장하는 청소년은 정서적으로 불안정하고 다양한 문제를 일으키는 비행청소년이 될 수 있다. 가족 문제로는 핵가족 문제, 한부모가정 문제, 빈곤가정 문제, 맞벌이가정 문제, 미혼모가정 문제, 재혼가정 문제, 조손가정 문제 등을 들 수 있는데, 이와 같이 문제가 일어날 수 있는 가능성이 있는 가정에 이들의 문제를 보완하고 해결할 수 있는 예방적인 프로그램을 개발하고 전개해서 건전한 가정환경이 될 수 있도록 최선을 다할 수 있어야 한다.

(2) 가출청소년

가출이란 "자신 및 자신을 둘러싼 주위 환경에 대한 불만이나 갈등에서 비롯된 문제점에 대한 반발이나 해결을 위해 가족을 구성하고 있는 구성원 중의 일원 혹은 다수가 자신의 지위에 해당하는 역할을 포기하고 새로운 대안을 찾아 보호자의 승인 없이 최소한 하룻밤 이상 무단으로 집을 벗어나서 돌아오지 않는 충동적 혹은 계획적 행위"를 말한다(청소년용어집, 2004). 오늘날 가출청소년의 특징으로는 전 연령화, 일반 청소년의 가출이 증가하고 있다는 점이다. 그러므로 가출은 사회문제이므로 가출청소년에게 학교, 가정, 사회에서 관심을 갖고 재발 방지를 위해 노력해야 한다.

(3) 학교폭력

학교폭력의 가장 협의의 개념은 약자 괴롭힘으로 볼 수 있다. 이는 자신을 보호하기 힘든 상대적 약자를 대상으로 이루어지는 부당한 행위로 괴롭힘 행위가 반복적으로 이루어지는 특징을 갖고 있다. 이보다 유사하지만 조금 더 넓은 의미의 개념으로는 또래 폭력 피해가 있다. 또래 폭력 피해란 약자 괴롭힘과 유사한 양상을 띠고 있으나 힘의 불균형이나 행위의 부당성, 그리고 반복성이라는 특징을 수반하지 않는다는 점에서 약자 괴롭힘과 차이가 있다. 가장 광의의 개념인 학교폭력은 또래 간 약자 괴롭힘과 또래 폭력 피해를 모두 포괄한다. 그리고 학부모, 교사나 교직원, 이웃 등 학교를 중심으로 연계된 사회 구성원에게 발생하는 폭력행위를 포함하며, 제도나 규범에 내재된 구조적 문제까지도 학교폭력의 범주에 포함한다(임재현 외, 2015). 「학교폭력예방 및 대책에 관한 법률」 제2조에 의하면 학교폭력이란 학교 내외에서 학생을 대상으로 발생한 상해, 폭행, 감금, 협박, 약취 · 유인, 명예훼손 · 모욕, 공갈, 강요 · 강제적인 심부름 및 성폭력, 따돌림, 사이버 따돌림, 정보통신망을 이용한 음란 · 폭력 정보 등에 의하여 신체 · 정신 또는 재산상의 피해를 수반하는 행위를 말한다.

3) 청소년복지의 전망과 과제

청소년은 미래의 구성원이 아니라 오늘의 주인공이다. 우리는 청소년이 부모의 부속물이라는 시각에서 벗어나 하나의 인격체이며 주체라는 시각으로 우리의 현실에 맞도록 청소년복지에 대한 과제를 정책 입안과 제도의 보완 측면에서 제시하고자 한다.

(1) 청소년의 통일된 개념과 범주 정의

우리나라에서는 청소년이라는 개념을 다양하게 규정하여 분류하고 있고 청소년을 의미하는 용어도 매우 다양하다. 현재 시행되고 있는 청소년 관련 법을 보면 「청소년기본법」, 「청소년복지지원법」, 「청소년활동진흥법」에서는 청소년을 9세 이상 24세 이하의 자로 규정하고 있고, 「청소년보호법」은 19세 미만의 자로 규정하고 있다. 또한 청소년을 의미하는 용어도 청소년, 미성년자, 연소자, 아동 등 매우 다양하다. 이는 아동과 청소년의 구분도 모호하게 하고, 각종 활동을 계획하고 실행하는데 어렵게 하고 있는 요인이 되므로 청소년의 개념을 보다 확실하게 정의하고 통일된 연령 범위로 관련 법들을 정비해야 할 것이다(조성연, 2009).

(2) 기성세대의 인식 변화

오늘날의 청소년들은 지금 기성세대가 겪었던 청소년 시기와는 너무 다른 환경 속에 청소년기를 보내고 있다. 고도의 경제성장을 경험하며 물질만능주의와 부모의 지나친 과보호 속에서 자라온 아이들이며, 반면에 경제적 빈곤과 이환과 같은 가족해체를 체험하며 차별 문화를 경험한 아이들이다. 본인의 노력으로 미래를 설계할 수 있다는 희망과 자신감보다는 부모의 경제적 능력과 학벌, 외모에 따라 아직 도전해 보지도 않고 포기하는 청소년들이 있다는 것이 매우 안타깝다. 따라서 기성세대는 오늘날의 청소년들을 충분히 이해하면서, 청소년 개개인의 소질과 꿈을 펼칠 수 있는 사회적 지원을 마련해 줄 수 있어야 한다. 청소년복지도 청소년들의 목소리에

귀 기울이며, 청소년 스스로 자신의 삶을 건설할 수 있는 사회적 환경을 만들기 위해 노력해야 한다.

(3) 지역사회 중심의 청소년복지 필요

사회양극화 현상, 학교 부적응, 가정 해체 등으로 위기 청소년이 급증하고 있는 반면 그들을 위한 사회안전망은 여전히 취약하다. 따라서 지역사회의 특성에 맞는 사업계획을 수립할 수 있도록 하고 지역사회 역량을 강화시켜야 한다(김윤재, 2018; 서보준, 2018). 이를 위해서 지역사회 전문 인력의 지속적인 훈련과 교육, 영역별 예방과 문제 해결을 위한 지역사회 전문 프로그램 개발과 관심이 높아질 수 있도록 해야 한다. 청소년복지가 잘 만들어지기 위해서는 지속적인 청소년에 대한 관심 속에 청소년복지를 위한 제도적 뒷받침과 더불어 정부와 민간단체, 지역사회 구성원 모두의 관심이 있을 때 청소년복지를 실현할 수 있다는 것을 명심해야 한다.

청소년복지 관련 ISSUE

청소년들의 진로 탐색을 돕는 다양한 체험 프로그램과 동아리 활동 정보 등을 소개하는 청소년 플랫폼 '유스내비(https://www.youthnavi.net)'가 청소년 지원정책과 의견 제안 기능을 추가한 청소년 디지털 통합플랫폼 '청소년 몽땅'으로 새롭게 개편, 2025년 7월 15일(화) 오픈했다. 서울 청소년에 필요한 모든 정보를 말 그대로 '몽땅' 담은 정보통이다.

청소년포털 '유스내비'는 2008년 개설 이후 매년 약 200만 명, 485개 기관, 373개 청소년 동아리가 참여하며 서울시 대표 청소년 정보 포털로 활용되어 왔다.

서울시는 이번 개편을 통해 서울 전역의 시립청소년시설 57개소와 청소년 프로그램 정보를 보호, 복지, 활동 등의 유형별로 한곳에서 통합 제공하는 통합 포털로 시스템을 개선했다.

특히, 청소년들이 주변 상담센터나 쉼터 등 시설 정보를 쉽게 검색해 프로그램 참여가 가능하도록 지도 기반 검색 기능도 추가했다. 또 학년별 · 관심 분야별 프로그램 검색 기능도 신설해 청소년들이 자신의 상황과 관심에 맞춰 도움을 받을 수 있도록 한다.

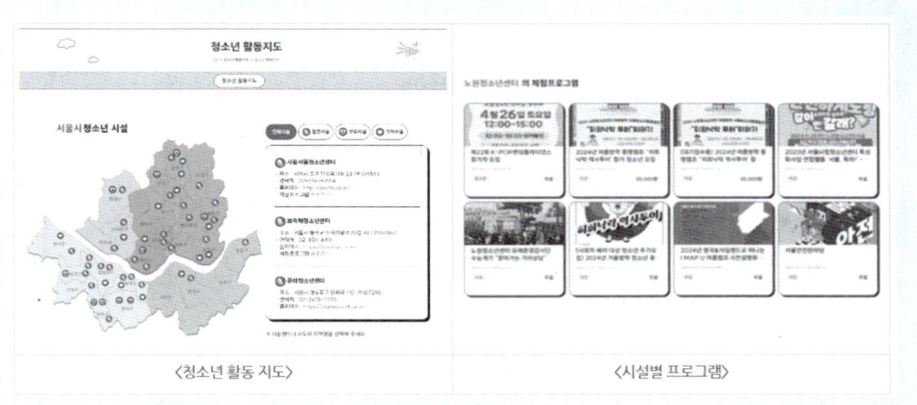

〈청소년 활동 지도〉 〈시설별 프로그램〉

기존 '서울시청소년정책참여포털' 기능도 합쳤다. 정책 제안부터 심사, 정책 반영 현황까지 '청소년 몽땅' 한곳에서 확인할 수 있어 청소년들이 정책에 관심을 갖고 적극적으로 참여할 수 있는 환경이 조성된다.

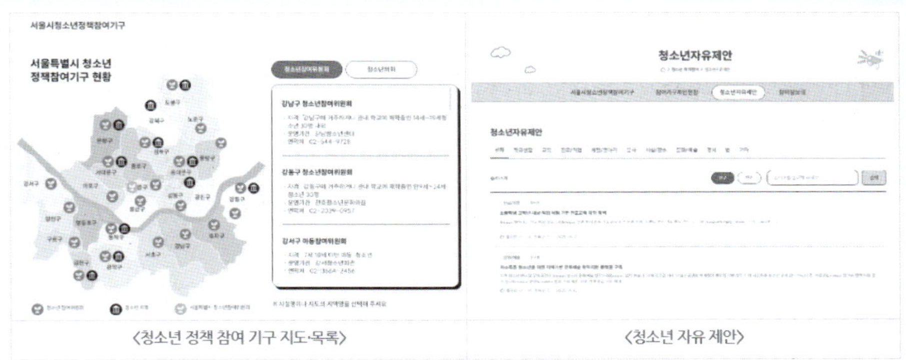

〈청소년 정책 참여 기구 지도·목록〉 〈청소년 자유 제안〉

이용도 한결 편해진다. 기존에는 청소년 시설별로 별도의 회원가입이 필요했으나, 새롭게 도입된 '통합계정시스템'을 통해 '청소년 몽땅' 아이디 하나로 전체 시립 청소년 시설 프로그램을 신청하고 이용할 수 있게 됐다. 서울시는 '청소년 몽땅' 리뉴얼 오픈을 기념해 8월까지 다양한 이벤트를 진행한다. 자세한 내용은 '청소년 몽땅' 누리집과 앱에서 확인할 수 있다.

자료 : 서울특별시 청소년소식(2025.07).

3 노인복지

1) 노인복지의 개념

(1) 노인복지의 정의

일반적으로 노인복지는 저소득층 노인이나 사회부적응 노인뿐만 아니라 전체 노인의 복지 증진을 위한 조직적인 사회복지 활동을 말한다. 노인복지란 노인이 인간다운 생활을 유지하면서 자기가 속한 가족과 사회에 적응하고 통합될 수 있도록 필요한 자원과 서비스를 제공하는 데 관련된 공적 및 사적 차원의 조직적 제반 활동을 의미한다(강영숙 외, 2020). 협의의 노인복지는 노인의 고통과 빈곤을 없애기 위한 공공 및 민간의 사회복지 활동으로 정의할 수 있고, 광의의 노인복지는 노인의 사회적, 경제적, 교육적, 보건의료적 욕구가 충족되도록 돕는 국가의 프로그램, 급여 및 서비스 체계로서 노인의 무지, 질병, 장애, 실업, 빈곤 등과 같은 고통으로부터 노인을 보호하는 데 목적을 둔 제반 사회제도를 포괄한다(원석조, 2023).

(2) 노인복지의 기능

노인복지의 전반적 목적과 기능은 크게 국민적 최저수준의 생활 유지, 일상생활상 독립적 행동과 판단 유지, 일상생활상 심리사회적 문제 해결 및 예방 능력 향상, 사회적 통합 유지, 개인 성장 욕구 충족이라는 5가지로 구분할 수 있다. 그러나 노인복지실천을 임상적 실천으로 한정하면 국민의 최저수준의 생활 유지를 제외한 네 가지를 노인복지실천의 주요 목적과 기능으로 볼 수 있다.

첫째, 일상생활상 독립적 행동과 판단 유지이다. 일상생활에서 독립적 행동과 판단은 자존심 유지와 노인 스스로의 존재감을 느끼는 중요한 요소가 된다. 노화에 따라 신체적, 정신적 건강의 쇠퇴로 일상생활을 유지하기 위한 행동과 판단을 독자적으로 하기 어려워지는 경우가 발생하지 않도록 예방하거나 노화에 따른 신체적, 정신적 잔존 기능을 최대한 유지하도록 도와주는 것이 노인복지실천의 주요한 목적이 되어야 한다.

둘째, 일상생활상 심리사회적 문제 해결 및 예방 능력 향상이다. 노년기에도 생활주기의 다른 시기에 있어서와 같이 개인이 갖는 일상생활에서 심리적(갈등, 고독, 우울 등), 정서적(슬픔, 분노 등), 사회적 관계 문제(타인과의 갈등, 관계 형성과 유지의 어려움 등)를 해결하고 예방할 수 있는 능력을 향상시키는 것이 노인복지실천의 주요 목적이 되어야 한다.

셋째, 사회적 통합유지이다. 사회적 통합은 개인이 자기가 속한 사회체계인 가족, 집단 그리고 지역사회에 참여하여 적절한 역할을 수행하거나 사회심리적으로 유대감을 가지고 적응하고 있는 상태를 말한다. 노인은 일반적으로 퇴직으로 인하여 사회적 역할을 상실함으로써 사회로부터 소외와 고립의 감정을 느낄 수 있고, 가정에서도 경제적 역할의 상실, 지식과 가치관의 갈등으로 소외와 고립감을 느끼기 쉽다. 그러므로 모든 노인복지의 실천은 노인이 가정과 이웃 및 사회에 참여하여 적절한 역할을 수행하도록 하고, 이들이 소외되고 있다는 감정을 덜 느끼면서 사회체계와 연결되어 삶의 주류 속에 같이 흐르고 있다는 느낌을 줄 수 있어야 한다(Lowy, 1980).

넷째, 개인 성장 욕구 충족이다. 노년기는 인간 성장 발달 단계의 마지막 단계로서, 이 시기의 개인은 개인으로서 특수한 발전의 욕구가 있고 성공적인 노년기 삶을 위한 발달과업이 있다. 이와 관련하여 평균수명의 연장으로 노년기는 점차 연장되고 있기 때문에 노화의 부정적 영향을 잘 수용하면서 심리적, 사회적으로 더욱 성숙하고 성장하는 시기가 되어야 할 것이다. 그러므로 노인복지서비스는 노인이 개인으로서 자기의 고유하고 특수한 욕구를 충족하고 노년기의 발달과업을 잘 수행할 수 있도록 하는 데 그 목표를 두어야 할 것이다.

2) 노인복지의 현황

(1) 빈곤 문제

노인들이 노후생활에서 가장 문제가 되는 것은 '소득의 상실'로 인한 경제적 궁핍이다. 노인들은 심신의 기능이 쇠퇴하게 되면 노동능력이 감퇴되어 사회의 일선에서 물러나게 되고, 이로 인해 소득 상실과 연결되는 것이다. 노인의 소득 상실 문제는 노인 연령층에서 가장 광범위하게 나타나는 사회문제로 지적되고 있다. 노인들의 정년퇴직제도는 인위적으로 직업의 일선에서 물러나게 함으로써 노후의 생계와 용돈 부족 등의 경제적 어려움을 야기하는 중요한 요소가 된다. 노인의 단독 세대가 늘어나면서 여성 노인들의 수가 더 많은 상황을 감안할 때, 빈곤은 이들의 경우에 가장 심각한 문제이다.

(2) 건강 문제

노인이 되면 건강은 하나의 중요한 문제로 대두된다. 노인은 신체적, 정신적으로 매우 쇠약해져 가는 과정에 있는 사람으로 심신의 장애가 발병하게 된다. 또한 노인은 질병에 쉽게 걸릴 뿐만 아니라, 만성적이어서 장기화되거나 다른 질병과 중복이 되어 나타나기가 쉽다. 그러므로 노인이 건강을 잃어버린다는 것은 자신의 문제에만 국한되는 것은 아니라, 그 가족에게도 커다란 고통을 수반하게 된다. 대개 노인들은 자신들에게 제공되는 의료서비스와 적절한 의료보호에 접근하기가 쉽지 않다.

노인의 건강과 관련하여 최근 치매 문제가 사회적 쟁점으로 떠오르고 있는데, 이는 노인 질병 문제 중 매우 치명적인 것으로 세계 각국에서 대처하고 있다. 우리나라에서는 이 문제에 대하여 많은 노력이 경주되고 있으나, 앞으로 해결하여야 할 노인 문제의 중요한 영역으로 간주되고 있다.

(3) 역할 상실

현대 사회의 급격한 사회 변화에 따른 세대 간의 의식 및 가치관의 격차가 노인의 지위를 격하시키고 있다. 노인들은 의료의 발달과 생활수준의 향상으로 수명이 날로 연장되어 긴 노년의 기간을 갖는 데 반해, 정년퇴직제도에 의해 가정과 사회에서 일정한 책임과 업무가 주어지지 않고 오히려 주류의 세력에서 제외되고 있다. 직장은 일을 통해 일상생활을 영위할 수 있는 소득을 획득하는 현장임과 동시에 일을 통해 여러 사람을 만나고 자신의 존재 의미를 확인하고 창조해 가는 장소로서 의미를 가진다. 그러므로 직장에서 은퇴하는 것은 경제적 소득의 단절은 말할 것도 없고 사회생활의 주류에서 밀려난 존재로 인식되어 사회적으로 활용 가치가 없는 사람으로 간주되기도 한다. 이러한 상황에서 노인들이 자기 스스로 노후의 생활을 새롭게 설계하여 보람 있고 의미 있게 보내는 일도 중요하지만, 가정적으로나 국가적으로 노인들이 즐겁고 활발하게 사회에 참여해서 노후를 보낼 수 있는 각종의 여가 프로그램과 사회활동 프로그램을 운영할 필요가 있다.

(4) 노인학대

노인학대란 노인 스스로 자기를 돌보지 않거나, 노인의 부양이나 수발을 담당하고 있는 부양자가 의도적 또는 비의도적으로 노인에게 신체적, 정서적, 성적, 재정적인 손상을 가하거나 부양의무를 소홀히 하는 것이라고 정의할 수 있다(김한식 외, 2019). 많은 사람들이 노인학대는 주로 노인의료복지시설에서의 문제라고 생각하지만 노인학대는 노인의료복지시설에서만 발생하는 것이 아니며, 대부분 가정에서 발생한다. 가해자는 배우자, 자녀, 친인척, 요양보호사 등 다양하다. 노인학대의 유형 역시 다양하며, 가족 내부에서 장기간 지속되는 사례도 있고, 그 원인도 생활환경의 변화, 타인에의 의존성, 가족의 경제적 곤란 등 매우 다양하다. 노인학대는 모든 사회경제적 집단, 문화, 인종에서 발생하고 있다(원석조, 2023).

3) 노인복지의 전망과 과제

오늘날 노인 문제와 관련하여 해결해야 할 많은 과제들은 노부모의 부양 문제, 노인들의 지위 약화, 여가 활용 문제, 사회참여의 기회 박탈, 생계비와 용돈 부족, 치매 및 건강 문제 등으로 산적해 있다. 이에 대한 근본적인 대책은 아직도 미흡한 실정이고 구호적 서비스에 머물고 있는 실정이다.

(1) 고령자 고용 증진

고령자 고용 증진은 인구 고령화에 따른 문제점을 해결하는 중요한 정책적 과제로 대두되고 있다. 출산율의 저하와 인구의 고령화 결과 우리 사회는 여러 가지 도전에 직면해 있다. 고령사회는 노동생산성 감소, 자본수지 및 재정수지 악화 등으로 인한 경제성장률 둔화는 물론이고 노동력 감소 및 노동생산성 저하로 인한 성장잠재력 약화 등 노동시장에도 심각한 영향을 미칠 것으로 예상되고 있다. 저출산의 문제를 해결할 출산력 제고는 단기간에는 이루기 어려우며, 노인인구의 지속적 증가 역시 불가피한 현실이다. 이에 우리 사회 역시 고령사회의 진입을 앞에 두고 경쟁력 강화는 물론이고 우리 사회의 지속적 존립을 위해서는 노인이 계속해서 일할 수 있는 시스템 보완이 필요하다(이석원 외, 2016).

(2) 노인학대의 인식 제고

「노인복지법」의 노인학대에 관한 규정에도 불구하고 노인학대의 예방과 대책은 그다지 효과를 거두지 못하고 있는 실정이다. 이에 노인학대의 방지와 피해 노인의 보호를 위해 법과 제도를 대폭적으로 보완하고, 학대 행위자에 대한 형사처벌을 더욱 강화할 것이 요구되고 있다. 동시에 노인학대의 가해자가 주로 아들과 며느리, 딸 등의 직계가족 등에 의한 부양 스트레스로 나타났듯이, 노인학대는 이제 비단 가족만의 문제가 아니라 사회문제이다(고재욱 외, 2018).

(3) 주거보장정책 개선

노인의 주거보장정책과 관련하여 우리나라의 노인주거보장정책은 형편이 대단히 미약하다. 이러한 문제는 그동안 노인 부양에 관한 문제가 거의 가족 책임으로 여겨졌고 더욱이 시설에 노인이 입소하는 일은 노인과 부양자의 체면과 효의 문제에 걸려 있어 선뜻 실행하기 어려운 지경이었다. 조금씩 노인을 위한 정부와 민간 차원의 시설이 건설되고 있지만 민간기업의 주거는 입주 가격이 높아 웬만한 중산층에서도 쉽사리 결정하기가 어려운 형편이다. 따라서 실질적인 주거보장정책이 필요한 시점이다.

(4) 요양서비스 질 개선

노인복지시설은 최소한의 서비스 질을 보장할 수 있는 서비스 최저 기준의 설정 및 적용이 필요하다. 나아가서 엄격한 진입관리를 통해 우수한 시설은 진입을 허용하고, 서비스 최저 기준에 미달하는 열악한 요양시설은 시장에서 퇴출시키는 등의 효과적인 규제가 적용되어야 한다. 현재는 건강보험공단에게 요양시설에 대한 감사 기능까지 부여되어 규제와 평가 간의 역할 설정을 모호하게 한다. 따라서 노인복지시설의 서비스 질 관리에 대한 정부의 규제 및 감사 기능이 한층 강화되어야 할 필요가 있으며, 이와 동시에 현재 건강보험공단에 의해 수행되는 시설평가제도에 대한 대폭적인 수정 및 개선이 필요하다고 본다. 아울러 평가의 책임 주체로 보건복지부의 역할과 기능 강화가 필요한 시점이다(박석돈 외, 2018).

노인복지 관련 ISSUE

2026년 치매 환자 100만 명대, 돌봄 부담 비상

우리나라가 초고령사회에 진입하면서 내년에 치매 환자가 100만 명을 넘어설 것으로 전망된다. 65세 이상 노인인구의 10명 중 1명은 이미 치매를 앓고 있는 것으로 나타났다. 인지능력이 저하돼 치매로 악화할 위험이 있는 경도인지장애 상태에 있는 비율도 4분의 1을 웃돌았다. 치매 환자 1인 관리를 위해 들어가는 비용도 시설이나 병원 등에 입원했을 경우 연 3,000만 원이 넘고 집에서 간병한다 해도 1,700만 원에 달해 돌봄에 따른 부담도 상당한 상황이다. 눈앞에 다가온 '치매 환자 100만 명 시대'를 대비해 환자와 가족들의 부담을 덜어주기 위한 사회안전망 강화가 절실하다는 지적이 나온다.

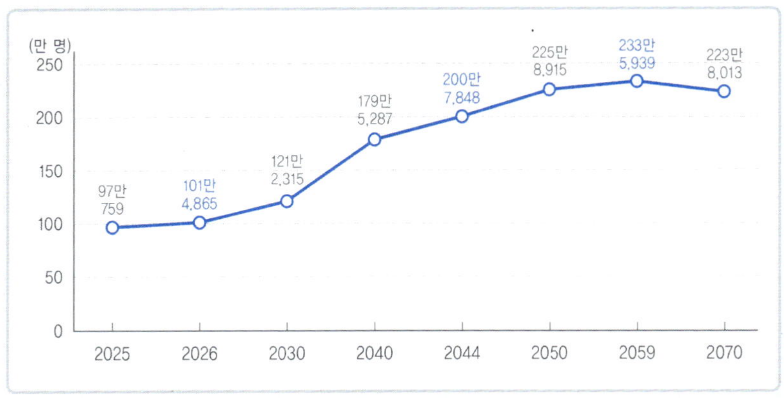

치매 환자 수 추이

보건복지부는 12일 이 같은 내용을 담은 '2023년 치매역학조사 및 실태조사'를 발표했다.

역학조사 결과 올해 국내 65세 이상 치매 환자는 97만 명으로 추산되고 내년에는 101만 명으로 사상 처음 100만 명을 돌파할 것으로 예상됐다. 2044년에는 201만 명으로 200만 명대에 진입하고 2059년 233만 명으로 정점을 찍은 후 완만하게 감소세를 보일 것으로 전망된다.

워낙 돌봄 부담이 크다 보니 치매 환자를 돌보는 가족들의 삶도 피폐해졌다. 환자 가족들의 45.8%가 돌봄에 대한 부담을 느낀다고 답했으며 치매 환자로 인한 신체적·정신적·경제적인 부정적 변화를 경험했다는 응답도 40%에 달했다. 치매 환자 중 가족 없이 홀로 지내는 1인 가구의 비중도 52.6%로 절반을 넘어 이들에 대한 정부 차원 대책도 시급한 것으로 나타났다. 가족들은 치매 환자가 발생하면 평균 2년 3개월가량 집에서 돌보다가 경제활동 등으로 돌봄에 어려움을 겪거나 증상이 악화하면 시설이나 병원으로 입원시키는 것으로 나타났다.

복지부는 이번 조사 결과를 토대로 제5차 치매관리종합계획(2026~2030년)을 수립하고 치매 지원 정책을 강화해 지속해서 추진할 예정이다. 임을기 복지부 노인정책관은 "치매 환자를 조기에 발견하고 가족의 돌봄 부담을 덜어드릴 수 있도록 대책을 마련하는 등 대응하겠다"고 말했다.

의료계에서는 환자에 대한 치료 접근성을 개선하는 일도 돌봄 못지않게 중요하다고 지적한다. 최 정책이사는 "치매는 근본적으로 뇌에 병적인 변화가 생기는 것"이라며 "치매센터에서 양전자방출단층촬영(PET) 검사 비용을 일부 지원해 준다거나 75세 이상 고령자, 독거노인 등 취약계층을 대상으로 검진을 제공하는 등 다양한 방법을 고민해야 한다"고 말했다.

자료 : 복지뉴스(2025.03).

4 장애인복지

1) 장애인복지의 개념

(1) 장애인복지의 정의

일반적으로 장애인복지는 심신의 손상으로 인해 사회생활에 곤란을 겪고 있는 장애인을 대상으로 한 사회복지의 한 영역이다(강영실, 2003). 우선 세계보건기구(WHO)는 장애인복지를 의료적, 사회적, 교육적, 직업적 서비스를 통합적으로 사용하여 개인을 훈련시키고 재훈련시켜 개인의 기능적 능력을 가능한 최고의 수준으로 높이는 것으로 정의하였다. 또한 오정화와 조완신(2022)은 장애인복지란 신체적, 정신적, 사회적 요인으로 장기간에 걸쳐 일상생활과 사회생활에 제약을 받는 사람의 사회적 욕구를 충족시켜 주기 위하여 비경제적 동기에 의해 수반되는 전문적 원조행위라고 정의하였다. 따라서 장애인복지란 장애인의 완전한 사회참여를 통한 사회통합을 목적으로 심신의 결함으로 인하여 가정생활, 사회생활에 곤란을 가지게 되는 것을 국가나 민간 사회복지기관이 의료적, 교육적, 직업적, 사회적 제 문제에 걸쳐 원조하는 제도적, 정책적 서비스의 조직적 활동과 노력이라고 설명할 수 있다(정일교 외, 2007).

(2) 장애인복지의 기능

장애인복지의 존재 근거는 인간의 존엄성에 있다. 장애인은 인간으로서 지니는 모든 권리를 가지며, 그 권리의 양과 질은 다른 사람과 동일하다. 그렇기 때문에 장애인은 여느 사람과 마찬가지로 사회에서 인간답게 살아갈 권리가 있는 것이다.

장애인이 인간으로 지닌 존엄을 보장하기 위해 장애인복지의 궁극적인 지향점은 장애인의 완전한 사회참여와 평등을 통하여 포괄적 통합을 이루는 데 있다(김형식,

2010). 포괄적 통합이라는 궁극적 목표를 달성하기 위해 장애인의 환경 개선을 수단적인 목표로 삼는다. 장애인을 수동적인 객체가 아닌 주체적인 존재로 전환시키기 위한 사회적, 문화적, 물리적인 환경의 재창조를 통해 궁극적 포괄적 통합을 달성하는 것이다.

장애인복지는 장애가 갖는 생애 주기적 특성과 함께 장애라는 특성의 다양성 때문에 사회복지의 전 분야를 망라한다고 해도 과언이 아닐 것이다. 태어나면서부터 아동, 청소년, 중장년, 노년기에 이르기까지 전 생애에 걸쳐 발생하는 욕구로 인해 각 시기에 맞는 적절한 지원과 각 장애의 특성에 따른 다양한 대책을 필요로 하기 때문이다. 따라서 장애인 분야의 접근 방법은 매우 복잡하게 이루어져 있다.

장애인복지실천의 법적 근거가 되는 「장애인복지법」에 따르면 장애인복지의 기본 이념을 '장애인의 완전한 사회참여와 평등을 통한 사회통합을 이루는 것'이라고 정의하였다. 법의 목적은 '장애인의 인간다운 삶과 권리 보장을 위한 국가와 지방자치단체 등의 책임을 명백히 하고, 장애발생의 예방과 장애인의 의료 · 교육 · 직업재활 · 생활환경개선 등에 관한 사업을 정하여 장애인복지 대책을 종합적으로 추진하며, 장애인의 자립생활 · 보호 및 수당지급 등에 관하여 필요한 사항을 정하여 장애인의 생활안정에 기여하는 등 장애인의 복지와 사회활동 참여 증진을 통하여 사회통합에 이바지하는 것'이다.

2) 장애인복지의 현황

(1) 장애와 고령화

일반적으로 '장애를 가진 노인'은 '고령화된 장애인'과 '노화에 따른 장애인'으로 분류된다. 이는 장애 발생 시기에 따른 분류인데, 고령화된 장애는 젊어서 장애가 발생하여 노년에 이른 경우인 반면, 노화에 따른 장애는 노년기에 장애가 발생한 경우에 해당된다. 이러한 장애인의 노화로 인한 변화는 기존의 장애에 노화에 따른 변화가 중첩되어 '이중 위험'으로 나타난다. 기존의 장애 상태로 인하여 신체적, 심리적, 사회적 측면에서 어려움을 가지고 있던 상태에 더하여 노화로 인한 제 측면의 변화가 중첩되어 나타나기에 장애인 개인이 갖는 어려움의 정도는 배가되는 것을 볼 수 있다.

고령화가 진행 중인 장애인이 갖는 또 다른 문제로 '조기 노화'의 경험이다. 이러한 현상은 장애 발생 후 일정 기간이 지난 뒤 일반인의 경우보다 이른 시기(보통 15~20년 정도)에 신체, 기능, 사회, 심리적인 변화(노화)를 의미한다. 조기 노화의 원인은 아직 밝혀지지 않았지만, 고령화된 장애인들의 신체적 기능과 건강을 위협하는 매우 중요한 요인이 되고 있다.

(2) 장애와 여성

여성장애인은 '여성'과 '장애'라는 두 가지 특성 때문에 이중 차별을 받는다. 능력주의와 정상신체주의 사회에서 살아가는 장애인은 의존적이고 능력이 없으며, 정상에서 벗어나 문제가 있는 사람으로 여겨진다. 남성 중심 가부장제 사회에 사는 여성은 남성보다 열등하고 의존적인 존재로 인식된다. 여성장애인은 이러한 사회구조와 규범 속에서 비가시적이고 의존적인 존재로 가치 절하되며, 사회적 억압과 차별에 노출되어 있다(김용환 외, 2020).

여성장애인은 교육이나 직업, 결혼, 여가 등에서 배제되거나 차별을 받는 경우가 많고, 이러한 차별이 사회, 경제, 문화적 불이익으로 연결되어 약자의 위치에 서게 된다. 교육, 직업 등에서의 제도적 차별이나 배제가 여성장애인의 사회경제적 지위를 열악하게 만들고, 결국 빈곤이나 최약자집단으로 하락시켜 여성장애인으로 하여금 자기 삶을 통제하고 독립할 수 있게 하는 데 어려움을 가져왔다.

(3) 장애인의 이동권

장애인 이동권이란 원하는 장소로 이동하는 데 불편하거나 위험 없이 움직일 권리이며, 물리적 장벽, 특히 도로 · 교통수단 · 여객시설 이용에 제약을 받지 않을 권리이다. 「교통약자의 이동편의 증진법」 제2조는 이동권 보장을 위한 시설로 이동편의시설과 특별교통수단을 확보하도록 규정하고 있다. 이동편의시설은 휠체어 탑승설비, 장애인용 승강기, 점자블록 등 장애인을 위한 보도(步道), 임산부가 모유수유를 할 수 있는 휴게시설 등 교통약자가 교통수단, 여객시설 또는 도로를 이용할 때 편리하게 이동할 수 있도록 하기 위한 시설과 설비를 말한다(정일교 외, 2014).

하지만 휠체어를 이용하는 장애인들에게 대중교통은 지하철 외에는 편의시설이 잘 갖추어져 있지 않다. 대중교통과 도로의 문제는 장애인의 이동을 제한하게 되며, 이동의 제한은 장애인들에게 또 하나의 차별이 된다.

3) 장애인복지의 전망과 과제

최근 우리 사회가 저출산 및 고령화 등 인구특성이 변화하면서 장애인에 대한 관점과 인식도 달라지고 있다. 그동안 장애인이 사회적 소수자나 사회적 약자로서 동정과 시혜적 측면에서의 대상이었다면 이제는 권리의 주체로서의 관점이 점차 강조되고 있다. 따라서 장애인복지는 당사자의 욕구를 기반으로 하여 포괄적인 이해와 접근을 통하여 해결해 나갈 필요가 있다.

(1) 장애발생예방사업 강화

장애인복지의 기본 과제는 장애 발생을 예방하여 장애인을 만들지 않는 것이다. 이를 위하여 장애발생예방사업을 강화해야 한다. 모든 국민을 대상으로 의학적 지식을 보급하고, 임신 전·후의 장애예방교육을 실시하는 것, 출산 후 조기 발견과 치료 대책을 강화하는 것, 산재사고 및 교통사고의 예방 등 후천적 장애 발생의 예방 사업을 강화하는 것들이 중요한 과제이다.

(2) 자립과 소득보장제도 완성

장애인의 인간다운 생활을 위하여 가장 필요한 것은 경제적 생활보장이다. 경제적 생활을 보장하기 위하여 장애인이 일을 하도록 하는 것이 우선적인 과제이다.

이를 위하여 직업재활사업을 활성화하고 고용촉진제도를 성숙시켜 나가야 한다. 일을 하기가 어렵거나 일을 해도 소득 능력이 부족한 장애인을 위해서는 소득보장제도를 확충해야 한다. 국민연금제도상의 장애인연금을 모든 대상자에게 확대 적용하고, 기초장애연금제도의 연금액을 현실적인 물가 등을 고려하여 완성해야 한다. 또한 장애인의 경제적 생활을 지원하기 위하여 현재까지 개발된 각종 할인, 감면, 지원제도는 장애인 고용제도 등과 보완하고 조절해 나가야 할 것이다.

(3) 장애인복지서비스 체계 완성

장애인복지서비스는 장애인의 생활에 필요한 다양한 욕구를 충족시켜 주기 위한 각종 사회적 서비스를 말한다. 시설을 통한 서비스 체계가 그중 하나이다. 장애인이 입소하여 생활하는 생활시설 중에서는 중증장애인을 위한 요양시설이나 그룹홈 형태의 시설을 발전시켜 나가야 한다. 지금까지 추세로 보면 가정에서 생활하며 서비스를 이용하는 이용시설의 수요가 매우 크다. 따라서 장애인복지관을 비롯한 이용시설을 확충해야 한다. 이들 이용시설은 지역별, 기능별로 고르게 분포되도록 해야 한다. 또한 지역사회 내의 서비스 강화를 위하여 장애인활동보조서비스 제도를 개편하여 시행하고 있는 「장애인활동 지원에 관한 법률」도 급여 대상자를 확대하고 서비스 제공범위를 확대시켜 나가야 할 것이다.

장애인복지 관련 ISSUE

장애인 등 사용 가능 "배리어프리 키오스크" 전국 복지 현장 도입

장애인과 고령자 등 정보 접근 약자도 사용할 수 있도록 음성안내를 결합한 키패드 주문 기능, 고대비 화면 모드, 낮은 화면 모드, 화면확대 기능 등을 갖춘 장벽 없는 무인정보단말기(배리어프리 키오스크)가 전국 복지 현장에 본격 도입된다.

한국장애인개발원, ㈜하나시스, 한국장애인정보화협회가 지난 22일 서울 여의도 이

룸센터에서 이와 같은 내용을 담은 '배리어프리 키오스크 보급과 활용 확대를 위한 업무협약'을 체결하고 키오스크 기증식을 가졌다.

이날 기증받은 키오스크는 정부의 '무인정보단말기 접근성 검증기준'에 따라 한국접근성평가연구원으로부터 '정보 접근성 준수 시험평가'를 우수한 성적으로 통과한 제품이다.

이러한 확산세에도 불구하고 키오스크 이용이 어려운 장애인, 고령자, 저시력자 등 다양한 정보 접근 취약계층을 위한 배리어프리 환경은 여전히 부족한 상황이다.

이러한 상황에서 지난 2023년 1월부터 「장애인 차별 금지 및 권리 구제 등에 관한 법률 시행령」 개정에 따라 키오스크 접근성 의무 규정이 시행되고 있다. 2023년 1월 28일 이전 설치된 키오스크는 3년의 유예기간을 거쳐 2026년부터 의무 대상이 된다.

특히 2025년 1월 28일부터는 약 15평(50㎡) 이상 사업장에 신규로 설치하는 키오스크 등 무인 단말기에는 배리어프리 기능 탑재가 의무화되면서, 기존 기기의 개선 필요성도 커지고 있다.

이번 협약은 이러한 법적 의무화와 키오스크 이용 환경 변화에 대응해, 장애인을 포함한 정보취약계층의 디지털 격차 해소와 접근성 강화를 위해, 민관이 협력해 포용적 디지털 환경을 조성하고자 마련됐다.

협약에 따라 세 기관은 ▲배리어프리 키오스크 기증 및 복지현장 보급·설치 ▲장애인 대상 키오스크 활용 교육 및 안내 활동 ▲유니버설디자인 기술 고도화 협력 ▲디지털 포용정책 공동 추진 등에 협력할 계획이다. 또한 ESG 홍보 캠페인과 사례 콘텐츠 제작, 정책 제안 등의 활동도 함께 전개할 예정이다.

한편, 과학기술정보통신부는 지난 17일 '장애인·고령자 등의 정보 접근 및 이용 편의 증진을 위한 고시' 일부 개정안을 행정 예고했다. 개정안은 키오스크 접근성 기준을 정비하고, 좌석 주문형 키오스크에 대한 규제를 현실화하는 내용을 포함한다.

또한 접근성 수준에 따라 등급제를 도입해 전국민의 사용 편의성을 높이고, 제조사의 부담을 완화할 수 있도록 했다.

자료 : 에이블뉴스(2025.07).

5 가족복지

1) 가족복지의 개념

(1) 가족복지의 정의

가족복지란 전체로서의 가족은 물론 그 구성원들의 사회적 기능 수행을 효과적으로 증진시킴으로써 가족구성원 모두에게 행복을 도모하도록 하기 위한 사회복지의 한 분야이다(송성자, 1998). 가족복지가 다른 사회복지 분야와 다른 점은 그 대상자 면에서 다른 사회복지가 특정 계층의 개인을 대상으로 하는 데 비해, 가족복지는 가족을 한 단위로 취급하여 가족구성원 개개인에게 초점을 맞추기보다 가족 단위의 전체로 본다는 것이다. 즉, 가족복지란 가족구성원 전체의 행복 증진을 그 목적으로 두고 가족의 문제를 예방하기 위한 제도적, 정책적, 기술적 서비스의 총칭이라 할 수 있다.

정리하면 가족복지는 가족의 욕구를 자력으로 충족할 수 있도록 잠재력을 개발시켜 주거나 가족 문제의 예방 및 해결, 가족원의 사회적 기능수행의 활성화와 생활의 질적 향상 등에 전문적 지식과 기술을 동원한 제도적, 정책적, 기술적 서비스로 가족구성원이 개인이나 가족 전체에 관심을 두는 과정이다.

(2) 가족복지의 기능

가족복지란 가족생활을 보호하고 가족구성원들의 사회적 기능 수행을 향상시키기 위해 제공되는 가족구성원 개인이나 가족에 대한 서비스뿐만 아니라 가족정책 수립에 대한 노력까지도 포함한다(손병덕, 2008). 현대 사회의 가족은 사회경제적 변화와 더불어 수많은 변화를 경험하고 있다. 이에 따른 가족의 가치관, 역할, 기능의 변화로 인하여 복잡하고 새로운 다양한 문제에 직면하며, 이러한 상황에 따른 가족 문제의 증가는 많은 부담으로 작용할 수 있다(최경석 외, 2003). 이에 대한 접근은 크게 간접적 방법과 직접적 방법으로 나눌 수 있으나(조흥식 외, 2010), 여기서는 클라이언트를 직접 만나는 직접적 방법에 초점을 맞추어 설명하고자 한다.

가족복지실천의 목적은 조화로운 가족관계를 활성화하고, 가족생활이 지닌 적극적 가치를 강화하며, 가족구성원 개개인의 건전한 인격 발달과 사회인으로서의 기능을 수행할 수 없는 가족이 기능할 수 있도록 돕는 것이라 할 수 있다(조흥식 외, 2010). 이를 통하여 가족은 행복하고 안정된 삶을 추구할 수 있다. 이를 위한 가족복지실천의 기능은 우선 가족 기능의 강화를 통하여 문제를 가진 가정을 정상적인 기능을 하는 가족으로 변화시키는 기능(김인숙, 2005), 위기를 경험하는 가정에 대한 개입으로 가족의 해체를 막는 기능, 모든 가족을 대상으로 예방적 서비스를 제공하여 가족의 스트레스를 줄이고 안정을 높이는 기능(손병덕 외, 2008)으로 제시할 수 있다.

2) 가족복지의 현황

(1) 한부모가족

첫째, 가정의 경제적 문제이다. 한 명의 소득상실로 생활수준이 급격히 떨어지는 데다 자녀 양육으로 인해 경제적 어려움을 겪게 된다. 특히 여성 한부모가족은 노동시장에서 취업 기회의 제한과 임금차별을 경험하게 되고 비양육부모의 양육비 지원에 대한 법적 규정이 미비한 데다 국가의 특별한 지원이 없는 상태에서 더욱 경제적 어려움을 겪는다.

둘째, 한부모가족의 부모는 다른 한쪽의 부모 없이 자녀를 양육해야 하므로 많은 어려움이 직면한다.

셋째, 책임과 업무 과다로 인해 역할 과다의 문제가 있다.

(2) 조손가족

첫째, 조손가족 조부모는 성인 자녀를 제대로 기르지 못하였다는 자책감과 함께 손자녀로 인한 양육 부담과 본인의 노화로 인한 생활의 곤란 등을 해결해야 하는 어려움에 직면한다.

둘째, 조손가족은 농촌에 집중 분포되어 있으며 대부분 경제적 형편이 어려워 손자녀의 양육비용을 부담하기 매우 힘들다.

셋째, 조손가족의 조부모 대부분이 자녀교육이나 양육에 대한 기술이나 지식이 미흡하고 전통 방식대로 손자녀를 양육하며 가사나 양육을 돌보아 줄 다른 가족 지원도 많이 없다.

(3) 다문화가족

첫째, 결혼을 하고 한국에 정착한 외국인 배우자의 경우 가장 먼저 부딪히는 어려움은 언어를 통한 의사소통의 문제이다. 언어소통의 문제는 생활 전반에서 오는 문화적 차이를 극복할 수 있는 통로를 원천적으로 가로막는데, 함께 생활하는 가족뿐 아니라 배우자와도 언어소통이 원활치 못하다 보니 사소한 오해가 더 큰 부부 문제로 이어질 수 있을뿐더러 언어 단절이 있을 경우 정서적 단절로 이어지기까지 한다(김승권 외, 2004).

둘째, 가부장적 혈연 중심의 사회가치관과 인종 및 저개발국가에 대한 문화적 편견은 외국인 배우자의 국적이 선진국이냐 후진국이냐에 따라 사회적 시각을 달리하고 이들 외국인 배우자에 대한 한국사회로의 문화적 흡수를 더디게 한다.

셋째, 결혼이민자 여성은 한국문화와 언어에 미숙하여 폭력이나 학대에 제대로 대응하지 못할뿐더러 한국 국적 취득을 위해서는 한국인 배우자와 2년 이상 동거하며 혼인 상태를 유지해야 하기 때문에 이러한 폭력 상황을 외부에 노출시키거나 도움을 요청하기 어려운 현실이다(권진숙 외, 2006).

3) 가족복지의 전망과 과제

(1) 다양한 가족에 대한 제도적 수용

오늘날 가족의 형태는 다양해지고 가족 구조의 변화도 갈수록 증가하고 있다. 그럼에도 불구하고 혈연에 기초한 전통적인 가족 외에는 비정상적 문제 가족으로 치부되었고, 가족 내에서는 여성, 아동 또는 노약자에 대한 차별과 폭력의 문제가 발생해 왔다. 이제 가족의 문제를 예방하며 가족의 해체를 막기 위한 적극적 노력이 요구되며 더불어 가족에 대한 폭넓은 이해 인식이 시급하다. 이러한 인식의 전환과 더불어 가족구성원 간의 기존의 가부장적인 권위주위적인 수직적 위계질서에서 성인지적 관점에서 평등하고 민주주의적 관계로의 전환 인식이 요구된다.

(2) 가족복지정책의 대상 범위 확대

전통적으로 가족은 사적인 영역으로 구분됨으로써 가족생활에 대한 공적인 개입이 금기시되어 국가와 사회의 복지서비스는 소위 요보호대상에 속하는 일부 특정한 가족에게만 제공되었다. 하지만 정책의 효과가 낮아 대상 가족의 욕구를 만족시키기에는 무리가 많았다. 사회적 위험이 날로 커지고 있는 현대 산업사회에서는 어느 형태의 가족이든 간에 생활에 위협을 경험할 가능성이 커지고 있다. 그리고 가족의 경제적 생활안정과 건강의료서비스에 대한 인식 향상, 그리고 가족의 삶의 질 향상에 대한 관심이 높아지면서 이에 대해 공식적인 대응이 시도되어야 한다는 요구가 커지고 있다. 따라서 이제는 가족복지의 패러다임이 전환되어야 하고 모든 가족을 대상으로 하는 가족복지정책이 마련되어야 한다(김영화 외, 2016).

(3) 가족복지서비스의 과제

가족복지서비스는 모든 가족구성원의 정서적, 발달적 욕구를 충족하면서 동시에 가족들이 좀 더 기능적일 수 있도록 돕는 것이다. 이를 담당할 체계화된 훈련을 통한 전문 인력 양성에 정부, 지방자치단체 및 학계의 적극적 관심이 필요하다. 그리고 가족복지서비스의 활성화를 위해 서비스 전달체계를 새롭게 구축해야 한다.

가족복지 관련 ISSUE

2024년 한국복지패널 조사 보고서, '경제적 어려움', '취업문제'

가족 갈등을 유발하는 가장 큰 원인으로 가족구성원의 건강 문제가 꼽혔다.

17일 한국보건사회연구원과 서울대 사회복지연구소의 '2024년 한국복지패널 조사·분석 보고서'를 보면 조사 참여 가구의 가구원들은 최근 1년간 가족 간 근심과 갈등을 초래하는 요인으로 '가구원의 건강'을 가장 많이 들었다.

연구팀은 작년 2월 26일부터 4개월간 조사 대상 복지 패널 7천 821가구 중에서 조사를 완료한 7천 499가구를 대상으로 2023년 1년간 가족 내에서 발생한 문제와 가족 갈등 대처 방법을 2순위까지 조사해 분석했다.

분석 결과 '특별한 어려움이 없다'고 응답한 가구(53.81%)를 제외하고 나머지 가구를 대상으로 1순위로 응답한 항목을 살펴보면, 54.85%가 '가구원의 건강'을 가장 큰 가족 갈등의 원인으로 꼽았다.

부채 또는 카드 빚 문제 같은 '경제적 어려움'이 18.19%로 그 뒤를 이었고, '가구원의 취업 및 실업'이 8.34%로 세 번째를 차지했다.

이어 '자녀교육 혹은 행동'(4.7%), '주거 관련 문제'(4.15%), '자녀의 결혼 문제'(3.74%), '가구원 간 관계'(2.92%), 기타(2.17%), '가구원의 알코올'(0.79%), '가족 내 폭력'(0.08%), '가구원의 가출'(0.07%) 등의 순이었다.

같은 질문에 대한 응답을 소득집단별로 살펴보면 '가구원의 건강' 문제는 저소득 가구(중위소득 60% 이하)의 61.12%가 가족 갈등의 가장 중요한 원인으로 꼽아 일반 가구(43.39%)와 다소 차이를 보였다.

'경제적 어려움'이 가족 근심의 원인이라는 응답 역시 저소득 가구는 20.17%로 일반 가구(16.93%)보다 높았다.

자료 : 연합뉴스(2025.01).

용어정리

- **빈곤** : 개인 또는 가구가 최소한의 인간다운 삶을 영위하는 데 필요한 소득이나 자원이 부족한 상태로, 생활필수품의 결핍과 그로 인한 육체적 · 정신적 불안, 사회 · 경제적 기회의 제한이 수반되는 상태를 의미한다.
- **방임** : 주로 아동에 대해 적절한 보호자가 의무를 다하지 않아 신체적, 정신적, 정서적, 사회적 발달에 필수적인 요소(주거, 음식, 의료, 교육 등)를 제공하지 못해 피해가 발생하는 상태를 말한다. 법, 임상적으로 고의, 비고의와 무관히 보호 · 양육 및 교육 · 의료 등 기본적 욕구의 충족 실패가 중심이다.
- **노화** : 나이가 들어감에 따라 생물학적, 심리적, 사회적 기능이 점차 쇠퇴하는 복합적인 과정을 말한다. 국제노년학회는 환경 · 행동적 변화까지 포함되는 삶 전체의 변화 과정으로 정의한다.
- **노인의료복지시설** : 노인장기요양보험법 · 노인복지법에 근거, 심신의 상당한 장애로 요양이 필요한 65세 이상 노인이 입소하여 급식, 요양, 기타 일상생활에 필요한 다양한 편의를 제공받는 시설(예 : 노인요양시설, 노인요양공동생활가정 등)을 말한다.
- **저출산** : 가임기 여성(15~49세)이 일생 동안 낳을 것으로 예상되는 평균 자녀 수(합계출산율)가 2.1 미만으로 인구를 대체하지 못하는 상태를 의미한다. 최근에는 '저출생' 등 다른 용어와 함께 다양한 사회구조적 맥락에서 논의된다.
- **고령화** : 의학 · 위생의 발전 등으로 평균수명이 늘어나고, 65세 이상 인구 비중이 높아지는 현상이다. 유엔 기준 65세 이상 인구 비율이 7% 이상이면 '고령화 사회', 14% 이상은 '고령사회', 20% 이상이면 '초고령사회'로 구분한다.
- **세계보건기구(World Health Organization, WHO)** : 유엔 산하 국제기구로, 전 세계인의 가능한 최고의 건강 수준 도달을 목표로 국제 보건사업의 지도 · 조정, 회원국 기술원조, 질병 퇴치 · 예방, 공공보건정책 제시 등을 담당한다. 산모 · 아동복지, 환경위생, 연구, 국제기준 마련 등도 포함한다.
- **사회적 약자** : 신체적, 경제적, 사회적, 문화적으로 소외되어 인간다운 삶을 유지하기 힘든 집단 또는 개인(노인, 장애인, 아동, 저소득층 등 포함)을 의미한다. 권리 · 기회의 평등 확보 및 복지적 지원이 필요하다고 사회적으로 간주되는 계층을 말한다.
- **자립** : 자립은 개인이나 집단이 타인 또는 외부의 지속적인 지원 없이 스스로 자신의 생활을 통제하고 유지할 수 있는 상태나 능력을 뜻한다. 사회복지 분야에서는 경제적 · 정신적 · 사회적 자립 모두 강조하며, 아동 · 장애인 · 노인 · 한부모 등 다양한 복지 실천 현장에서 중요한 목표로 설정된다.

Chapter

10

사회복지 실천 분야는 왜 다양할까 II

-사회복지 실천 분야 Ⅱ

본 장에서는 사회복지가 특정 환경과 직업 속에서도 필요하다는 점을 보여준다. 사람은 어디에서나 삶을 살아가고 관계를 맺기 때문에, 그 환경이 다르면 필요한 복지도 달라진다. 산업복지는 사람들이 일터에서 건강하게 일하고, 가족과 안정된 생활을 유지할 수 있도록 돕는 복지이다. 일터는 단순히 돈을 버는 장소가 아니라 하루의 대부분을 보내는 삶의 공간이다. 그래서 직장 내 복지제도는 근로자의 스트레스 감소, 건강 증진, 생활 지원과 더불어 조직 전체의 생산성과 안정성까지 향상시킬 수 있다. 군사회복지는 군 환경이 가진 높은 긴장과 폐쇄성, 계급 구조 속에서도 군인들이 정서적으로 안정되고 건강하게 복무할 수 있도록 돕는 역할을 한다. 군복무는 심리적 압박이 큰데, 이때 상담, 휴식 지원, 군 장병 생활환경 개선과 같은 사회복지서비스가 매우 중요하다. 마지막으로 교정복지는 범죄로 인해 사회에서 벗어난 사람들이 다시 사회로 돌아올 수 있도록 돕는 과정이다. 단순히 처벌만 한다면 사람은 변하기 어렵다. 그러나 교육, 상담, 재활, 직업훈련 등을 통해 "사람이 다시 사회 속에서 살아갈 수 있는 힘"을 회복하도록 지원할 수 있다. 즉, 이 장은 "사람이 있는 곳 어디든, 복지는 필요하다."라는 것을 보여주고자 한다.

1 산업복지

1) 산업복지의 개념

미국의 전국사회사업가협회(NASW)에서 발간한 『사회사업사전』에 따르면, 산업복지(industrial social work)는 사업장 내부와 사업장 외부에서 근로자의 전반적인 삶의 질을 향상시키기 위하여 제공하는 전문적 사회사업 실천을 말하며 직업복지(occupational social work)와 유사한 의미를 갖는다.

우리나라의 한 사회복지연구소에서 발간한 『사회복지 사전』의 경우, 산업복지는 "국가 또는 지방자치단체가 기업, 노조, 민간단체 등에 의해 근로자와 그의 가족의 지속적 복지를 증진하기 위한 제도 및 시설, 활동서비스의 종합적 체계"라고 정의하고 있다(대구대학교 사회복지연구소, 1993).

산업복지(industral welfare)는 근로복지 또는 노동복지라는 용어로 표현되기도 하며, 우리나라의 경우 근로복지라는 용어를 많이 사용하였고, 사회복지학에서는 산업복지라는 용어를 사용한다(조흥식 외, 2017).

우재현(1998)에 의하면 "국가 또는 지방공공단체, 기업, 노동조합, 협동조합 등이 주체로 나서서 근로자와 근로자 가족의 생활안정, 생활수준의 향상 등 생활복지의 증진을 목적으로 실시하는 시책, 시설, 서비스 활동의 종합적이고 통일적인 체계"로 정의하였으며, 구긴스와 갓프레이(Googins & Godfrey, 1987)는 건전한 개인과 유익한 환경의 창출을 위해 적절한 개입 방안을 계획하고 집행함으로써 업무조직에서 발생하는 인간적, 사회적 욕구에 대응하는 사회복지 실천의 한 분야로 정의하였다.

산업복지란 업무조직을 초점으로 하는 사회복지를 말한다. 산업복지는 업무조직에 편입되거나 되었던 사람들이 평안히 지내는 상태 혹은 그들의 건강, 안정, 조화, 번영 등이 보장되는 행복의 이상적 상태이며 이것을 지향하는 조직적 노력으로서 업무조직과 거기에 편입된 사람들의 개인적, 사회적 욕구에 대응하는 다양한 복지

급여와 서비스 체계라고 정의할 수 있다(조흥식 외, 2017).

2) 산업복지의 역사

(1) 서양의 산업복지 역사

서구의 중세시대의 길드는 업무조직이며 사회복지의 제공 주체이기도 하였다. 중세시대의 길드는 장인의 동업조합으로, 길드는 불의의 사고나 노령, 사망 등의 회원이 불행을 겪을 경우에 회원에게 경제적 안정을 보장해 주기 위해 기금을 별도로 모아놓았다. 이는 유럽에서 1600년대 빈곤법(구빈법)이 등장하기 이전까지의 시기에 길드는 교회와 더불어 주요한 사회복지기관의 역할을 하였다(노병일, 2014).

자본주의적 생산관계가 일반화된 18세기 이후에야 현대적 산업복지가 시작되었다. 초기에는 노동자가 겪고 있는 개인적이거나 사회적인 욕구를 해결하기 위하여 공제조합, 생활협동조합, 우애조합 등과 같은 자조적 노력이 먼저 등장하였다.

최초의 공제조합은 영국 뉴캐슬의 제화공들에 의해 1791년에 설립되었으며, 생활협동조합은 1769년에 스코틀랜드의 방적공에 의해 구성되었고, 복지급여 제공을 위한 직접적 방법으로 수입 중 일정액을 기여하여 사망, 질병, 재해 등 회원의 생활상의 파탄 등의 예상치 못한 위험에 대응하기 위해 일정액의 공제수당금을 지불하는 우애조합이 조직되었다.

공제조합은 조합원의 범위가 좁았고, 조합원이 아닌 사람에 대해 배타적이었고, 재정의 규모가 작았다. 산업화가 본격적으로 진행되면서 대량실업, 산업재해, 직업병 등과 같은 사회적 위험의 규모가 매우 커져 공제조합은 이런 사회적 위험에 제대로 대응할 수 없게 되어 국가가 주관하는 사회보험이 등장하게 되었다(노병일, 2014 재인용).

18세기 중엽 영국에서는 공장의 작업환경, 공중보건 등에 관한 일련의 법률이 제정되어 노동시간과 아동의 노동력 착취를 금지하는 공장법과 보건과 위생기준, 노동자의 주거 환경에 대한 개선을 규정하였다.

19세기 중반에 이르러서야 다양한 방식의 국가의 개입이 시작되었다. 1883년부터 독일에서는 오늘날의 사회보험 형태의 노동자보험을 통해 질병, 폐질, 노령으로 인한 퇴직 등의 사회 위험에 대응하기 위한 조치로 등장하였다.

산업화가 진행되면서 임금 근로자가 출현하게 되었고, 임금 근로자는 생활에 필요한 재화를 구입하고 생계를 유지하기 위해 돈을 벌어야만 하였다. 임금 근로자가 실업 상태가 되었을 때, 사업장에서 근로자에게 기본 소득과 추가 소득을 지속적으로 확보해 주는 방안이 필요하게 되었다. 또한 질병, 장애, 노령에 대비하기 위하여 사업장의 근로자 보호를 위한 제도가 필요하게 되었다. 특히 이 당시에는 공장의 소유주나 그 가족이 직접 감독하는 공장이 많았는데 이는 고용주나 가족은 근로자가 경험하는 고통을 잘 파악할 수 있게 한 것이었다. 고용주가 근로자의 작업환경과 생활환경을 개선하여 근로자에 대한 동정심을 행동으로 옮긴 결과 사업장에서 일하는 근로자를 위한 산업복지가 발달할 수 있었다(노병일, 2014).

기업복지로서의 산업복지는 19세기 초기 고용주가 노동자를 온정주의적 대상이자 통제의 대상으로 인식하면서 등장하였다. 영국의 경영자 오웬(Robert Owen)은 자신의 방직공장에서 근로자를 대상으로 도덕교육과 노동시간의 제한, 공장의 위생상태 개선, 10세 이하 아동 고용 금지, 직업훈련과 실업급여 제공 등을 시행하였다. 오웬의 이러한 활동은 서유럽과 미국에까지 영향을 주었다. 당시 정부가 제공하지 못하는 생활보호, 주택지원, 건강보조, 자녀교육 등을 제공하였고, 이는 노동자의 욕구불만을 완화하고 임금 인상을 억제하는 수단이 되었다.

이후 자본주의의 발달에 따라 산업복지는 기업의 인적자원관리의 패러다임이 등장하여 본격적으로 복지활동에 관여하는 방향으로 나아갔다. 자본주의의 팽창으로 기업의 규모가 커져 온정주의 방법으로 근로자를 관리할 수 없었고, 산업이 발달함에 따라 필요한 노동력이 부족해져, 기업의 입장에서 동기부여와 생산성 향상을 위한 근로자 확보의 필요성이 커졌다. 이후 근로자의 가정, 부부 문제, 재정적, 정서적 문제 등 개인적 문제 해결을 위한 근로자지원프로그램 등이 등장하였다(조흥식 외, 2017).

일부 국가의 경우, 근로자가 고용주와 집단적으로 협상하는 것도 사업장에서의 복지 프로그램에 포함시키라고 근로자들이 요구하였고, 고용주는 근로자들의 이런 요구를 받아들였다. 그리고 노동조합이 산업복지에 관심을 갖고, 참여하거나 프로그램을 직접 실시함으로써 산업복지 프로그램은 노동조합을 강력하게 만드는 역할을 하였다(노병일, 2014; Chu, 1996).

(2) 우리나라의 산업복지 역사

1961년 이전의 산업복지의 공백기 동안 우리나라는 미국의 원조에 의존하여 뚜렷한 경제성장을 이루지 못하였다. 소규모의 경공업 위주의 산업으로 산업화의 진전이 미미하였으며, 대부분의 노동자는 열악한 환경에 처해 있었다. 우리나라의 산업복지는 사람들이 일하는 것을 장려하고 그 노력에 대한 보상과 경제성장이라는 국가적 목표를 이루기 위한 국가의 이데올로기를 반영하였다(노병일, 2024).

1953년에 제정된 「노동관계법」은 근로조건 기준에 대한 규제를 명시하고 있으나 현실과는 괴리가 컸다. 퇴직금제도는 「근로기준법」 제28조에 의해 규정되었지만 임의규정에 불과한 선언적 의미에 지나지 않았다.

1960년대 초반 노동에 대한 억압적 정책과 자본에 대한 지원육성 정책을 통해 본격적인 수출 주도 산업화가 시작되었으며, 산업복지가 출현하게 되었다. 1961년부터 1980년대에는 노동 관련 입법과 개정이 이루어졌으며, 증가하는 노동자 집단에 대한 최소한의 보호를 위해 산업재해보상보험과 퇴직금제도가 도입되었다. 이 시기의 산업복지는 공제조직, 지정 병원과 의원제도, 직업훈련, 급식시설 등을 통해 열악한 임금수준을 보완하는 생활보조적 성격이 강하였다.

대기업을 중심으로는 노무관리체제의 제도화가 이루어졌으며, 종업원 지주제가 확대되었다. 1958년 10월 주식회사 유한양행이 근로자의 복지 향상과 노사협력을 위해 간부에게는 공로주를 주고 사원에게는 희망자에 한하여 자사주를 매입하도록 하되 대금을 상여금에서 공제하도록 하였다(조흥식 외, 2017).

1981년부터 IMF 금융위기 전까지 산업복지의 확산기에는 산업발전이 본격적으로 이루어져 중화학 공업 중심의 수출 규모가 확대되었다. 1980년대에 들어서 대부분의 기업은 노사위원회를 설치하였고, 이는 국가가 기업을 통제하기 위해 국가는 노사위원회를 의무적으로 설치하도록 하였으며, 노사위원회는 근로자와 경영진 사이에 나타나는 갈등을 합법적으로 중재할 수 있는 유일한 기구였다(노병일, 2014).

대기업 위주의 산업발전으로 상당한 경제성장을 이룩하였으나 재분배 문제가 대두되기 시작하였다. 1980년대 초반 사회혼란이 심각해지면서 산업복지를 요구하는 목소리가 커졌으며, 1981년 노동청이 노동부로 승격되면서 본격적으로 산업복지정책이 펼쳐졌다(조흥식 외, 2017).

정부는 1981년부터 1987년 사이 근로복지시설을 건립하였으며, 1983년 노동부 지침으로 '근로의욕 향상을 위한 사내 근로복지기금 설치, 운영 준칙'이 제정되었고, 1992년에 법제화되면서 기업이 근로복지를 위한 기금을 설립하고 이 기금을 통해 근로복지 사업을 시행하도록 하였다. 1987년 노동자 대투쟁을 통해 노동운동은 기업뿐 아니라 국가의 노동정책과 복지제도에 큰 영향을 미쳤다.

이 시기에 국민연금제도, 고용보험제도의 실시 등 사회보험 프로그램이 확대되었고, 노동조합이 정상적으로 활동함에 따라 일부 경우에는 산업복지제도가 법적으로 인정된 권리로 자리 잡았다(조흥식 외. 2001. 재인용). 기업복지 비중이 증가하였으며, 학비보조, 주거 관련 지원 등 내실 또한 단단해졌으나 기업 간 격차 확대라는 현상이 발생하였다. 산업복지의 빈익빈, 부익부를 불러일으켜 임금과 노동조건의 불평등을 야기시켰다.

1997년 말에 밀어닥친 IMF 금융위기는 우리나라의 기업 환경에 큰 영향을 미쳤다. 기업의 고용흡수력은 둔화되었고 노동시장에서의 임금격차 확대와 비정규직 등 취약계층의 증가로 양극화 문제가 심화되었다. 근로취약계층에 대한 정책적 대응의 필요성이 커짐에 따라 고용, 복지 연계 정책이 등장하게 되었다. 2001년 8월에는 국가의 종합적이고 체계적인 산업복지정책 추진을 위한 「근로자복지기본법」이 제정되었다. 이후 「근로복지기본법」으로 명칭을 바꾸며 노동자의 생활안정과 복지 증진을 목적으로 국가와 지방자치단체가 시행하는 주거안정, 생활안정 및 재산 형성,

신용보증 지원, 근로자 복지시설 지원 외에도 우리사주조합제도, 선택적 복지제도, 근로자 지원 프로그램 등과 같은 새로운 형태의 기업복지 프로그램이 포함되었다(조흥식 외, 2017).

3) 산업복지의 대상

산업복지의 일차적 대상은 근로자이지만, 근로자의 가족도 포함되는 경우가 많다. 애커버스(Akabas)는 산업복지의 서비스의 대상은 근로자와 가족이라고 보았고, 사업장에서 현재 일하는 근로자뿐만 아니라 미래 근로자도 포함시키고 있다.

커즈먼과 에커버스는 고용주, 근로자, 노동조합, 일자리를 찾는 사람을 그 대상으로 보았다. 실버(Silva)는 근로자뿐만 아니라 기업의 사회적 책임이 강조되면서 소비자와 지역사회와 일반 사회에도 관심을 두었다.

그러므로 산업복지의 대상을 넓게 볼 경우, 산업복지의 대상에는 근로자와 가족뿐만 아니라 미래의 근로자, 고용주, 노동조합, 소비자, 지역사회, 사회 전체도 포함된다(노병인, 2024).

4) 산업복지의 주체

산업복지의 주체는 산업복지를 주관하거나 제공하는 조직이나 기관을 말한다. 산업복지를 제공하는 주체는 고용주와 노동조합, 국가(공공기관)나 민간기관이 될 수 있다.

(1) 국가(공공기관)

국가는 산업복지 관련 법을 입법하고 산업복지를 실행하는 역할을 수행한다. 우리나라는 국가 최고 법규인 「헌법」을 통해 근로자의 인간다운 생활을 할 권리(제34조제1항)를 보장하기 위한 구체적인 실현근거로 「근로기준법」, 「산업안전보건법」, 「산업재해보상보험법」 등을 통해 근로자 대상 산업복지를 수행한다. 국가는 법을 통하여 사업장이 근로자의 복지수준을 높이는 방안을 의무적으로 실천하도록 한다.

「근로기준법」을 통해 성별, 국적, 신앙, 사회적 신분 등을 이유로 임금, 복지후생, 교육, 배치, 승진, 해고, 퇴직 등에 차별을 금지하고 있으며, 「산업안전보건법」을 통해 위험한 환경을 예방하기 위해 안전조치를 취하고 중대재해가 발생하였을 시에는 작업을 중지하고 근로자를 대치시켜야 한다(조흥식 외, 2017).

2022년부터 시행되고 있는 「중대재해 처벌 등에 관한 법률」은 안전이나 보건 조치의무를 위반하여 인명피해를 발생하게 한 사업주나 경영책임자, 공무원 및 법인의 처벌 등을 규정하여 중대재해를 예방하고 시민과 종사자의 생명과 신체 보호를 목적으로 한다.

또한 사업주는 근로자의 건강을 보호하고 쾌적한 작업환경을 조성하여야 한다. 「산업재해보상보험법」을 통해 고용주의 강제가입으로 근로자의 업무상 재해에 대하여 신속하고 공정하게 보상하며, 근로자의 재활과 사회복귀를 촉진하기 위해 요양급여, 휴업급여, 장해급여, 간병급여, 유족급여, 상병보상연금, 직업재활급여과 장례비를 지급한다.

여성과 청소년, 취업 및 근로 취약계층의 고용, 임금, 근로조건 및 근로환경에 차별 또는 배제를 받지 않도록 이들을 특별히 보호하기 위한 정책을 실행한다. 최저임금제를 통한 적정한 수준의 임금을 지급하도록 하고, 「남녀고용평등과 일·가정 양립 지원에 관한 법률」, 「장애인 고용촉진 및 직업재활법」, 「고용상 연령차별금지 및 고령자고용촉진에 관한 법률」, 「장애인차별금지 및 권리구제 등에 관한 법률」, 「파견근로자 보호 등에 관한 법률」, 「기간제 및 단시간근로자 보호 등에 관한 법률」을 통해 어린 자녀가 있는 여성의 일과 가정 양립을 지원하며, 장애인의 임금활동을 통한 자립과 고령자의 고용을 위한 지원을 하며, 근로취약층을 보호하고 있다.

「노동조합 및 노동관계조정법」을 통해 근로자의 단결권, 단체교섭권 및 단체행동권의 근로3권을 보장하고 근로조건의 유지와 개선을 통하여 근로자의 경제적·사회적 지위 향상을 도모하기 위한 집단적 행동을 할 권리를 부여하고 있다. 2025년 8월 24일 노란봉투법, 즉 「노동조합 및 노동관계조정법」 개정안이 통과되면서 노동자의 기본권 보장과 부당한 손배·가압류 남용의 방지, 원청의 실질적인 사용자의 책임이 주어지게 되었고, 노사의 대화 촉진 및 노사 자치에 기반한 수평적이고 협력적인 관계 형성이라는 긍정적인 의견과 기업활동의 위축과 무분별한 파업조장에 대한 우려, 사용자 범위의 지나친 확대로 법적 불확실성이 높아진다는 부정적인 의견이 대립하고 있다.

「국민건강보험법」에 의해 근로자는 지정된 건강진단기관에서 건강진단을 해야 하며 진단 결과는 근로자, 사업주, 고용노동부 장관에게 보고되어야 한다. 사업주는 감염병, 정신병, 또는 근로로 인한 병세의 악화가 우려되는 근로자에게 의사의 진단에 따라 근로를 금지 및 제한하며, 근로자가 건강을 회복하였을 때는 지체없이 취업하게 하여야 한다(조흥식 외, 2017).

국가는 「고용보험법」을 통해 실업을 예방하고 고용을 촉진하기 위해 근로자 등의 직업능력 개발, 향상을 도모하기 위해 국가는 직업지도와 직업소개 기능을 강화하고, 근로자 등이 실업하였을 경우 생활에 필요한 급여를 지급하여 근로자 등의 생활안정과 구직 활동을 촉진시킨다.

국가는 고용주나 노동조합이 주체가 되어 사업장에서 산업복지 프로그램을 실시할 경우 일부 비용을 지원하거나 보조금을 지급하거나 세제 혜택을 주기도 한다.

(2) 고용주

산업복지를 제공하는 주체와 관련해, 고용주는 가장 실질적이고 중요한 역할을 한다(Chu, 1996 재인용). 고용주는 근로자의 건강과 안전, 권리를 보장하고 복지프로그램을 제공하여 국가에서 정한 법령을 지키며, 근로자의 복지 증진을 위해 노력한다. 사적연금, 질병이나 산업재해에 대하여 고용주는 별도로 급여나 서비스를 제공한다. 휴가철 사내 복지시설을 제공하기도 하며, 가족수당, 자녀의 학비를 지원하기도 한다. 또한 고용주는 사회공헌활동이나 기부금 등을 통해 지역사회에 기여함으로써 사회복지 주체로 활동한다.

(3) 노동조합

노동조합은 헌법상 단체활동권을 보장받으며 사업장의 내부와 외부에서 근로자의 복지수준을 높일 수 있는 대표적인 조직이다. 노동조합은 근로자들로부터 신뢰와 지지를 기반으로 고용주에게 교섭을 통하여 근로자의 권리를 조직적으로 고용주에게 요구할 수 있다. 또한 노동조합에 가입한 근로자를 대상으로 산업복지 프로그램을 제공하기도 한다.

노동조합은 민주적으로 운영되어야 하며, 조합원은 가입을 통해 조합원의 지위를 취득한다. 노동조합의 회원이 됨으로써 질병 등과 다른 위험으로부터 자신을 보호할 수 있다고 보며, 노동조합은 근로자들의 지지를 받고 산업복지를 제공하는 주체가 될 수 있다. 노동조합의 활동은 근로자의 권리와 근로조건의 유지와 개선 등을 위한 정당한 목적을 추구하여야 한다.

(4) 민간기관

민간조직도 근로자를 위한 복지의 주체가 될 수 있다. 사회복지기관, 여성을 지원하는 단체 또는 기관, 장애인을 지원하는 단체 또는 기관, 외국인을 지원하는 단체나 기관, 자원봉사기관 등은 근로자의 복지수준을 높이는 데 관여할 수 있다(Chu, 1996 재인용). 이와 같은 민간기관은 근로자를 위한 교육 프로그램을 실시하거나 권리와 편익 증진을 위한 활동을 지원한다. 민간조직은 근로자와 가족이 가진 문제를 즉각적으로 대응하며, 다양한 방안 모색이 가능하지만 재정과 행정적 측면의 단점을 가지고 있다(노병일, 2014).

4) 산업복지의 기능

(1) 근로자 입장에서의 기능

산업복지는 자녀의 교육비 등의 금전적 성격의 서비스를 제공해 줌으로써 근로자와 가족이 생활하는 데 필요한 소득을 보충해 주기도 하며, 사택 지원, 출퇴근 통근

버스 등의 물품 또는 서비스를 제공할 경우, 근로자가 물품이나 서비스를 구입할 때 지출해야 하는 비용의 전부 또는 일부를 절약할 수 있도록 하여 근로자의 소득을 직간접적으로 보충해 준다.

또한 사업장에서 제공하는 여름철 휴가지 제공, 복지포인트 등을 통해 근로자는 자부심을 느낄 수 있으며, 사회적으로 인정받고자 하는 욕구를 충족시켜줄 수 있다.

(2) 고용주(사업장) 입장에서의 기능

첫째, 고용주의 적극적인 산업복지 지원은 근로자가 생산과정에 적극적으로 참여함으로써 생산성을 높이고 기업의 경쟁력 향상에 기여한다. 산업복지 도입 초기, 근로자들은 고용주가 제공하는 산업복지의 목적이 생산성을 높이는 데에만 목적이 있고 항상 근로자의 이익을 위하는 것에 있는 것은 아니라고 판단하였다. 산업복지는 기업의 경쟁력을 높여서 결과적으로 기업의 이윤을 증가시키는 기능을 한다고 볼 수 있다.

둘째, 사업장에 필요한 우수한 근로자를 확보하고 유지하는 기능을 한다.

19세기 프랑스의 광산 소유자들과 금속업 고용주들은 근로자들을 현재의 일자리에 묶어 두기 위해 노령연금과 의료서비스, 가족수당을 제공하였다. 1900년대 초 미국의 기업 경영자들은 근로자의 지속적인 근무를 위해 근로자의 복지수준을 높이는 데 관심을 가지기 시작하였다. 20세기 미국의 일부 기업은 연금을 이용하거나 보너스 제도, 장애 보조금 제도를 실시하였다.

셋째, 산업복지를 제공함으로써 사업장에 우호적인 분위기를 조성하여 근로자가 회사에 충성하게 만들고, 근로자나 노동조합의 힘을 약화시켜 사업장의 안정을 유지시킬 수 있다.

넷째, 기업이나 사업장이 근로자를 위해서 산업복지를 제공한다는 사실이 일반 국민이나 소비자에게 알려질 경우, 기업이나 사업장의 이미지를 개선하는 기능을 한다. 이는 '기업의 사회적 책임'과 관련되지만 기업의 경영진은 기업의 사회적 책임을 기본적 목적보다는 이윤을 늘리려는 도구로 인식하는 경우가 많다(노병인, 2014).

그리고 기업이나 근로자들이 사회공헌활동은 기업이 이윤을 추구 이외에 취약계층을 위한 활동을 홍보하여 기업의 이미지를 개선하고자 하는 것이다.

(3) 국가 입장에서의 기능

산업복지는 국가의 입장에서 경제발전과 국가의 복지 부담 감소의 기능을 한다(노병일, 2014). 일할 능력이 있는 근로자에게 산업복지 혜택을 제공하여 근로자의 경제적 보충의 욕구, 심리적·정서적 욕구 충족을 통해 근로자가 더 열심히 일을 한다는 것이다. 이는 결과적으로 경제발전에도 유리하게 작용하여 장기적으로 사업장에서 제공하는 산업복지는 경제를 발전시키는 기능을 한다.

또한 기업이 제공하는 복지프로그램들은 국가가 제공하는 복지 영역의 부담을 감소시켜 준다. 일부 국가는 산업복지 영역에 지출하는 비용에 대해 조세 혜택을 주기도 하며, 산업복지를 통해 국가가 사회보장과 관련해 부담하여야 할 비용을 줄일 수 있다. 이런 측면은 최근 전 세계적으로 나타나고 있는 복지다원주의 경향을 보여준다(노병일, 20114).

5) 산업복지와 사회복지

(1) 원칙

추(Chu, 1996)는 산업복지서비스 제공의 세 가지 기본적인 원칙을 제시하였다. 첫째, 산업복지 프로그램을 결정하기 위해 근로자가 가진 욕구의 특성과 그 정도를 파악해야 하며, 둘째, 근로자의 취향과 관습, 전통을 존중하여 산업복지서비스의 효과성을 높이고, 마지막으로, 산업복지서비스의 이용 여부를 결정하는 데 있어 근로자의 자유의사에 의한 선택을 따라야 한다.

(2) 사회복지사의 역할

산업복지 영역의 사회복지사는 사회복지 관련 기본 지식과 함께 사업장과 관련된 지식을 함께 습득해야 한다.

〈표 10-1〉 산업복지 영역 사회복지사의 기본 지식 및 사업장 관련 필요 지식

구분	관련 지식	고려사항
기본적 지식	• 사정(assessment) 관련 지식 • 상담 관련 지식 • 자원 파악 지식 • 의뢰 또는 연계 관련 지식	
사업장 관련 지식	• 근로자의 상사, 고용주, 노동조합 대상 자문 기법 • 근로자, 조직, 가족, 사회환경 등 체계적이고 전체적 관점 • 약물 오남용 및 치료 기법 • 위기 개입 기법 • 사업장 내의 사회관계, 경영자와 노동조합 사이의 역동적 관계, 집단협상에 대한 이해 • 집단 내 리더십 • 프로그램 기획 및 개발	• 기업의 역사 • 기업 내 고용주와 근로자의 관계의 변화 • 권력 관계, 교류 과정 • 생산직 근로자와 여성 근로자의 문화 • 지역사회의 자원

자료 : 노병일(2024). 현대산업복지론. 재구성. pp. 84-85.

사회복지사는 기본 지식과 사업장 관련 지식을 활용하여 다음과 같은 역할을 수행하여야 한다.

일반적으로 어려움을 겪는 근로자의 문제 해결을 도와 사업장에 잘 적응할 수 있도록 상담 등의 서비스를 제공하며, 근로자와 그 가족들의 욕구를 충족시켜 줄 수 있도록 자원이나 프로그램을 연결시켜 준다. 또한 관리자 교육을 통해 관리하고 있는 근로자에 대한 서비스 의뢰 시기를 결정할 수 있도록 해주며, 근로자를 위한 프로그램을 기획, 개발한다. 여성, 장애인, 이주 노동자 등이 근로 현장에서 차별받지 않도록 고용주나 사업장에 자문한다. 근로자의 욕구 충족과 삶의 질을 개선하기 위해 타분야 전문가와 협력 · 연계의 역할을 수행한다.

사업장 관련하여 사회복지사는 사업장 내 개인 또는 집단 조직의 욕구나 문제를 파악하기 위해 개인 및 집단 조직 간의 관계와 함께 사업장이 지역사회에 미치는 영향을 파악한다. 사업장이 사회적으로 책임을 다하기 위해 지역사회와의 관계를 고려하며, 사업장에서의 인권보장과 생산성 향상, 사업장의 문화 개선을 도모하기 위한 사업장의 정책 및 프로그램을 개발한다.

ISSUE

노란봉투법 덮친 조선업계… '파업 증가' 전운 고조

노란봉투법(노동조합 및 노동관계조정법 개정안)이 국회를 통과하며 조선업 하청 노동조합들의 강노 높은 투쟁이 가시화되고 있다. 재계에서 우려하던 쟁의 증가가 현실화되는 모양새다.

26일 업계에 따르면 전국금속노동조합 거제통영고성조선하청지회는 노란봉투법이 통과되자마자 한화오션에 직접 교섭을 요구했다. 이들은 지난 2022년 한화오션이 대우조선해양이던 시절, 하청노조 파업으로 제기된 470억 원대 손해배상 소송을 조건 없이 취하하라고 강조했다.

노란봉투법은 법 시행 전 발생한 손해에 대해서도 적용되는 만큼, 국회를 통과한 이상 손해배상 소송을 종료하라는 취지로 풀이된다.

노란봉투법(노조법 2 · 3조 개정안)은 사용자 범위를 '근로조건을 실질적으로 지배 · 결정할 수 있는 자'로 넓혔다. 동시에 하청 노동자에게도 원청과의 교섭권을 부여하는 것과 파업 노동자에 대한 기업의 손해배상 청구를 제한하는 내용이 골자다.

노란봉투법으로 불리는 노조법 2 · 3조 개정안은 사용자 범위를 '근로조건을 실질적으로 지배 · 결정할 수 있는 자'로 넓혔다. 동시에 하청 노동자에게도 원청과의 교섭권을 부여하는 것과 파업 노동자에 대한 기업의 손해배상 청구를 제한하는 내용이 골자다.

또, 사용자 범위를 넓혀 원청과 직접적인 계약을 맺지 않은 하청업체도 원청에 교섭을 요구할 수 있게 됐고, 파업도 할 수 있는 길이 열렸다. 반면, 사측은 노동자 파업에 대한 손해배상 소송 제기가 더 어려워진다.

이를 두고 조선업계에서는 노란봉투법 시행에 우려를 표명해 왔다. 원청에서 하청, 재하청까지 수백 개 협력업체들로 조선산업이 돌아가기 때문이다.

조선업계 관계자는 "원청에서 파업을 하면 협력업체 근로자들이 업무를 대신하며 조선업의 명맥을 유지해 왔지만, 수백 개의 협력업체들이 돌아가며 파업을 하면 조선업 동력을 상실할 수 있다"라며 "특히 노란봉투법이 시행되면서 아직 내부적으로 가이드라인이나 대책을 마련한 것도 없어 진통이 예상된다"고 전했다.

자료 : 파이낸셜 뉴스(2025.08.26).

2 군사회복지

1) 군사회복지의 개념

군사회복지란 일차적으로는 군의 고유한 목적이 최대한 달성될 수 있도록 원조하는 것이며, 나아가 군의 구성원인 의무복무군인 및 직업군인과 그 가족뿐만 아니라 제대군인의 복지를 증진시키는 전문적 활동이며, 군대라는 특수한 조직에서 발생하는 문제와 이슈에 관심을 갖고 문제에 대처하기 위해 사회복지의 전문 지식과 실천 방법을 활용하는 특징이 있다.

즉, 군사회복지란 전 국민의 안전과 관련된 군의 기능을 향상시키고 유지하기 위해 군인의 삶과 질을 향상시키고, 개인이나 조직의 욕구나 문제를 해결하는 공동체의 노력을 말하며 군대 내부의 문제 예방과 해결, 사회적 기능 향상과 생활 향상에 관련한 모든 법, 제도, 서비스 등을 포함한다(서혜석, 유홍위, 2008).

다시 말해, 군 문제를 예방하고 해결하여 군인의 사회적 기능 활성화, 생활의 질적 향상 등에 관심을 갖는 국가의 사회복지서비스나 정책으로(조홍식, 2007) 군인에 대한 서비스뿐만 아니라 법이나 사회제도, 문화 등의 적극적인 보완과 변화에 대한 노력까지 포괄한다(이홍윤, 2014).

국방부는 군사회복지의 대상과 범위를 국방부와 자조조직으로 제한하여 정의하고 있다. 국방부는 군인복지기본계획에서 군복지 대상을 병복지, 직업군인복지로 구분하고 있으며, 국가, 국방부, 군인공제회 및 기타 자조조직을 주된 정책 전달체계로 보고 그 대상을 군인가족을 포함한 조직구성원으로 한정하여 군사회복지를 협의의 개념으로 파악하고 있다(이홍윤, 2014). 데일리(Daley, 1999)는 군사회복지의 목적을 사회복지적 개입을 통한 군인과 관련 이해관계자의 삶의 질 향상보다는 국가의 이해관계로 파악하였다. 군사회복지를 사회복지의 일차현장이 아닌, 다른 조직의 원래 기능에 협조하는 이차현장의 전문사회복지 활동으로 규정하면서, 군사회복지를 군 조직의 최우선의 국방력 강화와 국가안보라는 사명을 목적으로 한다고 밝히고 있다(이홍윤, 2014).

2) 군사회복지의 필요성

폐쇄적인 군의 특수성으로 인하여 군대 안의 복지에 대해서는 그동안 복지의 시각보다는 정책적인 관점에서 일부분을 다루는 정도에 머물러 있으며, 군대 내의 발생하는 문제에 대한 외부의 접근이 사실상 어려움에 처해 있다.

군사회복지는 군인 개인의 안정과 삶의 질 향상을 위해 필요하다. 군은 일반적인 사회생활과 달리 잦은 이동, 훈련, 군대 조직문화 등의 특수한 환경으로 인해 심리적 · 신체적 스트레스 상황에 직면하게 된다. 군사회복지는 이러한 스트레스 관리를 통해 개인의 복지를 증진하여 건강하게 군 복무에 임할 수 있도록 한다.

군사회복지를 통해 군대 조직 전체의 효율성과 전투력 향상에 도움을 준다. 복지혜택을 충분히 제공하여 군인의 희생에 대한 인정과 존중을 받을 때 높은 사기와 동기부여를 유발할 수 있으며, 유능한 인재들의 장기복무 선택을 유도하여 군의 전문성과 경쟁력 강화를 도모하며, 숙련된 인력 확보에 기여한다.

또한 전역군인의 사회복귀 지원으로 안정적인 삶을 지속할 수 있도록 지원한다. 직업훈련, 자격증 취득 등 취업과 창업을 지원하고, 학위나 전문기술 습득 과정에서 전역 후의 다양한 진로를 모색할 수 있다.

3) 군사회복지의 역사[1)]

우리나라의 군사회복지 관련 정책과 제도는 창군 이후 국가의 역사적 특수성을 배경으로 하고 있다. 유홍위(2008)는 경제발전과 연관지어 한국군의 사회복지 발전 과정을 태동기, 형성기, 성장기, 발전기, 재편·비전기로 구분하고 있다.

1946년 군 창설 이후 한국전쟁까지의 병사들은 최소한의 의식주 해결과 간부와 그의 가족의 생계유지 수준에 불과하였다. 한국전쟁이 끝난 후에도 국가 차원의 전상자 및 전역자를 위한 군사회복지라 불릴 만한 현대적 의미의 제도라기보다는 대부분 생계유지를 위한 사회보장정책이 대부분이었다.

1950~1960년대의 태동기에는 한국전쟁 직후 국방과 군의 중요성이 커지면서 군의 노동력을 지역사회개발에 투입하여 국가재건의 틀을 마련하였다. 1950년 「군사원호법」, 1961년 「군사원호대상자법」, 「군사원호보상법」, 1963년 「군인연금법」, 「군인보수법」 등을 제정하면서 군사회복지의 토대를 마련하였다.

1970년대 형성기에는 군사회복지제도의 기초가 형성된 시기이다. 군 간부와 그의 가족에 대한 복지까지 관심이 증대되었고, 정책에 반영되었다. 군매점 운영, 의료와 면세제도 시행, 휴양소를 건립함으로써 군사회복지제도가 마련되었다. 또한 군인자녀에 대한 학비면제 등을 담은 「군인자녀 교육보호법」이 1972년도에 제정되는 등 많은 성장을 이루었으나, 경제성장이나 사회 및 일반 기업의 사회복지 발전 속도에 비해 군사회복지는 상대적으로 취약하고 느리게 성장하였다.

1980년대는 군사회복지의 성장기로 종합복지정책 발전에 관한 계획을 수립하여

---

1) 이인석(2015). "군사회복지제도화를 위한 사회복지병과 창설방안 연구". 부산 : 신라대학교 일반대학원 박사학위논문.

관사건설 5개년계획, 1981년 「원호기금법」, 1984년 「군인공제회법」, 「국가유공자 예우 및 지원 등에 관한 법률」이 제정되었다. 특히 1981년부터 육·해·공군의 복지근무지원단이 창설되면서 자체적인 복지사업 수행의 기틀을 마련하였다.

1990년대에 소련의 붕괴로 인한 탈 냉전시대로 들어서면서 군의 필요성과 조직에 대한 관심이 줄어들게 되었고 더불어 군사회복지도 관심이 적어질 수밖에 없었다. 이에 군에서는 전력발전 차원에서 군사회복지 향상에 관심을 갖고 군사회복지를 개선하기 위해 1991년 국방부에 보건복지국을 창설하였다. 이후 '국방종합복지정책'을 수립하였으며, 1995년 「군인복지기금법」, 1997년 「제대군인지원에 관한 법률」 등이 제정되면서 제대군인에 대한 복지에도 관심을 갖게 되었다.

2000년대로 접어들면서 군사회복지는 새로운 비전을 추구하기 위해 경제적 복지와 문화적 복지를 정책에 반영하게 되었다. 병영생활 개선 노력, 군 인권문제 연구, 병영생활전문상담관을 운영하였고, 2008년에는 국군복지단을 창설하였다. 「군인복지기본법」이 제정되면서 창군 이후 최초로 군생활 전반에 대한 종합실태조사를 실시하고 '제3차 군인복지기본계획(2019-2022)'의 수립에 이르렀다. 또한 2006년에 국방부에 인권상담실을 신설하였고, 2007년에 '병영생활전문상담관제도', 2009년에 '자살예방종합시스템'과 그린캠프를 운영하였고, 2014년에 군사례관리지원센터 설치하였다.

〈표 10-2〉 군사회복지의 변천 및 발전 과정

구분	경제발전과 군사회복지제도의 변화
1950~1960년대 태동기	• 경제발전 : 경공업 중심, 성장과 분재의 체계 미정착 • 국가의 사회복지 : 대책 입법화
	• 군사회복지 – 전후 전상자 및 전역자의 사회보장책 전무 – 복지 대책 입법화 : 군원호법('61), 군이사법('62), 군연금법('63) – 계급별 호봉제('62), 수당 신설(가족수당, '63)
1970년대 형성기	• 경제발전 : 1인당 GNP $500~1,000, 외연적 성장의 한계, 잉여노동 소멸, 국제수지 흑자, 자본 집약적 중화학공업, 부당산, 증권 투기 붐 • 국가의 사회복지 : 의료보험 및 보호 도입

구분	경제발전과 군사회복지제도의 변화
	• 군사회복지 – 군인자녀 교육법('72) 복지 혜택의 확대 – 수당 신설 : 상여수당('74), 조정수당('79), 정근수당('79)
1980년대 성장기	• 경제발전 : 1인당 GNP $2,000–3,000, 기술집약적 산업, 해외노동 유입 시작, 부동산 및 증권 투기 붐, 과잉 소비생활 진입 및 상대적 빈곤 증대 • 국가의 사회복지 : 의료보험화, 국민연금 도입, 주택정책 강화, 노인, 장애인 복지서비스 강화 시작
	• 군사회복지 – 부분적 복지계획 수립(관사건립 5개년계획 수립, '84 군인공제회 설립)
1990년대 발전기	• 경제발전 : 1인당 GNP $10,000대, 지속적인 성장 진입을 위한 상업구조의 질적 개선, 경쟁력 중심 경영, 고임금 및 노동 수입 증대 • 국가의 사회복지 : 사회복지 경제적 기회비용의 증대로 복지 투자의 위축, 복지 수준과 내용 등 질 추구, 지역연금과 고용보험 도입, 민간복지의 역할 강조
	• 군사회복지 – 중 · 장기 종합복지정책 수립, '97 제대군인 지원 관련 법률 제정
2000년대 재편 · 비전기	• 경제발전 : 세계화 등 경제 질서의 변화에 따라 복지투자의 경제적 기회비용 증대, 국내 시장 개방 압력, 시장 잠식, 노동시장의 성장, 복지투자의 확장 약화 • 국가의 사회복지 : 국민의 소득수준 상승 및 상대적 빈곤 증대, 남북통일 실현의 증대 및 기존 정치권의 쇠퇴와 정치 선진화의 급속 진행 전망
	• 군사회복지 – 사병 복지/인권 개선 연구 및 계획('06), 병영생활 전문상담관 운용('06) – 국군복지단 창설('08) – 한국군사회복지학회 설립('06), 군인복지기본법 시행('08)

자료 : 탁여송(2013). "한국 군인의 복지욕구와 군사회복지실천에 관한 연구". 서울 : 서울기독대학교 대학원 박사학위논문, p. 13 재인용.

3) 군사회복지의 대상

군사회복지의 대상은 징병제라는 우리나라 군 조직의 특수성과 현실적 한계, 그리고 사회복지전문직의 특성을 고려하였을 때, 군과 관련된 모든 개인, 집단, 조직, 그리고 제도가 될 수 있다. 제한된 자원과 여건을 고려하면, 군사회복지의 대상은 우선적으로 현재 군의 70%를 차지하고 있는 병사들이고, 그 다음으로는 직업군인 및 가족들, 더 나아가 군 복지와 관련된 제반 제도 및 정책도 대상이라고 할 수 있다(이홍윤, 2009).

군사회복지의 대상은 직업군인, 의무복무군인, 군인가족, 제대군인으로 구분할 수 있다. 직업군인은 「군인사법」 제6조의 현역 중 장기복무 하사 이상의 현역군인으로 장교와 부사관으로 구분되며, 의무복무군인은 「군인사법」 제6조의 현역 중 의무복무를 하는 현역군인인 병사와 사회복무요원(공익근무)으로 볼 수 있으며, 군인가족은 직업군인의 배우자와 자녀, 제대군인은 장교, 부사관 또는 사병 출신의 제대군인으로 구분된다.

〈표 10-3〉 군사회복지 대상

직업군인		의무복무군인	군인가족	제대군인	기타
장기군인	단기군인				
장교, 부사관 (군무원 포함)	장교, 부사관	병사, 공익근무	배우자, 자녀	장교, 부사관, 사병 출신	군 복지와 관련된 제도 및 정책

자료 : 이인석(2015). "군사회복지제도화를 위한 사회복지병과 창설방안 연구". 부산 : 신라대학교 일반대학원 박사학위논문. p. 11.

4) 군사회복지의 수행 인력

우리나라에서 군사회복지를 수행하는 인력은 복지 및 인사담당 현역군인, 군종장교, 의료사회복지 전문특기, 심리상담 부특기를 보유한 장교, 군 기본권 상담관, 민간 복지전문가, 향군종위원회 소속 종교지도자 등이며, 그들이 계급과 직책 또는 전문성을 가지고 역할을 수행한다(서혜석, 유홍위, 2008).

(1) 군 사회복지사

군 사회복지사는 군인, 군무원, 민간인의 다양한 신분으로 국가안보와 국민의 생명보호라는 군 조직의 목적 달성을 위해 정서적 · 물질적 지원을 위해 개입하며 군 조직 내 정보와 연계 및 사회적 자원을 동원하고 개발해야 한다(이윤수, 2010).

군 사회복지사의 전문적인 능력을 통해 정신건강, 치료 프로그램으로 군대 생활을 원활하게 하고 군인의 정신건강을 증진시키는 데 도움이 되며, 직업군인의 다양한 문제 해결 기반을 조성하며, 폐쇄적인 군 조직에 도움이 되므로, 군 사회복지사 제도를 도입하여 법적인 근거를 바탕으로 보다 안정적인 군대 생활 유지와 군사회복지가 향상될 수 있다(양혜원, 최용민, 2022). 미국의 군 사회복지사는 전쟁과 관련된 외상후스트레스 장애와 군인가족 간 문제 등에 사회복지사의 전문적인 기술을 통해 맞춤형 복지서비스를 제공한다(양혜원, 최용민, 2022).

군 사회복지사의 역할과 직무는 전문적 임상사회복지사의 역할, 장병을 포함한 가족에 대한 상담, 부대장병 및 가족에 대한 교육 및 협조, 부대-가정-지역사회의 연계, 지역사회자원의 활용, 의료 및 정신의료사회복지, 병영문화의 개선 등으로 볼 수 있다(서혜석, 유홍위, 2008).

군 사회복지사의 역할은 크게 네 가지로 볼 수 있다.

먼저, 군생활의 개인적 부적응 요인이 될 수 있는 병사들의 심리·정서적인 문제를 예방하고 해결하기 위해 전문적인 서비스를 제공하는 전문가로서의 군의 적응력 증진에 기여한다.

둘째, 지휘관과 병사의 간의 중재자로 동료 관계, 생활환경문제 등에 대해 체계적으로 개입하기도 한다.

셋째, 군 생활로 인해 나타나는 정신적 어려움, 가족의 생계에 대한 고민, 제대 후 진로문제 등을 지역사회와 연계하여 군 생활에서의 불안 요인들을 제거하는 등 군인을 둘러싼 환경을 개선하고자 지속적으로 서비스를 제공한다.

넷째, 군인의 복지 실태를 파악하고 개선하기 위해 군의 복지정책에 관여하며, 군 내에 폭력사건 발생 시 사례관리 등의 제공을 위한 서비스 계획 및 개발을 수행한다(탁여송, 2013).

(2) 병영생활전문상담관

2005년도에 군 사회복지사 제도화를 추진하고, 병영생활전문상담관제도를 채택하였다. 병영생활전문상단관은 국방부에서 유일하게 군을 보완하는 제도로(이흥윤,

2014), 병영생활전문상담관은 군 내의 부적응과 병영생활에 있어 부조리 피해를 입은 군인에 대한 상담을 진행하며, 자살예방교육, 군기교육, 인권교육을 한다.

군 사회복지사가 제도화가 되어 있지 않은 우리나라도 '병영생활전문상담관 운영에 관한 훈령'을 통해 장병들의 복무 부적응 해소 및 사고예방 등의 문제 해결을 위해 전문상담관제도를 실시하고 있다. 전문상담관은 「군인의 지위 및 복무에 관한 기본법 시행령」 제32조(전문상담관의 자격지준)에 따라 임상심리사 및 직업상담사, 사회복지사, 정신건강임상심리사, 정신건강사회복지사, 전문상담교사, 청소년상담사 등의 심리상담 또는 사회복지 분야 관련 자격증을 소지하고 일정 기간 이상의 상담 경험이 있는 사람으로 정하고 있다.

「군인의 지위 및 복무에 관한 기본법 시행령」

제32조(전문상담관의 자격기준)

① 법 제41조제5항제1호에서 "대통령령으로 정하는 심리상담 또는 사회복지분야 관련 자격증을 소지하고 일정 기간 이상의 상담경험이 있는 사람"이란 다음 각 호의 어느 하나에 해당하는 사람으로서 별표 2에 따른 심리상담 또는 사회복지분야 관련 자격증을 소지하고 있는 사람을 말한다. 〈개정 2019. 9. 3., 2020. 5. 26.〉

1. 5년 이상의 상담경험이 있는 사람
2. 심리상담 또는 사회복지분야와 관련된 학사학위를 소지한 사람으로서 3년 이상의 상담경험이 있는 사람
3. 심리상담 또는 사회복지분야와 관련된 석사 이상의 학위를 소지한 사람으로서 2년 이상의 상담경험이 있는 사람

② 법 제41조제5항제2호에서 "대통령령으로 정하는 자격을 갖추고 일정 기간 이상의 군 복무 경력이 있는 사람"이란 다음 각 호의 어느 하나에 해당하는 사람으로서 병과별(兵科別)로 국방부장관이 정하는 일정 기간 이상의 군 복무 경력이 있는 사람을 말한다. 〈개정 2019. 9. 3., 2020. 5. 26.〉

1. 별표 2에 따른 심리상담 또는 사회복지분야 관련 자격증을 소지하고 있는 사람
2. 심리상담 또는 사회복지분야와 관련된 학사 이상의 학위를 소지한 사람

상담관은 고충을 호소하는 군인 및 군인가족에 대한 전문적인 심리상담과 상담 관련 지휘관이 부여한 업무를 수행하며, 복무 부적응을 겪고 있는 장병에 대한 대면 상담, 출장상담, 심리검사 및 집단상담 프로그램을 운영한다. 상담 역량이 필요한 간부나 병사에게 상담 관련 교육을 시행하거나 지도 가능하며, 다양한 심리검사와 그 결과에 대한 분석으로 건전한 병영문화 조성을 위한 제도적 보완사항을 건의할 수 있다. 또한 자살징후자를 식별하고 게이트키퍼 양성을 위한 군 자살예방 교관에 대한 교육과 지도, 슈퍼바이저를 선발하여 역량 강화, 상담사례지도, 특수분야 상담과 순회교육, 상담 관련 규정 및 정보 제공, 고충을 수렴한다.

2024년 병영생활전문상담관의 공무직 전환기간이 5년에서 2년으로 단축됨에 따라 기간제로 2년 근무 후 공무직 처우로 전환되어 상담관의 고용안정에 대한 보장으로 지속적이고 원활한 상담이 진행될 수 있게 되었다.

5) 군사회복지정책 현황

「군인복지기본법」은 2007년 12월 21일 제정되어 2009년 3월 1일 시행되었다. 「군인복지기본법」에 의하면 군인의 생활안정과 삶의 질 향상을 도모하고 군의 사기를 높이며, 나아가 군인으로 하여금 임무수행에 전념할 수 있도록 하기 위하여 군인에 대한 복지정책의 수립 및 복지사업의 수행이 필요한 사항을 규정하는 것을 목적으로 한다. 또한 국가는 국토방위의 의무를 수행하는 군인이 복무 중에는 그 임무수행에만 전념하고, 전역 후에는 안정된 생활을 할 수 있도록 여건을 조성해야 하는 것을 국가의 책무로 보았으며, 이를 위해 국가는 군인복지에 관하여 필요한 시책을 수립하고 수행해야 함을 명시하고 있다.

법에 의하면 5년마다 군인의 복지 실태에 관한 조사를 실시하고 그 결과를 기본계획에 반영하여야 하며, 군인에 대한 복지정책의 수립과 시행에 관한 사항을 심의하기 위해 군인복지위원회를 두어야 한다. 군 숙소 지원, 군 숙소 관리 업무 위탁, 주택 우선 공급, 보육 및 교육지원, 교육시설에 대한 지원, 군인복지시설의 설치와 운영, 노후설계 교육 등에 관한 사항을 법으로 규정하고 있다.

「군인복지기본법」에 의거하여 5년마다 체계적이고 발전적인 기본계획을 새롭게 수립 · 시행되고 있다. 1차 계획은 '군 특성을 반영한 선진복지 체계 구축 · 발전'으로, 2차 계획은 '복지기반 강화로 튼튼한 국방력 건설 뒷받침', 3차 계획은 '군 복무가 자랑스럽고, 국민으로부터 신뢰받는 국방 구현'으로 정책비전과 목표를 설정하였다. 복지정책의 기반 강화와 대내외 만족 및 신뢰제고의 차원으로 발전하였으며, 정책 내용과 영역이 구체화되었다. 또한 정책 추진전략은 간접적 보상에서 수요자 맞춤형의 지원으로, 지역친화적 공유 개념에서 범부처 · 민간 · 지자체와 소통 · 협력 등 포괄적이며 적극적인 전략으로 전환되었다(김규현, 2023).

'23~'27 군인복지기본계획은 '정예 선진 강군' 육성의 기반 조성을 위해 군인복지 실태 조사결과를 토대로 군 복지정책 발전 토론회와 군인복지위원회를 거쳐 재정, 주거 및 생활, 전직 및 교육, 문화 및 여가, 의료, 가족 등 총 6개 분야의 20개 추진과제를 선정하였다. 특히 초급간부의 복무여건 개선을 위한 당정협의 결과를 반영하여 주거여건 개선, 전역 후 진로지원과 군인가족 생활여건 개선을 중점으로 수립되었다.

〈표 10-4〉 '23~'27 군인복지기본계획 단위과제

구분	기본 방향	단위과제
재정	병(兵)의 최저임금 수준 보장, 초급간부의 중견기업 수준에 준하는 보상	• 병 봉급 연차적 인상 및 자산 형성 프로그램 추진 • 군 복무 특수성과 환경을 고려한 처우 개선 추진 • 건전한 경제생활 영위를 위한 맞춤형 경제지원
주거 및 생활	국격에 맞는 병영환경 조성을 위해 병영생활관 2~4인 통합형 생활공간 조정 간부숙소 1인 1실 보장	• 병영생활관 획기적 개선(통합형 생활공간) • 간부 주거시설 부족 해소 및 노후시설 개선 • 선택적 급식, 첨단 소재와 최신 기술 피복 · 장구류 개선
전직 및 교육	군 복무 기간 역량 개발 및 복무 경력과 연계하여 취 · 창업이 가능하도록 지원	• 대학학점 인정, 자기개발 · 자격증 취득여건 보장 • 군 복무 경력의 사회적 인정 확대 • 취 · 창업, 전직을 위한 사회 진출 지원 대책 강화

구분	기본 방향	단위과제
문화 및 여가	군인의 사회 · 문화적 소외감을 느끼지 않도록 체육, 문화, 휴양 등 다양한 문화 · 여가를 보장	• 청년세대 특성을 반영한 문화 및 여가 컨텐츠 다양화 • 복지시설(휴양시설, 군 마트 등) 현대화 • 복지종합 플랫폼 개발을 통한 복지서비스 접근성 제고
의료	군 장병에게 양질의 의료서비스를 적시에 제공하여 장병들이 최상의 건강 상태를 유지	• 격오지 · 함정 장병 의료 접근성 개선 • 군 특성에 최적화된 의료체계 구축 • 맞춤형 정신건강 서비스 제공 • 수요자 중심으로 의료서비스 지원 확대
가족	군인 가족의 출산여건 보장 및 자녀의 출산부터 대학 진학까지 전 기간 실질적인 지원으로 군인자녀 양육 · 교육의 부담 경감	• 군인 자녀 보육 및 교육지원 확대 • 출산 장려를 위한 복지 혜택 강화 • 일–가정 양립의 근무환경 조성 • 군 사망자 유가족 군내 채용 혜택 등 예우 · 지원 확대

자료 : 국방부 보도자료(2023.12.10.). "정예 선진 강군" 육성의 기반을 조성하는 「'23~'27 군인복지기본계획」 확정.

경제적 · 사회적 여건의 향상과 가치관의 변화, 인구 감소에 따른 젊은 세대 장병의 감소, 베이비붐 세대의 퇴직, MZ세대 장병의 유입 등 군의 내외 환경이 급변함에 따라 군사회복지정책의 방향에도 영향을 미칠 수 있다. 위험직군이라는 특성과 잦은 이사로 인한 불안정한 가정생활의 부담감, 자녀 양육과 교육, 의료 등에 있어 생활 인프라의 부족을 보완하기 위한 개선이 필요하다. 장병과 군인가족 등의 군사회복지정책의 요구에 부응하기 위한 적극적인 정책 대응이 필요한 시점이다(김규현, 2023).

3 교정복지

1) 교정복지의 개념

교정(矯正)은 교도소와 같은 교정시설에서 사용하는 용어로 범죄인의 범죄 성향을 바로잡아 사회에 적응할 수 있도록 돕는 것이다(최옥채, 2011). 범죄 피해자나 수형자 관리를 책임으로 하고 있는 조직이나 시설, 서비스 그리고 프로그램의 집합으로 정의할 수 있다(양점미, 2016 재인용)

교정복지는 교정(矯正, corrections)과 복지(福祉, social welfare)가 결합된 복합명사로, 범죄인의 잘못된 특성을 교정하여 범죄인과 사회 성원 모두가 인간답고 행복한 삶을 살도록 하는 것을 목표로 개입하는 사회복지 실천으로 서구에서는 일반적으로 형사사법제도와 연계된 사회복지라는 의미의 사법복지라는 용어를 사용한다(신연희, 2023).

교정복지는 범죄인 통제와 사회안정이라는 형사사법의 고유한 목적이 있으며, 이 목적이 효과적으로 달성될 수 있도록 돕기 위해 사회복지의 전문성이 요구되는 사례관리, 인권옹호, 네트워킹, 교화 프로그램 등의 사회복지가 개입한다(신연희, 2023). 더불어 범죄인의 보호나 교정은 심리학, 정신의학, 교정학 등 다학제적 전문인력이 협력하여 범죄인의 재활과 비행, 범죄예방에 개입한다(최옥채, 2011).

교정복지의 형사사법 영역에서 볼 때 사회정의의 가치를 바탕으로 사회의 안정을 통해 재범예방과 사회통합을 목적으로 하며, 사회복지 영역에서는 인간 존엄성의 가치를 바탕으로 범죄 문제와 관련된 모든 사람의 복지 향상을 목적으로 한다(신연희, 2023)

교정복지의 주요 현장으로는 경찰, 검찰, 법원, 보호기관, 교정기관, 민간시설, 취약 지역사회이며, 관련 현장으로는 각급 학교, 주민자치센터, 사회복지관, 민간 교화 단체를 들 수 있다(최옥채, 2011).

2) 교정복지의 역사

(1) 외국의 역사[2)]

교정의 세계사적 흐름은 복수적 단계-위하적 단계-교육적 개선단계-과학적 처우단계-사회적 권리보장단계로 발전하였다.

교정에 복수적 단계는 행형의 시대로 원시시대부터 고대국가 형성까지를 말한다. 복수 관념은 고대국가의 사회질서 유지를 위해 사용한 법으로 해(害)를 끼친 만큼 해를 가한다는 '탈리오(Talio)' 사상이 전제되었다. 개인적인 형벌에 입각한 복수 관념과 종교적이고 미신적인 사회규범에 의한 속죄형 제도들이다.

위하적 단계는 고대국가부터 18세기까지이며, 16세기 절대왕권 시대에 일반 시민에게 범죄에 대한 경각심과 처벌에 대한 두려움을 심어주고, 준엄하고 잔인한 공개적인 처벌을 포함한 형벌제도와 순회판사제도가 있었던 시기이다. 위하적 단계는 행형이 야만성을 보였으며, 교육적 목적은 전혀 고려되지 않았다.

교육적 개선단계는 18세기 말부터 19세기 중반까지를 말하며 인도주의와 박애주의를 전제하고 있다. 이 시기에는 유럽의 문예부흥기, 산업혁명으로 인한 잉여노동의 성장, 공리주의의 영향을 받게 되었다. 따라서 국가형벌권도 위하적 혹형에서 박애적 관형으로, 죄형전단주의에서 형법의 법률화를 토대로 한 죄형법정주의로, 형벌도 생명형, 신체형으로부터 자유형으로 변화되어 가는 시기이다. 범죄인 처우에 대한 이념이 엄벌주의적 정책에서 개인의 자유와 인권을 존중하는 교정적이고 개선적이며, 교화적 목적을 가진 교육주의로 진화하였다.

과학적 처우단계는 19세기 말부터 20세기 초의 기간을 말하며 수용자의 특성에 맞는 형벌의 개별화를 통해 재사회화를 도모하는 것에 초점을 두었다. 사회를 범죄로부터 구제 또는 방어하려는 방향과 수용자의 구금 분류와 처우를 담당하도록 하였으며, 수용자가 건전한 사회인으로 재사회화를 도모할 수 있도록 직업훈련시설을 갖추고 현대식 건축을 통해 질병의 감염 방지와 의료적 배려를 도모하였으며 행형

2) 최옥채(2011). 교정복지론. 학지사. pp. 75-77.

의 집행기구는 집약적 교정 업무를 수행할 수 있도록 개편되었다. 19세기 후반부터 영미를 중심으로 범죄인 처우에 복지적 이념의 '보호관찰제도'가 시행되었다.

사회적 권리보장단계는 제2차 세계대전 이후의 시기를 말하며, 이 시기에는 개선 · 치료모델의 실패로 인하여 범죄인이 다시 복귀해야 할 사회와의 재통합을 전제로 한 사회 내 처우가 주목받기 시작하면서 보호관찰, 가석방, 중간처우 등의 사회 내 처우 프로그램이 활발히 진행되었다. 1960년대 후반 세계적으로 인권운동이 전개되면서 수형자들도 그들의 권리를 주장하였고 수형자의 사회적 권리보장을 위한 교정제도 개선이 시작되었다(오영근 외, 2018).

영국과 미국은 UN이 1955년에 채택한 '국제연합수용자 처우에 관한 최저기준규칙'의 영향을 받아 보호 및 교정 현장에서 사회복지사의 영역으로 확대되었다.

먼저 영국은 1907년에 성인 범죄인을 포함한 실질적인 보호관찰을 법제화하였으나 1920년 중반 이후 지역사회에서의 교정복지가 시작되었다고 볼 수 있다. 보호관찰제도를 집행하는 보호관찰관은 사회복지사가 대부분이였으며, 사회복지사 자격을 갖춘 보호관찰관의 경우 보호관찰소, 법원, 교정시설에 근무하며 개별사회사업의 방법론을 통해 보호관찰 대상자, 피의자, 출소 예정자에게 서비스를 제공하였다. 영국의 내무성은 시대적 상황을 반영하여 1995년 보호관찰관 기준을 사회학, 심리학, 아동학 등 다양한 영역으로 확대하여 보호관찰관의 임무와 역할을 확대하였다. 1960년대 교도소에 사회복지학을 전공한 '복지요원(welfare officer)'을 채용하여 개별사회사업 방법론을 바탕으로 범죄인의 재활을 위해 수용자에게 서비스를 제공하였다.

미국은 1920년대 사회복지 실천이 주로 빈민을 위한 개입에 초점이 맞춰지면서 비행청소년과 범죄인의 교정에 중점을 두게 되었다. 1960년대에 들어서 교정 현장과 형사제도 분야에 사회복지사의 필요성이 인식되어 실천 현장에 필요한 인력을 양성하기 위한 훈련과 채용 확대를 위한 노력이 시작되었다. 미국의 교정시설에서 근무하는 직원을 계호담당 직원과 치료담당 직원으로 구분하고 있으며 사회복지사 가운데 개별 사회복지사가 치료를 담당하는 직원에 속해 있으며, 보호관찰과 가석방 담당 직원으로 활동한다.

(2) 우리나라의 역사

고조선에서부터 대한민국 임시정부에 이르기까지 실정 법률이 존재하였다. 고조선의 8조 법금에도 범죄인 처벌에 관한 기준을 세우고자 하였다. 이 시기에는 복수주의적 응보형이 지배하였으나 상해죄 등 일부 범죄에 대해서는 속전제도를 시행하였다. 8조 법금을 통해 가부장제와 사유재산제도가 확립되었고 형벌은 복수법을 원칙으로 형벌노예제와 속전제도가 있었다. 삼국시대에는 사형, 유형, 장형, 재산형 등 형벌의 종류가 다양해졌고 행형제도가 정비되었다. 고려시대에는 최초의 독립된 감옥인 전옥서가 설치되고 응보적인 형벌에 인애사상이 더해졌다. 또한 태형, 장형, 도형, 유형, 사형 등 오형이 근간을 이루었다.

조선시대에 이르러서 법률에 입각한 형벌 집행기관이 정비되었다. 조선시대에는 중앙조직과 지방조직으로 구분되었다. 중앙사법기관으로 사헌부, 의금부, 형조, 한성부, 장예원이 있었고, 경제육전, 속육전, 경국대전 등과 같은 통일된 법전에 입각하여 통치하였다(신연희, 2023). 갑오개혁 이후 재판소구성법에 따라 사법권이 행정권에서 독립하면서 근대적인 사법제도가 탄행하였고, 일제강점기에 '조선감옥령(조선총독부제령 제14조)'이 제정되었으며 간수교습소가 설치되어 간수(교도관)을 양성하였다. 시대적 상황에서 알 수 있듯이 권위주의적이고 엄격하며, 비인도적인 처우로 수형자들을 대하였다. 광복 이후 현재에 이르기까지 민주적인 범죄인 처우를 이념으로 하여 우량수형자 석방령, 재조사석방청원제, 형구 사용의 제한과 징벌제도의 개선 등과 같은 개혁과 1988년 12월 보호관찰법이 제정되었고, 1989년 7월 소년범 중심으로 보호관찰을 실시할 보호관찰소를 개청하였다.

현대적 의미에서 범죄인에 대한 복지적 관점이 법률에 반영된 것은 1963년 제정된 「갱생보호법」에서 비롯된다. 「갱생보호법」은 출소자나 형사처분을 받은 자 중 본인의 신청 또는 동의를 한 사람을 대상으로 임의적인 관찰보호로 관리감독의 성격이 강하였다. 이는 출소자의 사회정착을 돕기 위한 제도적 근거 마련의 의의를 갖는다. 범죄인에 대한 복지적 관점이 취지에 반영된 「법률구조법은」은 1986년에 제정되었다. 「법률구조법」은 사법복지적 법률로 법률상담, 변호사에 의한 소송대리, 기타 법률사무에 관한 지원을 명시하고 있는데, 평사사건의 피의자, 피고인, 범죄피해자, 사회 내 처우를 받는 자, 소년보호사건의 비행청소년 등을 대상으로 한다. 1987년 대한법률구조공단이 창설되어 무지하고 가난하여 법률서비스를 받지 못하는 자들을 위한 법률구조서비스 제공을 목적으로 한다. 「보호관찰 등에 관한 법률」은 1988년에 제정되어 1989년에 시행되었다. 1983년 부산지검에서 가석방자를 대상으로 처음 실시하였으며, 1985년에는 소년원 가퇴원자로 확대되었다. 1995년 「형법」이 개정되면서 보호관찰제도는 전체 형사범으로 확대되었다. 「보호관찰 등에 관한 법률」은 법무부가 주관하는 법률이면서 「사회복지사업법」상의 사회서비스법에 편입되어 형사사법 영역에서 사회복지 실천의 근간이 되고 있다(신연희, 2023).

3) 교정복지의 대상

교정복지의 실천 대상자로 협의의 대상자는 형사사법체계에 노출된 범죄인과 비행청소년이며, 광의의 대상자는 피해 당사자와 숨겨진 피해자, 범죄취약집단, 지역사회 주민까지 포함한다(신연희, 2023).

〈표 10-5〉 교정복지 실천 대상자

협의의 대상자	광의의 대상자
범죄인, 비행청소년	피해 당사자, 숨겨진 피해자, 범죄취약집단, 지역사회

교정복지의 실천 대상자는 개별 범죄인의 특성에 입각하여 선별하며, 고령자, 여성, 장애인과 빈곤범죄자, 비행청소년 등의 불우수용자, 범죄로 인한 피해로 회복과 보호가 필요한 사람 등의 취약자에 대한 서비스 우선성과 서비스를 제공하였을 대상자의 변화 가능성을 고려하여 변화에 대한 의지가 있거나 변화 가능성이 큰 대상

자를 선정한다(신연희, 2023).

영국 스코틀랜드의 사법복지서비스 국가 기준에서는 구금에 가장 취약할 가능성이 큰 수감자, 출소 후 지역사회, 타인 또는 본인에게 위험을 일으킨 가능성이 큰 수감자를 교도소 수용자에 대한 복지서비스의 우선 대상자로 선정한다(신연희, 2023).

4) 교정복지의 주체

(1) 교정조직

교정조직은 법무부 교정본부를 중심으로 구치소는 1967년 7월 서울구치소가 신설된 이래 현재 12개의 구치소가 운영되고 있으며, 형이 확정된 수형자를 수용하는 교정시설인 교도소는 전국에 39개 시설이 설치되어 운영되고 있으며, 지소 3개와 2010년 12월에 개청한 민영교도소인 소망교도소를 포함하여 현재 전국에 55개의 교정시설이 설치 · 운영되고 있다(2025 교정통계연보).

교정시설에는 징역형 · 금고형 · 구류형 확정자와 벌금 또는 과료를 미납하여 노역장 유치명령을 받은 수형자를 교정 · 교화하기 위한 교도소가 있고, 피의자 또는 피고인으로 체포되거나 구속영장의 집행을 받은 미결수용자를 구금하기 위한 구치소가 있다. 또한 교도소는 다시 여성 수형자의 처우를 위한 여자교도소와 소년 수형자를 위한 소년교도소가 있다. 기존의 보호 감호소는 사회보호법 폐지와 함께 그 시설을 교도소로 활용하고 있으며, 현재 수용 중인 피보호 감호자는 폐지법률 경과규정에 의해 천안교도소에 일괄하여 수용하고 있다.

2024년 기준 교정공무원은 총 16,315명이며, 복지 관련 전국 교도소와 구치소의 부서별 정원을 살펴보면, 복지과의 인원이 980명으로 전체 인원의 6.0%를 차지한다. 직업훈련과 469명 2.9%, 사회복귀과 585명 3.6%, 심리치료과 55명 0.3%이다.

〈표 10-6〉 교정복지 관련 교정공무원 현황 (단위 : 명)

구분	2017	2018	2019	2020	2021	2022	2023	2024
계	15,504	15,632	15,733	16,082	16,248	16,392	16,372	16,315
직업훈련과	470	471	469	476	478	482	477	469
사회복귀과	601	602	601	608	608	613	601	585
심치치료과	–	–	–	55	55	55	55	55
복지과	942	950	941	960	963	983	979	980

자료 : 2025 교정통계연보, 법무부 교정본부.

(2) 민간인의 교정 참여

법무부장관의 위촉을 받은 민간자원봉사자인 교정위원은 수용자의 교화, 종교, 교육, 의료, 취업 등의 수용자 처우를 후원하고 있다.

〈표 10-7〉 교정위원 위촉 현황(2015–2024) (단위 : 명)

연도 \ 구분	계	교화위원	종교위원	교육위원	의료위원	취업위원
2015	4,706 (100%)	1,804 (38.3%)	1,895 (40.3%)	275 (5.8%)	102 (2.2%)	630 (13.4%)
2016	4,766 (100%)	1,791 (37.6%)	1,931 (40.5%)	315 (6.6%)	98 (2.1%)	631 (13.2%)
2017	4,832 (100%)	1,847 (38.2%)	1,910 (39.5%)	329 (6.8%)	97 (2.0%)	649 (13.4%)
2018	4,777 (100%)	1,812 (37.9%)	1,891 (39.6%)	328 (6.9%)	91 (1.9%)	655 (13.7%)
2019	4,592 (100%)	1,702 (37.1%)	1,864 (40.6%)	333 (7.3%)	84 (1.8%)	609 (13.3%)
2020	4,495 (100%)	1,647 (36.6%)	1,835 (40.8%)	335 (7.5%)	77 (1.7%)	601 (13.4%)
2021	4,410 (100%)	1,651 (37.4%)	1,775 (40.2%)	316 (7.2%)	72 (1.6%)	596 (13.5%)
2022	4,368 (100%)	1,628 (37.3%)	1,778 (40.7%)	319 (7.3%)	68 (1.6%)	575 (13.2%)
2023	4,982 (100%)	2,000 (40.1%)	1,926 (38.7%)	360 (7.2%)	74 (1.5%)	622 (12.5%)
2024	5,222 (100%)	2,142 (41%)	1,975 (37.8%)	402 (7.7%)	74 (1.4%)	629 (12%)

자료 : 2025 교정통계연보, 법무부 교정본부.

교화 분야 교정위원은 실업가, 사회사업가 등 민간 자원봉사자들로 수용자 상담, 인성교육, 수용생활지원 등의 봉사활동을 통해 교정공무원의 교화활동을 지원하며 일반 국민의 교정행정의 신뢰 구축에 기여하고 있다. 2024년 교화위원은 2,142명이다.

(3) 교정복지 현장의 사회복지사

교정복지의 현장에서 사회복지사는 교정제도와 교정복지 실천 현장에 대한 이해가 전제되어야 한다. 법무부와 교정본부가 관장하는 정책이나 행정, 실무에 대한 지식을 명확하게 알고 있어야 하며, 실천 현장에 대한 이해를 바탕으로 클라이언트의 심리사회적 측면을 이해하고 교정을 돕기 위한 개입의 전문성을 가질 수 있다.

신연희(2023)는 수용자를 중심으로 하는 생태체계 구조를 바탕으로 사회복지사의 역할을 정리하였다. 교도소는 사회복지사가 수용자와 대면하게 되는 미시체계이다. 미시체계에서 지지, 지원 기능을 하는 임상가, 상담자, 사례관리자 역할을 수행한다. 교정기관에서 진행하고 있는 심리치료센터 프로그램, 수용자 심성순화 및 집중인성 교육, 수용자위기가족 상담과 지원 등은 지지와 지원 기능을 제공하는 사회복지사들이 수행하기 적합하다. 또한 중개자, 옹호자로서 자원관리 기능을 수행할 수 있으며, 수용자에게 유용한 정보를 제공하고 수용생활의 적응 기술을 학습시키는 교육가의 역할을 수행한다. 수용자의 가족과 교정공무원, 민간봉사자, 사회복지사가 속한 중간체계에서는 미시체계 및 중간체계에 속한 교정시설의 전문가들과 상호작용이 이루어지는 환경이다. 중개자로서 필요한 서비스와 자원을 연계하는 역할을 하며, 자원에 대한 정보가 부족하거나 이용하지 못할 경우 자원에 접근하고 활용할 수 있도록 연결한다. 중재자로서 갈등조정자의 역할을 하며, 서비스 전달의 방해요인을 파악하여 전달체계 강화 방안에 대한 계획 및 실행의 역할을 한다. 수용자에게 간접 영향을 미치는 외적체계에서는 교정 관련 정책을 파악하고 평가, 개발하는 계획가나 자문가의 역할을 할 수 있으며, 지역사회 내 상호작용과 다학제 간 협력을 통한 촉매자나 중개자의 역할을 하고 교화 관련 세미나, 워크숍을 통해 타 전문가나 지역사회 또는 직원 대상 교육 프로그램을 개발하고 훈련하는 훈련가, 조사 및 평가자의 역할을 수행한다. 법, 정책, 미디어 등의 거시체계에서 사회복지사는 정책 결정에 필요한 정보를 수집하고 분석하는 정보관리자, 수용자의 이익이나 인권보호를 위한 사회활동에 참여하는 행동가의 역할을 수행한다. 또한 지역사회를 방문하여 자원을 발굴하고 범죄 문제 관련 대중에게 정보를 전달하거나 교육을 실시하고 재범예방과 예산확보를 위한 입법기관이나 관계기관을 방문하는 아웃리치의 역할을 한다(신연희, 2023).

교정복지 현장에서의 사회복지사는 범죄인이나 비행청소년을 위한 상담가와 치료자의 역할을 할 수 있다. 보호 및 교정기관에서 상담의 원칙을 지키면서 정기적이고 지속적으로 수행되어야 한다. 수용자의 범죄유형에 따라 심층적 치료에 개입하기 위해 범죄 정도가 심각한 경우 수용자의 재활에 정신과의사, 임상심리사들과 협력하여 지원할 수 있다. 또한 수용자 재활에 큰 영향을 미치는 수용자 가족의 정상화는 수용중일때나 출소 후 생활에도 중요한 변수가 된다. 사회복지사는 이들 가족의 정상화를 위한 지역사회자원을 동원하여야 한다(최옥채, 2011). 클라이언트인 범죄인의 개인적 · 사회적 기능 향상을 위한 적응에 개입하여 욕구를 파악하고, 이를 해결하기 위해 지역사회의 다양한 인적 · 물적 자원을 체계화하는 조직가 및 연계의 역할을 해야 한다.

교정사회복지사는 각 지방교정청에서 공무직 근로자로 채용하고 있다. 법무부나 교정본부, 교도소, 구치소 등에서 사회복지와 관련한 업무를 수행하는 국가직 공무원이다. 사회복지사 2급 이상을 필수조건으로 하며, 복지 사각지대 수용자 자녀 발견 및 지원, 방문상담 등 초기 지원 이후 공공부조 및 민간단체 연계 수행, 공공 또는 민간지원 기관과의 협력관리, 지원 대상자 정기 방문을 통한 모니터링, 기타 교정행정 업무 등을 수행한다.

5) 교정 프로그램

(1) 사회복귀 프로그램

교정시설에서는 수형자의 검정고시, 독학학위제 취득 시험 등을 지원하며, 방송통신대학, 전문대학 위탁교육과정 등을 운영하여 수형자에게 다양한 학습기회를 제공하며, 수형자의 심성 순화와 출소 후 안정적인 사회복귀를 위해 교육 프로그램을 실시하고 있다.

① 교육 프로그램

먼저, 정규교육과정을 이수하지 않았거나 중단했던 수형자들의 교육기회를 확대하고 정규교육연계를 위해 검정고시반을 설치하여 운영하고 있으며, 검정고시에 응시할 수 있는 기회를 부여하고 있다.

2024년 기준 1,072명이 교육을 받았으며, 검정고시반 교육이 559명으로 가장 많았고, 교육이수 인원은 학사고시반이 56명으로 가장 많았다.

〈표 10-8〉 수형자 교육 인원 현황(2015-2024)

구분 연도	계	일반학과교육(검정고시반교육)				방송통신 고등학교 과정	방송통신 대학과정	전문대학 위탁교육	학사고시 반 교육
		계	초등과	중등과	고등과				
2015	898 (100%)	609 (67.8%)	34 (3.8%)	147 (16.4%)	428 (47.7%)	28 (3.1%)	75 (8.4%)	47 (5.2%)	139 (15.5%)
2016	939 (100%)	556 (59.2%)	19 (2.0%)	126 (13.4%)	411 (43.8%)	22 (2.3%)	90 (9.6%)	47 (5.0%)	224 (23.9%)
2017	1,103 (100%)	616 (55.8%)	22 (2.0%)	150 (13.6%)	444 (40.3%)	21 (1.9%)	88 (8.0%)	44 (4.0%)	334 (30.3%)
2018	1,146 (100%)	639 (55.8%)	11 (1.0%)	155 (13.5%)	473 (41.3%)	22 (1.9%)	94 (8.2%)	46 (4.0%)	345 (30.1%)
2019	1,160 (100%)	655 (56.5%)	13 (1.1%)	144 (12.4%)	498 (42.9%)	17 (1.5%)	92 (7.9%)	48 (4.1%)	348 (30%)

2020	1,207 (100%)	650 (53.9%)	10 (0.8%)	123 (10.2%)	517 (42.8%)	20 (1.7%)	98 (8.1%)	50 (4.1%)	389 (30%)
2021	1,164 (100%)	647 (55.5%)	10 (0.8%)	114 (9.8%)	523 (44.9%)	8 (0.7%)	88 (7.6%)	45 (3.9%)	376 (32.3%)
2022	1,104 (100%)	573 (51.9%)	10 (0.9%)	101 (9.1%)	462 (41.9%)	4 (0.4%)	90 (8.1%)	51 (4.6%)	386 (35.0%)
2023	1,108 (100%)	621 (56.0%)	8 (0.7%)	90 (8.1%)	523 (47.2%)	4 (0.4%)	86 (7.8%)	42 (3.8%)	355 (32.0%)
2024	1,072 (100%)	559 (52.1%)	14 (1.3%)	88 (8.2%)	457 (42.6%)	6 (0.6%)	80 (7.5%)	52 (4.9%)	375 (34.9%)

자료 : 2025 교정통계연보. 법무부 교정본부.

② 교화 프로그램

수형자의 건전한 사회복귀와 심성순화를 위해 인성교육, 문화예술 프로그램, 감사쓰기 등을 실시하고 있다. 역량 있는 교정직 공무원을 내부 강사로 활용하여 교육 및 교화의 효과성을 향상시키기 위해 연 1회 교정교육 전문강사 자격시험을 개최하고 있다.

〈표 10-9〉 수형자 교화 프로그램 운영 현황(2015-2024)

구분 연도	인성교육		일반사범 문화프로그램(기타 포함)	
	횟수	인원	횟수	인원
2015	567	8,604	645	50,566
2016	368	10,066	1,132	57,061
2017	362	10,525	1,428	63,671
2018	357	9,909	1,322	50,873
2019	430	10,987	917	43,018
2020	249	4,917	361	8,983
2021	403	7,176	425	3,836
2022	317	5,720	729	14,464
2023	367	6,955	678	20,619
2024	389	7,426	766	28,712

자료 : 2025 교정통계연보. 법무부 교정본부.

(2) 교도작업과 직업훈련

① 교도작업

교도작업은 교정교화 활동의 일환으로 수형자에게 근로정신 함양과 기술습득을 통해 사회에 적응할 수 있도록 하여 사회에 복귀시키는 데에 목적이 있으며, 교도작업의 수익금은 교도작업특별회계 세입으로 국가 재정에 기여하고 있다. 2024년 교도작업 경영방식별 생산실적은 직영작업이 43,967백만 원으로 가장 많은 비중을 차지하고 있다.

〈표 10-10〉 교도작업 생산실적 현황(2015-2024) (단위 : 백만 원)

구분 / 연도	2015	2016	2017	2018	2019	2020	2021	2022	2023	2024
생산 계획	42,082	55,541	57,033	60,056	60,893	61,374	61,603	61,564	62,480	63,006
생산 실적	55,792	62,239	66,127	65,732	62,704	62,849	65,555	63,366	69,869	71,398
달성률	133%	112%	116%	109%	103%	102%	106%	103%	112%	113%

자료 : 2025 교정통계연보. 법무부 교정본부.

② 직업훈련

고용노동부장관이 정하는 훈련기준에 따라 공공직업훈련과 소장이 각 훈련소 실정에 따라 실시하는 일반직업훈련으로 구분한다. 2020년 단기실무 과정의 축소로 훈련 인원수는 감소하였으나 양성훈련, 향상훈련, 고급과정을 확대하여 2024년 전년대비 훈련 인원수가 증가하였다.

〈표 10-11〉 작업훈련 인원 현황(2015-2024) (단위 : 명)

구분 \ 연도	계획 인원	계	공공직업훈련			일반직업훈련					
			양성 훈련	향상 훈련	숙련 훈련	양성 훈련	향상 훈령	숙련 훈련	고급 훈련	교도 작업 적응 훈련	단기 실무
2015	6,502	6,484 (100%)	2,898 (44.7%)	860 (13.3%)	360 (5.6%)	400 (6.2%)	16 (0.2%)	-	21 (0.3%)	574 (8.9%)	1,355 (20.9%)
2016	6,546	6,644 (100%)	2,986 (44.9%)	927 (14.0%)	344 (5.2%)	342 (5.1%)	26 (0.4%)	-	19 (0.3%)	647 (9.7%)	1,353 (20.4%)
2017	6,696	6,727 (100%)	3,487 (51.8%)	232 (3.4%)	447 (6.6%)	468 (7.0%)	50 (0.7%)	-	10 (0.1%)	724 (10.8%)	1,309 (19.5%)
2018	6,922	6,939 (100%)	3,572 (51.5%)	215 (3.1%)	545 (7.9%)	504 (7.3%)	22 (0.3%)	53 (0.8%)	10 (0.1%)	907 (13.1%)	1,111 (16.0%)
2019	6,763	6,433 (100%)	3,559 (55.3%)	265 (4.1%)	552 (8.6%)	452 (7.0%)	-	74 (1.2%)	11 (0.2%)	429 (6.7%)	1,091 (17.0%)
2020	6,058	5,942 (100%)	3,619 (60.9%)	287 (4.8%)	442 (7.4%)	491 (8.3%)	-	327 (5.5%)	8 (0.1%)	216 (3.6%)	552 (9.3%)
2021	6,084	5,417 (100%)	3,452 (63.7%)	228 (4.2%)	423 (7.8%)	520 (9.6%)	-	290 (5.4%)	7 (0.1%)	-	497 (9.2%)
2022	6,090	5,635 (100%)	3,943 (70.0%)	306 (5.4%)	323 (5.7%)	616 (10.9%)	-	190 (3.4%)	8 (0.1%)	-	249 (4.4%)
2023	5,854	5,624 (100%)	3,971 (70.6%)	388 (6.9%)	250 (4.4%)	653 (11.6%)	-	140 (2.5%)	20 (0.4%)	-	202 (3.6%)
2024	5,897	5,890 (100%)	4,027 (68.4%)	513 (8.7%)	168 (2.9%)	764 (13%)	-	166 (2.8%)	26 (0.4%)	-	226 (3.8%)

자료 : 2025 교정통계연보, 법무부 교정본부.

(3) 심리치료

① 심리치료 프로그램

성폭력사범의 심리치료를 위해 2011년 서울남부심리치료센터를 시작으로 6개소에 심리치료센터를 운영하였으며, 성폭력사범과 정신질환수용자, 중독사범 등에 대한 효과적인 심리치료를 위해 2020년 의정부, 안양, 진주, 천안, 군산 교도소에 심리치료과를 신설하였다.

2024년 심리치료 프로그램 수료 인원은 총 8,726명으로, 스토킹, 마약 등 이수명령 집행대상자는 전년 대비 23.4% 증가하였다.

〈표 10-12〉 전체 심리치료 프로그램 이수 현황(2020-2024) (단위 : 명)

연도 \ 구분	계	2020	2021	2022	2023	2024
계	30,575	4,610	4,852	5,321	7,066	8,726

자료 : 2025 교정통계연보. 법무부 교정본부.

② 수용자 전문상담

심리치료 업무지침에 따라 내부상담과 외부전문상담으로 구분된다. 내부상담은 대상 수용자 및 상담 목적에 따라 초기상담, 탐색상담, 예방상담, 변화상담, 후속상담으로 실시된다.

2024년 내부상담은 142,591건, (사)생명의 전화 등 외부전문가 상담은 총 2,263건으로 나타났다.

〈표 10-13〉 수용자 전문상담 실적 현황(2017-2024) (단위 : 건)

연도 \ 구분	계	내부상담					외부전문가 상담*
		초기	탐색(고충)	예방(위기)	변화(심층)	후속(추수)	
2017	131,797	64,404	20,973	27,696	17,357	–	1,367
2018	135,747	61,125	19,627	34,594	17,734	–	2,667
2019	145,576	62,580	18,114	43,910	16,128	1,631	3,213
2020	137,613	54,747	14,360	51,439	9,822	5,807	1,438
2021	106,022	42,133	7,995	41,241	7,821	5,162	1,670
2022	110,247	41,500	10,831	49,519	5,040	1,229	2,128
2023	143,494	54,471	12,415	68,143	5,226	659	2,580
2024	144,854	55,481	12,288	70,156	4,137	529	2,263

* 대면상담, 화상상담, (사)생명의 전화
자료 : 2025 교정통계연보. 법무부 교정본부.

(4) 사회적 처우

수용자의 자율성과 책임감에 대한 신뢰를 기초로 시설내 처우의 단점을 최소화하기 위한 제도이다.

① 귀휴

교정성적이 양호하고 도주의 위험성이 낮은 수형자에게 일정한 요건하에 기간과 행정지를 제한하여 외출이나 외박을 허용하는 제도로 수형자와 가족의 유대강화와 출소 전 사회에 대한 적응 기회를 제공한다.

② 가족만남의 집

1999년부터 교정시설에 가족만남의 집을 설치하여 운영하고 있다. 교정시설에 수용동과 별도로 설치된 일반주택 형태의 건축물에서 수형자와 가족이 숙식을 함께 하는 것으로 가족과의 만남을 통해 정서적, 심리적 안정과 사회 적응 능력을 향상함으로써, 단기적으로는 수용생활의 안정을, 장기적으로는 교정교화에 많은 도움이 되고 있다. 그밖에 가족만남의 시간(가족접견), 가족만남의 날 행사를 실시하고 있다.

③ 사회견학 및 봉사활동 참여

수형자의 자존감 회복과 사회 적응 도모를 위해 사회견학 및 봉사활동 기회를 제공한다.

(5) 기타

① 여성 수형자 처우의 특성

여성 수형자에게는 의료 및 모자보건 등 처우에 특별한 배려를 하고 있다. 특히 임신 중이거나 출산 후 60일 이내의 산모는 모성보호와 건강 유지를 위하여 특별한 처우를 하고 있다. 또한 여성 수형자가 자신이 출산한 유아를 교정시설에서 양육할 것을 신청한 때에는 특별한 사유가 없으면 생후 18개월에 이르기까지 이를 허가하여야 한다.

청주여자교도소의 경우 여성 수형자를 위한 학과교육, 생활지도교육, 교도작업, 직업훈련 등의 처우 프로그램을 실시하고 있다. 그 내용을 보면 초중고 교육을 위한 학과교육, 분재, 합창, 악기연주와 같은 레크리에이션 프로그램, 종교집회, 사회복지시설에의 봉사활동, 외부 기업체에 출퇴근 작업을 하는 외부통근제도, 화훼, 리폼관리, 제과제빵, 미용, 조리 등의 직업훈련과 지식정보화 사회에 대비한 컴퓨터 교육 등이 있다.

② 외국인 수형자의 처우

현재 외국인 수용을 전담하는 교도소로는 형이 확정된 외국인 남자 수형자를 수용하는 대전교도소, 천안교도소와 외국인 여자 수형자를 수용하는 청주여자교도소가 있다. 외국인 수형자 전담 교정시설은 외국인의 특성에 적합하도록 한국어 교육과정 등 교화 프로그램 등을 개발하여 시행하고 있다. 처우의 적정성을 위해 외국인과 의사소통이 가능한 직원을 처우전담요원으로 지정하여 일상적인 개별면담, 고충해소, 종교 관계자와의 접촉 주선, 통역, 번역, 영사 등 업무를 수행하도록 하고 있다.

4 NGO

1) NGO의 개념

1970년대 후반 이후 복지국가의 위기와 신자유주의의 등장, 참여민주주의의 발달과 함께 시민사회도 발달하게 되었다. 우리나라에도 1980년대 군부에 의한 권위주의가 쇠퇴하고 민주화가 진행되면서 다양한 결사체가 급속히 늘어났고 민영화와 분권화, 규제 완화에 대한 논의가 활발해지면서 시민사회에 대한 관심이 커졌다(조희연 외, 2003).

과거에는 사회를 주로 관료조직으로 구성된 공공부문과 공공부문을 제외한 사적 영역인 민간부문으로 양분하였다. 민간부문은 가족, 기업, NGO를 포함한 각종 사회집단 등이 포함되었고, 시민사회은 국가와 시장이 아닌 제3의 섹터로 국가와 시장의 권력을 견제하고 개인의 자유와 권리를 보호하며, 공공의 이익 추구, 집단의 공동 이익을 도모하는 역할을 한다(박상필, 2019). 또, 시민사회는 국가와 개인의 사이에 존재하며 다양한 가치관과 다양한 세력들이 갈등하고 협력하는 과정에서 자율, 참여, 연대라는 이념 아래 서로 의견을 나누고 여론을 형성한다(조희연 외, 2003).

광의의 사회의 개념을 국가, 시장, 비영리섹터(시민사회)로 구분할 수 있다.

(1) 광의의 사회 개념[3]

① 국가

국가는 물리적인 강제력을 독점하여 일정한 영토와 그 영토 내의 주민을 배타적으로 지배하는 공동체 또는 행정기구의 총합으로, 사회체제를 유지하는 데 필요한 법률의 제정, 집행, 심판을 담당하고 관료제라는 위계조직으로 구성되어 있으며, 강제력을 가진다. 사회를 통제하는 기능을 수행하고 비배제성, 비경합성으로 인해 무임승차 문제가 발생하는 각종 공공재를 생산하고 기본교육, 적정 수준의 보건의료나 주거 등의 가치재를 제공하여 누구나 가치재를 소비하도록 하여 개인의 자유로운 합리적 선택과 상호의존관계를 강화하며, 사회경제체제를 유지한다(안병영 외, 2021). 국가는 공권력을 독점하여 다수결의 원리, 관료제의 원리, 획일성의 원리 등에 의해 움직인다.

3) 박상필(2019). NOG를 알면 세상이 보인다.

② 시장

시장은 수요와 공급에 따라 상품생산과 가격이 결정되고 경제주체 간의 자발적 교환이 이루어지는 사회제도이다. 시장은 '보이지 않는 손'에 의해 자원이 최적으로 배분되어 사회 전체의 이익을 극대화할 수 있으므로 국가는 공정한 경쟁이 이루어지도록 규칙을 정하고 시장에 대한 개입을 최소한으로 줄여야 한다는 '자유방임주의'가 강조되었다. 그러나 케인즈가 주장하는 바와 같이 시장은 자원을 효율적으로 배분하기 어렵고, 윤리적 한계를 지니고 있기 때문에 개인간 불평등을 야기하기 쉽다.

③ 시민사회

시민사회 혹은 비영리섹터는 체제 유지를 목적으로 하는 국가와 이윤 추구를 목적으로 하는 시장 사이에 존재하는 제3의 영역이다. 비영리병원, 종교단체, 복지관, 박물관, 환경단체, 여성단체, 직능단체 등 다양한 단체들이 활동하고 있다. 시민사회의 실체는 다양한 조직 형태와 집단행동에 의해 나타나는데, 조직은 자발적 결사체이고 행동은 공익을 위한 자발적 행동을 의미한다. 시민사회는 공공서비스의 생산과 민주주의적 가치의 재생산, 그리고 인간소외의 극복 등에 관심을 두며, 이러한 관심을 통해 시민사회는 각종 사회문제를 진단하고 대안을 제시하게 된다(신상문, 2019). 시민사회는 자율성, 자원성, 다원성, 연대성, 수평성 등의 이념을 가지고 시민들이 자율적으로 참여하여 스스로 조직을 운영하고 사회적 연대와 협력을 통해 각종 사회적 가치를 추구한다. 권위적인 명령보다는 합의와 타협을 중시한다. 시민사회는 개인과 조직 간에 의사소통과 토론이 활발하고 상호존중과 친밀감이 강하며 사회적 약자에 대한 관심과 자원봉사활동도 활발하다. 시민사회는 국가권력과 기업의 이윤 추구 속성을 견제하고 국가가 제공하지 못하는 의료, 교육, 복지, 환경 등의 각종 공공재를 생산하기도 한다. 민주시민교육이나 각종 시민운동과 시민의 자발적 참여를 통해 이루어진다. 현대 사회의 가장 바람직한 상황은 국가, 시장, 시민사회가 각각 자기 역할을 하면서 균형을 이루는 것이다. 각 섹터가 서로 협력과 견제를 통해 시민의 권익을 옹호하고 삶의 질을 향상시키는 것이 이상적인 사회라고 할 수 있다.

〈표 10-14〉 각 섹터의 특성 비교

영역	주요 기능	작동 원리
국가	대외적 안전, 질서 유지, 공공서비스 생산	강제와 명령, 계층화, 다수결, 획일성
시장	상품과 서비스의 생산과 교환	이윤 추구, 경쟁, 효율성, 실적주의
시민사회 (비영리섹터)	국가와 시장의 견제, 복지서비스 생산, 사회통합과 문화적 재생산, 사회자본의 생성	자율, 참여, 연대, 신뢰, 형제애와 상호 호혜(봉사/관용/포용), 공동체, 다원성, 도덕과 윤리, 생태주의, 실험 정신, 영성

자료 : 박상필(2019). NGO를 보면 세상이 보인다. p. 23.

(2) NGO와 유사 개념

시민사회에서 활동하는 단체는 NGO(non-governmental organization), NPO(non-profit organization), 제3섹터(the third sector), CSO(civil society organization), VO(voluntary organization), 민간단체, 공익단체, 시민단체 등 여러 가지로 불린다(조희연 외, 2003).

① NGO의 개념

NGO는 Non-Governmental Organization의 약자로 비정부기구 또는 비정부조직으로 해석된다. NGO라는 용어가 등장하게 된 것은 대체로 제2차 세계대전 이후라고 볼 수 있다. NGO는 1945년 유엔(United Nations, UN) 헌장 제17조에 등장함으로써 공식적으로 사용되었다. 이후 1950년과 1968년 두 차례의 개정을 통해 UN 산하 경제사회이사회에 협의적 지위를 갖게 되었다. 1950년 결의문에서는 NGO를 국제조약에 의해 설립되지 않은 국제조직이라고 규정하였고, 1996년 7월에 채택된 결의문에서는 국가적 차원, 소지역적 차원, 지역적 차원, 국제적 차원 등의 다양한 형태로 존재하는 NGO를 언급하였고, 기본적으로 정부기관이나 국제협정에 의해 설립되지 않은 조직을 NGO로 간주하여, 여기에는 조직의 자유로운 의사표현을 간섭받지 않는다는 조건에서 정부에서 지명하는 인사들이 참여하는 조직들도 포함된다고 정의하였다(신상문 외, 2019). UN은 정부 이외의 조직으로서 국가주권의 범위를 벗어나 사회적 연대와 공공의 목적을 실현하기 위한 자발적 공식조직을 가리켜 NGO라고 하였다. 즉, 비정부성, 공익성, 연대성, 자원성, 공식성, 국제성의 특성을 가진 민간단체를 의미하였다(조희연 외, 2003).

세계은행은 NGO란 사람들의 고통 경감, 빈민들의 권익증진, 환경보호, 기초적인 사회서비스의 제공과 지역사회의 발전 등의 활동을 추구하는 민간단체라고 규정하였다. 이러한 정의들을 종합해 보면, 비정부성, 공익성, 연대성, 자원성, 공식성, 국제성을 특성으로 하는 민간단체가 NGO라고 할 수 있다(신상문, 2019).

초기 NGO는 국제적인 수준에서 개별 국가나 각종 국제기구가 해결하지 못하는 국제적 공동 문제를 해결하기 위해 자문역할을 한다는 소극적인 개념이었으나, 오늘날의 NGO는 시민들의 자발적인 참여와 연대를 통해 국제적인 영역뿐만 아니라 주권국가 내의 문제나 지역사회 문제를 해결하는 단체로, 국가권력을 견제하고 시민 권리를 옹호하는 단체로 그 역할이 커지고 있다(조희연, 2003).

② NGO의 특징

시민사회는 다양한 특징을 가지고 있다. 우선 구조적으로는 국가와 개인 사이에 존재하며, 역사적으로는 봉건사회가 해체되고 근대국가와 자본주의가 발달함에 따라 성장하였다. 시민사회는 다양한 가치관과 다층적 세력이 갈등하고 협력하는 다원적, 복합적 영역으로서, 다양한 결사체가 서로 의견을 나누고 집합적 여론을 형성하게 된다. 시민사회에 존재하는 조직은 그 범위가 넓을 뿐만 아니라 추구하는 목표와 조직 원리, 제공하는 서비스도 다양하다(신상문, 2019).

③ 유사 개념[4)]

비영리단체인 NPO(Non-Profit Organization)라는 용어는 미국에서 많이 사용한다.

---

4) 조희연 외(2003). pp. 32-43.

미국의 비영리단체는 정부와 기업을 제외한 일정한 관리의 절차에 따라 공공의 목적을 위해 봉사하는 단체를 말한다. NPO의 공공성 정도에 따라 정부지원, 기부금 소득공제, 세금 면제 등의 혜택이 다르다. 미국의 비영리단체는 대체로 공식적인 조직, 사조직, 이윤 배분 금지, 자율관리, 자원봉사, 공익 추구 등 여섯가지 특성을 지닌다(조희연 외, 2003).

제3섹터는 영역의 의미와 조직의 의미를 가지고 있는데 미국에서의 제3섹터는 국가와 시장 영역을 제외한 나머지 영역인 비영리섹터를 일컫는다. 사회에서 재화와 용역의 배분에 관여하는 국가와 시장이 아닌 제3의 영역으로 독립섹터라고도 한다. 제1섹터는 국가와 지방자치단체, 정부 관계 기관을, 제2섹터는 민관 공동 출자로 영리적 활동을 하는 공사 혼합 기업을, 제3섹터는 준공공부문을 포괄하는 복합적인 의미로 사용하고 있다.

CSO는 시민사회단체라는 개념으로 국가와 상대하여 적극적으로 국가권력을 견제하고 시민권리를 옹호하는 역할을 한다. '시민사회의 단체'로 시민사회에 존재하는 모든 단체가 아니라, 정부와 협력 관계에 있는 단체를 제외한 시민단체, 직능단체, 예술 및 문화 단체, 종교단체 등을 포함하는 개념이다. 연구자에 따라 계급성을 기준으로 시민단체와 민중단체로 구분하고, 국가와의 관계를 기준으로 시민단체와 관변단체를 구분하여, 시민사회단체를 시민단체, 민중단체, 관변단체를 포함하는 개념으로 사용할 수도 있다.

자원단체(VO)라는 용어는 영미권과 유럽에서 사용한다. VO는 서구 복지국가에서 자주 사용하는 용어이며, 비영리섹터 가운데 정부의 재정지원을 받아 공공서비스를 전달하는 비영리단체를 말한다. 자원단체는 복지가 잘 발달한 국가에서 국가가 직접 공공서비스를 생산하는 것이 아니라 비영리 섹터와 협력하여 공공서비스를 생산하거나 전달할 때 발달한다.

2) NGO의 발달 배경[5)]

살라먼(Salamon, 1995)은 1970년대 이후 전지구적으로 NGO가 발달하게 된 배경에 대하여 네 가지 위기와 두 가지 혁명으로 이야기하고 있다. 네 가지 위기는 복지국가의 위기, 제3세계의 발전 위기, 환경의 위기, 사회주위의 붕괴로 인한 위기를 일컫는다. 먼저, 복지국가의 위기로 1970년대 두 차례의 오일쇼크로 인해 유럽의 국가들은 복지서비스를 직접 제공하기 어려운 위기에 처하였다. 이에 시민사회의 NGO가 다양한 복지 문제 해결과 개인의 욕구 충족을 위한 사회적 장치로 역할을 하게 된다.

제3세계의 발전 위기는 경제불황으로 인한 아프리카, 아시아, 라틴아메리카 등의 후진국의 빈곤 문제이다. 빈곤 문제를 해결하기 위해 국가가 아닌 시민사회의 다양한 결사체인 NPO 또는 NGO가 참여하는 시민사회모델을 채택함에 따라 다양한 NGO가 확대되었다.

환경 위기는 개발도상국가의 경제발전 과정의 과도한 개발과 선진국의 과도한 소비 형태로 인한 환경 파괴, 환경 훼손과 대기오염 문제를 말한다. 이러한 문제에 시민들은 환경 NGO를 조직하여 환경오염과 오존층 파괴, 지구온난화를 방지하기 위한 시민운동을 전개하였다.

사회주의 붕괴로 인한 위기란 1980년대 후반 사회주의체제의 붕괴로 인한 국가주의의 한계로, 사회주의의 붕괴로 인한 국가 계획경제가 아닌 민간부문의 새로운 대안을 선택한다.

두 가지 혁명이란 경제성장과 커뮤니케이션 기술의 발달과 같은 혁명적인 변화를 말한다. 1960년대 이후 선진국뿐만 아니라 아시아, 라틴아메리카의 개발도상 국가, 아프리카의 후진국까지도 눈여겨볼만한 경제성장을 이룩하였다. 이는 제3세계에서 각종 NGO가 뿌리내릴 수 있는 토대가 되었다. 경제성장을 통해 NGO의 발달에 중

5) 강춘석(2005). "한국 비정부기구(NGO) 운영의 문제점과 개선방안에 관한 연구." 서울 : 중앙대학교 행정대학원 석사학위논문. pp. 10-12.

요한 역할을 하는 중산층이 크게 늘게 된 것이다.

또한 컴퓨터의 발명과 보급, 텔레비전의 보급, 인공위성의 등장은 세계 구석구석에 같은 이념을 가진 사람들이 서로 의견을 전달하고 교류하는 것이 용이하게 되었다. 이것은 각종 NGO들이 전 세계적 이슈의 국제화와 서로 연대 가능하도록 하였다. 이 외에도 20세기 후반에 민주주의의 세계적 확산, 개인 욕구의 다양화, 전 지구적인 문제의 등장에 영향을 받았다.

3) 우리나라 NGO의 역사

(1) NGO의 역사

고려시대 가난한 자에게 복지서비스를 제공하는 보(寶)가 발달하였고, 조선시대에 와서 여러 자선단체들이 생겨났다. 구한말에는 신분제도 철폐, 사회개혁 추진을 위한 각종 사회단체들이 발생하였고, 일제 식민지하에서는 노동운동, 독립운동, 계몽운동, 교육운동, 절약운동 등을 추진하는 단체가, 해방 이후에는 국가권력의 공백기에도 각종 여성단체, 청년단체, 계몽단체, 노동단체들이 생겨났다.

우리나라의 NGO의 역사를 거슬러 올라가면 1903년 YMCA 등의 근대적 시민사회단체의 출현과 일제강점기의 독립운동단체를 포함하여 볼 수 있다. 대한제국 시절 독립협회, 만민공동회에까지 이르게 된다. 일제 식민지 시대에는 다양한 독립운동단체와 사회단체들이 만들어졌다.

1970~1980년대의 반독재 민주화 운동 및 전투적 민중운동의 투쟁으로 인하여 한국사회는 민주화의 과정으로 진입하게 된다. 이 시기의 시민사회단체는 권위주의 국가의 후견을 받는 관변단체, 진취적이고 저항적인 사회운동단체, 중간지대에 탈정치화된 또는 비정치화된 시민사회단체 등 3가지 유형으로 구분된다.

민주화 이행 과정에서 정치적, 사회적으로 시민단체가 증가하게 된다. 1980년대 광주항쟁 이후 재야단체가 상시적인 조직으로 존재하게 되었으며 학생운동과 노동운동이 결합하면서 총체적인 사회운동의 양상을 보이게 된다. 1987년 6월 항쟁을 통해 한국의 민주화 운동은 대통령 직선제라는 권력 경쟁에서 승리하게 되었다. 그러나 권위주의 세력과 민주화 세력 사이에 일시적인 빈 공간이 생기게 되었고, 이 공간을 경제정의실천시민연합(경실련)이 채우게 되었다. 경실련은 초기 정부와 재야를 동시에 비판하고 아우르는 방식의 운동을 지향하며 대중적인 이슈를 선점하고, 대안을 구체적이고 정책적으로 제시하였으며 언론과의 연대구조를 형성하였다.

1980년대 민주화 운동에 참여했던 지식인과 전문가, 종교인들은 참여민주주의를 새로운 대안으로 내세우며, 참여민주사회시민연대(참여연대)를 형성한다.

민주화 시기의 시민사회단체는 80년대 민주화 과정을 거치면서 국가권력으로부터 자율성을 갖는 합법적이고 온건한 시민운동으로 출현하게 되었으며, 시민들의 자발적인 결사를 통해 억압적인 사회 분위기의 약화를 의미하기도 한다. 또한 민주화의 진전으로 탈정치화 또는 비정치화된 시민단체들이 다양한 현실 정치의 이슈에 대한 활동이 활발하게 되었다.

1990년대 이후 시민단체는 다양한 사회적 이슈 영역에서 양적 확대가 이루어졌고 경실련이나 참여연대와 같은 종합적 시민운동과 지방시민사회단체로의 활성화를 보였다. 또한 계층집단별 이익 추구를 위한 시민사회단체 및 자조적이며 자발적인 시민사회단체들이 확대되었다.

우리나라의 NGO는 짧은 역사와 취약한 자원에도 불구하고 다양한 분야에서 우리나라의 개혁과 민주주의의 발전에 기여하였다. 국가권력과 자본의 견제, 부정부패 감시, 사회개혁의 추동, 사회 갈등의 조정, 사회적 약자의 이익 대변, 각종 공공서비스의 생산, 민주 시민 의식의 고양, 국제 원조 활동, 세계 평화의 옹호, 대안적인 가치의 실험 등에서 중요한 역할을 해왔다.

(2) 우리나라 NGO의 특징

우리나라의 시민사회는 1960년대 이후 자본주의가 발달하고 시민 의식이 높아짐에 따라 성장하였다. 군부독재가 국가 주도로 근대화를 추진하면서 시민사회의 발달을 억압하였으나 1987년 6월 항쟁 이후 군부 정권이 물러가고 정치적 민주화가 진행됨에 따라 시민들은 스스로 국가와 자본을 견제하고 시민 권리를 옹호하기 위한 시민사회의 양적 확대와 활동 영역이 급속히 증가하였다.

① 정치적 민주화

1987년 군부정권이 물러나고 민주화가 진행됨에 따라 시민의 표현, 언론, 출판, 집회, 결사의 자유를 갖게 되고 억압당했던 개인의 권리에 대한 의식을 갖게 되면서 국가의 중요한 정책 과정에 대한 참여 의식을 갖게 되었다. 이에 따라 가치를 공유한 시민들은 공통의 목적을 달성하기 위해 단체를 결성하게 되었다. 또한 독재 정권하에 민주화 운동을 지도하던 인사들은 독재 정권의 퇴진 이후 각종 시민운동에 참여하여 단체를 이끌었으며 김영삼 정권 후 정부정책을 결정하는 기관이 직간접적으로 참여하게 된다.

민주화 이후에도 정당을 제 역할을 하지 못하고 정치체제가 제대로 운영되지 않자 시민들은 정치에 대한 불신이 강해지고 정치권에 대한 사회개혁을 요구하였다. 부정부패 또한 국가 발전을 저해하고 국민에게 좌절감을 줄 정도로 만연하게 되었으며, 공공 영역의 비효율성도 국민의 분노를 일으켰다. 이에 시민들은 국가권력 감시와 사회개혁 추진을 위한 대안으로 NGO에 대한 신뢰와 지지를 보냈다.

② 자본주의의 발달

자본주의의 발달은 많은 중산층을 양산하였고, 거대 재벌이 탄생하게 되었으며, 빈부 격차 또한 커지게 되었다. 생활이 풍요롭게 되자 부의 분배와 같은 물질적인 가치 외에 인권, 평화, 문화, 환경 등과 같은 가치에 관심을 커지며, 이러한 가치를 추구하고 자본주의의 모순을 치료하기 위한 NGO가 발달하게 되었다.

더불어 사회적 기능과 가치가 분화되고 개인의 욕가가 다양해짐에 따라 직업은 더욱 다양화, 전문화되었다. 이에 따라 NGO도 분화와 전문화 성격을 띠게 되고, 각종 사회문제를 다루고 대안을 제시하는 NGO가 발달하면서 정부와의 갈등을 중재하는 역할을 하게 된다.

③ 세계화 · 정보화 · 지방화의 흐름

세계화로 국제 교류가 활발해지고 활동 영역이 확대되면서 다양한 NGO들은 국제적인 원조와 연대를 통하여 후진국의 NGO의 결성과 발달을 돕게 된다. 또한 1990년대 지방자치단체가 정착하고, 지방 경제와 지방 문화의 발달에 대하여 관심을 갖게 되면서 지역에서의 권리를 찾고 지방의 정체성 강화를 위한 지역 단위의 소규모 NGO가 등장하게 되었다. 통신수단의 발달로 지구촌 어디나 교류할 수 있게 되며 인터넷상의 NGO 등장의 발판을 마련하게 되었다.

3) NGO의 기능[6)]

NGO의 기능과 역할은 단지 정부의 위임에 의하거나 정부가 할 수 없는 분야에서 복지서비스를 제공하는 일에 한정되지 않으며, 국가권력과 경제 권력에 대한 감시와 비판 등 권력 견제의 역할만 하는 것도 아니다. NGO는 사회적 약자의 이익을 대변하고, 시민사회 내의 다양한 갈등이나 시민사회와 국가 및 시장 간의 갈등을 조정하며, 시민교육의 기능도 담당하고 있다.

① 견제 · 감시 기능

우리나라 NGO의 중요한 특징 중 하나는 국가와 시장이 가진 권력을 비판하고 감시하는 것이다. 국가의 강제력과 독점력이 국민을 억압 또는 부패하는 경우, 시장이 자본을 통해 이윤을 추구하는 과정에서 기회주의적 속성을 갖고 환경 파괴와 같은 국민의 권리를 침해하는 경우 NGO는 국가와 시장의 힘을 견제하고 감시하는 역할을 통해 시민의 권리를 보호하는 기능을 한다.

---

6) 이영재(2012). "남북한 교류 · 협력에서 비정부기구(NGO)의 역할과 기능에 관한 연구." 경기 : 경기대학교 박사학위논문. pp. 11-12.

② 복지 기능

국가는 국민의 행복한 삶을 위해 다양한 복지정책, 복지서비스, 복지 프로그램을 제공한다. 정부가 복지서비스를 제공할 때, 다수결의 원리에 근거하여 관료제를 통하여 획일적인 서비스를 제공하는 단점을 가지고 있다. 이에 NGO는 정부와의 직접 또는 간접적인 계약을 통해 독자적인 인력과 재정을 가지고 정부가 제공할 수 없거나 사각지대에 있는 사회복지서비스를 제공한다.

③ 대변 기능

사회적 약자의 권익을 대변하는 기능과 밀접하게 관련되어 있다. 오늘날 인권과 복지가 강조됨에 따라 사회적 약자가 단체를 결성하여 그들의 권익을 추구하고 선도적인 지식인들도 사회적 약자의 권익을 옹호하기 위해 활발하게 활동하고 있다. 서구 사회의 노예해방운동, 여성해방운동, 아동권리운동, 인종차별반대운동 등 모두 NGO가 주도하였다. 우리나라에서도 여성, 아동, 장애인, 노인, 동성애자, 에이즈 환자, 알코올 중독자, 병역거부자, 이주노동자 등의 사회적 약자의 권익을 옹호하기 위해 각종 NGO 단체가 활동하고 있다. 소수를 위한 이러한 활동은 단체의 집단 이익을 추구하는 경향을 보이나, 넓게 보았을 때는 공공의 이익으로 연결된다.

④ 조정 기능

현대 사회는 분화되고 전문화되면서 개인의 욕구도 다양하고 이로 인한 집단 간의 갈등도 빈번하게 발생한다. 집단 간의 갈등을 완화하기 위해서는 시민사회의 자율적인 조정장치나 효과적인 정부의 중재 제도가 구비되어야 하는데 시민사회의 민주화 수준이 낮고 정부가 신뢰를 받고 있지 못할 경우 자율적 조정이나 정부의 중재는 효과를 거두기 어렵다. NGO는 정부와 정부, 정부와 이익집단, 이익집단과 이익집단 간의 분쟁 발생시에 조정자 역할을 함으로써 일반 시민의 피해를 감소하는 역할을 한다. 이러한 조정 기능은 사회문제를 효과적으로 해결하는 데 중요한 역할을 한다.

⑤ 교육 기능

NGO는 시민의 자발적 참여와 연대에 의해 각종 사회문제를 해결한다. 이때 공공 정책 과정에 참여하게 되고, 개인과 집단 사이에 활발한 의사소통이 일어나게 된다. 개인은 각종 사회문제를 해결에 참여하여 비판적인 인식능력과 비판 능력을 키우게 되며 공동의 문제를 해결하기 위해 활발하게 토론하고 협력, 연대하는 문화가 발달한다. 또한 자율 정신과 개인 권리를 인식하고, 공공의 이익에 대한 봉사활동의 중요성을 인지하게 된다. 이러한 NGO의 활동을 통해 시민들이 리더십을 학습하고, 공동체 의식을 배양하며, 참여 민주주의를 배우는 교육 현장이 된다. NGO는 시민대학, 환경캠프, 여성아카데미, 청년포럼 등 다양한 시민교육 프로그램을 직접 운영하기도 한다.

용어정리

- **산업복지** : 사업장 내부와 사업장 외부에서 근로자의 전반적인 삶의 질을 향상시키기 위하여 국가, 지자체, 기업, 노조, 민간단체 등에서 근로자와 그 가족, 미래의 근로자, 고용주, 노동조합, 소비자, 지역사회, 사회 전체를 대상으로 제공하는 전문적 사회사업 실천이다.
- **군사회복지** : 군과 관련된 모든 개인, 집단, 조직, 제도를 대상으로 사회복지적 개입을 통해 개인이나 조직의 욕구나 문제를 해결하여 사회적 기능 활성화, 생활의 질적 향상 등에 관심을 갖는 국가의 사회복지서비스나 정책을 말한다.
- **교정복지** : 협의의 대상으로는 형사사법체계에 노출된 범죄인과 비행청소년, 광의의 대상으로 피해 당사자와 숨겨진 피해자, 범죄취약집단이나 지역사회를 대상으로 범죄인의 통제와 사회 안정이라는 형사사법의 고유한 목적과 인간의 존업성 가치는 바탕으로 경찰, 검찰, 법원, 보호기관, 교정기관, 민간단체에서 사회복지의 전문성이 요구되는 사회복지서비스 또는 정책을 말한다.
- NGO(non-governmental organization) : 비정부기구 또는 비정부조직으로 해석되며, 국가와 개인 사이에 존재하며, 비정부성, 공익성, 연대성, 자원성, 공식성, 국제성을 특징으로 하는 민간단체이다.
- NPO(non-profit organization) : 정부와 기업을 제외한 일정한 관리의 절차에 따라 공공의 목적을 위해 봉사하는 단체이다.

사회복지 실천 분야는 왜 다양할까 III
-사회복지 실천 분야 Ⅲ

본 장에서는 의료사회복지, 정신건강사회복지, 학교사회복지처럼 사람이 몸과 마음, 그리고 환경 속에서 살아갈 수 있도록 돕는 실천 영역을 다룬다. 먼저 의료사회복지는 사람들이 질병을 겪을 때, 혼자 감당하기 어려운 불안, 비용 문제, 가족의 부담 등을 함께 조정하고 지원하는 활동이다. 사람이 아플 때 고통은 몸에서만 끝나지 않는다. 일, 가족관계, 생활비, 심리적 두려움까지 흔들린다. 그래서 의료사회복지사는 병원 안에서 사람이 병을 넘어 삶으로 다시 돌아올 수 있도록 돕는 안내자 역할을 한다. 예를 들어, 치료비 상담, 퇴원 후 지역서비스 연계, 환자 · 가족 정서 지원 등이 여기에 포함된다. 정신건강사회복지는 마음의 어려움이 생겼을 때, 그 사람이 다시 자신의 일상과 사회 속 자리를 회복하도록 돕는 실천이다. 정신건강 문제는 개인의 의지 부족이 아니라, 스트레스, 환경, 생물학적 요인 등이 함께 작용해 생기는 사회적 경험이다. 그래서 정신건강사회복지는 상담, 약물 치료 협력, 재활 프로그램, 자조모임, 지역사회 적응 지원 등 '혼자가 아닌 회복'을 만들어 가는 과정이라고 할 수 있다. 마지막으로 학교사회복지는 아이와 청소년이 학교에서 안전하게 자라고 배우고 관계 맺을 수 있도록 돕는 활동이다. 학교는 단순히 공부하는 장소가 아니라, 삶의 감정, 관계, 정체성이 자라는 가장 중요한 성장 환경이다. 따라서 학교사회복지는 학업 문제뿐 아니라 따돌림, 가족 갈등, 정서 불안, 진로 고민 등을 함께 살핀다. 학교 내부(교사, 또래, 상담실)와 외부(지역사회, 복지 기관, 병원)를 연결하는 다리 역할을 한다.

1 의료사회복지

1) 의료사회복지의 개념

(1) 의료사회복지의 정의

의료사회복지는 건강과 관련된 구체적인 현장에서 수행되는 사회복지 활동이다. 질병이나 장애는 개인과 가족의 생물적, 심리적, 사회적 균형을 파괴하여 신체 기능의 손상은 물론 불안, 우울 등과 같은 심리적 고통을 동반하며, 일상생활 과업을 수행하고 사회적 관계를 유지하는 사회적 기능에 손상을 가져온다. 특히 현대 의학기술의 발달은 만성질환의 증가를 가져와 완전한 치료가 이루어질 수 없는 상황이 많아지게 되었다. 따라서 중증질환을 지닌 상태에서 단지 증상을 줄이거나 더 이상의 악화를 막고 개인이 지니고 있는 기능적 능력을 최대한 향상시키려는 것을 목표로 하는 치료 상황이 많아지게 되었다. 만성중증질환의 증가로 과거 질병에 대한 생의학적 접근으로는 해결할 수 없는 많은 심리사회적 문제들이 발생하게 되었으며, 질병에 대한 생심리사회적 모델에 기반을 둔 새로운 접근을 필요로 하게 되었다. 의료사회복지 실천은 이러한 질병에 대한 생심리사회적 모델에 기반을 두어 질병이나 장애로 인한 환자들이 경험하는 심리사회적 문제를 해결하고 사회적 기능을 회복할 수 있도록 도움을 제공하는 전문적 활동이다. 최근 의료사회복지의 개념은 질병의 사회적 측면을 고려하여 치료에서 보건의 개념으로 확대되고 있으며, 예방을 비롯한 전 국민의 건강 증진을 포함한다.

(2) 의료사회복지의 기능

의료사회복지는 보건의료에 있어서 중요한 영역으로 최근 보건의료서비스는 질병의 치료와 예방뿐만 아니라 재활을 포함하는 포괄적인 서비스로 확대되면서 의료사회복지의 기능이 더욱 중요해지고 있다.

그 내용은 첫째, 의료사회복지의 본질적 기능으로서 전인적인 환자 보호와 통합적인 보건의료서비스를 제공하기 위해서는 팀이 구성되어야 한다. 그 팀은 의사를 중심으로 간호사, 사회복지사, 물리치료사, 작업치료사, 언어치료사, 임상심리학자, 보장구제작기사 등으로 구성되는데 의료사회복지사는 가족력 등에 대해서 사정하고 치료 계획을 세운다.

둘째, 환자의 진료 과정에서 전인적인 진료를 위한 정보를 수집하고 사정, 평가하는 개별 사회복지 활동과 치료 계획을 설정하며, 환자와 그 가족들의 문제에 개입하여 진료 과정의 문제를 제거하거나 진료를 촉진시킬 수 있다.

셋째, 병원 직원의 문제도 상담하거나 병원행정이나 의료전달체계에 깊이 관여함으로써 병원 운영과 지역사회 유관기관과의 네트워킹과 지역사회 참여 등에 사회복지적, 보건서비스적인 프로그램을 제안할 수 있다.

넷째, 보건, 의료나 예방사업 활동에서 지역사회의 보건, 의료기관이나 행정 당국과 유기적인 관계를 통하여 진료 및 예방사업의 다양하고 양질의 의료서비스를 지역 주민에게 제공할 수 있도록 돕고, 병원이나 환자의 문제를 돕는 과정에서 필요한 자원을 동원하는 일과 지역사회에 유용한 기관을 알선해 줄 수 있다.

2) 의료사회복지의 현황

의료사회복지사는 전문상담가로 환자와 가족의 심리적, 사회적, 경제적 문제를 파악 및 진단하여 원활한 진료가 이루어질 수 있도록 원조하고, 환자가 정상적으로 가정과 사회로 복귀할 수 있도록 지원하며, 병원의 효율적인 운영과 환자에 대한 서비스 증진을 위해 활동한다. 또한 지역사회와의 유대 관계를 확립하기 위한 프로그램을 개발하고 시행하며, 전문상담활동 및 질환별 사회복지 개입을 위한 연구조사활동을 수행한다(한인영, 최인영, 2000).

의료기관의 사회복지사의 업무는 크게 환자 관련 임상 업무와 의료기관 및 지역사회의 거시적 환경체계와의 상호작용 속에서 이루어지는 업무로 나누어 볼 수 있다. 임상 업무는 치료팀의 일원으로서 해당 임상과의 특성과 환자군의 특성에 따라 원활한 치료가 이루어지도록 치료적 여건을 조성하고 환자의 회복과 사회 복귀를 원조하는 다양한 프로그램들을 운영하는 것이다. 또한 거시적 환경체계와 관련된 업무로는 지역사회와 연계하여 환자와 가족 또는 의료기관 이용자의 편의를 높이기 위한 서비스를 제공하고, 지역사회를 대상으로 의료 욕구를 조사하거나 건강 교육을 실시하고 병원의 정책 및 운영에 참여하는 활동이 포함된다(엄명용 외, 2007). 이들을 고려할 때 의료사회복지사의 역할은 중개자, 조력자, 교사, 중재자, 옹호자로서의 역할을 수행한다.

3) 의료사회복지 실천

클라이언트의 문제와 욕구는 다양하며, 단 한 번의 개입으로 욕구와 문제를 해결할 수는 없다. 따라서 이를 변화시키기 위해서는 단계적 접근이 필요하다. 사회복지 실천 과정은 학자에 따라 사용하는 용어와 각 단계별 세분화의 정도 차이가 있으나, 공통적으로 각 시기별로 수행해야 할 과업을 제시하고 있다. 의료사회복지 실천의 경우도 마찬가지로 사회복지사가 관여하는 환자와 가족의 심리적, 사회적 기능 향상을 위해서는 각 단계마다 수행해야 하는 과업이 있으며, 그 과업을 적절히 수행해야 한다(이효순 외, 2025).

(1) 초기 단계

초기 단계는 의료사회복지사가 처음으로 환자와 가족을 만나 접수하고 긍정적 원조 관계를 수립하면서 관련된 정보와 자료를 수집 및 사정하며, 개입 목표와 계획을 세우는 단계이다. 초기 단계는 접수와 관계 형성, 자료수집 및 사정, 목표 설정 및 계약의 과정으로 각각 살펴보고자 한다.

① 접수와 관계 형성

- 환자와 가족의 초기 접촉 유형 : 환자와 가족의 초기 접촉 유형은 협의 진료 의뢰, 지역사회기관의 의뢰, 스크리닝 또는 아웃리치, 환자와 가족의 요청에 의해서이다. 환자와 가족의 초기 접촉 유형에 대해서 각각 살펴보면 다음과 같다.
  - 협의 진료 의뢰 : 협의 진료 의뢰는 의료진이 사회복지사의 원조가 필요한 사례라고 판단하여 병원의 공식적 의뢰 체계를 통해 사례를 의뢰하는 경우이다.
  - 지역사회기관의 의뢰 : 지역사회를 기반으로 한 사회복지서비스 제공이 일반화되면서, 지역사회복지기관으로부터 환자의 의뢰가 이루어지는 경우이다.
  - 스크리닝 : 입원 시스템 혹은 환자의 정보화 시스템과 연계하여 의료사회복지서비스에 대한 요건을 미리 정하고, 그 기준에 부합하는 환자가 입원 또는 의료시설을 이용하는 경우에 자동으로 사회복지서비스에 연계하도록 하는 제도이다. 따라서 스크리닝 제도는 의료사회복지사의 조기 개입을 통한 업무의 효율성과 효과성을 담보하는 제도라 할 수 있다.
  - 아웃리치 : 의료사회복지서비스가 필요함에도 서비스를 제공받지 못하는 클라이언트를 적극적으로 발굴하여 적절한 서비스를 받도록 하는 제도이다. 아웃리치는 무료 검진 프로그램이나 지역사회 봉사활동 등을 통하여 가능하며, 이 기능이 활성화될 때 소외된 클라이언트의 권익이 옹호될 것이다.

❑ 접수의 개념

접수는 문제를 가진 사람이 전문가의 도움을 받고자 사회복지사를 찾아왔을 때 사회복지사가 그의 문제와 욕구를 확인하여 그것이 기관의 정책과 서비스를 받을 자격 요건을 갖추었는지의 여부를 결정하는 과정이다. 클라이언트가 사회복지사와 관계 형성을 이루어 자료수집 및 사정 단계를 거치는 사회복지 실천 과정인 서비스가 시작된다.

❑ 관계 형성

기관에서 서비스 제공이 가능한 사례인 경우, 공식적으로 등록하고 의료사회복지사는 클라이언트와 전문적 관계를 수립해야 한다. 이 시기는 환자와 가족의 욕구 충족과 문제 해결을 위해 본격적으로 원조 관계나 치료 관계를 수립해 나가는 단계이다.

의료사회복지사는 민감성을 가지고 감정이입 자세를 견지함으로써 긍정적인 친화 관계를 수립해야 한다. 클라이언트에 대한 수용과 온화한 태도, 진실성은 라포 형성에 기여할 것이며, 이 과정을 통하여 클라이언트가 자신의 문제를 보다 주체적으로 참여하도록 원조해야 한다.

❑ 접수 과정

접수는 원조 과정의 가장 초기에 이루어진다. 기관에 따라 접수만을 전문적으로 담당하는 사회복지사를 인테이크 사회복지사라고 한다. 접수 과정은 세 가지의 구체적인 활동과 결정을 수반한다.

- 클라이언트의 문제와 욕구를 분명하게 확인한다.
- 문제 확인 후에 클라이언트와 사회복지사는 원조의 목적을 분명히 한다.
- 클라이언트의 욕구가 기관의 자원과 정책에 부합되는지의 여부를 판단한다.

❑ 초기면접지

초기면접지는 접수 내용을 기록하는 양식이다. 기관에 따라서 클라이언트가 주어진 양식에 맞추어 빈칸을 기록하기도 하지만 대부분은 사회복지사가 접수를 한 후 기록한다. 따라서 클라이언트의 인구학적 배경, 도움을 요청하는 문제 및 문제의 성격, 서비스 수혜 자격과 관련된 경제적, 사회적, 가족적 상황, 타 기관으로부터 받은 서비스가 있었는가에 대한 클라이언트 정보가 필요하다. 접수 목적은 클라이언트의 문제가 무엇인지, 문제를 기관에서 도와줄 수 있는지, 타 기관에 의뢰해야 하는지를 결정하기 위함이다.

❑ 접수 단계의 지침

- 클라이언트가 가지는 두려움, 긴장감 혹은 양가감정을 완화시키고 비자발적인 클라이언트가 동기를 가질 수 있도록 도와야 한다.
- 클라이언트의 문제가 기관에서 다룰 수 있는 문제인지 판단하여 서비스 제공 여부를 결정한다. 만약 기관에서 다루기 힘든 문제일 경우에는 타 기관으로 의뢰를 결정한다.
- 클라이언트에 대해 한 번에 판단하려 하지 말고, 선입관에 의한 판단이 되지 않도록 평상심을 가지도록 노력한다.
- 클라이언트를 유형화해서는 안 된다. 예를 들어, 비행, 부부 폭력, 학습 부진 등의 문제 유형에 따라, '그런 클라이언트는 보통… 할 것이다.'라는 식의 정형화가 해당된다.

② 자료수집 및 사정

자료수집은 정보를 모으는 일로 환자와 가족의 욕구와 문제에 관한 객관적 자료를 확보하는 활동이다.

❑ 자료수집의 특성

접수 단계 이후 사회복지사는 클라이언트의 문제 및 욕구를 확인하기 위하여 다양한 출처의 자료를 수집하고, 수집된 자료를 근거로 문제나 욕구를 명확히 하려는 사정 과정을 가진다. 자료수집은 사정을 위해 먼저 수행되기도 하지만 사정을 진행하면서 추가적으로 수집하기도 한다. 따라서 자료수집과 사정은 순환적으로 일어난다.

❑ 자료수집의 영역

- 접수 단계에서 파악한 클라이언트에 대한 기본적인 정보
- 문제에 관한 기본 정보

- 병력
- 개인력
- 클라이언트 기능 수준
- 가족력
- 경제적 상황
- 클라이언트의 자원
- 클라이언트의 환경
- 클라이언트의 강점 및 한계

❑ 자료수집의 정보 출처

- 의무기록
- 다른 전문가의 의견
- 입원 보증 등의 행정 기록
- 클라이언트의 이야기 및 비언어적 행동
- 클라이언트와 관련된 사람들로부터 수집한 정보
- 각종 검사 결과와 기록
- 중요한 사람과의 상호작용 관찰과 가정방문
- 클라이언트와 직접 상호작용하면서 느끼는 사회복지사의 개인적 경험

③ 목표 설정 및 계약

수집된 자료를 근거로 사회복지사와 클라이언트가 상호 합의하에 목표를 구체화시키고 이를 달성하기 위한 계획을 수립한다. 그리고 의료사회복지사와 클라이언트는 표적 문제를 선정하고, 개입 목표를 설정하며, 계약을 공식화한다.

- 1단계(클라이언트와 함께하기) : 클라이언트의 욕구와 기대를 명료화하기 위하여 클라이언트와 대화를 나누는 것으로 클라이언트를 모든 과정에 참여시킴으로써 동기화하고 클라이언트의 자기결정권을 존중해야 한다.

- 2단계(문제의 우선순위 정하기) : 클라이언트는 자신에게 문제가 있다는 것을 인정해야 한다. 이때 '문제'는 이해 가능한 말로 분명하게 규정하고, 문제에 대한 대처는 현실적으로 가능한 것이어야 한다. 의료사회복지사와 클라이언트는 문제의 우선순위를 정하고 우선적으로 해결할 문제(표적 문제)를 선정하고 합의해야 한다. 개입 목표를 설정하기 전에 표적 문제 선정이 이루어져야 한다.
- 3단계(목적 설정하기) : '목적'은 개입의 필요성, 즉 왜 개입을 해야 하는지를 분명하게 해준다. 명료하게 진술된 목적은 개입의 성공 여부를 평가하기 수월하게 해준다.
- 4단계(목적을 목표로 구체화하기) : '목적'은 '목표'보다 광범위하고 추상적인 개념으로서 목표들을 달성함으로써 목적이 이루어질 수 있다. 목적이 설정되고 나면 목적 달성 여부를 측정할 수 있는 형태인 '목표'로 구체화한다. '목표'에는 누가, 언제, 무엇을 수행할 것인지 달성 정도를 어떻게 측정할 것인지를 구체화하여 표현한다.
- 5단계(계약의 공식화) : 개입 목표가 정해지고, 실행계획이 협의되면 계약의 단계로 진입한다. 계약을 하는 것은 클라이언트로 하여금 자신의 문제 해결 과정에 적극적으로 참여하도록 하기 위함으로 사회복지사와 클라이언트 간의 개입 과정에 관해서 합의를 이루는 것을 말한다. 여기서 계약 내용으로는 목적, 목표, 개입 기간, 역할, 시간 등이 포함된다.

(2) 중간 단계

중간 단계는 계약된 목표 달성을 위해 클라이언트 또는 환경에 변화를 가져오기 위한 개입 활동이 본격적으로 이루어지는 시기이다. 이 단계에서 의료사회복지사는 설정된 문제 해결을 위한 계획을 실행하면서, 문제 해결 과정이 잘 진행되고 있는지를 점검해야 한다. 점검 결과 목표 달성이 불가하거나 실행계획을 변경해야 할 경우, 목표의 수정과 실행계획의 변화를 꾀해야 한다.

① 개입 실행

개입은 사회복지사와 클라이언트가 계약 시 상호 합의하여 결정한 문제를 해결하기 위하여 구체적 행동을 실천하는 것이다.

- 개입 실행 단계의 특징 : 의료사회복지사와 클라이언트가 계약에 동의하면 개입 실행 단계로 접어든다. 개입 실행 단계는 의료사회복지사와 클라이언트가 합의하여 결정한 문제(표적 문제)를 해결하기 위한 계획(목표와 계약)을 실천하는 단계이다. 개입 실행 단계에서는 의료사회복지사가 클라이언트의 변화 과정을 관찰하고, 이전 단계에서 설정된 목표가 제대로 달성되고 있는지 점검하는 것이 중요하다.
- 개입 실행 단계에서 의료사회복지사의 역할
  - 중개자 : 클라이언트 차원에서의 직접적 개입이나 의뢰를 통해서 클라이언트가 필요로 하는 자원과 서비스를 연결하는 역할이다.
  - 조력자 : 클라이언트 스스로 문제 해결 능력이나 대처 능력을 키우고 자원을 찾을 수 있도록 원조하는 역할이다.
  - 교사 : 클라이언트의 사회적 기능이나 문제 해결 능력이 향상될 수 있도록 교육적인 프로그램이나 정보를 제공하며, 적응 기술을 익히도록 클라이언트를 가르치는 역할이다.
  - 중재자 : 미시, 중범위, 거시체계 사이의 논쟁이나 갈등을 해결하는 역할이다.
  - 옹호자 : 필요한 자원이나 서비스를 찾거나 이러한 자원 확보에 어려움을 겪는 클라이언트를 위해 클라이언트 개인이나 가족의 권리를 옹호하고 정책 변화를 모색하기 위한 활동을 수행하는 역할이다.

② 개입 실행 단계의 개입 방법

- 직접적 개입 : 클라이언트와 직접 관계하여 변화를 추구하는 방법으로 클라이언트를 직접 변화시켜서 클라이언트의 문제를 해결한다. 방법으로는 정서적 · 언어적으로 개입하는 기술, 행동 변화 기술, 정보 제공, 가족치료, 교육,

상담 등이다.

- 간접적 개입 : 클라이언트를 둘러싼 환경을 변화시킴으로써 클라이언트의 문제를 해결한다. 방법으로는 사회적 지지체계 개발, 서비스 조정에 관련된 활동, 프로그램 계획과 개발, 자원개발, 옹호 등이다.

③ 점검

점검은 개입의 전개 과정이 설정된 목표에 비추어 올바로 수행되고 있는지를 확인하는 과정이다. 의료사회복지사의 개입 전에 맺은 계약은 문제의 우선순위, 목표, 의료사회복지사와 클라이언트의 개입 활동 등이 구체적으로 포함된다. 그러나 계약의 내용은 개입이 진전되는 과정에서 클라이언트 자신이나 주변 환경의 변화에 따라 달라질 수 있는데, 이러한 변화에 적절히 대처하기 위해서는 진행 과정에 대한 계속적인 점검과 평가가 필요하다. 따라서 의료사회복지사의 점검에 의해 계획된 개입 활동의 지속 또는 변경 여부가 결정된다.

(3) 종료 단계

종료 단계는 원조 활동의 효과를 평가하고 서비스를 종결지으며, 사후관리와 종결 기록을 하는 시기로 필요한 경우 다른 병원이나 요양원, 사회복지기관으로 의뢰(종결, 이송과 의뢰)하는 단계이다.

① 퇴원계획과 종결

- 퇴원계획 : 퇴원계획은 한 환경에서 다른 환경으로의 환자 이전을 용이하게 해주는 모든 활동이다(Germain, 1984). 또한 퇴원계획은 여러 전문직이 관여하여 병원으로부터 지역사회로 환자를 효율적으로 이전함으로써 환자의 삶의 질을 강화하는 복잡한 심리적, 사회적 활동이다.

  질병이 만성화되고, 병원을 이용하는 환자와 가족의 욕구가 증대되면서 퇴원계획의 필요성이 강조되고 있다. 예를 들어, 추가적 치료와 보호가 필요한 만성질환자나 장애 환자의 경우에는 준비된 퇴원이 필요하다. 최근 들어 의료의 사회적 책임성 증가와 의료서비스의 효율적 배분 및 병원 경영상의 문제를 해결하기 위한 차원에서 퇴원계획의 중요성이 강조되고 있다.

퇴원계획은 환자와 보호자, 의료진의 요구를 잘 조화시키는 작업으로 초기부터 관계 설정이 중요하다. 대안 없이 병동을 정리하는 과정이 퇴원계획이 되어서는 안 되며, 의료진과 병원의 요구만 충족되어서도 안 된다. 장기적으로 환자와 가족의 독립성이 확보되고, 치료나 수준의 연속성이 보장되어야 하는 것이 퇴원계획의 특징이다.

- 전원과 의뢰 : 퇴원계획 과정의 일부로 다른 의료적 치료가 필요한 경우 타 병원으로의 전원과 의뢰가 필요하다. 의료사회복지사는 적절하게 기관을 연계시키기 위해 환자의 의료적 상황과 욕구에 대한 정확한 사정에 근거하여 활용 가능한 기관에 대한 정보를 습득하여야 한다. 의뢰나 전원을 하는 경우 클라이언트가 거부되었다는 느낌이나 불안감을 갖지 않도록 배려해야 하며, 클라이언트의 자기결정권이 존중되어야 한다.
- 종결 : 종결은 의료사회복지사의 개입 활동을 계획에 따라 마무리하는 것으로 사회복지사와 클라이언트 간의 관계를 공식적으로 끝내는 것이다.

  종결은 목적을 성취한 클라이언트의 경우, 의료사회복지사와의 활동을 통해 어려운 문제가 해결되었다는 것을 의미한다. 또한 종결은 앞으로 클라이언트가 스스로 문제를 대처해 나가야 한다는 것을 의미하기도 한다. 따라서 클라이언트는 독립적으로 일을 해결해야 한다는 불안과 긴장을 느낄 수 있고, 동시에 새로운 시작을 한다는 설렘도 느끼는 양가감정을 경험하게 된다. 즉, 클라이언트가 상실과 이별에 직면하면서 다양하고 복잡한 감정과 태도를 보이기 때문에 의료사회복지사는 이에 민감하게 반응하고 기술적으로 접근하는 것이 필요하다.
- 퇴원 후 사후관리 : 사후관리는 종결 후 일정기간(1~6개월)이 지나서 클라이언트가 잘 적응하고 있는지 변화의 유지 정도를 점검하는 활동이다. 사후관리의

방법으로는 전화 확인, 면담 등이 있다.

- 변화유지 전략 : 클라이언트는 종결 후 계속 진보하며, 의료사회복지사는 그런 이득에 대한 확신을 가지고 클라이언트에게 계속 노력하도록 독려할 수 있어야 한다.
- 변화의 지속성 평가 : 의료사회복지사는 원조 관계의 일시적인 영향 이상으로 얻은 것을 클라이언트가 유지하는지 측정할 수 있어야 한다.
- 종결의 충격을 최소화 : 의료사회복지사가 지속적으로 관심을 갖고 있다는 것을 클라이언트에게 보여줌으로써 클라이언트가 종결의 충격을 최소화할 수 있게 한다.
- 의료사회복지사의 노력을 평가 : 의료사회복지사가 클라이언트에게 가장 도움이 된 것과 그렇지 않은 것을 평가할 수 있어야 한다.

4) 의료사회복지사의 전망과 과제

(1) 전문성 강화

현재 의료사회복지사는 사회복지 고유의 지식기반을 구축하여 가고 있지만 여전히 교육 내용과 수련 기회의 부족 등 해결해야 할 과제들이 남아 있는 상황으로 다양한 전문가들과 팀을 이루어 활동하기에는 전문성이 부족하다고 지적받고 있다. 향후 의료사회복지사들이 다른 전문직들과 동일한 업무 관계를 발전시키는 동시에 의료사회복지의 전문 정체성과 기능에 대한 감각을 유지시킬 수 있도록 해야 할 것이다.

(2) 수가체계의 정비와 보완

현행 건강보험에서 지급하고 있는 급여는 정신의료 및 재활의학 분야의 매우 제한된 항목에 대해서만 인정하고 있다. 그러나 실제 사회복지사들은 임상 각 과의 협의진료 개입 요청을 기반으로 임상과와 환자군의 특성에 따라 전문적인 상담기법과 접근 방법을 통하여 환자를 전인적으로 치료하는 과정을 원조하고 있다. 따라서 의료사회복지의 수가인정 활동의 내용과 범위가 크게 확대되어 사회복지사들이 보다 전문적인 다양한 활동을 통해 환자의 치료와 재활, 질병의 예방에 기여할 수 있도록 사회복지 영역의 고유한 수가체계가 인정되도록 해야 할 것이다.

(3) 지역사회와의 유기적인 연계

의료사회복지사는 사회적, 정서적 문제를 포함하는 전인으로서 환자에 대한 이해를 바탕으로 의료기관과 지역사회 안의 서비스 전달체계를 연결하는 역할을 잘 수행해야 할 것이다.

의료사회복지 관련 ISSUE

보건의료복지 연계 최전선… "나는 의료사회복지사다"

"가장 어려운 상황에 놓인 환자와 가족이 치료를 포기하지 않도록 돕는 것, 그게 바로 의료사회복지사가 존재하는 이유입니다."

김현희 이대목동병원 사회사업팀 파트장은 30년간 의료사회복지 현장을 지켜오며 환자 곁을 묵묵히 지켜주는 '안전망'이자 '동행자'의 역할을 자처했다.

그가 말하는 의료사회복지사의 업무는 단순한 상담을 넘어 위기가구를 발견하고 지역사회와 병원을 잇는 보건의료복지 연계의 최전선에서 이뤄진다.

김현희 파트장은 의료사회복지사를 이렇게 정의했다.

'보건의료기관에서 진료팀의 일원으로서
환자 치료를 방해하는 사회적 · 경제적 · 심리적 문제를 해결하는 전문가'.

'단순히 이야기만 들어주는 게 아니라 진료가 끊기지 않도록 의료비 지원, 지역사회 자원 연계, 상담을 통해 지속적인 치료와 사회복귀를 돕는 역할을 하는 사람'.

김현희 파트장이 내린 정의처럼 이대목동병원 사회사업팀이 수행하는 의료사회복지 업무는 매우 폭넓다.

환자와 가족의 심리·사회·경제적 문제를 면밀히 사정하는 것은 물론 퇴원계획 수립과 지역사회자원 연계, 장기이식·호스피스 환자 지원, 만성질환자를 위한 정보제공과 상담, 학대·폭력 피해자나 자살시도자에 대한 위기 개입까지 담당한다.

김현희 파트장은 "위기가구가 퇴원한 이후에도 원활한 사회복귀와 회복이 이뤄지고 지역사회와 연계해 필요한 복지서비스를 받을 수 있도록 지원하는 역할을 수행하는 게 의료사회복지사"라고 언급했다.

김 파트장은 이어 "최근 보건의료 환경이 빠르게 변화함에 따라 의료사회복지사에 대한 역할과 책임은 더욱 중요해지고 있고, 의료사회복지 안전망 구축의 필요성도 점차 커지고 있다"라고 전했다.

자료 : 병원신문(2025.07).

2 정신건강사회복지

1) 정신건강사회복지의 개념

(1) 정신건강사회복지의 정의

좁은 의미의 정신건강사회복지는 정신질환으로 인해 사회적 기능 수행상의 문제를 가지고 사회 적응을 못하는 당사자와 그 가족에 개입하여 치료와 요양을 돕고 재활하며, 나아가 사회로 복귀하도록 원조하는 사회복지의 한 분야이다. 그러므로 질병의 치료와 재활에 초점을 맞춘 의료 모델로서 주로 정신의료시설 내의 사회복지 실천을 의미한다. 그러나 넓은 의미의 정신건강사회복지는 정신질환 위험을 가지고 있는 대상자를 사전에 발굴하고 개입하여 예방하는 데에서부터 치료와 재활 후 지역사회로 복귀하여 사회통합하는 데에 이르기까지 전 과정에서 행해지는 사회복지 실천을 말하며 그 서비스는 전 시민을 대상으로 한다.

정신건강사회복지사는 '환경 속의 인간'을 강조하고, 정신질환을 가지고 있는 사람에 대하여 의학적 진단으로 판단하는 것이 아니라 생심리학적 차원에서 전인적 인간의 관점으로 예방, 치료에서부터 사회복귀까지 광범위한 영역에 걸쳐 개입한다. 따라서 정신건강사회복지사들은 정신의료기관, 지역정신보건센터, 사회복귀시설, 정신요양시설, 알코올상담센터, 자살예방센터, 각종 중독 관련 기관 등에서 정신질환의 예방적 측면, 재활적 측면, 사회통합적 측면에서 각 목적에 따른 사회복지 업무를 수행하고 있다.

(2) 정신건강사회복지의 기능

첫째, 정신건강사회복지사는 개별 및 집단치료, 가족치료, 작업요법, 레크레이션 요법, 야외요법 등에 직접적인 서비스에 개입한다.

둘째, 정신건강사회복지사는 환자의 개인력 · 가족력 · 사회력에 관한 정보를 수집하여 정신건강팀과 협력한다.

셋째, 의료전달체계 및 지역사회기관과 관계를 유지하며 사회복지적 · 보건서비스적인 프로그램의 계획과 정책 결정에 참여한다.

넷째, 지역사회의 유용한 자원을 동원하고 활용하여 재활훈련, 사회복지, 직업재활 활동을 한다.

2) 정신건강사회복지의 현황

정신건강사회복지법에서는 정신건강 분야에 전문 지식과 기술을 가진 자에게 정신건강전문요원의 자격증을 교부할 수 있다고 「정신건강증진 및 정신질환자 복지서비스 지원에 관한 법률」에 명시하고 있으며, 정신건강사회복지사 업무의 범위는 공통 업무와 개별 업무로 크게 구분할 수 있다.

먼저 공통 업무를 살펴보면, 정신재활시설의 운영, 정신질환자 등의 재활훈련, 생활훈련 및 작업훈련의 실시 및 지도, 정신질환자 등과 그 가족의 권익 보장을 위한 활동 지원, 정신질환자 등에 대한 개인별 지원계획의 수립 및 지원, 정신질환 예방 및 정신건강복지에 관한 조사·연구, 정신질환자 등의 사회 적응 및 재활을 위한 활동, 정신건강증진사업 등의 사업 수행 및 교육이 있다. 개별 업무를 살펴보면, 정신질환자 등에 대한 사회서비스 등에 대한 조사와 정신질환자 등과 그 가족에 대한 사회복지서비스 지원에 대한 상담·안내의 역할이 규정되어 있다.

3) 정신건강사회복지의 실천

(1) 상담과 치료

상담은 어느 현장이든 사회복지사가 클라이언트를 도울 때 가장 흔히 사용하는 개입 방법이다. 정신건강 영역도 마찬가지이다. 정신건강사회복지사가 정신건강증진시설이나 정신재활시설에서 정신장애인과 가족을 도울 때 상담을 통해 관계를 형성하고 필요한 도움을 제공한다. 경우에 따라서는 보다 전문적인 상담 방식인 치료를 활용한다. 치료는 상담에 비해 좀 더 계획적이고 의도적으로 문제를 해결하는 방식이며, 일정한 훈련 과정(수련 과정과 보수교육, 슈퍼비전 등)을 통해 전문성을 터득하게 된다.

현장에서는 상담을 치료와 혼용하여 부르는 경우가 많으며, 정신장애인의 심리적 변화나 행동 변화를 위해 정신건강사회복지사가 직접적으로 개입하는 방법으로 인식하고 있다. 정신건강 영역에서는 다양한 상담과 치료 방법이 적용될 수 있으나, 대체로 정신역동치료, 인지행동치료, 인간중심치료가 많이 활용된다. 정신건강 영역의 특성을 고려하여, 이 세 가지 치료에 대해 살펴보면 다음과 같다(박미은 외, 2022; Gould, 2010).

① 정신역동치료

정신역동치료는 19세기 후반 프로이트가 주장한 정신분석학에 기반을 두고 있다.

그의 제자와 동료들이 정신분석 이론을 정교화하거나 확대하여 다양한 치료 기법을 개발하였다. 정신역동치료에서는 무의식의 상태로 억압되어 있는 초기 아동기 경험과 정서가 현재의 사고와 감정, 행동에 미치는 영향을 미친다고 전제한다. 과거 아동기 경험과 현재의 문제 사이에는 의미 있는 관련성이 있다고 믿으며, 클라이언트의 해결되지 않은 과거 트라우마가 현재의 개인적인 삶과 대인관계에 역기능을 초래한다고 본다(김규수, 2011).

정신역동 이론에 기초한 치료자들은 클라이언트와 함께 이러한 과거 경험과 정서를 밝혀내고, 과거와 현재의 연결성을 통찰하도록 돕는다. 즉, 클라이언트로 하여금 자신의 미해결된 과거 경험이 현재의 삶에서 어떻게 나타나며, 또한 대인관계에는 어떻게 나타나는지를 깨닫도록 하고, 이를 충분히 이해하도록 하여 현재 자신의 문제에 새로운 반응 양식으로 대처하도록 돕는 역할을 한다.

현장에서 정신건강사회복지사는 기본적으로 정신장애인의 정신 증상을 이해하고, 정신의학적 면담을 진행하기 위해 정신역동치료를 활용한다. 환자의 욕구와 상태에 따라 혹은 전문가 자신의 훈련 정도에 따라 정신역동치료는 다양한 수준에서 이루어진다. 정신질환의 발병은 복합적인 원인에 의한 것이므로, 과거의 미해결된 욕구나 트라우마를 강조하는 정신역동치료가 절대적인 대안이 될 수는 없다. 그러나 아동기 상처와 현재 정신적 문제 사이에는 의미 있는 연결이 있다고 보는 견해가 여전히 설득력을 얻고 있다(Corey, 2009). 정신건강사회복지사는 정신장애인의 정신 상태를 이해하고, 아동기의 왜곡된 영향력에서 벗어나 새로운 반응 양식을 훈련할 수 있도록 정신역동치료를 배우고 익히는 데 최선을 다해야 할 것이다.

인간의 무의식과 정신세계를 다루는 정신역동치료는 정신건강 영역에서 가장 기본이 되는 치료 방법이다. 정신역동에 대한 이해(무의식, 전이, 저항, 방어기제, 꿈의 분석, 자유연상 등)를 바탕으로 하여, 이후에는 기술하는 치료 방법(인지행동치료, 인간중심치료)를 익히고 적용하는 것이 바람직하다.

② 인지행동치료

인지행동치료는 1970년대와 1980년대 정신건강 영역에서 널리 알려지기 시작하였다. 초기에는 스키너의 행동주의 이론(조작적 조건 형성)을 적용하여 인간의 공포 반응, 강박적 사고, 심각한 불안 등에 대해 건강하고 생산적으로 반응하는 행동양식을 학습할 수 있었다. 치료자들은 클라이언트의 환경을 의도적으로 통제하고 바람직한 행동 결과를 유도하고자 하였다. 일부 행동에 대해서는 무관심하거나(관심의 철회나 처벌의 경우) 혹은 강화하는 방식으로 개입하였다. 그러나 이러한 접근에 대해 인도주의적 관점에서 윤리적 문제가 발생할 수 있다는 비판이 확산되었다. 결국 이러한 점을 수용하여, 현장에서는 행동주의 대신 인지행동치료가 새로운 대안으로 주목을 받았다.

인지행동치료는 1960년대와 1970년대에 벡(Aaron Beck)과 엘리스(Albert Ellis)가 주창한 이론에 토대를 두고 있다. 초기에는 주로 우울로 진단받은 사람을 치료하였으나, 점차 다양한 진단을 가진 사람들에게 적용하였다. 치료 전제는 인간의 행동을 결정짓는 것은 그 행동과 관련한 사건 자체보다는 사건을 해석하고 받아들이는 그의 인지에 달려 있다는 것이다. 인지행동치료자는 인간의 심리적 고통은 그 고통과 관련된 사건을 지각하는 왜곡된 생각에 기인한다고 본다. 그렇기에 심리적 치료자들은 클라이언트로 하여금 그의 심리적 고통을 다루는 새로운 기술로서, 그 고통을 일으킨 왜곡된 사고를 찾아내고 이를 바꾸도록 도와준다. 부정적인 사고 대신 긍정적인 사고로 대체하도록 하고, 달라진 사고에 따른 건강한 정서와 행동을 경험하도록 체계적으로 훈련한다.

인지행동치료는 과거보다는 '지금 그리고 현재'의 어려움에 초점을 둔다. 치료자는 클라이언트가 현재 경험하고 있는 것에 집중하면서, 문제의 원인과 접근에 대한 생각을 함께 공유하고 발전시키면서 치료적 공감대를 형성한다. 인지행동치료는 개별화된 접근이고 시간 제한적인 접근으로서, 치료자는 클라이언트의 문제행동이 개선될 때까지 지속적으로 모니터링하고 평가하면서 변화를 안정화시킨다. 인지행동치료를 효과적으로 활용하며 클라이언트를 임파워링하는 효과를 거둘 수 있다. 즉,

클라이언트로 하여금 자신의 상황을 되돌아보면서 부정적인 생각을 찾아내어 건강한 생각으로 대체하고, 과제 수행을 통해 변화를 점검하고 평가하는 작업을 거치면서 내적 성숙으로 이어질 수 있기 때문이다. 그리고 자신의 생각을 바꾸어 일상의 삶을 방해하던 문제에서 벗어났다는 자신감은 클라이언트의 자기효능감을 높이고 유사한 상황에 대한 대처 능력을 강화시켜 준다.

현장에서 정신건강사회복지사는 정신장애인 및 다양한 클라이언트의 정서적 문제(우울, 불안, 분노, 공포 등), 사고방식의 문제(강박적 사고, 왜곡된 사고, 지나친 의심 등), 심각한 스트레스를 다루기 위해 인지행동치료를 활용한다. 인지행동치료는 주로 개별적으로 적용하지만, 경우에 따라서는 정신재활을 목적으로 스트레스, 분노, 불안 관리 집단이나 프로그램의 형식으로 이루어진다. 인지행동치료는 정신장애인으로 하여금 자신의 감정 혹은 행동의 1차원적 원인이 스트레스를 유발하는 사건이나 상황 자체보다는, 그것을 받아들이는 자신의 사고방식(인지)에 있다는 것을 강조하기 때문에 현실 인식과 책임성을 키울 수 있다. 따라서 정신건강사회복지사는 충분한 교육과 훈련(수련과정, 보수교육 및 슈퍼비전)을 통해 정신장애인들을 돕는 유용한 개입 방법과 기술로서 인지행동치료의 활용도를 높여 가야 할 것이다.

③ 인간중심치료

상담의 영역에서 가장 많이 알려진 것이 인간중심치료이다. 이는 1950년대부터 대중화되기 시작하였고, 미국 심리학자 로저스(Carl Rogers)의 이론에 기초하고 있다. 로저스는 인간은 자신에게 부여된 지적, 정서적, 창조적 잠재성을 깨달을 필요가 있다고 하였다. 이러한 잠재성은 의미 있는 타인들의 무조건적인 수용과 긍정적인 배려를 통해 발현된다. 그러나 평소 자기 자신에 대한 이미지와 타인에 의해 표출된 이미지(반사된 이미지) 사이에 간격이 발생하면 이러한 잠재성은 크게 위축된다. 다른 사람의 견해나 지각에 지나치게 의존하는 경우 매우 취약하고 파편화된 자기 이미지를 형성하게 된다.

인간중심치료에서는 세 가지 전제 조건을 강조한다. 즉, 무조건적인 긍정적 배려,

공감적 이해, 일치성이다. 치료자는 클라이언트로 하여금 타인에 대한 지나친 의존에서 벗어나 자신만의 방식(관점)을 발달시키고 성장하도록 돕는다. 자신의 정체성을 강화하고 확장하며, 실제로 그런 사람이 되도록 지원한다. 타인의 압력으로부터 자유로워지도록 능동적인 대처 방법을 훈련한다. 인간중심치료에서는 클라이언트 스스로 자신의 이야기를 주도하도록 격려하고, 치료자는 클라이언트의 이야기를 경청하면서 공감적 이해를 표현한다. 치료자의 상담 방식은 비지시적이며, 주로 촉진자의 역할을 수행한다. 치료자의 무조건적인 배려와 격려 속에 클라이언트는 자신의 내면세계를 탐색하고, 자신의 문제를 스스로 해결하는 방법을 찾게 된다.

현장에서 정신건강사회복지사는 정신장애인을 대할 때 인간중심치료에서 강조하는 원칙들을 기본적으로 적용한다. 무조건적인 긍정적 배려, 공감적 이해, 일치성은 단지 치료적 장면뿐만 아니라, 평소 클라이언트를 대할 때 사회복지사가 취해야 하는 바람직한 행동 원리이다. 사회복지의 가치나 철학과 상통하는 원리로서 정신건강 영역에서 강조되어야 할 사항이다. 특히 정신장애인이 처한 차별적 상황이나 사회적 배제의 여건을 고려할 때, 그들에게 부여된 지적, 정서적, 창조적 잠재성을 믿고 이를 충분히 발휘할 수 있도록 배려하고 격려하는 것은 정신건강사회복지사의 자연스러운 접근이라고 하겠다. 앞으로 정신건강증진시설이나 정신재활시설에서 전문적 상담과 치료의 여건이 확충된다면, 정신건강사회복지사가 인간중심치료를 깊이 있게 적용할 수 있는 기회도 늘어날 것이다.

(2) 교육

① 정신장애인을 위한 교육

정신질환이 발병하면 환자는 증상으로 인해 막연한 불안을 느끼게 되고, 자신의 의지와 생각으로 증상을 통제하기 어렵다고 느끼면서 심한 좌절과 우울, 공포를 경험한다. 이로 인해 가족관계 및 사회적 관계에서 의사소통의 왜곡이 나타나고, 타인과의 관계를 회피하거나 타인들로부터 배척을 당하는 경험을 하게 된다. 내면적으로 외로움과 소외감, 죄책감을 느끼면서도 현실적인 관계의 갈등이나 스트레스로 인해 억압된 감정을 공격적으로 표출하게 되고, 경우에 따라 위기 상황을 맞을 수 있다.

정신건강사회복지사는 정신장애인의 이와 같은 고통과 어려움을 이해하고, 적절한 치료 및 재활을 돕기 위해 교육을 실시한다. 정신장애인에게 필요한 정보는 교육을 통해 효과적으로 전달될 수 있다. 현재 대부분의 정신병원, 정신재활시설, 정신건강증진시설에서 정신장애인을 위한 교육을 개별적 혹은 집단적으로 시행하고 있다. 교육 내용으로는 정신질환의 이해, 약물 부작용 및 약물관리, 증상관리, 건강관리 등에 관한 것이다(권자영 외, 2004).

② 정신장애인 가족을 위한 교육

정신건강사회복지에서 정신장애인 가족을 위한 교육은 오랜 역사를 갖고 있다. 정신장애인과 함께 생활하는 가족들이 많은 어려움을 경험하고 있으며, 가족의 협력과 지원 없이는 정신장애인의 치료와 재활이 힘들기 때문이다. 과거에는 가족을 정신장애를 발생시키는 원인으로 간주하기도 했으나, 최근에는 원인적 접근보다는 치료 및 회복의 관점에서 가족을 중요한 지지원 혹은 협력적 파트너로 인식하고 있다.

정신건강사회복지사는 정신장애인 가족에게 정신질환에 대한 정보 제공 및 대처 기술 훈련, 그리고 정신장애인을 돌보는 데 따른 스트레스와 부담을 완화시키기 위해 교육을 실시한다. 특히 정신장애인 가족이 경험하는 보호 부담은 현실적으로 매우 심각하며, 이는 가족 단위를 넘어 사회적으로 책임을 분담해야 할 이슈이다. 가족 교육을 통해 가족들이 보호 부담을 서로 공유하고, 지지망을 형성하며, 질병에 대한 효과적인 대처 방안을 찾게 된다.

정신장애인 가족을 위한 교육 방식은 가족구성원들이 생계유지와 직장 등으로 일정한 시간에 모이기 어렵기 때문에 개별 혹은 집단의 형태로 융통성 있게 진행된다. 교육 내용에는 환자 및 가족의 특성을 반영해야 하고, 의료적(치료적) 측면과 함께 환자의 권리 및 인권의 측면을 균형 있게 다루어야 한다. 또한 다양한 전문가가 포함된 팀으로 운영하되, 당사자 및 가족을 교육자로 활용하는 방안도 시도해 볼 수 있다.

가족 교육이 충분히 이루어지면 정신장애인의 재발을 예방할 수 있고, 가족구성원의 대처 기술이 향상되며, 환자의 증상과 정신 상태를 이해하여 치료와 재활에서 지지체계로서 역할을 수행하는 등 여러 가지 긍정적 효과를 기대할 수 있다(배성우 외, 2013).

③ 일반 시민의 위한 교육

최근 정신건강정책의 흐름이 지역사회를 기반으로 하는 정신건강증진이 강조되면서, 일반 시민의 정신건강에 관한 인식을 개선하려는 교육이 확대되고 있다. 교육을 통해 시민들 스스로 자신의 정신건강 상태를 점검할 수 있고, 필요한 정신건강서비스를 요청할 수 있다. 또한 교육을 받는 시민들이 정신적으로 취약한 이웃을 돌보고 필요시 전문적인 도움으로 연결하는 역할을 할 수 있다. 정신건강증진은 공공과 민간의 전문 인력만으로는 충분하지 않으며, 지역 주민들의 자발적인 참여와 활동을 통해 효과를 높일 수 있다.

현재 지역 단위 및 정부 차원에서 시민이나 주민을 대상으로 한 다양한 정신건강 교육이 실시되고 있다. 정신건강사회복지사는 정신건강전문가로서 교육 프로그램을 기획하거나 혹은 교육자로서 직접 프로그램을 진행한다. 교육의 형식과 내용은 정신건강 문제의 유형(우울, 자살, 불안 등)과 주관 기관(지역 정신건강복지센터, 중앙자살예방센터, 지역자살예방센터 등)에 따라 다양하다.

(3) 홍보

정신건강 홍보란 정신건강 기관이나 시설이 관련 사업의 1차 대상인 정신장애인과 가족 및 관련 전문가, 그리고 2차 대상인 여론 주도층 및 일반인들과의 쌍방적 의사소통을 통해서 정신건강에 대한 이해와 호의를 도모하려는 활동이다(박미은, 2000). 즉, 정신건강증진사업이나 서비스를 대중에게 적극 알리고, 필요한 대상자들이 언제든 쉽고 편하게 접근할 수 있도록 안내하고 정보를 제공하는 일이다. 최근에는 정신장애에 대한 편견 극복이나 인식 개선을 넘어 정신장애인의 권리와 행복추구권, 지역사회 통합의 필요성을 알리고 현실적인 대안을 찾기 위해 보다 적극적으로 홍보활동을 하고 있다. 정신건강사회복지사는 지역사회에 대한 이해 및 복지 네트워크 활용에 관한 강점을 바탕으로 홍보활동에 주도적으로 참여할 필요가 있다.

① 정신건강 행사와 캠페인

대표적인 예로 '정신건강의 날(10월 10일)'과 그날이 포함된 한 주를 '정신건강 주간'으로 정하여 실시하는 행사와 캠페인을 들 수 있다. 지역에서는 관련 기관이나 단체들이 연합하여 정신장애인 축제 한마당, 어울림 한마당, 체육대회, 강연회, 정신장애극복 재활대회, 정신장애 편견 극복 캠페인, 우울증 예방 캠페인 등의 행사를 개최한다. 이 행사는 정신장애인 당사자와 가족들에게는 자기 편견을 극복하고 재활 의지를 다지는 기회가 되고, 전문가 및 지역 주민들에게는 정신장애인의 치료와 재활을 응원하는 기회가 된다.

② 정신건강 인식 개선 홍보

전국의 정신건강복지센터 및 정신재활시설에서는 지역 특성에 맞게 정신건강 인식 개선을 위한 홍보활동을 하고 있다. 이 사업은 지역 주민의 정신건강서비스 욕구 및 정신건강 문제의 심각성, 정신건강정책의 우선순위 등을 고려하여 매년 연속적 혹인 비연속적으로 진행된다.

최근에는 인터넷과 스마트폰을 활용하는 정보화 시대에 맞게, 새로운 차원의 홍보 방법이 활용되고 있다. 기관 홈페이지 활용 및 웹 기반 프로그램, 각종 영상 및 온라인(유튜브 등) 홍보 등이 확대되고 있다. 기관 홈페이지를 통해 해당 지역의 정신건강 문제 및 자원 현황을 적극 알리고, 언제 어디서든 이용할 수 있는 정신건강서비스를 안내하고 있다. 사회적 차원의 정신건강 문제(우울, 불안, 자살생각 등)에 대해서는 간단한 자가검진 프로그램을 활용해 손쉽게 자신의 상태를 확인할 수 있다.

(4) 자원 발굴과 연계

정신건강 자원을 발굴하기 위해서는 우선 정신장애인이 필요로 하는 것이 무엇인지와 지역사회자원에 대해 파악해야 한다. 즉, 다음과 같은 질문을 던질 수 있다.

- 정신장애인이 원하는 것은 무엇인가?
- 원하는 것을 얻기 위해 필요한 것은 무엇인가?
- 정신장애인이 원하는 것은 실제로 도움이 되는 것인가?
- 정신장애인이 활용할 수 있는 자원은 무엇이며, 주변에 있는가?
- 원하는 것을 얻기 위해 이전에 활용했던 자원이 있는가?
- 활용했던 자원은 도움이 되었는가? 혹은 도움이 되지 않았는가?
- 정신장애인이 살고 있는 지역에는 어떤 자원이 있는가?
- 이용하는 데 제한이나 자격조건이 있는가? 비용은 얼마나 드는가?
- 자원을 이용하기 위해 누구와 접촉해야 하는가?

정신건강사회복지사가 정신장애인에게 필요한 자원을 찾아내어, 이를 연결한 후에는 구체적인 사항을 협상하고, 필요시 점검과 조정을 통해 자원의 활용도를 높인다. 정신건강 영역에서는 사례관리 실천을 위해서뿐만 아니라, 다양한 목적으로 자원 활용이 이루어진다.

4) 정신건강사회복지사의 전망과 과제

정신건강사회복지사의 고유 역할을 정립해 나가기 위하여 먼저 사회복지계 안에서의 충분한 논의가 필요할 것이다. 정신건강사회복지사는 여러 가지 요인에 의해 빈곤, 억압, 소외를 경험하며 스스로의 능력으로 사회생활을 영위하기 어려운 사람들을 대상으로 전문 지식과 기술을 동원하여 도와주는 도덕적 직업군이다.

(1) 사회적 기능 수행 향상

정신건강사회복지사들은 클라이언트들의 대인관계, 가족관계, 사회환경 등에 주목하여 '사회적 기능 수행'을 향상시키는 역할이 고유 역할임을 강조하고 그 구체적인 실천 방법이나 적용 방법을 모색해 나가야 할 것이다. 이를 위하여 실천 또는 상담 방법, 실천기록 방법, 집단지도, 기관조직 운영과 행정처리 방법, 사회행동의 실천, 자원개발 및 연계 등에 초점을 맞춘 동영상 교재의 개발이 필요할 것이다.

(2) 고유 이론 정립 필요

정신건강복지 실천과 대상자의 다양화로 인한 정신건강사회복지사들의 역할은 각기 다른데, 대상군에 관계 없이 정신건강의 어떤 현장이나, 어떤 대상자들에게도 적용할 수 있는 사회복지사만의 고유 이론을 정립할 필요가 있다. 예를 들어, '강점관점'이나 '해결중심이론'은 사회복지의 철학에도 맞을 뿐더러 그 대상자에 관계 없이 사회복지 현장에서 적용하기 용이한 이론이다. 이러한 이론을 집중 교육하여 미시적 개입뿐만 아니라 클라이언트 옹호와 같은 거시적 실천에도 적용함으로써 일관성 있는 개입이 가능할 것으로 보이고, 아울러 사회복지의 고유성에 대한 고민에도 답이 될 것이다. 이러한 사회복지의 고유성이 적립되면 정체성에 대한 혼란도 자연히 해결될 수 있을 것이다.

(3) 전문직의 세분화

사회복지를 기본 전공으로 좀 더 세분화된 전문가를 양성하는 방법을 생각해 볼 수 있다. 즉, 사회복지 대상자가 필요로 하는 서비스를 전문적으로 수행할 수 있는 인력을 양성하는 것으로 주택 전문가, 재정 전문가, 교육 전문가, 취업 전문가 등 대상 중심이 아닌 직무 중심의 전문가로서의 사회복지사도 고려해 볼 수 있다. 아울러 현재 사회복지사가 다른 직종에 비해 두각을 나타내고 있는 자원 연계나 네트워킹에 대해서는 더욱 구조화하여 사회복지사 고유 역할 및 직무로 발전시키는 대책을 마련해야 할 것이다.

정신건강복지 관련 ISSUE

더 불행해진 한국인들, 국민 74% "최근 1년 정신건강 문제 경험"

국민 10명 중 7명은 지난 1년간 심각한 스트레스와 지속적인 우울감 등 정신건강 문제를 경험한 적이 있다는 조사 결과가 나왔다. 재작년 조사 때보다 상황이 더 악화했다.

국민의 절반 이상은 본인이 정신질환에 걸리면 몇몇 친구들로부터 외면당할 것이라고 생각했다. 본인이 정신질환자를 더 위험하다고 인식하는 경우도 절반 이상이었다.

국립정신건강센터는 전국 15세 이상 69세 이하 국민 3천명을 대상으로 정신건강 지식과 태도에 관한 온라인 설문조사를 수행해 이러한 사실을 확인했다고 4일 밝혔다.

국립정신건강센터는 2016년부터 국민 정신건강정책 수립의 기초자료를 제공하고자 '국민 정신건강 지식 및 태도 조사'를 수행해 왔으며, 2022년부터 격년으로 진행하고 있다.

조사 결과 정신질환에 대한 인식은 개별 항목에 따라 양상이 엇갈렸다.

'누구나 정신질환에 걸릴 수 있다'는 답변은 2022년 83.2%에서 올해 90.5%로, '정신질환은 일종의 뇌 기능 이상일 것이다'는 답변은 같은 기간 49.3%에서 61.4%로 오르며 인식이 개선됐다.

반면 '내가 정신질환에 걸리면 몇몇 친구들은 나에게 등을 돌릴 것'이라는 답변은 39.4%에서 50.7%로 오르며 인식이 악화했다. '정신질환이 있는 사람은 그렇지 않은 사람보다 더 위험한 편'이라는 답변도 64.0%에서 64.6%로 약간 많아졌다.

항목별로 2022년과 비교하면 심각한 스트레스(36.0% → 46.3%), 수일간 지속되는 우울감(30.0% → 40.2%), 인터넷이나 스마트폰 등 기타 중독(6.4% → 18.4%), 자살 생각(8.8% → 14.6%) 등이었다.

이 중 스트레스와 우울감, 기타 중독은 2022년도 대비 각각 10%포인트 이상 높아졌다.

이러한 정신건강 문제를 경험할 때 도움을 요청했던 대상은 '가족 및 친지'가 49.4%로 가장 많았다. 다음으로 정신과 의사 또는 간호사(44.2%), 친구 또는 이웃(41.0%) 순이었다.

주요 우울장애, 조현병 등 구체적인 정신질환 사례를 제시해 인식 여부를 확인하자 이해도가 다소 떨어지는 것으로 조사됐다. 응답자가 각 사례를 정확한 정신질환으로 인식한 비율은 주요 우울장애가 43.0%, 조현병이 39.9%였다.

자료 : 연합뉴스(2024.07).

3 학교사회복지

1) 학교사회복지의 개념

(1) 학교사회복지의 정의

학교사회복지란 학교라는 교육기관에서 전문적 능력과 자격을 갖춘 사회복지사가 제공하는 사회적 서비스를 의미한다. 즉, 공교육 체계에서 학교 교육의 목적을 달성하는 것을 지원하고 학생들이 학교에 잘 적응할 수 있도록 도와주며, 이를 위해 학교, 가족, 지역사회가 수행하는 노력을 조정하고 영향을 미치는 활동이다(NASW, 1999).

학교사회복지는 주된 실천의 장소가 학교이며, 학교 교육의 본질적인 목적의 달성을 도와주고, 사회복지 실천의 주요한 기능인 심리 · 사회적 문제의 예방과 해결을 위한 활동을 수행함과 동시에 학생 개인뿐만 아니라 학교, 가정, 지역사회라는 환경에 대한 개입을 고려하는 것이다.

(2) 학교사회복지의 기능

첫째, 기본적으로 학교 교육의 목적을 달성할 수 있도록 지원하는 것이다. 이를 위해 학교사회복지사는 아동 및 청소년이 유능함, 문제 해결 및 의사결정 능력, 변화에 적응할 수 있는 준비, 자신의 지속적인 학습을 위한 책임감을 갖는 목적을 달성하려는 학교의 노력에 일조하여 삶의 질을 향상시키는 데 기여해야 한다.

둘째, 개인적 문제, 가족 또는 대인관계의 문제, 학교적응과 관련된 문제를 가지고 있는 학생들을 위해 사회복지서비스를 제공하는 것이다.

셋째, 가정-학교-지역사회 간의 연계를 강화하여 학생들에게 최적의 교육환경을 제공하는 것이다. 학생들의 학교생활을 저해하는 요소들은 학생 개인에게서만 찾을 수 있는 것은 아니며, 학생들이 상호 교류하는 다양한 환경에서도 발견할 수 있다. 또한 학교 체계 내에서 발생한 문제의 해결을 위해 제한된 학교 자원으로는 부족할 수 있다. 이에 학교사회복지사는 지역사회의 자원을 학교 안으로 끌어들이는 활동을 수행해야 한다(이경남 외, 2007)

2) 학교사회복지의 현황

(1) 치료자

학교사회복지사는 학생의 심리 · 정서적 문제를 예방하고 해결하는 심리치료전문가로서 학생문제의 원인을 명확하게 사정하고 이에 따른 치료를 제공한다. 학교사회복지사는 학생의 심리 · 정서적 문제의 원인을 파악한 후 개별상담, 집단상담, 가족치료 등의 전문적 심리치료를 제공하여야 한다.

(2) 교육적 상담가

학교사회복지사는 교사, 동료 학생, 학부모 등에게 학생문제의 원인과 예방 방법을 교육시켜 학생문제의 예방과 해결에 도움을 준다. 또한 학교사회복지사의 전문적 지식과 기술을 활용하여 교사에게는 학급경영에 관한 행동수정치료 방법을 가르쳐 주고, 학생에게는 성교육, 사회성 기술, 동료상담기법 등을 교육할 수 있다.

(3) 연계자

학교사회복지사는 학생-학교-가정-지역사회의 관계를 증진시키는 연계자로서 학교가 지역사회에 기대하는 내용과 학교의 교육목적을 주민들에게 홍보하거나, 반대로 지역사회의 욕구를 학교 당국에 전달하기도 한다. 또한 학생 자원봉사자들을 관리하고 교육시키는 역할을 통하여 학생 자원봉사 활동이 지역사회의 발전과 협력에 실질적 도움을 주도록 하는 연계자의 역할을 수행한다.

(4) 자원동원가

학생의 심리·정서적 문제는 경제적 혹은 사회환경적 영향이 중요한 역할을 하기도 한다. 따라서 빈곤가정이나 결손가정의 학생들을 위해서는 심리치료 이외에 경제적 원조를 제공하는 사회복지서비스의 제공도 병행하여야 한다.

3) 학교사회복지의 실천

최근 학교사회복지에 대한 관심이 높아지면서 학교사회복지에 관한 논문들이 등재되고 있다. 그 관심분야 역시 다양화되어 학교사회복지의 제도화 방안에 관한 연구, 개선 방안에 관한 연구, 학교사회복지사의 역할에 관한 연구, 학교사회복지의 모델 모형에 관한 연구, 학교사회복지의 만족도에 관한 연구 등으로 다양하게 이루어지고 있다. 이러한 많은 연구들에서 우리나라 학교사회복지가 나아가야 할 방향이나 법 체계 미비나 학교사회복지 모형의 개발 미흡 등 개선해 나가야 할 많은 문제점들에 대해 지적하고 있다.

학교현장에서 학교사회복지사로 실제적인 활동을 하기 위해서는 학교사회복지 실천 과정이 어떻게 이루어지는지를 제대로 이해하여야 한다. 일반적으로 학교사회복지서비스는 사회복지서비스와 마찬가지로 전문적 활동으로 구성된 일련의 과정을 통해 제공된다. 학교사회복지서비스가 제공되는 과정은 학자에 따라 약간씩 상이하게 규정하고 있으나 다수의 학자들은 해당 학교와 지역사회 상황, 그리고 학교

사회복지에 대한 이해도에 따라 실천 과정이 달라질 수 있다고 보고 있다. 학교사회복지 실천은 몇 가지 과정으로 이루어진다. 학자에 따라 초기조사, 계획, 개입, 종결, 평가의 5단계로 나누기도 하고, 초기과정, 중기과정, 말기과정 3단계로 나누기도 한다(장수한, 2024).

학교사회복지 실천의 전체 과정은 해당 학교와 지역사회의 상황에 따라 다르게 진행될 수 있다. 김연옥(1998)은 한국에서 시범사업을 이해한 다음 학교사회복지의 단계를 한국 상황에 알맞게 제시하였다. 김연옥(1998)은 학교사회복지의 각 단계에서 특히 진입 전 단계의 중요성을 강조하였고, 두 번째의 진입 단계와 세 번째의 협력, 정착 단계로 나누었다.

진입 전 단계에서는 학교 행정 책임자와 관계 형성, 지역사회조사, 학교 내 물리적 공간의 확보, 보호가 필요한 학생 집단 파악, 학교 내 협력 가능 인력의 파악, 연간 활동계획 수립, 서식 개발, 상담 보조 인력의 확보와 교육, 교사 모임 참석을 통한 홍보, 학생배포용 홍보물 작성 등을 하게 된다.

진입 단계에서는 탐색 과정과 적응 과정을 거치게 되는데, 탐색 과정에서는 지역사회기관 방문과 연계체계 수립, 학교조직에 대한 이해, 학생욕구조사 실시, 홍보활동 개시, 교직원과의 관계 형성 등의 활동들을 하게 된다.

적응 과정에서는 학생을 둘러싼 담임교사와의 역할 중첩, 학교 교육 방침 수용과 학생 옹호, 외부자원 연계의 어려움과 이의 극복, 비밀보장, 자기결정 원칙과의 갈등 조정, 교사 간 역할 분담, 공동작업의 태도 마련, 대체 기관 확보 등의 활동을 하게 된다.

마지막으로 협력, 정착 단계에서는 공동 작업의 활성화, 활용 가능한 외부 자원 확보, 학교 내 서비스 조직으로서의 위상 확보, 학교와 가정의 유기적 연계를 통한 통합적 지도관리 등을 주로 하게 된다.

(1) 초기 과정

① 관계 형성

학교사회복지 실천의 초기 과정에서는 개인이나 조직을 막론하고 우호적 관계를 만들고 필요한 정보를 사정하는 일이 우선된다. 김연옥(1998)은 학교사회복지사의 실천 과정 중 진입 전 단계에서 특히 관계 형성이 중요하다고 강조하면서 다음과 같이 제시하였다.

- 학교 행정 책임자와 원만한 관계를 형성하여야 한다. 즉, 교장이나 학생부장이 학교사회복지사의 업무를 이해하도록 돕고, 새로운 전문직 활동에 대해 호의와 호기심을 갖도록 촉진하기 위해 우호적 관계를 맺는 것이 중요하다.
- 학교가 위치하고 있는 지역을 이해하고 학생의 교외 생활에 영향을 주는 환경적 특성을 알면 학생을 연계시키기 위한 기관을 파악하기 위해 지역에 대한 광범위한 조사가 필요하다. 특히 지역 내에 전문 상담시설, 구청 사회복지과, 복지관, 정신건강센터, 보호가 필요한 이들을 위한 시설, 응급실을 갖춘 병원, 교회 등을 파악하고 학교 주변의 유흥가 등을 파악하며, 지역사회 네트워크를 구축해야 한다.
- 학교사회복지사가 활동할 물리적 공간을 확인하고 확보할 필요가 있다. 즉, 기존의 비대면 상담실을 이용할 것인지, 집단 프로그램은 어느 방을 사용할 것인지, 이용 가능한 공간과 기자재를 파악하고 확보하도록 한다. 대학생 자원봉사자를 모집하여 보조 인력을 적극적으로 활용하는 것도 바람직하다.
- 보호가 필요한 학생을 파악함으로써 업무의 우선순위를 정한다. 전체 학생 중에서 우선적으로 개입하여야 할 '위험군'을 먼저 도울 필요가 있다. 빈곤가정이나 학대가정의 학생인 경우에 개입이 우선시되어야 한다.
- 학교 내 협력 가능 인력을 확인하여 학생상담활동에 협조체계를 구축하며, 특히 관심을 보이는 담임교사들과 보건교사, 학생부장 교사 등을 협력 자원으로 활용한다.
- 학교사회복지사의 활동을 학교 일정에 공식적으로 반영하도록 학기별 계획을

수립하되, 학생에 대한 욕구조사를 반영하여 집단 프로그램, 예방 프로그램, 특별활동 프로그램 등의 활동계획을 수립한다.

- 각종 서식을 개발한다. 학생 접수에 필요한 양식, 상담 파일, 평가 서식 등을 확정하여 사용한다.
- 보조 인력을 확보한다. 학교에 필요한 활동 내용은 많은데 인력이 모자라는 점을 감안하여 사회복지전공 대학원생들을 실습의 형태로 참여시켜 보조 인력을 확보하는 것이 바람직하다.
- 교사 모임을 통해 학교사회복지 활동을 홍보한다. 공식적인 교직원 회의를 비롯해서 비공식적인 회식이나 교사 연수회 등에 적극 참석하여 학교사회복지사의 활동 내용을 홍보하고 교사들의 이해와 인식을 증대시킨다.

학생들에게 학교사회복지사의 활동 내용을 알리는 홍보물을 작성하여 배포한다.

② 학생 초기 사정

학교사회복지사는 학생에 대한 개입 계획을 세우기 전에 문제를 파악하기 위한 사정 작업에 임해야 한다. 사정은 체계이론에 따라 개인에 대한 것, 가족에 대한 것, 학교와 지역사회에 대한 것으로 구분된다. 개인에 대한 사정은 모든 사회복지사가 자기에게 찾아온 클라이언트를 사정할 때에 초기에 사용하는 기술을 기본으로 하며, 여기에 학교의 행정과 학교가 속한 지역사회에 대한 이해를 첨부시킴으로써 '환경 속의 인간'을 이해하는 것이 필요하다.

또한 학교사회복지사는 제시된 문제를 효과적으로 해결하고 학생의 학습효과를 높여 사회성을 고양시키기 위해서 개별상담을 할 것인지, 비슷한 문제를 가진 학생들과 집단상담을 할 것인지, 부모를 개입시켜 가족상담을 할 것인지를 결정하게 된다. 또한 문제의 위급 정도에 따라 위기 개입을 할 것인지, 일반상담을 할 것인지를 결정해야 한다.

- 생태학적 사정 : 학교사회복지 실천에 있어서 사정은 학생 개인에 대해 이해하고 가정과 학교에서 학생이 어떻게 지내고 있으며, 가족과 학교와의 관계가

어떠한지를 이해하고, 의사소통을 촉진하며, 가장 효과적인 개입이 필요한 개입 체계를 탐색하기 위한 체계적인 방법이다. 학교사회복지 실천에서의 사정은 생태학적 관점에 근거하여 다양한 수준에서 이루어지게 된다. 학교사회복지 실천에서의 사정은 학생을 돕는 데 필요한 학교의 분위기나 물리적인 구조, 학교의 역동성, 학교와 지역사회의 관계 등을 포함하며, 가정과 학교, 그리고 지역사회에 있어서의 학생과 그의 생태체계가 가지고 있는 강점을 확인하고 개입의 기간 동안 강점을 강화시키는 관점을 가져야 한다.

- 사정도구 : 학교사회복지 실천에서 체계적인 사정을 위해 다양한 사정도구를 사용하는 것이 바람직한데, 대표적인 사정도구의 특징을 소개하면 다음과 같다(정일봉, 2006).

첫째, 클라이언트의 구두보고이다. 중요한 자료원 중에 하나인 일차적인 자료원이다. 구두보고에는 학생이 경험하고 있는 문제, 감정, 사건, 목격한 것에 대한 설명 등이 포함될 수 있으며, 문제 해결에 대한 동기와 자원, 문제 해결을 위해 실시했던 노력 등을 포함할 수 있다.

둘째, 사정 양식이다. 이 방법은 초기 면접에서 클라이언트에게 제시되는 양식으로 클라이언트의 이름, 주소, 가족에 대한 정보, 학교에 대한 정보 등을 채워나가는 양식을 말한다. 학교사회복지 실천에 있어서 학생이나 가족상담의 초기 면접 양식이나 학교와 지역사회의 역동성 분석을 위한 양식 등과 같이 다양한 양식을 개발하여 활용할 수 있다. 사정 양식을 활용하는 또 다른 방법은 학생이 자기기입식으로 표기하는 표준화된 척도가 있다. 학교사회복지 실천에 있어서 학교사회복지 실천의 목적에 맞도록 개발된 다양한 표준화된 척도를 활용할 수 있으며, 필요한 경우에는 직접 개발해서 활용하는 방법도 있다.

셋째, 비언어적인 행동에 대한 직접적인 관찰이다. 비언어적인 행동을 관찰하는 단서에는 제스처나 자세, 숨을 쉬는 방식, 얼굴과 목의 근육, 얼굴색, 눈동자의 움직임, 신체적인 특징, 목소리의 톤, 눈 맞춤 등이 포함된다. 학교사회복지사는 이와 같은 비언어적인 단서들을 확인하고 해석함으로써 학생의 정서적인 상태나 반응 등을 파악할 수 있게 된다.

넷째, 상호작용 관찰이다. 가족구성원이나 친구, 교사들과의 직접적인 상호작용을 관찰하는 것은 새로운 사실을 설명해 줄 수 있다. 많은 경우에 자기 자신이 보고한 정보와 직접적으로 관찰한 결과 간에 상당한 차이를 보이는 경우가 많다.

다섯째, 클라이언트의 자기 점검이다. 이는 학생 스스로 문제와 관련된 자신의 감정이나 행동, 그리고 사고의 발생을 인지하고 표나 그래프로 기록하는 것을 말한다.

여섯째, 심리검사이다. 이 방법은 자기보고식 설문으로서 표준화된 측정도구를 활용하여 클라이언트의 상황을 사정하는 것으로서 심층적인 분석이 필요한 검사도구를 말한다. 자기보고식 사정도구에는 우울감, 자존감, 스트레스 등 다양한 것들이 개발되어 사용되고 있다.

(2) 중간 과정

① 학생 개인

성민선(2009)에 따르면 학생 개인 차원에서 학교사회복지 실천은 학생의 심리사회적 기능을 강화하는 것을 목적으로 자신감이나 자존감의 향상과 같이 자신에 대한 긍정적인 이미지를 개발하고 학교생활 적응력을 향상하는 것을 목적으로 한다.

또한 개별상담을 위해서는 학생과 신뢰 관계를 형성하는 것이 무엇보다 중요한데, 학교사회복지사는 진지하고도 관심이 있는 태도로 임해야 한다. 학교사회복지사는 학생을 개별적으로 면담할 때에 필요한 정보를 듣고, 개입계획을 세우고, 종결 때까지 몇 번을 면담할 것인지를 학생과 함께 결정하는 것이 좋다. 학교사회복지사는 상담 초기에 필요한 관계 형성 기술, 자료수집 방법, 상담 중기의 기법, 상담의 종결 등에 각각 필요한 기술을 익혀야 한다.

② 가족상담

학교사회복지 실천에서 가족 체계에 대한 개입은 가정방문과 가족상담, 가족에 대한 복지서비스 제공 등을 통해서 자녀들과의 의사소통 개선이나 학교와 가정의 연계 강화, 지역사회자원의 활용 등의 목표를 성취하게 된다. 학교사회복지 실천에서 가족 자원에 기대하는 목표를 재개념화하면 '가족건강성'이라고 규정할 수 있다. '가족건강성'이란 '가족구성원 간의 긍정적인 의사소통', '관심과 사랑', '문제 해결 능력'을 포함하는 개념으로, 가족 개입에 있어서 다루어야 할 중요한 요소이기 때문이다.

③ 집단상담

사회복지 실천의 고전적 개입 방법 가운데 집단을 이용한 개입 방법은 개별 개입과 더불어 학교에서 많이 활용될 수 있다. 집단 프로그램을 운영할 때 프로그램 자체가 집단의 목적이 되어서는 안 된다.

집단을 활용한 개입은 개별 구성원과 집단 전체, 그리고 집단에 속한 환경의 세 가지 모두에 초점을 둔다. 이는 집단을 통하여 개별 성원의 욕구를 충족시키고 집단 전체의 목적을 성취하면서, 집단에 영향을 줄 수 있는 외부환경과의 관계 속에서 집단이 성장하고 발달하는 것이다.

④ 지역사회 개입

학교사회복지사는 학생에 대한 개입의 기술은 물론이고, 더 거시적 차원에서 학교가 학생에게 높은 질의 교육을 제공하는 장소로서의 기능을 다하도록 돕는 데 최선을 다해야 한다. 학교사회복지사는 자원을 개발하고, 학생을 자원과 연결시켜 주고 적절한 서비스를 제공하며, 다른 서비스 제공과의 어려움을 다루는 동시에 학생에게 필요한 새로운 서비스를 지역사회 내에서 개발하여야 한다. 학교와 가정 사이의 의견 차이가 심할수록, 더 많은 자원체계가 요구되면, 문제 영역별로 자원체계를 구조화시킬 필요가 있다.

(3) 종결 과정

한인영 등(2005)은 학교사회복지 실천 과정의 마지막 단계를 다음과 같이 제시하였다. 중간 과정에서는 개인상담, 가족상담, 집단 프로그램을 통하여 학생과 가족을 돕고, 실제적 프로그램을 운영하며, 자원을 연결하고, 상담을 통해 학생의 내적 문제를 함께 해결하게 된다. 중간 단계에서의 과정은 학생과 학교사회복지사의 '치료동맹관계', 즉 친밀하고 신뢰감 있는 관계를 형성함으로써 효과를 가져오는데 이는 때때로 의존성을 유발시킬 수 있다. 그러므로 종결 과정에서는 준비된 상태에서 종결이 이루어지도록 해야 한다. 적절하게 준비되지 못한 종결은 의존했던 관계에 상실감, 무가치감, 거부당하는 느낌을 유발시킴므로 중간과정에서의 발전을 퇴보시키는 경우가 생긴다.

종결은 학생, 가족, 집단의 문제가 해결되었거나, 증상이 완화되었을 경우에 실행한다. 때로는 학생이 다른 학교로 전학 감으로써 인위적 종결이 생길 수 있다. 외부전문가에 의뢰한 경우에는 완전히 종결하지 않고 외부 전문가와 계속 접촉하며 학생의 진전 상황을 알아볼 수 있으므로 사례종결과는 다르다. 종결시기에는 지금까지의 개입 단계에 대해서 논의하고 학생이 발전되고 성숙해진 부분에 대해 인정해주도록 한다. 미해결 문제도 있음을 언급하고 이에 대해 학생이 스스로 해결해 나갈 수 있는 상황인지를 판단하여 논의한다.

학교사회복지의 직접적인 실천 현장인 학교는 모든 사람들의 사회화를 위한 1차 집단인 가장 중요한 교육기관이다. 그러므로 학교사회복지사는 학교 체계를 이해하고 학교와 더불어 실천해야 한다.

4) 학교사회복지의 전망과 과제

안전한 학교 만들기는 가정에서부터 학교까지의 통학, 학교 내에서의 생활, 방과후 활동과 귀가 등을 모두 포함하는 구체적인 노력이 포괄적으로 다루어져야 한다. 가정-학교-지역사회의 연계와 학교 내에서의 위기관리 시스템, 보건교사, 경찰 등

타 전문직과의 협력이 강조된다. 학교사회복지사의 역할 역시 학생 개별 개입, 집단 개입뿐 아니라 교사와의 협력, 학부모 체계에 대한 개입, 학교 체계와 지역사회 체계에 대한 다양한 수준에서의 개입이 요구된다고 할 수 있다. 특히 누가 더 위험에 취약한 집단인가를 고려해 본다면 장애 학생, 소수인종 학생, 저소득층 학생, 보호자의 보호가 충분하지 못한 한부모 혹은 맞벌이 가정의 학생들을 위한 적극적인 대안이 모색되어야 할 것이다(전구훈 외, 2011).

학교사회복지 관련 ISSUE

위기 학생 치유 공간 '학교사회복지실' 태부족

"십여년 만에 돌아온 학교 현장에서 다시 한번 깨닫는 건 그 어떤 프로그램보다 학교사회복지실 '쉼터'가 주는 치유의 효과이다. 학급에서 적응하지 못하는 아이들이 처음엔 주변인으로 들어와 점차 복지실 VIP가 되고 도우미가 되고 때론 후배의 멘토가 되어가는 과정을 보면서 결국 아이들에게 필요한 건 서로를 돌아볼 여유와 공간이 아닐까 생각한다."

한국학교사회복지사협회로부터 지난해 11월 · 12월 이달의 학교복지사로 선정된 김해정 성남 도촌중학교 학교사회복지사의 소감이다.

학교사회복지사는 우등생을 존중하는 한국 교육 현실에서 보람과 흥미, 소속감을 찾지 못하는 학생들이 학교를 다닐 수 있도록 돕는다. 학생과 교사, 학부모 사이에서 중재자로 움직인다. 사회복지사로서 체득한 경험과 아이디어, 식견으로 교사가 찾기 힘든 해결 방법을 제시하는 데 기여하고 있다는 평가를 받는다.

학교사회복지사는 경제적 어려움, 가정 폭력, 학교 폭력을 당했거나 의사소통 기술 부족 또는 분노조절 미숙으로 따돌림 받는 위기 학생을 위로하고 지원한다. 담임교사, 교장 · 교감, 상담교사, 보건교사 등과의 협조 아래 부모 등 주 양육자와 상담하고 주민센터, 사회복지관, 아동센터와의 연계를 통해 지원대책을 강구하는 전문가이다.

학교사회복지실, 해방구이자 아지트

학교사회복지실은 수업 이전이나 쉬는 시간, 점심 시간에 학생이 친구 또는 혼자 와서 휴식을 취하거나 보드게임 등을 즐길 수 있는 곳이다. 공부를 해야 하는 교실이나 아플 때 찾는 보건실과는 달리 어떤 걱정이나 고민도 학교사회복지사에게 털어놓을 수 있어 학생에겐 해방구이자 아지트, 오아시스와 다를 바 없다. 특히 기초생활수급가정 자녀는 물론 언어와 문화 차이로 반 친구들과 어울리지 못하는 다문화가정 자녀에게 인기가 높다.

학교는 많은 시간동안 공부하고 또래관계를 유지하며 보내는 공간이다. 문제는 뭐라고 말해야 할지 모르고 어떻게 접근해야 할지 막막해 친구를 사귀지 못하는 아이들이 늘고 있다는 점이다. 누나나 언니, 형이나 동생이 없는 1인 자녀 시대를 맞아 사회화에 실패했기 때문이다.

학업 부적응, 학교폭력, 이성 및 친구 불화 등으로 상처를 받고 나서 회복에 실패하면 좌절감이 커진다. 초등학교 시절 시작된 관계단절이 지속된 채 중학생이 되면 문제학생으로 찍힐 우려가 높다. 학교를 속박으로 여길 경우 등교가 싫어져 지각하거나 조퇴할 수 있다. 외부의 적절한 개입과 치유가 이뤄지지 않는다면 결석이 반복되면서 자신만의 공간에 틀어박히게 된다.

통상 사회복지사 2급을 따는데 2년, 1급은 5년 소요된다. 학교사회복지사는 사회복지사 1급 소지자가 학교에서 수련지도자로부터 총 1000시간 이론과 실습교육을 받은 뒤 지필평가와 수련평가에 합격해야 발급받는 국가자격증이다. 대체로 1년 걸린다. 2020년 8월 민간시험이 마지막으로 실시된 뒤 2020년 12월부터 국가자격제도로 운영되고 있다.

학교사회복지사는 학교에서 중요한 역할을 맡고 있지만 국민들에게 잘 알려져 있지 않은데다 고용조건과 처우도 열악하다. 교사, 상담교사, 양호교사, 영양교사, 사서교사와 달리 정규직이 아니다. 두 가지 사업으로만 고용되고 있어 일할 자리도 부족하다. 사회복지사의 84%가 정규직이고 9.1%는 무기계약직, 6.9%는 계약직인 것과 비교된다.

교육문화 여건이 떨어지는 도시 저소득지역 학생의 교육기회를 보장하기 위해 교육부가 2003년 시작한 교육복지우선사업은 시행 22년차를 맞았지만 지난해 8월 현재 교육복지사 배치비율은 전국 평균 13.5%에 머물고 있다. 교육복지사의 대부분이 2013년이후 시도교육청 소속 교육공무직(무기계약직)으로 전환됐을 뿐이다.

지자체 학교복지사업은 경기도에서만 진행 중이다. 지자체와 지역교육청 간 업무협약에 따라 학교장이 한시적으로 학교사회복지인력을 채용한다. 2003년 과천 관문초교부터 시행되었지만 고용해지와 재계약, 신규채용이 반복적으로 이뤄지고 있다. 권수민 학교사회복지사는 "9년차가 되었지만 정규직 혹은 무기계약직으로 전환되지 않는다는 조건이 명시된 근로계약서를 토대로 1년짜리 계약을 맺었다. 시청 교육청 학교 중 어느 소속도 아닌 상태로 근무하고 있다"고 전했다.

교육복지사 혜택을 받을 수 있는 학교는 소수에 그친다. 교육복지우선지원사업으로 교육복지사가 근무하는 학교 수는 2018년 1,515개교에서 2023년 1,617개교로 소폭 늘어났다. 오히려 지자체 학교사회복지시업 학교 수는 같은 기간 135개교에서 118개교로 줄었다.

노경은 한국학교사회복지사협회장은 "학교사회복지사 자격규정은 마련되었지만 배치규정은 없고 처우 개선도 이뤄지지 않았다"며 "사회복지사업법에 학교사회복지를 실천 현장으로 명시하고 사회복지전담공무원으로 규정해야 하며, 초중등교육법에는 교육취약계층에 대한 교육 규정을 통해 학교사회복지사업의 근거와 인력배치를 명문화해야 한다"고 강조했다.

자료 : 뉴스웍스(2024.04).

용어정리

- **생심리학적 모델** : 질병을 생물학, 심리, 사회적 요인이 복합적으로 작용한다고 보는 모델이다.
- **정신역동치료** : 무의식, 과거 경험, 심리적 갈등 등을 분석하여 행동 · 감정 변화와 치료를 유도하는 기법이다.
- **인지행동치료** : 왜곡된 인지와 행동을 파악 · 수정해 긍정적 변화를 촉진하는 심리치료법이다.
- **인간중심치료** : 개인의 잠재성, 긍정적 배려, 공감적 이해에 근거한 비지시적 상담 및 치료를 말한다.
- **생태학적 사정** : 학생 개인 · 가족 · 학교 · 지역사회 등 복합 환경에서 문제와 자원을 다차원적으로 진단하는 방법이다.
- **치료동맹관계** : 사회복지사와 클라이언트(학생 등)가 신뢰와 친밀감 속에서 치료 목표를 함께 달성하는 관계를 말한다.

Chapter

12

지금, 우리, 사회복지는

-우리나라 사회복지의 현안과 과제

본 장에서는 사회가 빠르게 변화하면서 새로운 위험과 새로운 복지의 과제가 등장하고 있다는 점을 말하고자 한다. 먼저 기후위기는 단순한 환경 문제가 아니라, 폭염, 홍수, 미세먼지, 산불 등으로 인해 특히 노인, 어린이, 저소득층, 건강취약계층에게 더 큰 피해가 발생하는 문제이다. 즉, 기후위기는 환경문제이자 사회문제이다. 그래서 복지는 이제 사람만이 아니라 사람이 살아갈 환경의 안전까지 함께 보호해야 한다. 또한 디지털 기술의 발전(AI, 빅데이터, 자동화)은 복지서비스를 더 정확하고 빠르게 제공할 수 있는 기회를 주지만, 기술을 잘 다루지 못하는 사람들에게는 새로운 소외를 만들 수 있다. 따라서 디지털 복지는 편리함과 형평성을 동시에 고려해야 하는 분야이다. 그리고 이 모든 변화를 관통하는 핵심은 '인권 중심의 복지'라는 관점이다. 복지는 도움을 주는 행위가 아니라, "사람이 사람답게 살 수 있도록 권리를 보장하는 과정"이다. 존엄, 자기결정, 차별 없는 접근이 중요한 이유가 여기에 있다. 결론적으로, 사회복지는 시대가 변할수록 함께 변화해야 한다. 변하는 사회를 따라가는 것이 아니라, 사람이 존중받는 사회를 향해 방향을 잡는 것이 사회복지의 역할이다.

1 기후위기와 사회복지(ESG)

1) 개념

기후위기로 인하여 수천 년 또는 수백 년에 걸쳐 일어나던 화산활동, 대륙의 이동이나 융기로 인한 지진 등의 기후변화가 짧은 기간 동안 뚜렷하게 관측되고 있다. 기후변화로 인한 이상기후는 지구촌 곳곳은 재난의 현장이 되어가고 있으며, 자연을 이용하여 문명을 발전시켜 온 인간은 급속한 산업화와 자본주의로 인하여 무분별하게 자연을 이용한 대가로 공해, 온실가스, 사막화, 황사, 미세먼지 등의 환경문제가 심각한 수준에 이르렀다.

기록적인 폭염, 산불, 폭설, 빙하의 감소, 슈퍼태풍, 극심한 가뭄, 홍수 등의 이상기후와 함께 해양생물의 멸종, 식물의 고사 등 지구상의 생물들이 멸종되어 가고 있다. 지난 1만 2,000년 동안 지구 평균기온은 4℃ 상승하였으며 산업혁명 이후 지난 200년 동안에만 지구 평균기온이 1℃ 올랐다.

지속되는 탄소배출로 인한 기후변화는 기후위기가 되어, 우리의 생존까지 위협하고 있다. 기후환경은 인간과 상호 교류하며 밀접한 영향을 주고받는 유기적인 연결체이다. 기후가 인간의 삶에 영향을 주듯이 인간 또한 기후에 영향을 미쳐 순환하고 영향을 주고 있다.

「기후위기 대응을 위한 탄소중립 · 녹색성장 기본법」 제2조에 의하면, 기후위기는 '기후변화가 극단적인 날씨뿐만 아니라 물 부족, 식량 부족, 해양산성화, 해수면 상승, 생태계 붕괴 등 인류 문명에 회복할 수 없는 위험을 초래하여 획기적인 온실가스 감축이 필요한 상태'로 정의하고 있다.

기후변화에 관한 정부 간 협의체(Intergovernmental Panel on Climate Change, IPCC)는 장기간에 걸친 기간(수십 년 또는 그 이상) 동안 지속되면서, 기후의 평균 상태나 그 변동 속에서 통계적으로 의미 있는 변동으로 "인간 행위로 인한 것"이든 "자연적인 변동(Variability)"이든 시간의 경과에 따른 기후의 변화를 포괄적으로 정의하고 있다.

IPCC의 5차 보고서에 따르면, 기후위기는 전 지구전 현상으로 1983~2012년 30년 동안 북반구는 지난 1400년 중 가장 따뜻했으며, 육지와 해양표면 온도가 0.85℃ 상승하였다. 그린란드와 남극 빙상의 질량은 감소하였고, 북극 빙상과 북반구의 적설 면적도 감소하고 있다. 해수면 또한 지속적으로 상승하여, 19세기 중반 이후의 해수면 상승률은 과거 2천 년 동안의 평균속도보다 더 높았다.

우리나라 또한 사정은 크게 다르지 않다. 평균기온 상승률은 1.7℃(1912~2008년)였고 이는 전지구 평균기온 상승률(0.74±0.03℃)에 대비해 높았으며, 현 추세대로라면 21세기 후반 무렵(2081년~2100년) 6.3℃까지 상승할 전망이다. 남해안과 동해안 지역을 중심으로 아열대 지대가 지속적으로 북상하는 추세이며, 집중호우로 인한 피해가 점차 늘어나고 있다.

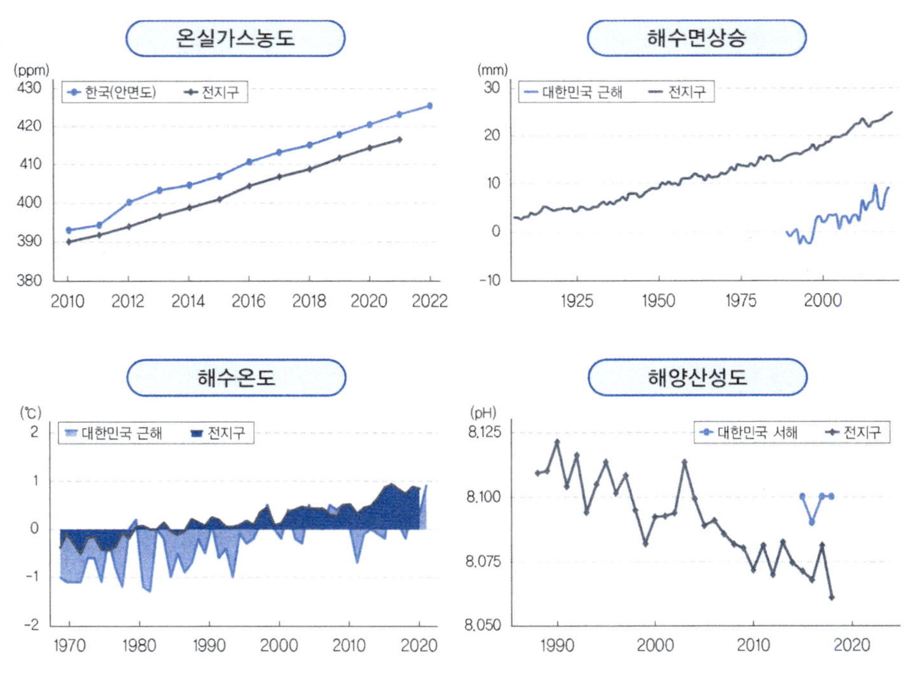

〈그림 12-1〉 **기후변화의 4대 지표 변화**

자료 : 탄소중립 정책포털(2025).

전 지구적 위기에 대응하기 위해 유엔기후변화협약(United Nations Framework Convention on Climate Change, UNFCCC)은 온실 기체에 의해 벌어지는 지구 온난화를 줄이기 위한 국제협약으로 이산화탄소를 비롯하여 온실 기체의 방출을 제한하고 지구 온난화를 막는 데 목적이 있다.

기후위기를 극복하기 위해 인류가 공감대를 갖고 행동해야 하지만 국가 간, 진영 간, 개인 간 다양한 주장과 이해관계의 대립 속에서 하나의 공감대를 찾기 쉽지 않다. 2022년 11월 이집트에서 열린 제27차 유엔 기후변화협약 당사국 총회에서는 기후 재난을 겪고 있는 개발도상국의 손실을 보상하는 문제에 대한 이야기가 이루어졌다. 산업화 이후 대기 중 누적된 이산화탄소의 절반 이상은 미국, 유럽, 중국이 배출하였고, 아프리카는 전 세계 온실가스의 2.8%만 배출했음에도 불구하고 각종 재난에 시달리고 있다. 화석연료에 의존하지 않고 인류 생존을 위한 탄소중립이 전 지구적 과제가 되었다(신방실, 2023)

우리나라는 1993년에 유엔기후변화협약(UNFCC)에 가입하였고, 2002년에 교토의정서 비준, 2016년에 파리협정 비준 등을 통해 기후변화에 대한 국제적 대응 기조에 동참하고 있다. 2008년 12월 국무총리실과 환경부 등의 13개 부처가 함께 '기후변화 대응 종합기본계획'를 수립하였으며, 「파리협정」에 따른 2050년 탄소중립 사회로의 이행과 온실가스 감축 목표로 「기후위기 대응을 위한 탄소중립 · 녹색성장 기본법」을 제정하였다. 이 법률에 근거하여 정부는 탄소중립 사회로의 이행과 녹색성장 추진을 위해 '2050탄소중립녹색성장위원회'를 설치하는 등 기후위기에 적응하고 있다.[1)]

산업화 시기 이후의 이윤 극대화라는 가치로는 미래를 이야기 할 수 없으며, 기후위기는 인류의 생존을 위협하는 근본적인 한계이고 자원을 고갈시켜 미래세대의 몫을 앗아가는 것은 심각한 윤리적인 한계로 볼 수 있다. 이해관계자 간 상생의 가치를 추구하며 미래세대의 삶을 위한 적극적이고 능동적이 대안이 필요하다.

1) 탁영남(2024). 기후변화와 그 적응정책-기후 위기 취약계층에 대한 기후 위기 적응정책과 관련하여. 여성우리, 71, 6-11.

2) 실천 방안

(1) 탄소중립과 RE100

적당한 온실가스는 지구 온도를 유지하는 순기능을 하지만 과다한 온실가스는 지구를 두껍게 둘러싸고 마치 거대한 비닐하우스처럼 온실효과로 태양의 복사열을 가두어 지구 표면 온도를 올리고 지구온난화를 야기한다. 온실가스 중 이산화탄소가 가장 많은 양을 차지하는데, 탄소중립(net zero)은 바로 이산화탄소 중립을 의미한다. 탄소중립은 어떤 기업이나 국가에서 배출하는 이산화탄소량을 계산하고 동일한 수준의 이산화탄소를 포획하고 흡수하며, 환경보호활동을 통해 실질 배출량을 '0'으로 만든다는 개념이다. 탄소포획기술을 활용하거나 나무를 심고 폐기물을 재활용할 수 있으며, 에너지를 효율적으로 사용하고 태양광이나 풍력발전과 같은 신재생에너지를 사용하며, 혹은 관련 분야에 투자함으로써 감축한 양이 배출한 양을 상쇄하고 중립을 취하는 것이다.

우리나라도 2050년 탄소중립을 국가 비전으로 명시하고 이를 달성하기 위해 2030년 중간 단계 목표로 2018년 대비 40% 감축 목표를 설정하였고 '탄소중립 · 녹색성장기본법(탄소중립기본법)'이 2022년 3월 25일부터 시행되었다. 2050년까지 실질적인 이산화탄소 배출량을 '0'으로 만들겠다는 의지를 가지고 국가 전략을 세우며 국제적인 협력을 도모하고 있다.

1992년 유엔기후변화 협약 이후 20여 년에 걸친 연구를 통해 2016년 11월 4일에 발효된 파리기후협약에서 지구의 평균 기온 상승 폭을 산업화 이전과 비교하여 2℃, 가급적 1.5℃ 이하로 억제하기로 하였으며(신방실, 2023), 이를 위해서는 세계의 모든 국가들이 2050년까지 탄소배출량이 '0'인 탄소중립 사회로 이행해야 가능하다는 구체적인 방향을 설정한 것이며, 그 연장선에 'RE100'이 있다.

RE100(Renewable Energy 100)은 2050년까지 기업이 사용하는 전력량의 100%를 재생에너지로 하겠다는 글로벌 캠페인으로, 기업이 사용하는 전력량의 100%를 풍력, 태양광 등의 재생에너지 충당을 목표로 한다. 탄소배출권이나 탄소세 개념이 유엔

기후협약을 기반으로 강제적인 면이 크다면, RE100은 민간 주도의 비영리기구와 기업의 자발적인 참여를 통한 능동적인 변화를 추구한다. 전력을 생산하기 위해 주로 사용하고 있는 화석연료는 탄소를 배출함으로써 기후위기를 앞당기고 천연자원을 고갈시키는 반면 재생에너지인 태양열, 태양광, 바이오, 풍력, 수력, 지열에너지 등은 스스로 재생되거나 고갈의 염려가 없는 천연자원을 활용하며 탄소발생을 줄일 수 있다. RE100은 탄소중립 로드맵, 기후환경정책, 에너지 정책, 무역정책, 산업구조 개선 및 지원정책 등에서 중요하게 고려해야 할 기초 사항 중 하나이며, 2014년부터 시작되어 애플, 구글, 페이스북, 스타벅스, 화이자, SK, LG화학, 한화 등 350여 이상 글로벌 유수의 기업들이 참여하고 있다.

(2) ESG 경영

ESG는 비재무 성과에 해당하는 요인인 환경(Environmental), 사회(Social), 지배구조(Governance)의 약자로, 기업 경영활동을 환경경영, 사회적 책임, 건전하고 투명한 지배구조에 초점을 둔 지속 가능성을 달성하기 위한 기업경영의 3가지 핵심요소를 의미한다. ESG는 1987년 UNEP(유엔환경계획)와 WCED(세계환경개발위원회)가 공동으로 채택한 '우리 공동의 미래(Our Common Future)'에서 지속 가능성에 대한 논의 차원에서 제시되었다. 인류가 빈곤과 인구증가, 지구온난화와 기후변화, 환경파괴 등의 위기에서 경제를 발전시키기 위해서는 지속 가능한 발전으로 패러다임의 전환이 필요하다는 의견이 강조되었다(장영은 외, 2023. 재인용).

E(Environmental)는 환경에 대한 올바른 의식과 실천이다. 한계 상황에 다다른 환경오염과 파괴, 온실가스 문제는 더이상 피할 수 없는 전 지구적 과제이다. 자연환경은 조상으로부터 물려받은 내 것이 아니라 미래세대로부터 빌린 것이므로 훼손하지 않고 미래세대에 잘 물려주어야 한다는 전향적인 시각을 갖아야 한다.

S(Social)는 사람과 사회에 대한 책임감이다. 더 나은 사회를 구현하는 활동과 기여를 중요한 존재 의미로 수용하여 책임감을 갖는 것이다. 안전문화, 근로환경, 성평등, 노사관계, 개인정보보호, 이해관계자 간 상생, 공정거래, 지역사회 기여 등

다양한 사회 관련 지표를 설정하고 추구하며, 그 활동을 구체화하고 내용을 투명하게 공유한다.

G(Governance)는 법을 준수하며 윤리적이고 투명한 의사결정 체계이다. 거버넌스는 '문제 해결을 위한 협력'의 의미를 함축하고 있는데, 경영진은 물론 이사회 운영에서 다양성을 구현하고 독단적인 운영을 지양하며 문제 해결을 위해 협의하고 의사결정의 투명성을 추구한다.

ESG를 개별의 목표가 아니라 조직이나 회사가 통합적으로 이해하고 체계적으로 추진할 때 지속적인 동력이 될 것이며, ESG는 잠재적인 위기에 대한 능동적인 대응이며, 새로운 기회를 창출하고 투자 매력도와 재무적인 가치로도 이어질 것이다.

(3) 기타 실천 방안

탄소발자국(carbon footprint)는 2006년 영국의회 과학기술처에서 처음 제안한 개념이다. 일상의 생활에서 개인이나 단체가 직간접적으로 발생시키는 온실가스의 총량을 의미하며, 일상생활을 하면서 탄소를 얼마나 배출하는지 볼 수 있도록 한 것이다. 일상생활에서 사용하는 연료, 전기, 용품 등이 포함된다. 탄소발자국은 환경성적표지[2] 환경 영향 범주 가운데 하나로, 탄소 발생을 통해 환경에 영향을 미치는 일상생활을 돌아보고 자각을 통해 개선활동으로 연결하는 취지다. 제품 및 서비스의 원료 채취, 생산, 수송, 유통, 사용, 폐기 등 전과정에서 발생하는 온실가스 발생량을 이산화탄소 배출량으로 환산하여 제품에 표시된다. 로컬푸드를 이용하고 음식을 남기지 않는 것, 절전, 절수, 이동거리 단축, 택배 선택, 물건 수입 시 탄소배출을 생각하는 등의 실천 방법들이 있다.

2) 환경성적표지 제도는 제품 및 서비스의 환경성 제고를 위해 제품 및 서비스의 원료채위, 생산, 수송, 유통, 사용, 폐기 등 전 과정에 대한 환경 영향을 계량적으로 표시하는 제도로, 탄소발자국, 물발자국, 오존층 영향, 산성비, 부영양화, 광화학 스모그, 자원발자국 등 7대 영향범주로 나뉜다(https://www.greenproduct.go.kr).

〈그림 12-2〉 저탄소제품 환경성적표지

한국환경공단에서 운영하고 있는 탄소포인트제는 가정, 상업건물 등 비산업부문에서 전기, 수도, 도시가스 및 지역난방 등의 사용량 절감을 통하여 온실가스 감축 실적에 따라 현금성 인센티브를 지자체로부터 제공받는 제도이다. 서울시를 제외한 전국 대상 시민 참여형 온실가스제도로는 유일하며, 일반 시민의 온실가스 저감 유인 제도로서 역할을 하고 있다. 2008년 11월~2009년 6월 시범사업을 거쳐 2009년부터 실시되었다. 산정 기간의 시점부터 과거 2년간의 동월 사용량의 평균값, 기준사용량이 없을 경우 표준사용량, 이전 주소지와 현주소지 사용량 중 선택 가능하다. 탄소포인트 1포인트 당 최대 2원 범위 내에서 인센티브를 지금 또는 현금이나 그린카드 포인트, 상품권, 종량제 봉투 등 지자체에서 지정한 인센티브 1종을 선택하게 된다(김정인 외, 2021).

3) 사회복지에의 적용

기후위기로 인한 기후 위험에 노출되는 횟수나 방식, 대응 능력은 개인과 집단에 따라 다르다. 기후변화로 인한 폭염, 폭설, 태풍, 가뭄, 홍수, 한파, 대형화재 등과 같은 이상기후는 빈곤층, 여성, 아동, 노인 등의 사회적 취약계층에 더 심각하고 직접적인 영향을 끼친다.[3] 기후 위험에 대한 대처 능력이 부족하여 이로 인해 수반

3) 탁영남(2024). 기후변화와 그 적응정책-기후 위기 취약계층에 대한 기후 위기 적응정책과 관련하여. 여성우리, 71, 6-11.

되는 질병위기, 환경변화에 더욱 취약할 수밖에 없다.[4] 기후변화를 빠르게 자각하지 못해, 삶을 살아가는 데에 가장 기본적인 의식주를 위협받을 수 있으므로 기후변화로 인한 취약계층의 취약 정도를 파악하여 사회안전망 확충, 재난상황 대응책 강화, 사회 · 심리적 지원 방안 등과 같은 국가 차원의 정책 방향 설정과 지자체 차원의 전략적 대응방안이 필요하다.

탄소중립법 제38조에서는 매 5년마다 실시하는 국가 기후위기 적응대책 수립 · 시행에 기후위기에 따른 취약계층 · 지역 등의 재해예방에 관한 사항을 포함하도록 명시하고 있으나, 2020년에 수립한 '제3차 국가 기후변화 적응 대책(2021~2025)' 중 취약계층 관련 지원 사업은 3개에 불과하였다(탁영남, 2024).

〈표 12-1〉 취약계층 관련 국가 차원의 지원 사업

기본 방향	과제
기후변화 건강 영향 감시 및 평가체계 구축	기후변화 건강 영향 감시체계 운영
기후변화 취약계층 건강보호	기후변화 취약계층 안전망 구축
	취약계층 건강증진사업 확대
기후변화 취약계층 중점 보호 강화	극한 기상현상 대비 취약 대상 관리 기반 강화
	사회 · 경제적 취약계층 지원 강화
	작업장 취약계층 보호 강화

자료 : 제3차 국가 기후변화 적응대책(2021-2025). 2021. 03. 관계부처.

2020년 1월 말 창궐한 COVID-19로 인하여 사회복지시설, 특히 지역사회에 설치된 이용시설의 폐쇄가 2년여 간 지속되었다. 사회복지 현장에서는 지속 가능한 사회복지 실천에 대한 고민을 하게 되었고, 그 일환으로 ESG경영 도입에 대한 논의가 이뤄지게 되었다(김희연, 2022).

사회복지조직은 가치와 이념적 지향이 사회환경의 변화에 중심을 두고 있어, 공

4) 윤순진(2024). 기후위기 시대, 노년이 마주하는 위험과 기회. (사)한국노인과학학술단체연합회 학술대회.

공조직으로서 지속 가능성을 위한 사회적 책임에서 자유롭지 못하다(장영은 외, 2023).

ESG의 'S' 영역과 사회복지는 이미 연관되어 있고, COVID-19로 가장 큰 피해를 본 취약계층인 노인, 장애인, 저소득층 등을 지원하기 위해 지속 가능한 실천 방안으로 ESG 관점에서 사회복지 영역에 적용 가능한 전략을 마련해야 한다. 즉, 사회적 취약계층이 경험하는 어려움은 환경적인 요인과 함께 교육, 주거와 같은 권리 요인이 더해진 다차원적인 요인에 기인하고 있어서 사회영역에 국한하기보다는 ESG 관점에서 접근하는 것이 사회복지 실천의 지속 가능성을 담보할 수 있다. 더불어 참여와 권리 등 수평적 조직문화를 중요하게 생각하는 MZ세대가 사회복지기관의 중요한 구성원으로 등장하면서 기존 구성원과 공유할 수 있는 가치 도입이 필요하게 되었다. 사회복지영역이 맡고있는 사회적 책임과 함께 지역사회 구성원의 요구 반영과 서비스를 제공함으로써 사회복지시설의 지속 가능성을 보장할 수 있는 가치 창출이 필요하게 되었다. 이에 공공기관을 비롯한 사회복지관은 기업의 지속가능경영과 사회책임경영의 가치를 담은 'ESG경영' 실천을 선언하였다(김희연, 2022).

기관에서도 ESG실천을 위한 비전이나 미션을 지향하며, 홍보와 관련 프로그램을 개발해야 한다. 기관, 종사자, 대상자, 자원봉사자 등 사회복지 영역의 관계된 자원들의 인식의 변화를 통한 행동 변화를 이끌어 내야 한다. 또한 다양한 정보 공유와 기후와 환경 관련 지역연대 활동을 지원하고 기후위기에 있어 책임감과 기후 재난 위험을 공유하며 함께 대응하고자 하는 노력이 필요하다.

2 제4차 산업혁명과 사회복지(AI, IoT)

1) 제4차 산업혁명의 개념

2016년 1월 다보스에서 개최된 세계경제포럼(World Economic Forum, WEF)에서 처음으로 언급된 제4차 산업혁명은 제3차 산업혁명인 디지털 혁명에 기반하여 인공지능, 로봇, 사물인터넷, 빅데이터 등을 통한 기술 융합의 시대로 정의할 수 있다.

산업혁명은 새로운 기술이 등장해 새로운 산업생태계를 만들고, 인간의 삶을 획기적으로 변화시킬 때 붙일 수 있는 개념으로, 정치, 사회, 문화에도 혁명적인 영향을 끼친다. 증기기관의 발명으로 인간은 육체노동의 굴레에서 벗어날 수 있었고, 철도와 선박 등의 이동수단의 발달로 물리적 거리가 좋아졌으며, 전자를 기반으로 한 자동화를 통해 대량생산이 가능해져 생산량 또한 크게 늘어 물질적인 풍요시대를 맞게 된다. 인터넷의 등장은 소통 방식의 전환과 경제행위에 커다란 영향을 끼쳤다. 이제는 물리적 한계를 넘어서 인간의 지능을 초월하는 기계의 등장으로 다시 한 번 획기적인 변화를 목전에 두고 있다(네이버 지식백과, 2025).

제4차 산업혁명은 인공지능의 진화를 통해 인간의 노동을 과학기술을 통해 대체할 수 있게 된다. 인간이 컴퓨터를 프로그래밍하여 수행하던 자동화 작업을 인공지능이 스스로 하도록 한다(이선영 외, 2023).

미국, 일본, 독일 등의 선진국들은 ICT(Information and Communication Technology)와 제조업을 결합하여 제조업의 스마트화, 센서 및 빅데이터, 로봇 등을 생산시스템과 결합한 스마트팩토리 등을 추진하고 있으며, 인터넷 또는 모바일 기반 개인 맞춤형 제품이나 플랫폼 기반 비즈니스도 확산되고 있다(김은경 외, 2016).

2016년 3월 서울에서 개최된 인공지능 알파고(AlphaGo)와 프로바둑기사 이세돌 9단의 바둑대결은 인공지능의 역량과 제4차 산업혁명에 대한 대중적 관심을 이끄는 데 큰 역할을 하게 된다.

세계경제포럼(WEF)은 인공지능과 메카트로닉스, 사물인터넷(IoT), 3D 프린팅, 나노기술, 바이오기술, 신소재기술, 에너지저장기술, 퀀텀 컴퓨팅 등이 제4차 산업혁명을 주도하는 혁신기술로 지목하였다. 이러한 기술을 기반으로 기가인터넷, 클라우드 컴퓨팅, 스마트 단말, 빅데이터, 딥러닝, 드론, 자율주행자 등의 산업이 발전할 것으로 보았다(이진원, 2019).

제4차 산업혁명의 개념화에 가장 크게 기여한 '산업 4.0'은 독일에서 가장 먼저 사용하였다. 이는 제품 디자인부터 제조업의 운영 및 서비스 등 제조업 시스템 전체를 포괄하는 것으로 디지털기술, 인터넷과 결합하여 나타나는 산업시스템 전반의 전환을 뜻한다. 산업 4.0은 스마트팩토리, 산업 IoT, 스마트산업 혹은 첨단제조업이라고 불리기도 하며, 사물인터넷에서 컴퓨팅과 물리세계가 네트워킹을 통해 유기적으로 융합되면서 사물들을 자동적 · 지능적으로 제어하는, 가상과 현실의 융합인 사이버물리시스템(Cyber-physical system, CPS)이 대표적이다. 제조업 공장과 에너지, 전력망, 교통시스템, 공공기반시설 등 핵심적인 공공인프라에도 이용될 수 있다(김은경 외, 2016).

2) 제4차 산업혁명의 특징

제4차 산업혁명은 정보통신기술의 발전을 기반으로 한 제3차 산업혁명의 연장선상에 있지만 기존의 산업혁명들이 인간 노동력의 기계화와 자동화로의 전환이였던 반면 제4차 산업혁명은 인공지능의 출현으로 인한 사람의 두뇌를 대체하는 혁명적 변화로, 그 발전 속도가 급격하고 영향 및 파급효과가 매우 큰 기술의 융합에 기반한 근본적인 혁신으로 제3차 산업혁명을 근본적으로 뛰어넘는 새로운 변화로 평가된다(김은경 외, 2016).

슈왑(Schwab, 2016)은 제4차 산업혁명 시대의 10개의 선도 기술을 제시하였는데, 물리학 기술에서는 무인운동수단, 3D프린팅, 첨단 로봇공학, 신소재를 제시하였고, 디지털기술에서는 사물인터넷, 블록체인, 공유경제 및 온디맨드경제를 제시하였으며, 생물학 기술에서는 유전공학, 합성생물학, 바이오프린팅 등을 제시하였다(김은경 외, 2016, 재인용). 또한 체내 삽입형 기기, 스마트도시, 유비쿼터스 컴퓨팅, 자율주행자동차, 웨어러블 인터넷 등이 대변혁을 가져올 것이라고 하였다.

제4차 산업혁명에서 융합의 1차적 동인은 네트워크, 데이터, 인공지능 등의 디지털 기술의 특성으로 다양한 형태로 융합과 재융합이 가능하게 되었다. 사회적 난제해결에 이러한 지능화 기술의 융합이 보편화되면서 삶의 양식과 사회 인프라 변화 등 사회 전반에 광범위한 영향력을 미쳤다. 제4차 산업혁명 시대의 특징은 '융합(Covergence)'이며, 이는 연결을 통해 촉진된다(김상현, 2021).

제4차 산업혁명은 사람과 사람, 사람과 사물, 사물과 사물이 서로 연결되어 있는 초연결성(Hyper-Connected)의 특징을 가지며, 동시에 초연결성으로 비롯한 방대한 데이터를 분석하여 일정한 패턴을 파악하는 초지능성(Hyper-Intelligent)의 특성을 갖는다(서헌원, 2021). 또한 물리공간과 가상공간, 생물학적 공간에서 인간과 사물이 연결되고 고도로 지능화되면서 초융합을 통해 개별 개체와 전체도 더불어 고도화되는 특징을 보여준다(전하진, 2017).

3) 사회복지에의 적용

(1) 제4차 산업혁명과 활용

사회복지에도 4차 산업의 물결이 일어나고 있다. 제4차 산업혁명에 의한 기술의 발전은 코로나19의 장기화를 거치며 더욱 진화하였다. 인공지능은 머신러닝 기반 엔진과 딥러닝 기반 엔진의 성능 고도화를 커쳐 3세대 엔진인 초거대 AI 모델에 기반한 자기지도학습 방식으로까지 발전하였다.

제4차 산업혁명 기술은 사회복지 분야의 효율성을 높이고, 서비스의 질을 향상하는데 영향을 주고 있다. AI, IoT, 빅데이터 등의 첨단 기술의 도입으로 사회복지서비스의 전달체계의 방식의 전환과 맞춤형 서비스가 가능하게 되었다.

AI, 로봇과 IoT를 활용하여 독거로 인해 문제 발견이 어렵고 빠른 대처가 불가능한 위험상황을 미리 파악하여 사전 예방이 가능해지고, 우울감이나 외로움으로 인한 정서적 취약계층을 위한 케어와 꾸준한 관리가 필요한 만성질병 또는 중증 질병의 조기발견과 예방관리가 가능해지고, 노인의 운동케어, 복약지도 등의 생활관리를 인공지능을 통해 이뤄지고 있다.

보건소와 방문건강관리사업 노하우와 AI, IoT 기술을 활용하여 건강증진서비스의 접근성이 낮은 어르신을 대상으로 지속 가능한 건강관리서비스를 제공하는 'AI · IoT 기반 어르신건강관리사업'을 진행하고 있다. AI · IoT 기반으로 허약 · 만성질환 관리 및 건강행태 개선이 필요한 만 65세 이상 어르신을 대상으로 화면형 AI 스피커를 제공한다.

빅데이터를 활용하여 복지 대상자의 소득, 질병, 가족관계 등의 다양한 데이터 분석을 통해 복지사각지대 발굴과 사전 스크리닝을 통해 건강군, 전허약군, 허약군으로 구분하여 맞춤형 서비스를 수행하고 당뇨 등 건강관리와 생체정보 이상징후를 모니터링하며, 사업 참여 6개월 후에 사후건강 스크리닝을 진행한다. 손목활동계, 블루투스 체중계, 혈압계, 혈당계, 일반형 AI 스피커, 화면형 AI 스피커 등의 디바이스를 제공한다(보건복지부, 2023).

AR(가상현실) 또는 AR(증강현실)을 재활훈련이나 사회성 증진프로그램에 활용하여 장애인이나 아동, 노인의 실생활에 도움을 줄 수 있다.

〈그림 12-3〉 AI와 IoT의 사회복지 현장 도입

(2) 제4차 산업혁명과 과제

4차 산업의 진보와 기술 적용은 사회복지 분야에 새로운 기회를 제공하지만, 동시에 해결해야 할 과제도 간과해서는 안 된다.

반복적이고 단순한 행정 업무를 기술이 대신하면서 사회복지사들은 상담이나 심리지원 같은 인간 중심의 본질적인 업무에 더 집중할 수 있어 사회복지서비스의 효율성을 증대시켜 준다. 비대면 상담이나 온라인 복지 정보 제공을 통해 지리적 접근성의 제약과 관계없이 서비스를 제공할 수 있으며, 데이터 분석을 통해 개인의 복잡한 욕구를 정확하게 파악하고, 더욱 효과적인 맞춤형 지원을 제공할 수 있다.

디지털 기술에 익숙하지 않은 노인이나 장애인 등 디지털 취약계층은 AI를 활용한 새로운 서비스에서 소외될 수 있으므로, 디지털 역량 교육과 기술적 지원이 필요하다. 또한 빅데이터 활용이 늘어나면서 사회복지 대상자의 민감한 개인정보가 유출되거나 오남용될 위험이 커져 강력한 개인정보보호 시스템 구축으로 책임행정도모해야 한다.

비대면서비스의 확대로 인해 사회복지사와 대상자 간의 직접적인 정서 교류가 감소하여, 대면서비스를 통한 사회 정서적 · 심리적 상호작용이 감소할 우려도 있다.

사회복지 교육현장도 4차 산업의 시대가 요구하는 사회복지사의 역량 함양을 위한 개선이 필요하다. 우선, 4차 산업으로 인한 미래변화에 적응을 위한 사회복지 교육 프로그램이 필요하다. 사회복지와 기술의 융합, 디지털 생태계, 빅데이터 등의 과학기술에 대한 기본 지식과 디지털 활용기술의 습득을 위한 융복합 교과목 개설이 필요하다.

사회복지 현장에서도 기술의 발전에 대한 이해와 활용, 디지털 환경 구축을 위한 사회복지사 대상 교육이 이루어져야 한다. 사회복지 취약계층이 디지털 취약계층으로 인식되면서 디지털 역량 강화를 위한 정보화 교실이 운영되는 곳도 있으나 사회복지사의 디지털 역량 강화를 위한 교육환경의 변화는 일부에 그치고 있다. 보수교육을 통해 인공지능, 빅데이터, 블록체인 등과 같은 제4차 산업혁명에 대한 일부 교육이 포함되고 있으나 한정된 내용으로 직원의 역량 강화에는 미흡한 실정이다

(정용문 외, 2024). 또한 미래변화에 대응하기 위해 현장과 밀접하게 협력해야 한다. 사회복지 실습과목의 양적 · 질적 향상 과정에서 대학과 지역사회와의 협력적 관계를 맺고 수퍼비전체계와 학습체계 간의 친화적 환경조성이 필요하다(이선영외, 2023).

제4차 산업혁명이 인류의 삶을 더욱 풍요롭고 편리하게 발전시켜 줄 것을 기대하지만 우리의 행동양식이나 정체성, 도덕성과 윤리관까지 변화시킬 가능성이 크다. 특히, 생명공학이나 생태계의 도덕적 지위나 윤리적 관점에서 상호보완 가능한 합의된 가치관을 제시하는 것이 중요하다(박용범, 2021).

또한 사회통합의 관점에서 사회 전체의 양극화를 심화시키는 부정적 효과를 가져올 수 있다.

클라우스 슈왑(Klaus Schwab)은 제4차 산업혁명 시대에 더욱 악화될 것으로 예상되는 불평등과 불공평의 문제를 지적하며, 공급과 관련한 노동과 생산의 불균형으로 인한 빈부격차가 심화되고 이에 따라 삶의 질이 낮아질 가능성에 대해 우려하였다(박용범, 2021). 제4차 산업혁명은 '고기술-고임금'과 '저기술-저임금' 간의 격차 확대와 저숙련 근로자와 비정규직의 증가 등 노동시장의 양극화로 사회의 불평등을 악화시키고 중산층의 감소로 양극화를 심화시킬 것으로 예상된다. 이는 사회적 갈등을 불러일으키며, 노동시장의 불안정성을 가속화하고 실업과 빈곤의 확대로 인하여 사회복지에 대한 수요가 증가할 것으로 보인다. 또한 제4차 산업혁명을 주도하는 대기업과 적절하게 대응하지 못하는 중소기업, 제4차 산업혁명의 기술발전을 이룩한 선진국과 개발도상국가 간의 격차도 더욱 커질 것으로 예상할 수 있다. 이에 대응하기 위해 우수한 노동력이 신산업으로 이동을 요원할 수 있도록 정부차원의 정책적 지원과 기업차원의 핵심역량 증진에 집중하여야 한다. 또한 직업교육과 함께 복지재정의 효율화와 지출확대를 통한 사회안전망 확대를 고려해야 한다(김은경 외, 2016).

ISSUE

성인 4명 중 '디지털 소외'… 여성 · 고령층 · 저소득층에서 취약

우리나라 성인 4명 중 1명은 지도 앱 길 찾기, 키오스크 주문 등 일상적인 디지털 기기 활용에 어려움을 겪는 것으로 조사됐다.

교육부는 19일 전국 18세 이상 성인 약 1만 명을 대상으로 한 '제1차 성인 디지털 문해능력 조사' 결과를 발표했다. 이번 조사는 성인의 디지털 활용 수준을 처음으로 국가 차원에서 파악하기 위해 시행됐다.

(중략)

특히 여성, 고령층, 농산어촌 거주자, 저학력 · 저소득층에서 취약 비율이 높았다. 60세 이상 성인의 23.3%, 중학교 졸업 이하 34.6%, 월 소득 300만 원 미만 가구 25.9%가 기본적인 디지털 이해 부족으로 일상생활에서 어려움을 겪는 것으로 나타났다. 반면 18~39세 청년층에서는 '수준 1' 비율이 0.8%에 불과했다.

응답자의 40.4%는 디지털 기기 사용에 어려움을 경험한 적이 있다고 답했으며, 연령대가 높을수록 이 비율이 크게 증가했다. 또한 성인의 29.9%는 디지털 문해교육 프로그램 제공이 필요하다고 응답했고, 그중 62.1%는 참여 의향을 밝혔다.

교육부는 이번 조사 결과를 토대로 AI · 디지털 평생교육 지원을 확대한다는 방침이다. '한글햇살버스' 등 찾아가는 교육을 통해 고령층과 저소득층을 지원하고, 민간 · 공공기관과 협력해 현장 실습을 강화할 계획이다.

최은옥 교육부 차관은 "디지털 환경에 익숙하지 못한 성인들이 소외되지 않도록 적극 지원하겠다"고 밝혔다.

자료 : 복지뉴스(2025.8.20).

3 사회복지와 인권

1) 인권의 개념

인권(human right)은 '모든 사람들이 가지고 있다고 추정되는 권리'로 정의되며 좌우 이념과 사상과 상관없이 거의 모든 사람들이 동의하는 '보편적 가치' 또는 '지배적 이념'을 일컫는다. 또한 인권은 행복을 추구하는 인간 모두에게 보장되어야 할 권리들의 가치를 정당화한다. 서양에서 인권의 개념은 인간의 권리가 자연법에 따라 '자연스럽게, 정의로운 상황에서, 정당하게 가지는 어떤 것'이라는 생각으로부터 발전하였다. 이러한 관점에서 계몽주의자들은 이러한 인간의 권리를 자연권(natural right)이라고 불렀다(최현, 2016).

정부는 국민 또는 그 나라의 영토에 살고 있는 모든 사람들이 인간답게 살 수 있는 권리를 보장할 의무가 있으며, 기술발전과 세계화로 인해 인권의 개념이 확장함에 따라 다른 나라 사람의 인권도 함께 보장해줘야 하는 공동체 유지라는 가치도 함께 보장해 주어야 한다(정광욱 외, 2013).

「헌법」 제10조에 의하면 '모든 국민은 인간으로서의 존엄과 가치를 가지며, 행복을 추구할 권리를 가지며 국가는 개인이 가지는 불가침의 기본적 인권을 확인하고 이를 보장할 의무'를 명시하고 있다.

우리나라 「국가인권위원회법」 제2조(정의)에서는 '인권이란 「대한민국헌법」 및 법률에서 보장하거나 대한민국이 가입·비준한 국제인권조약 및 국제관습법에서 인정하는 인간으로서의 존엄과 가치 및 자유와 권리를 말한다'고 정의하고 있다.

인권은 무언가 더 높은 목적을 이루기 위한 수단이 아니라 사람답게 사는 것 자체가 목적이며, 생명, 안전, 식량, 건강, 노동, 참정, 언론, 교육, 문화, 과학 등 인간이 활동하는 영역의 전부를 포괄하는 권리이다(정광욱 외, 2013).

2) 인권의 범주

인권은 전에는 보장받지 못했던 권리를 보장받아야 할 권리에 새롭게 포함시키기 위한 투쟁 속에서 확대되어 왔다(정광욱 외, 2013).

1948년 12월 10일 UN 총회에서 채택된 세계인권선언(Universal Declaration of Human Rights)은 인권을 특수한 사례에 국한하지 않고 포괄적으로 제시하고자 한 국제사회의 첫 시도이다(정광욱 외, 2013). 세계인권선언에서는 인권을 세 가지 유형으로 범주화하였다.

우선, 세계인권선언의 제2조~제15조에서는 인간이 가지는 정치적, 개인적 자유를 제시하고 있다. 이것은 공정한 재판을 받을 권리, 의사표현 및 종교의 자유, 거주이전의 자유, 결사의 자유, 차별, 노예, 고문에 반대하는 보장 등을 포함한다. 이것은 개인의 권리를 보장받기 위해 국가의 간섭과 활동에 대한 제한에 부정적이기 때문에 부정적 권리(negatuve rights)라고 표현되며, 국가의 불간섭을 강조하는 것이다.

둘째, 긍정적 권리(positive rights)를 포함한다. 권리를 유지하거나 향상시키기 위해 국가 또는 타인에 대해 구체적인 행동을 요구하는 것으로 제25조에서 모든 사람은 음식, 의복, 주택, 의료, 필요한 사회서비스 등에 적절한 삶의 수준을 요구할 수 있는 권리를 포함한다. 세계인권선언의 제16조~제27조에서는 모성보호와 아동보호를 위해 특별한 지원과 서비스를 받을 수 있는 권리를 보장하고, 초등교육 수준의 교육권을 보장하는 것이 포함된다.

셋째, 집합적 인권(collecrive human rights)으로 인권 향상을 위해 국가 간 협력을 통해 달성되는 권리들을 포함한다. 국가 간 협력을 담보로 이루어지기 대문에 집합적 권리는 가장 낮은 발달수준을 보인다. 세계인권선언 제28조에서는 인권의 향상을 위해 모든 사람은 국제적 질서에 호소할 수 있다고 선언하고 있으나, 국제적인 협약 및 협력에 따라 이러한 호소가 인정되고 보장될 수 있다(박연주, 2020).

3) 인권의 역사

고대에는 신에 의해 부여된 권리를 인권이라고 보았다. 키케로(Marcus Tullius Cicero)는 「공화국에 관하여」에서 자연법을 기반으로 발전시킨 만인에게 적용되는 보편적인 법이라는 만민법의 사상은 후세에 법 앞에 평등한 인간이라는 근대적 인간의 개념과 인간이 가지는 보편적 인권이라는 근대적 인권사상의 바탕이 되었다(최현, 2016). 이후 중세에 이르러 1215년 영국의 권리대헌장(Magna Carta) 제39조에 따라 자유시민에 대한 권리의 근거가 마련되면서 인권에 대한 문서로서의 권리보호가 일반 시민에게 주어졌고 이후 근대 시민인권운동에 기초가 마련되었다(박연주, 2020). 도시가 발달하고 시민계급의 성장으로 봉건질서가 무너지면서 르네상스 시대에는 '이성적 인간'이라는 인간상을 제시함으로써 낡은 질서에서 인간을 해방시켜 세속적 자율성을 갖도록 하였으며 종교개혁을 통해 '단독자로서의 자율적 인간'이라는 근대 인간상을 제시하고 일반화하여 유럽인들 사이에서 '모든 인간은 자유롭고 평등한 존재'라는 인식이 퍼져나갔다(최현, 2016)

18세기에 이르러 개인의 생명과 자유에 대한 권리를 전제로 한 인권의 개념화가 이루어졌다. 1789년 프랑스 혁명과 '인간과 시민의 권리 선언'과 이를 구체화한 프랑스 헌법은 근대 시민권의 토대를 마련하였고, 이는 혁명을 계기로 하여 추상적이였던 인권을 국가가 보장하는 시민권으로 현실화를 이루었다(최현, 2016). 시민적 권리와 정치적 권리에 대한 관심이 경제적 권리, 사회적 권리, 문화적 권리에 대한 요구로 대체되면서 전체 인류를 위한 합법적이며 보편적인 욕구로 인식되었다(이혜원, 2005).

제2차 세계대전을 겪으면서 실질적인 인권 존중기구인 UN(United Nations)을 창설하게 되었다. 1946년 UN의 경제사회이사회 두 번째 회기에서 국제인권법의 국내적 실현을 위해 각국에 특별한 인권기구 설치를 적극 권장하였다. 1948년 12월 10일 유엔총회에서는 현대적 인권보호의 구체적 시초라 할 수 있으며, 인권에서 중요한 준거 문헌으로 들 수 있는(조효제, 2020) '세계인권선언'이 채택되었다. '세계인권선언'은 법적 구속력을 갖고 있지 않은 결의문이지만 자유권과 사회권을 포함하는 모든 국가가 함께 달성해야 하는 하나의 공통기준이 선포된 것이다.

1966년 12월 2개의 국제인권규약(International Human Rights Covenants)[5)]이 제정되면서 국제인권 탄생의 기틀이 마련되었다. 이후 국제인권은 인권규약을 토대로 여성, 아동, 인종 등 세분화되어 「UN아동권리협약」, 「UN장애인권리협약」, 「노인을 위한 UN원칙」으로 규범화되었다(박연주, 2020).

냉전시대에 접어들면서 인권보다는 이념 대립이 우선시되었고, 1990년대 탈냉전시대에 이후에 변화를 맞이하게 되었다. 1993년 6월 비엔나 인권선언(Vienna Declaration)에서 UN의 첫 번째 목표인 '기본적 자유의 보호와 증진'을 선언하며 인권의 증진과 보호와 이를 위한 국제협력의 강화, 모든 시민, 경제, 사회 및 문화적 권리증진과 보호의 임무 등을 갖는 '인권고등판무관(UNHCHR)' 제도가 제안되었다(박연주, 2020).

1978년 UN인권위원회에서 '국가인권기구(NI)의 구조 · 기능에 관한 가이드라인'(제네바 원칙)을 제정하고, 총회에서 인준하였다. 1991년 10월 프랑스 파리에서 열린 제1회 국가인권기구 워크숍에서 '파리원칙' 초안이 마련되었고, 1993년 6월 비엔나 세계인권대회에서 국가인권기구에 관한 회의가 개최되었다. 같은 해 12월 튀지니에서 열린 제2회 국가인권기구 워크숍이 열렸으며, UN총회에서 세계 모든 국가인권기구의 설립 규범과 가이드라인으로 작용하는 파리원칙이 채택되었다(국가인권귀원회).

파리원칙에 의하면, 국가인권기구는 인권신장과 보호의 권한을 부여받아 광범위한 직무를 수행해야 하며 그 구성과 권한은 헌법이나 법률에서 정해야 한다는 규정을 명시하고 국가인권기구가 개별적인 인권 상황에 관한 고발과 진정을 청문하고 심리하는 준사법적 권한을 보유하도록 하고 있다(네이버 지식백과).

---

5) 「경제적 · 사회적 및 문화적 권리에 관한 국제규약」(A규약), 「시민적 및 정치적 권리에 관한 국제규약」(B규약)

4) 우리나라의 인권

우리나라는 1993년 6월 오스트리아 빈에서 열린 세계인권대회에 참가하면서 국가인권기구 설치에 대한 논의가 시작되었다. 김대중 정부가 출범하면서 1998년 5월 인권법 시안을 발표하였고, 2001년 5월 24일이 되어서야 「국가인권위원회법」이 제정 · 공포되어 같은 해 11월 25일 국가인권위원회가 탄생하였다. 「국가인권위원회법」에는 국가인권위원회의 독립적인 국가 기관으로서의 지위 목적, 역할을 명시하고 있다.

국가인권위원회는 '모든 개인의 불가침적 인권보호와 존엄의 구현을 목적'으로 설립된 국가기구로, 인권침해행위에 대한 실태조사 및 연구, 인권에 대한 교육 및 홍보, 국제적인 교류 및 협력 등의 업무를 수행하고 있다.

국가인권위원회는 인권의 보호와 향상을 위해 필요한 경우, 인권 관련 법령, 제도, 정책, 관행을 조사 · 연구하여 개선을 권고하거나 의견을 표명하며, 국제인권조약 가입과 조약의 이행에 관한 권고와 이행을 표명할 수 있다. 권고사항의 경우 이행계획을 90일 이내 위원회에 통지하여야 한다.

국제인권규범의 국내 이행 촉진과 국내 인식 확산을 위해 2024년 3월 6일부터 '국제인권 정보시스템(https://uhr.humanrights.go.kr)'을 구축하여 국제인권규범, 유엔헌장기구, 유엔 인권조약기구 등의 국제 인권 관련 다양한 분야를 체계적으로 분류하여 이용자의 접근성을 증진하였다.

〈표 12-2〉 **분야별 인권정책의 권고 등 현황 및 권고 수용률(2024)**

분야	권고	의견 표명	의견 제출	권고수용률
이주인권	6	-	-	66.7
여성 · 성소수자	1	4	-	-
아동인권	-	3	-	-
장애인인권	5	6	-	0.0
북한인권	-	-	-	-
군인권	6	8	-	100.0
인권교육	2	-	-	100.0

자료 : 국가인권위원회(2024). 2024 국가인권위원회 통계.

2024년 3월 26일 법무부는 인권의 법적보호 강화와 제도적 실천 증진을 목표로 하며, 5년 단위로 수립되는 법국가적 종합계획인 「제4차 국가인권정책기본계획(2023-2027)」을 수립하여 공표하였다. 제4차 국가인권정책기본계획은 새로운 사회변화와 요구에 부응하고 인권의 사각지대를 없애는 한편, 보다 더 두터운 인권의 보호 및 증진을 위해 다양하고 폭넓은 인권정책 과제를 반영하였다.

특히 제4차 산업혁명으로 인한 디지털 대전환 시대의 인권수요를 반영한 '디지털 시대의 인권'을 신설하여 디지털 정보접근권, 개인정보보호 강화, 디지털 인권침해 대응방안을 모색하였다. 국민의 건강권 강화, 장병의 기본권 보장, 직장내 괴롭힘 방지, 결혼이민자의 안정적 법적지위 보장, 북한이탈주민 정착지원 강화 등 다양한 분야의 인권보호 강화 내용을 6개 정책 목표, 31개 분야, 271개 정책과제를 수록하였다.

〈표 12-3〉 **분야별 인권정책의 권고 등 현황 및 권고 수용률(2024)**

정책 목표	정책과제	분야
생명존중과 기본적 자유의 보호와 증진	49개	생명권, 신체의 자유, 안전권, 사상 · 양심 및 종교의 자유, 표현의 자유, 결사 · 집회의 자유, 사생활의 자유, 거주 · 이전의 자유, 인격권, 권익 피해 구제를 위한 권리, 참정권
인간다운 생활을 할 권리의 보장	84개	노동권, 적절한 생활수준에 관한 권리, 건강권 및 보건 · 환경에 대한 권리, 교육을 받을 권리, 문화 · 예술 및 과학의 진보를 향유할 권리, 가족생활에 관한 권리
사회적 약자 및 소수자의 인권보호 강화	79개	평등증진, 여성, 아동 · 청소년, 장애인, 노인, 외국인과 재외동포, 북한이탈주민
디지털 시대의 인권보호 및 증진	20개	디지털 환경 인권 보호 기본원칙 마련, 디지털 정노접근권 강화, 디지털 정보 보호 및 관리시스템 강화, 디지털 이용 인권침해 예방 및 대응 강화
기업의 인권존중 책임 강화	11개	기업과 인권
인권의식과 인권존중 문화 확산	31개	국제인권규범의 수용 촉진, 인권 관련 국내외 협력, 인권교육 및 인식 개선

자료 : 법무부(2024). 2023~2027 제4차 국가인권정책 기본계획.

또한 헌법, 「장애인차변금지 및 권리구제 등에 관한 법률」, 「남녀고용평등과 일 · 가정 양립지원에 관한 법률」 등 인권 관련 법률을 제정 · 시행하여 인권보호의 의무와 책임에 대해 명시하여 인권보장을 위한 제도적 장치를 마련하였다.

〈표 12-4〉 인권보장 관련 법률

구분	내용
성폭력범죄의 처벌 등에 관한 특례법	• 성폭력 범죄를 가중 처벌하고 피해자를 보호하기 위한 법
아동학대범죄의 처벌 등에 관한 특례법	• 아동학대 범죄를 예방하고 처벌을 강화하며, 피해아동을 보호하기 위한 법
장애인차별금지 및 권리구제 등에 관한 법률	• 장애인에 대한 차별을 금지하고, 장애인의 권리보장을 목적으로 하는 법
발달장애인 권리보장 및 지원에 관한 법률	• 발달장애인의 의사 존중과 생애주기 특성 및 복지욕구에 적합한 지원 및 권리옹호의 체계적이고 효과적인 제공과 필요사항을 규정
근로기준법	• 근로자의 기본적인 권리를 보장하고 근로조건을 향상시키기 위한 법
남녀고용평등과 일 · 가정 양립 지원에 관한 법률	• 고용에서 남녀차별을 금지하고 출산휴가나 육아휴직 등 일과 가정을 양립할 수 있도록 지원
북한인권법	• 북한주민의 인권보호 및 증진을 위해 유엔 세계인권선언 등 국제 인권규약에 규정된 자유권 및 생존권 추구를 통해 북한주민의 인권보호 및 증진에 기여

5) 사회복지에의 적용

(1) 인권과 사회복지의 발전

인권은 발전 방향에 따라 3가지로 구분된다. 제1세대 인권은 자유권을 중심으로 발전하였으며 소극적 자유권 보호를 중심으로 하며, 국가로 인한 피해로부터 보호할 필요가 있는 권리로서 보호할 것을 요구하는 것을 의미하며, 제2세대 인권은 국가가 적극적 서비스의 권리를 추구하는 것으로, 자유권 및 사회권의 보장과 평등권의 보장 추구를 목적으로 한다. 경제적 · 사회적 · 문화적 권리의 추구인 사회권 보장으로 발전하는데, 제2세대의 사회권 보장의 발전을 사회복지의 발전을 야기하였다. 변화하는 사회로 인해 등장한 다양한 욕구의 해소를 위해 사회보장에 대한 권리로 사회복지급여 및 사회서비스의 발전, 사회보장과 의료서비스 등에 대한 권리 보장을 뜻한다. 제3세대는 자유권, 사회권, 평등권의 보장추구와 지역공동체를 통한 인권추구이다. 이 단계의 사회복지는 지역사회나 국가 차원의 권리보장으로 발전하는데, 사회복지가 개인적 수준을 넘어 거시적 차원으로 발전하여 지역사회에서의 인간의 존엄성 추구를 위한 적극적 노력으로 지역공동체를 통한 사각지대의 취약계층을 위한 적극적 실천이 이루어지는 단계이다(박연주, 2020).

인권에 기반한 사회복지정책은 잔여적 특성에서 보편성을 강조하는 사회정책으로의 전환과 모든 인간의 존엄성을 유지 및 확보할 수 있는 방향으로 개선을 촉진시키며 클라이언트를 피동적 존재로 보는 것이 아니라 능동적으로 자신의 권리를 요구하는 존재로 바라보며, 인권적 접근을 통해 소수자에 대한 관심을 갖게 한다(박연주, 2020).

(2) 사회복지사의 인권에 대한 책임

우리나라 「사회복지사업법」에서는 인간의 존엄성과 인간다운 생활의 권리가 명시되고 있으며, 제1조2에서 "사회복지사업을 시행하는 데에 있어서 사회복지를 제공하는 자는 사회복지를 필요로 하는 사람의 인권을 보장해야 하며, 국가, 지방자치단체는 인권존중, 인권침해 예방과 인권을 옹호할 책임이 있고, 인권 교육 강화의 책임"을 명확히 하고 있다.

사회복지사업법

제1조(목적) 이 법은 사회복지사업에 관한 기본적 사항을 규정하여 사회복지를 필요로 하는 사람에 대하여 인간의 존엄성과 인간다운 생활을 할 권리를 보장하고 사회복지의 전문성을 높이며, 사회복지사업의 공정 · 투명 · 적정을 도모하고, 지역사회복지의 체계를 구축하고 사회복지서비스의 질을 높여 사회복지의 증진에 이바지함을 목적으로 한다.

한국사회복지사 윤리강령에서도 모든 인간의 존엄성과 가치를 존중하고 천부의 자유권과 생존권의 보장 활동에 헌신함을 선포하며 인본주의를 바탕으로 인권과 권익을 지킬 것을 사회복지사의 윤리적 사명으로 공표하였다(김기덕, 2022).

윤리강령 전문

사회복지사는 인본주의 · 평등주의 사상에 기초하여, 모든 인간의 존엄성과 가치를 존중하고 천부의 자유권과 생존권의 보장 활동에 헌신한다. 특히 사회적 · 경제적 약자들의 편에 서서 사회정의와 평등 · 자유와 민주주의 가치를 실현하는 데 앞장선다. 또한 도움을 필요로 하는 사람들의 사회적 지위와 기능을 향상시키기 위해 저들과 함께 일하며, 사회제도 개선과 관련된 제반 활동에 주도적으로 참여한다. 사회복지사는 개인의 주체성과 자기 결정권을 보장하는 데 최선을 다하고, 어떠한 여건에서도 개인이 부당하게 희생되는 일이 없도록 한다. 이러한 사명을 실천하기 위하여 전문적 지식과 기술을 개발하고, 사회적 가치를 실현하는 전문가로서의 능력과 품위를 유지하기 위해 노력한다. 이에 우리는 클라이언트 · 동료 · 기관 그리고, 지역사회 및 전체 사회와 관련된 사회복지사의 행위와 활동을 판단 · 평가하며 인도하는 윤리기준을 다음과 같이 선언하고 이를 준수할 것을 다짐한다.

윤리강령의 가치와 원칙

사회복지사는 인간 존엄성과 사회정의라는 사회복지의 핵심 가치에 기반을 두고 사회복지 전문직의 사명을 다하기 위해 노력해야 한다. 이러한 핵심가치와 관련해 사회복지 전문직이 준수해야 할 윤리적 원칙을 제시한다.

핵심가치 1. 인간 존업성

윤리적 원칙

- 사회복지사는 인간의 존엄성과 가치를 인정하고 존중한다.
- 사회복지사는 개인적 · 사회적 · 문화적 · 정치적 · 종교적 다양성을 고려하며 개인의 인권을 보호하고 존중한다.
- 사회복지사는 클라이언트의 자율성을 존중하고, 자기 결정을 지원한다.
- 사회복지사는 클라이언트가 역량을 강화하고, 자신과 환경을 변화시킬 수 있도록

지원한다.
- 사회복지사는 사회복지 실천 과정에서 클라이언트의 개입과 참여를 보장한다.

핵심가치 2. 사회정의

윤리적 원칙

- 사회복지사는 사회정의 실현을 위해 앞장선다.
- 사회복지사는 개인적 · 집단적 · 사회적 · 문화적 · 정치적 · 종교적 차별에 도전하여 사회정의를 촉진한다.
- 사회복지사는 개인, 가족, 집단, 지역사회의 다양성을 존중하는 포용적 지역사회를 만들기 위해 노력한다.
- 사회복지사는 부적절하고 억압적이며 불공정한 사회제도와 관행을 변화시키기 위해 사회의 다양한 구성원들과 협력한다.
- 사회복지사는 포용적이고 책임 있는 사회를 만들어 가기 위해 연대 활동을 한다.

(3) 클라이언트의 인권

아동, 청소년, 노인, 장애인, 여성, 이주노동자 등 사회적 약자의 인권의 측면에서의 차별과 배제, 결핍의 문제 해소를 위한 다양한 접근을 시도하고 있다.

UN총회는 2002년 '노령화에 관한 마드리드 국제행동계획'을 채택하여 노인에 대한 나이 차별과 방임, 학대, 폭력을 중요한 인권 문제로 규정하였고, 2011년 노인인권문제 보고서에 의하면 나이에 따른 차별, 빈곤 문제, 신체적 · 정신적 고통, 요양시설이나 서비스 부족과 시설에서 일어나는 학대 문제를 노인들이 경험하는 네 종류의 도전으로 지적하였다(조효제, 2020).

또한 국가인권위원회는 노인의 빈곤과 차별, 디지털 사회에서의 소외 등의 문제해결을 위한 제도 개선 방안을 제시, '노인인권포럼'을 개최하여 초고령사회의 노인인권의 신장을 위해 노력하고 있다.

장애인에 대한 권리는 늦게 발전하였다. 1948년 '세계인권선언', 1966년 '국제인권규약'에도 장애 대한 규정이나 언급이 없었다. 1950년 유럽인권협정에 정신장애에 관한 부수적 언급이 있고, 1961년 '유럽사회헌장'은 장애인의 고용, 직업 훈련, 주거를 별도의 항목으로 다루며, UN은 1971년 지적장애인의 권리선언을 선포하였고 1975년에서야 장애인 권리선언을 제정하였다. 이후 UN총회는 1990년대에 들어서 정신 질환자 보호에 관한 원칙과 장애인의 기회균등에 관한 기본 규정을 만들었고 2006년에 '장애인권리협약'이 제정되어 2008년 5월 3일 발효되었다. '장애인권리협약'은 장애를 병리현상으로 보고 의존적이며 의료적, 치료적 개입을 우선시했던 종전의 관점에서 벗어나 장애인이든 비장애인이든 모든 인권을 똑같이 누릴수 있으므로 장애인의 권리를 별도의 범주로 둘 필요가 없음을 설명한다. 존엄한 존재이며, 지역사회에서 살아갈 권리가 있고 주체적으로 삶을 살아가며, 모든 권리를 누릴 수 있는 대등한 시민임을 선포한 것이다(조효제, 2020).

그러므로 기후위기로 인한 재난상황에서의 대응, 빈곤 및 양극화 해소를 통한 인간의 존엄성 유지, 노동인권 사각지대의 해소, 이주민과 난민의 인권보호, 성평등 기반 구축, 생애주기에 따른 인권교육 등 사회복지 현장에서 인권보호와 강화를 위한 제도적·실천적 방안 마련 노력이 계속되어야 한다.

ISSUE

법무부, 형제복지원 국가배상소송 2건 상고 취하

정부가 형제복지원에 강제 수용됐던 피해자들이 제기한 국가배상 소송에 더한 상고를 취하했습니다.

법무부는 지난 18일 형제복지원 피해자 윤 모 씨 등 12명이 제기한 소송과 김 모 씨 등 14명이 제기한 소송에 대한 상고취하서를 대법원 민사2부에 제출했습니다.

두 사건 모두 피해자 측이 1심과 2심에서 일부 승소했으나, 국가가 판결에 불복해 상고함에 따라 지난달 대법원에서 사건이 접수된 상태였습니다.

이에 따라 공동 피고인 부산광역시도 상고를 취하할 경우 원고 승소 판결이 자동으로 확정됩니다.

앞서 법무부는 지난 5일 형제복지원과 선감학원에 강제 수용됐던 피해자들이 국가를 상대로 제기한 국가배상 소송에 대해 정부가 상소하지 않겠다고 밝혔습니다.

국가의 불법행위로 인해 인권이 침해된 국민에게 충분한 배상이 이뤄져야 한다는 판단에 따라 피해자의 권리 구제를 충실하고 신속하게 실현하기 위한 결정이라는 게 법무부의 설명입니다.

형제복지원 사건은 1975년 제정된 내무부 훈령, 부산시와 민간시설인 형제복지원 사이에 체결된 위탁 계약에 따라 3만 8천여 명이 강제 수용돼 강제노역과 폭행, 가혹행위가 이뤄져 650명 이상의 사망자가 발생한 사건입니다.

선감학원 사건은 1950년을 전후해 경기도 조례 등에 따라 민간시설인 선감학원에 아동 4천700여 명이 강제수용돼 29명 이상이 사망하고 다수의 실종자가 발생한 사건입니다.

법무부는 그동안 형제복지원, 선감학원 사건 관련 국가배상 소송에서 일괄된 배상 기준을 마련해야 한다는 이유 등을 들어 상소해 왔습니다.

자료 : KBS(2025.08.21).

용어정리

- **기후변화** : 사람의 활동으로 인하여 온실가스의 농도가 변함으로써 상당 기간 관찰되어 온 자연적인 기후변동에 추가적으로 일어나는 기후체계의 변화를 말한다.(「기후위기 대응을 위한 탄소중립 · 녹색성장 기본법」 제2조; 국가기후위기적응센터)
- **기후위기** : 기후변화가 극단적인 날씨뿐만 아니라 물 부족, 식량 부족, 해양산성화, 해수면 상승, 생태계 붕괴 등 인류 문명에 회복할 수 없는 위험을 초래하여 획기적인 온실가스 감축이 필요한 상태를 말한다.(「기후위기 대응을 위한 탄소중립 · 녹색성장 기본법」 제2조; 국가기후위기적응센터)
- **탄소중립** : 대기 중에 배출 · 방출 또는 누출되는 온실가스의 양에서 온실가스 흡수의 양을 상쇄한 순배출량이 영(零)이 되는 상태를 의미한다.
- **RE100** : Renewable Energy 100의 약자로, 2050년까지 기업이 사용하는 전력양의 100%를 재생에너지로 하겠다는 글로벌 캠페인이다. 기업이 사용하는 전력량의 100%를 풍력, 태양광 등의 재생에너지 충당을 목표로 한다.
- **ESG** : 환경(Environmental), 사회(Social), 지배구조(Governance)의 약자로, 기업 경영활동을 환경경영, 사회적 책임, 건전하고 투명한 지배구조에 초점을 둔 지속 가능성을 달성하기 위한 기업경영의 3가지 핵심 요소를 의미한다.
- **탄소발자국** : 2006년 영국의회 과학기술처에서 처음 제안한 개념으로 일상의 생활에서 개인이나 단체가 직간접적으로 발생시키는 온실가스의 총량을 의미한다.
- **제4차 산업혁명** : 2016년 1월 다보스에서 개최된 세계경제포럼에서 처음 언급되었으며, 디지털, 바이오, 물리학 기술의 융합을 기반으로 한 기술혁명으로, 초연결성 · 초지능화 · 융합화를 특징으로 한다. 제3차 산업혁명인 디지털 혁명을 기반으로 AI, IoT, 빅데이터, 로봇공학 등의 첨단 기술이 융합된 산업 구조와 사회 전반에 걸친 혁신적인 변화를 의미한다.
- **세계경제포럼(World Economic Forum, WEF)** : 1971년 경제학자 클라우스 슈바프가 창설한'유럽경영포럼'을 모태로 하며, 기업인, 경제학자, 저널리스트, 정치인들이 모여 세계경제에 대해 토론하고 연구하는 국제민간회의로 유엔 비정부자문기구로 성장하였다. 스위스 제네바에 본부를 두고 있으며, 전 세계의 경제상황 개선을 위해 세계 경제발전 방안 등에 대해 논의하였다.
- **IoT(Internet of Things)** : 각종 사물에 센터와 통신기능을 내장하여 인터넷에 연결하는 기술이다. 가전제품, 모바일 장비, 웨어러블 디바이스 등으로 위치추적 및 비상호출 장치, 스마트홈 시스템, 스마트 돌봄시스템 등이 있다.

- **AR(Augmented Reality)** : 현실세계를 기반으로 디지털 정보를 덧붙이는 기술로, 장애아동의 학습을 돕거나 치매진단 및 관리에 활용한다.

- **VR(Virtual Reality)** : 가상의 세계에서 실제와 같은 체험을 할 수 있도록 하는 최첨단 기술로, 회상요법, 인지기능 훈련, 메타버스 등에 활용한다.

- **디지털 취약계층** : 저소득층, 장애인, 농어민, 고령자, 다문화가정, 북한이탈주민 등과 같이 디지털 기기 사용이나 인터넷 접근이 어렵거나 관련 역량이 부족해 디지털 사회에서 소외되기 쉬운 계층을 말한다.

- **유엔헌장** : 1945년 유엔을 중심으로 한 국제사회에서의 인권 논의의 확고한 토대를 마련하였으며, 인종, 성별, 언어, 종교와 관계없이 모든 인간의 인권과 기본적 자유의 존중을 증진하기 위한 국제협력 달성을 규정하고 있다.

- **세계인권선언(Universal Declaration of Human Rights)** : 1948년 12월 10일 UN총회에서 채택된 인권에 관한 세계선언문으로, 모든 인간의 존엄성과 평등한 권리를 강조하였으며, 법적 구속력은 없으나 실질적 효력을 가짐. 생명권, 자유권, 안전권, 노예제금지, 고문금지, 노동권, 교육권, 사회보장 권등의 권리를 포함한다.

- **비엔나 인권선언 및 행동계획** : 1993년 비엔나 세계인권회의에서 채택되었으며, 인권의 보편성과 불가분성 및 상호연관성을 재확인하였으며, 인권증진과 보호가 국제사회의 정당한 관심사임과 여성인권이 인권의 불가양적인 일부라는 점을 명시하였다.

- **국제인권협약** : 세계인권선언을 토대로 법정구속력을 가진 국제인권법 내의 '시민적 · 정치적 권리규약(자유권규약)' 및 '경제적 · 사회적 · 문화적 권리규약(사회권규약)으로 세계인권선언과 함께 일반적으로 국제인권장전(International Bill of Human Rights)으로 불린다.

- **자유권** : 개인이 국가 권력으로부터 간섭받지 않고 자유롭게 행동할 수 있는 기본권으로 개인의 존엄성과 관계되며, 우리나라 헌법 제10조에 명시된 인간의 존엄과 가치, 행복추구권과 함께 모든 기본권의 기초가 된다.

- **사회권** : 국가에 인간다운 삶을 위한 적극적 배려를 요구할 수 있는 기본권이며, 경제적 · 사회적 · 문화적 권리를 포함하는 것으로 국가의 적극적 개입과 구체적 실현을 위한 입법 및 정책이 필요하다. 개인의 존엄성과 복지실현의 전제가 되며, 우리나라 헌법 제31조 교육권, 제34조 인간다운 생활권 등이 해당된다.

- **평등권** : 모든 국민이 법 앞에서 차별받지 않을 권리로, 성별, 종교, 사회적 신분 등의 이유로 정치적 · 경제적 · 사회적 · 문화적 생활의 차별을 금지하며, 형식적 평등과 실질적 평등으로 구분된다. 우리나라 헌법 제11조에 명시하고 있다.

참고문헌

강영숙, 최인하, 이재근, 정현성(2025). 사회복지학개론, 양서원.

강용규, 정재필, 김영호(2023). 사회복지개론, 공동체.

강춘석(2025). 한국 비정부기구(NGO) 운영의 문제점과 개선방안에 관한 연구. 중앙대학교 행정대학원 석사학위논문, pp.10-12.

공익인권법재단 공감(2024. 2. 26.). 송파 세 모녀 법의 문제점과 개선과제-송파 세 모녀 10주기 좌담회.

권중돈, 조학래, 윤경아, 이윤화, 이영미, 손의성, 오인근, 김동기(2023). 사회복지학개론 5판, 학지사.

김규현(2023). 군 복지정책 발전 방향에 관한 제언. 국방정책연구. 국방논단, 제1946호.

김기덕(2022). 인권과 사회복지의 관계에 대한 비판적 탐색-보편성과 존엄성을 중심으로. 한국사회복지학, 74(2), pp.7-28.

김기덕, 서동명, 신원우, 윤상용, 황보람(2024). 사회복지학개론, 신정.

김기덕, 최소연, 권자영(2012). 사회복지윤리와 철학, 양서원.

김기범(2018). 오늘도, 녹색이슈, 다른.

김기태, 김수환, 김영호, 박지영(2007). 사회복지실천론, 공동체.

김나리, 박재영, 임종린(2022). 쉽게 배우는 사회복지행정론, 어가.

김도현, 박상욱, 박진숙, 양지혜, 오찬호, 한 채윤(2021). 잠깐! 이게 다 인권 문제라고요?, 곰곰.

김미숙, 김상욱, 신승배(2014). 위험사회에 대한 국민의식: 한국사회위험지수 분석. 보건복지포럼, 210, 49-64.

김상균, 최일섭, 최성재, 조흥식, 김혜란, 이봉주, 구인회, 강상경, 안상훈(2007). 사회복지개론 개정2판, 나남출판.

김상현(2022). 4차 산업혁명 시대의 인간에 대한 신학적 고찰. 성결대학교 신학대학원 석사학위논문.

김연옥(1998). 학교사회복지 단계 모형 연구. 한국사회복지학, 30(2), 151-172.

김연옥, 김혜미, 최해경, 한윤선(2022). 가족복지론, 학지사.

김영란, 김형준, 전진호, 한상미(2020). 지역사회복지론, 공동체.

김영모(1999). 사회복지학, 한국복지정책연구소 출판부.

김영종(2017). 우리나라 사회복지 전달체계와 담론적 작용. 한국사회복지학, 69(1), 175-197.

김영종(2023). 사회복지행정 5판, 학지사.

김영종, 김은정(2022). 사회복지개론, 학지사.

김용길, 김은아, 백혜원, 강수민, 정영배, 노보미, 정재훈(2021). 기후위기가 취약계층에 미치는 문제 및 해결방안에 관한 연구, 인천사회서비스원.
김유경(2017). 가족복지론, 학지사.
김유경(2017). 사회환경 변화에 따른 가족위기 특성과 정책과제. 보건복지포럼, 247, 71-91.
김유경(2023). 김유경 PASS 사회복지학개론(사회복지 공무원 수험서), 지식터.
김은경, 문영민(2016). 제4차 산업혁명에 대한 경기도의 대응방향, 경기연구원.
김정인, 김건우(2021). 탄소포인트제 확장방안과 효과분석. 환경정책, 29(4), pp.111-129.
김제선, 임경선, 최세영(2021). 사회복지학개론, 어가.
김태성, 홍선미, 조성은(2010). 사회복지개론, 청목.
김현진, 이순희, 김학실, 유옥현(2022). 사회복지행정론, 공동체.
김혜영, 선보영, 진미정, 사공은희(2007). 비혼 1인 가구의 가족의식 및 생활실태조사. 한국여성정책연구원 연구보고서, 10, 2-314.
김희연(2022), 복지영역의 ESG경영을 위한 탐색적 연구: 종합사회복지관을 사례로. 한국거버넌스학회보, vol.29, no.3 pp.177-194.
나병균(2013). 한국 사회복지학의 정체성. 한국사회복지교육, 24, 101-125.
남은영(2015). 사회적 위험과 국민인식 보건복지포럼.
노병일(2024). 현대산업복지론, 공동체.
노상헌(2017). 제4차 산업혁명과 사회보장법의 과제. 산업관계연구, 27(2), 33-55.
류상열(2005). 사회복지역사, 학지사.
박달경(2020). 국가인권위원회의 독립성 확보 방안. 서울시립대학교 일반대학원 석사학위논문.
박미은(2022). 정신건강사회복지 실천모델, 학지사.
박병현(2015). 사회복지정책론, 양서원.
박상필(2019). NGO를 알면 세상이 보인다-새내기를 위한 NGO특강, 한울.
박연주(2020). 판례와 사례를 중심으로 한 인권과 사회복지, 학지사.
박용범(2021). 기독교 사회생태윤리, 새물결플러스.
박은정(2023). 비정형 노동자의 일과 자녀돌봄 실태 및 지원 방안. 육아정책연구소.
박지영, 배화숙, 엄태완, 이인숙, 최희경(2020). 함께하는 사회복지실천론, 학지사.
박현순, 김헌진(2010). 산업복지 개론서의 분석. 한국사회복지교육, 11(11), 157-176.
박희택(2004). 사회복지의 개념구성에 관한 동양학적 고찰, 진각사회복지, 제1집, 71-89.
배임호, 김경미, 노혜련, 박태영, 유서구, 이상은, 이성규, 이지하, 이채원, 정무성, 한우재, 허준수(2022). 사회복지학개론, 학지사.
백종만, 최원규, 최옥채, 윤명숙, 홍경준, 이상록, 박현선(2001). 사회와 복지, 나눔의집.
법무부(2024). 2023~2027 제4차 국가인권정책 기본계획.
법무부 교정본부(2025). 2025 교정통계연보.
법무연수원(2023). 2022 범죄백서.

변미리(2015). 1인 가구 증가와 사회정책적 함의. 한국사회정책, 22(2), 7-32.
변미리(2015). 도시에서 혼자 사는 것의 의미: 1인가구 현황 및 도시정책 수요. 한국심리학회지: 문화 및 사회문제, 21(3), 551-573.
보건복지부(2014. 3. 3.). [2월 28일] 송파구 세 모녀 사망사건 관련 설명자료.
보건복지부(2023). 2023년 AI · IoT기반 어르신 건강관리사업 안내서.
보건복지부(2023). 2023년 노인맞춤돌봄서비스 사업안내.
보건복지부(2025). 2025년 희망복지지원단 업무 안내.
사회복지사 국가자격시험 연구회(2025). 사회복지실천론, 공동체.
생각의마을(2023). 사회복지행정론, 공동체.
서보준, 김우호, 신옥순, 이진열, 조재필(2023). 사회복지정책론, 공동체.
서재호(2008). 기초자치단체의 사회복지서비스 전달체계 개편에 대한 평가. 한국거버넌스학회보, 15(1), 139-164.
서정희(2013). 신 사회위험 대응 전략으로서 복지정책 방향 전환의 타당성 검토: 사회보장기본법을 중심으로. 법과 정책연구, 13(2), 647-674.
서헌원(2021). 국가통합위기관리체계 구축에 4차산업혁명 핵심기술 적용방안 연구. 한세대학교 일반대학원 박사학위논문.
서혜석, 유흥위(2008). 군사회복지 이론과 실천, 양서원
손병덕, 백은령, 성문주, 신승연, 오혜정, 이상무, 이은미, 황혜원(2021). 사회복지개론, 학지사.
송근원, 김태성(2015). 사회복지정책론, 나남.
신방실(2023). 탄소중립, 어떻게 해결할까?, 동아엠앤비.
신상문(2019). NGO, 국제활동가의 길, 도서출판 아르케.
신상영, 김성은, 남현정, 김상균(2023). 서울시 반지하주택 유형과 침수위험 해소방안. 서울연구원 정책과제연구보고서, 1-112.
신연희(2023). 교정복지론, 학지사.
양경윤, 전민기, 김윤혜, 김희진, 박정윤, 임성화, 조혜경(2023). 지구를 구하는 수업, 케렌시아.
양옥경(1993). 사회복지실천과 윤리, 한울.
양옥경, 김정진, 서미경, 김미옥, 김소희(2018). 사회복지실천론 개정5판, 나남.
양점미(2016). 교정공무원의 행복에 관한 연구. 서남대학교 박사학위논문.
엄명용, 김규수, 박미은 외(2007). 의료사회복지의 기능과 발전, 학지사.
엄명용, 김성천, 윤혜미(2020). 사회복지실천의 이해 5판, 학지사.
여성가족부(2020). 2020년 가족실태조사.
오영근, 조미숙, 신석환, 문상식(2018). 교정복지론, 양서원.
오완섭(2009). 사회복지개론, 고시각.
우종모, 김재호, 조당호(2004). 사회복지행정론, 양서원.

원석조(2012). 사회복지역사의 이해 4판, 양서원.
원석조(2019). 사회복지정책론 8판, 양서원.
원영희, 손화희(2019). 가족복지론, 학지사.
유광호, 이혜경, 최성재(2005). 한국의 사회보장, 유풍출판사.
UN 인권센터 저, 이혜원 역(2005). 인권과 사회복지실천, 학지사.
윤은기, 박소연(2023). 코로나 19 대응 재정정책 및 통화정책에 대한 해외 사례 연구. 한국의회학회보, 6(1), 5-30.
이민홍, 전용호, 김영선, 강은나(2015). 1인가구 증가에 따른 신사회적 위험 대응전략. 보건복지부.
이보균(2023). 기후 환경 생태 그리고 우리-기후위기의 시대 어떤 선택을 할 것인가, 카모마일북스.
이봉주, 김혜란, 구인회, 강상경, 홍백의, 안상훈, 박정민, 유조안, 하정화, 김수영, 한윤선(2023). 사회복지개론, 학지사
이선영, 박수지(2023). 4차 산업혁명 시대 사회복지 전공 대학생의 핵심 미래역량 중요도-실행도 분석. 한국사회복지교육, 제62호, pp.1-17.
이승윤, 백승호, 남재욱(2020). 한국 플랫폼노동시장의 노동과정과 사회보장제의 부정합. 산업노동연구, 26(2), 77-135.
이영재(2012). 남북한 교류 · 협력에서 비정부기구(NGO)의 역할과 기능에 관한 연구. 경기대학교 박사학위논문.
이인석(2015). 군사회복지제도화를 위한 사회복지병과 창설방안 연구. 신라대학고 일반대학원 박사학위논문.
이재완(2020). 코로나 뉴노멀(New Normal) 시대 지역사회복지의 변화와 방향. 한국지역사회복지학, 74, 29-55.
이종복, 전남련, 이권일, 이상호, 정현숙, 권태연, 김덕일, 권경미, 강상길, 박순철, 이숙자(2008). 사회복지개론, 학현사.
이진원(2019). 4차 산업혁명 시대의 주거변화 요인에 따른 자립형 스마트 주거 개발에 관한 연구. 한양대학교 대학원 박사학위논문.
이흥윤(2013). 군사회복지정책의 전개과정 분석 연구-주요정책 참여자들의 활동을 중심으로. 한국군사회복지학 6(1): 67-99.
이흥윤(2014). 군사회복지 법제화는 가능한가!. 한국사회복지학회 학술대회 자료집.
임종호(2023). 사회복지학개론, 학지사.
장수한(2024). 학교사회복지 실천과정 연구, 학지사.
장영은, 김준수(2023). 충청북도 사회복지시설 ESG 경영실태 연구, 인문사회21, vol.14, no.3 pp.4777-4786.

장인협, 이혜경, 오정수(2013). 사회복지학, 서울대학교 출판문화원.
장인협, 이혜경, 오정수(2000). 사회복지학(개정판), 서울대학교 출판부.
전구훈, 이경남, 성민선 외(2011). 학교사회복지사의 역할과 과제, 학지사.
전하진(2018). 4차 산업혁명 시대의 새로운 주거환경에 관한 연구. 서울벤처대학원대학교 박사학위논문.
정광욱, 서애리, 오주영, 이석형, 안수진, 정해빈(2013). 서울대 인권수업, 미래의 창.
정민숙, 양정남, 이형하, 박일연, 김혜선(2017). 사회복지개론, 공동체.
정민자, 김대득, 김동진, 김운화, 정상기, 조미영(2009). 사회복지개론, 유풍출판사.
조흥식, 김진수, 홍경준(2017). 산업복지론, 나남.
조희연, 박상필, 김호기, 주성수, 조효제, 이찬근, 이창근, 차명제, 손혁재, 장하성, 문진영, 오장미경, 초의수, 양용희, 이강현, 장여경, 하승수(2003). NGO가이드-시민 · 사회운동과 엔지오활동, 한겨례신문사.
천정웅, 박선희, 이태숙(2020). 사회복지 윤리와 철학, 양성원.
최명민, 황보람, 김기덕, 김욱, 유서구, 이순민(2019). 한국사회복지사윤리강령의 개정 필요성과 방향에 관한 연구. 한국사회복지행정학, 21(2), 171-202.
최성재, 남기민(2006). 사회복지행정론, 나남출판사.
최옥채(2011). 교정복지론, 학지사.
최일섭(2019). 사회복지개론, 지식공동체.
최일섭, 이현주(2006). 지역사회복지론, 서울대학교 출판부.
최해경(2018). 사회복지실천론 2판, 학지사.
최현(2016). 인권-Vita Activa 개념사, 책세상.
최현수, 오미애(2017). 4차 산업혁명 및 지능정보사회의 사회적 위험과 복지 패러다임 전환 필요성. Health Welfare Issue & Focus, 333, 1-8.
탁여송(2013). 한국 군인의 복지욕구와 군사회복지실천에 관한 연구. 서울기독대학교 대학원 박사학위논문.
통계청(2022). 인구주택총조사.
통계청(2023). 한국의 SDG이행보고서 2023.
한국보건사회연구원(2016). 사회환경 다변화에 따른 가족위기 진단과 대응 전략.
한국보건사회연구원(2018). 4차 산업혁명 및 지능정보사회의 사회적 위험과 복지.
한국여성정책연구원(2022). 개인화 시대의 가족 변화.
한요셉(2023). 플랫폼 종사자에 대한 사회적 보호 설계. KDI FOCUS, 0-0.
한인영, 최인영(2000). 의료사회복지의 실천과제, 학지사.
황성철 외(2022). 사회복지행정론. 정민사, 학지사.

Ashley, D., & Orenstein, D.M. (2005). *Sociological theory. Classical Statements* (6th ed.). Pearson Education. pp.3-5, 32-36.

Ballew, J.R. & Mink, G. (1996). *Case management in social work: Developing the professional* (2nd ed.). Springfield, IL: Charles.

Barker, R.L. (2014). *The social work dictionary* (6th ed.). Washington, DC: NASW Press.

Beck, U. (1992). Risk society: Towards a new modernity (*M. Ritter, Trans.*). Sage Publications. (Original work published 1986)

Coll, B.D. (1973). *Perspectives in Public Welfare: A History.* U. S. Department of Health, Education and Welfare.

Corey, G. (2009). *Theory and Practice of Counseling and Psychotherapy* (8th ed.). Belmont, CA: Wadsworth.

Friedlander, W.A., and Robert Z. Apte. (1980). *Introduction to Social Welfare* (5th ed.). Englewood Cliffs, New Jersey: Prentice-Hall.

Gilbert, N & Specht, H. (1974). *Dimensions Social Welfare Policy* (5th ed.). Boston: Allyn and Bacon, Ginsbery.

Hasenfeld, Y. (1996). *Human Services as Complex Organizations.* Sage Publications.

Hoefer, R., & Sabath, B. (2009). Administration in Social Work: The State of the Field. *Journal of Social Service Research*, 35(4), 324-336.

Hollis, F. (1972). Casework: a psychosocial therapy. 김만두 역(1985). 케이스웍: 심리사회원요법. 홍익재.

International Federation of Social Workers (2014). *Definition of social work.* https://www.ifsw.org/what-is-social-work/global-definition-of-social-work

Lowenberg. F. M. & Dolgoff. R. (1996). *Ethical decisions for social work practice.* (3rd ed.). Itasca, IL: Peacock, Publishers. 서미경, 김영란, 박미은 공역(2005). 사회복지실천윤리, 양서원.

NASW (1999). *School Social Work Services.*

Netting, F.E., Kettner, P.M., McMurtry, S.L., & Thomas, M.L. (2016). *Social Work Macro Practice.* Pearson.

Northen, M. (1969). *Social Work with Groups.* New York: Columbia University Press.

Organisation for Economic Co-operation and Development. (2020). Supporting livelihoods during the COVID-19 crisis: Closing the gaps in safety nets. OECD Publishing.

Patti, R.J. (1983). The State of the Art of Social Welfare Administration: A Critical Review. *Social Work*, 28(5), 330-339.

Reamer, F.G. (1995). *Social work values and ethics.* 고미영, 최경원, 황숙연 역(2002). 사회복지

실천의 가치와 윤리, 사회복지실천연구소.

Romanyshyn, J.M., & Romanyshyn, A.L. (1971). *Social welfare: Charity to justice*. New York: Random House.

Taylor Gooby, P. (2012). Root and Branch Restructuring to Achieve Major Cuts: The Social Policy Programme of the 2010 UK Coalition Government. *Social Policy and Administration*, 46(1), 61-82.

Thane, P.(1982). *The Foundations of the Welfare State*. London: Longman.

The New York Times. (2023, December 2). South Korea is vanishing. https://www.nytimes.com/2023/12/02/opinion/south-korea-birth-dearth.html

Timberlake, E.M., Farber, M.L.Z. & Sabatino, C.A. (2002). *The General method of social work practice: McMahon's generalist perspective* (4th ed.). Boston, MA: Allyn & Bacon.

Toseland, R.W., & R.F. Rivas. (1995). *An Introduction to Group Work Practice* (2nd ed.). New York: Macmillan.

Wilensky, H.L., & Lebeaux, C.N. (1965). *Industrial society and social welfare*. Free Press.

World Health Organization (2024). *Building health system resilience to public health challenges: guidance for implementation in countries*. World Health Organization.

Zastrow, C. (1987). *Social Work with Groups*, Chicago: Nelson-Hall.

Zastrow, C. (2000). *Introduction to Social Work and Social Welfare* (7th ed.). Belmont, CA: Wadsworth.

Zastrow, C. (2013). *Introduction to social work and social welfare*. Belmont, CA: Wadsworth.

국가인권위원회 https://www.humanrights.go.kr

국가통계포털 https://kosis.kr

국립국어원 표준국어대사전 https://stdict.korean.go.kr

국제인권정보시스템 https://uhr.humanrights.go.kr

법제처 https://www.moleg.go.kr

빅카인즈 https://www.bigkinds.or.kr

탄소중립 정책포털 https://www.gihoo.or.kr/netzero

통계청(2020). 2020 인구주택총조사. https://www.census.go.kr/cds2020/surv/RealSurvRslt.do?q_menu=1&q_sub=11

한국사회복지사협회 https://www.welfare.net

저자 소개

임중철

경기대학교 사회복지학 박사

현) 부천대학교 사회복지학과 교수
중앙노인돌봄지원기관(독거노인종합지원센터) 지역자문위원
한국사회복지공제회 대의원추천심사위원회 위원
경기도미래세대학술용역과제 심의위원회 위원
부천시지역사회보장협의체 대표위원

〈주요 저서〉
사회복지프로그램개발과평가, 노인복지론, 인간행동과 사회환경 등

주경희

서울대학교 사회복지학 박사

현) 한신대 사회복지학과 부교수
경기도 노인학대예방위원회 위원
장기요양기관 평가자문위원회 위원
우만종합사회복지관 운영위원회 위원

〈주요 저서〉
지역사회복지론, 노인복지론, 사회복지와 문화다양성 등

김성원

이화여자대학교 사회복지학 박사

현) 대림대학교 사회복지학과 부교수
경기도 사회서비스원 인권경영위원회 위원
과천시 장애인복지위원회 위원
금천장애인종합복지관 운영위원회 위원

〈주요 저서〉
사회복지자료분석론

김학재

건국대학교 사회복지학 박사

현) 서정대 글로벌요양복지과 조교수
서울시구로구재가노인복지기관 위원
서대문50플러스센터 위원

〈주요 저서〉
지역사회복지론, 노인복지론, 사회복지 사례관리의 이론과 실제 등

이은진

이화여자대학교 사회복지학 박사

현) 서울신학대학교 사회복지학과 조교수
경기도 지원주택 운영위원회 위원
경기도 부천시 저출산고령사회대책위원회 위원
경기도 부천시 노인복지기금운용 심의위원회 위원
경기도 서부노인보호전문기관 인사위원회 위원

〈주요 저서〉
경기도 노인복지 중기계획 수립 연구, 경로당 운영 실태조사 및 역할과 기능 발전을 통한 현대화 방안 연구, 경기도 노인요양시설 입소 노인 인권 실태조사 등

김지혜

성결대학교 사회복지학 졸업
서울시립대학교 사회복지학 석사 졸업
성결대학교 일반대학원 사회복지정책 박사 수료
현) 고령사회융합연구원 연구원

사회복지학개론

1판 1쇄 발행 2026년 2월 20일

공저자 임중철 주경희 김성원 김학재 이은진 김지혜
펴낸이 김동근
펴낸곳 지식터

출판등록 2022년 10월 19일(등록번호 제2022-000170호)
주소 경기도 고양시 일산동구 정발산로42번길 60, 437호(장항동, 웨스턴853)
전화 031) 811-8500
팩스 031) 811-8600
이메일 jster22@naver.com
홈페이지 www.jster22.com
ISBN 979-11-24326-02-2 (93330)

값 23,000원